해커스공무원

이이수
교육학

단원별 기출문제집

 해커스공무원

이이수

약력

성균관대학교 대학원 교육학 전공(철학박사)
성균관대, 충남대, 경희대, 명지대, 아주대 교육대학원
교육학 특강

현 | 해커스공무원 교육학 강의
현 | 해커스임용 교육학 강의
현 | 서울 및 경기지역 대학 및 교육대학원 교직과목 강의
현 | 에이플러스 교직논술 아카데미 대표

저서

해커스공무원 이이수 교육학 기본서
해커스공무원 이이수 교육학 단원별 기출문제집
이이수 교육학 논술 기초편
이이수 교육학 논술 심화편
Edutopia 교육학, 북타운
Eduvision 교육학, 열린교육
통합 교과 교육론, 희소

공무원 시험의 해답
교육학 시험 합격을 위한 필독서

방대한 공무원 교육학을 효율적으로 학습할 수 있도록 누적된 기출문제를 분석·분류하여 학습의 범위와 방향을 명확히 하고 문제해결 능력을 기를 수 있는 기출문제집을 만들었습니다.

공무원 교육학 학습의 기본이 되는 기출문제집을 효과적으로 학습할 수 있도록 다음과 같은 특징이 있습니다.

첫째, 공무원 교육학 기출문제를 단원별로 수록하여 학습 순서에 따라 기출문제를 학습할 수 있습니다.
둘째, 상세한 해설과 다회독을 위한 다양한 장치를 수록·제공하였습니다.
셋째, 최신 출제경향을 반영하여 최근 12개년의 기출문제를 수록하였습니다.

공무원 교육학 학습에 최대 효과를 낼 수 있도록 다음의 학습 방법을 추천합니다.

첫째, 기본서와의 연계학습을 통해 각 단원에 맞는 기본 이론을 확인하고 쉽게 암기할 수 있습니다.
둘째, 정답이 아닌 선지까지 모두 학습하여 다채로운 문제 유형에 대처할 수 있는 능력을 기를 수 있습니다.
셋째, 반복 회독 학습을 통해 출제 유형에 익숙해지고, 자주 출제되는 개념을 스스로 확인할 수 있습니다.

더불어, 공무원 시험 전문 사이트인 해커스공무원(gosi.Hackers.com)에서 교재 학습 중 궁금한 점을 나누고 다양한 무료 학습 자료를 함께 이용하여 학습 효과를 극대화할 수 있습니다.

부디 <해커스공무원 이이수 교육학 단원별 기출문제집>과 함께 공무원 교육학 시험의 고득점을 달성하고 합격을 향해 한걸음 더 나아가시기를 바랍니다.

이이수

차례

IV 교육과정 및 교육평가

V 교수방법 및 교육공학

VI 교육행정 및 교육관련법령

회독을 통한 취약 부분 완벽 정복
다회독에 최적화된 **회독용 답안지** (PDF)
해커스공무원(gosi.Hackers.com) ▶
사이트 상단의 '교재·서점' ▶ 무료 학습 자료

문제해결 능력 향상을 위한 단계별 구성

---

03 ☐☐☐ 2022년 국가직 9급

학점인정 등에 관한 법률상 교육부장관이 그에 상응하는 학점을 인정할 수 있는 자에 해당하지 않는 것은?

① 외국이나 군사분계선 이북 지역에서 중등교육에 상응하는 교육과정을 마친 자
② 대통령령으로 정하는 자격을 취득하거나 그 자격 취득에 필요한 교육과정을 마친 자
③ 고등교육법 제36조 제1항, 평생교육법 제32조 또는 제33조에 따라 시간제로 등록하여 수업을 받은 자
④ 무형문화재 보전 및 진흥에 관한 법률 제17조에 따라 국가무형문화재의 보유자로 인정된 사람과 그 전수교육을 받은 사람으로서 대통령령으로 정하는 사람

04 ☐☐☐ 2022년 지방직 9급

평생교육제도에 대한 설명으로 옳지 않은 것은?

① 학습휴가제 - 평생학습 기회를 확대하기 위하여 소속 직원에게 유급 또는 무급의 학습휴가를 실시할 수 있다.
② 평생교육이용권 - 국민에게 평생교육의 기회를 제공하기 위하여 신청을 받아 평생교육이용권을 발급할 수 있다.
③ 학습계좌제 - 평생교육을 촉진하고 인적자원의 개발·관리를 위해 국민의 개인적 학습경험을 종합적으로 집중 관리한다.
④ 독학학위제 - 고등학교 졸업이나 이와 같은 수준 이상의 학력을 인정받지 못한 경우에도 학사학위 취득시험의 응시자격이 있다.

STEP 01 기출문제로 문제해결 능력 키우기

7·9급 공무원 시험의 주요 교육학 기출문제를 단원별로 배치하여 문제풀이 전략을 연습하고 실력을 다질 수 있습니다.

▼

---

03 학점인정 등에 관한 법률

학점인정 등에 관한 법률 제7조 【학점인정】 ① 교육부장관은 제3조 제1항에 따라 평가인정을 받은 학습과정을 마친 자에게 그에 상당하는 학점을 인정한다.
② 교육부장관은 다음 각 호의 어느 하나에 해당하는 자에게 그에 상당하는 학점을 인정할 수 있다.
  1. 대통령령으로 정하는 학교 또는 평생교육시설에서 고등교육법, 평생교육법 또는 학칙으로 정하는 바에 따라 교육과정을 마친 자
  2. 외국이나 군사분계선 이북지역에서 대학교육에 상응하는 교육과정을 마친 자
  3. 고등교육법 제36조 제1항, 평생교육법 제32조 또는 제33조에 따라 시간제로 등록하여 수업을 받은 자
  4. 대통령령으로 정하는 자격을 취득하거나 그 자격 취득에 필요한 교육과정을 마친 자
  5. 대통령령으로 정하는 시험에 합격하거나 그 시험이 면제되는 교육과정을 마친 자
  6. 무형문화재 보전 및 진흥에 관한 법률 제17조에 따라 국가무형문화재의 보유자로 인정된 사람과 그 전수교육을 받은 사람으로서 대통령령으로 정하는 사람

답 ①

04 평생교육제도

(선지분석)
④ 독학학위제는 고등학교 졸업 이상의 학력을 가진 사람이면 누구나 시험에 응시해서 학사학위를 받을 수 있는 제도이다. 이는 평생교육 이념을 구현하고 개인의 자아실현과 국가 사회의 발전에 이바지하려는 것을 목적으로 한다. 학위 취득시험은 교양과정 - 전공기초과정 - 전공심화과정 - 학위 취득종합시험 등 4단계 시험에 합격하면 학사학위를 취득할 수 있다.

📄 **ARCS 이론의 성격**
  1. 인간의 동기를 결정지을 수 있는 여러 가지 다양한 변인들과 그와 관련된 구체적 개념들을 통합하였다. 기존 교수에서는 동기의 필요성만을 강조하였지만 켈러는 동기를 일으키는 구체적인 방법을 제시하였다.
  2. 교수 - 학습 상황에서 동기를 유발하고 유지하기 위한 구체적이고 처방적인 전략을 제시하고 있다.

답 ④

STEP 02 상세한 해설로 개념 완성하기

모든 문제에 출제 KEYWORD와 상세한 해설을 수록하여 취약한 부분을 쉽게 파악·보완하고, 관련 이론을 복습하며 실전에 완벽히 대비할 수 있습니다.

정답의 근거와 오답의 원인, 관련 이론까지 짚어 주는 정답 및 해설

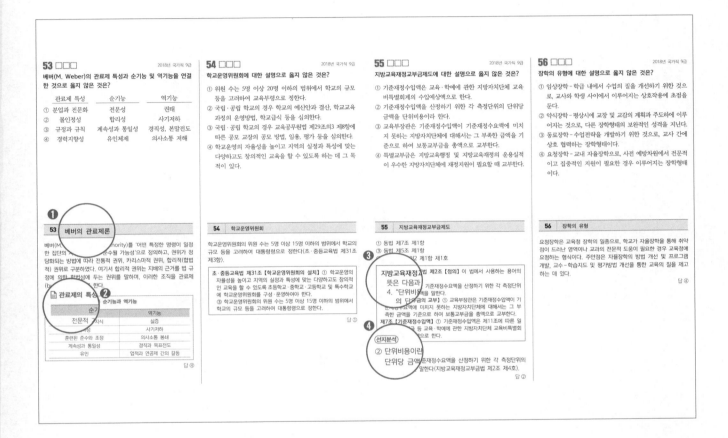

❶ 문항별 출제 KEYWORD

문항마다 문제의 핵심이 되는 출제 KEYWORD를 통해 각 문제가 묻고 있는 이론을 한눈에 파악할 수 있습니다.

❷ 관련 이론

문제풀이에 필요한 관련 핵심 이론을 수록하였습니다. 취약한 개념을 바로 확인하여 이론의 효과적인 학습이 가능합니다.

❸ 관련 법령

문제풀이에 필요한 관련 법령을 수록하여 별도의 법령집 없이 해설로도 법령의 심도 있는 학습이 가능합니다.

❹ 선지분석

정답인 선지뿐만 아니라 오답인 선지에 대해서도 상세한 설명을 수록하여 다양한 선지 유형을 빈틈없이 학습할 수 있습니다.

I

교육철학 및 교육사

01 서양교육사

01 □□□
2023년 국가직 7급

소크라테스의 회상설(回想說)에 대한 설명으로 옳은 것만을 모두 고르면?

> ㄱ. 진리는 본래 알고 있는 것을 상기하는 것이다.
> ㄴ. 학습자의 마음을 백지(白紙) 상태라고 규정한다.
> ㄷ. 학습 및 교수 방법으로서 대화법과 산파술이 적합하다.
> ㄹ. 교사는 학습자에게 지식을 주입하는 데 주력해야 한다.

① ㄱ, ㄴ
② ㄱ, ㄷ
③ ㄴ, ㄹ
④ ㄷ, ㄹ

02 □□□
2023년 지방직 9급

다음과 같이 주장한 교육학자는?

> 교육의 목적은 궁극적으로 학생의 도덕적 품성을 강화하는 것이다. 도덕적 품성은 다섯 가지 기본 이념으로 이루어져 있으며, 내적 자유의 이념, 완전성의 이념, 호의(선의지)의 이념, 정의(권리)의 이념, 공정성(보상)의 이념이다.

① 페스탈로치(Pestalozzi)
② 피히테(Fichte)
③ 프뢰벨(Fröbel)
④ 헤르바르트(Herbart)

01	회상설

소크라테스의 회상설(回想說) 혹은 상기설은 개념들의 모순과 오류를 밝히고 무지의 지(知)에 이르게 하는 과정 자체에서 인간을 자극하고 각성하도록 하는 것에 목적이 있으며, 이는 개념의 본질적 개방성 및 인간의 미완성을 암시한다. 학습 및 교수방법은 문답법(대화법)으로 반어법과 산파술로 구성된다. 반어법(反語法)이란 학습자를 무의식적 무지에서 의식적 무지까지 이끄는 것이고, 산파술은 의식적인 무지에서 합리적인 진리에로 인도하는 것이다.

(선지분석)

ㄴ. 학습자의 마음을 백지(白紙) 상태라고 규정한 것은 로크(J. Locke)이다.

ㄹ. 상기설은 교사가 학습자에게 지식을 주입하는 데 주력해야 하는 것이 아니라, 학습자 스스로 자신의 내부에서 지식을 이끌어 내도록 유도해야 한다고 본다.

답 ②

02	헤르바르트의 교육사상

헤르바르트(Herbart)는 칸트의 철학과 페스탈로치의 교육원리를 결합하고, 인간성의 전면적 발달과정을 이론적으로 추구하여 교육학을 과학적으로 체계화시켰다. 교육목적으로서 도덕성의 개발을 강조하였다. 이는 마음의 상태로서 내적인 자유에 대한 생각(Idee)을 말한다. 헤르바르트의 의지란 관념이나 사고 과정에서 독립된 행위를 일으킬 수 있는 독립적인 심적(心的) 능력이 아니라 심의(心意)가 가지는 관념이나 표상에서 생기고 그것에 의존하는 심적 기능이다. 의지를 결정하는 5가지 생각의 체계가 오도념(五道念, Fünf Ideen)이다.

답 ④

03 □□□

코메니우스(Comenius)의 교육사상에 대한 설명으로 옳지 않은 것은?

① 모든 사람에게 모든 것을 철저하게 가르쳐야 한다고 주장하였다.

② 그림을 넣은 교재인 세계도회를 제작하여 문자 위주 언어교육의 문제를 해결하고자 하였다.

③ 동굴의 비유를 통해 교육의 핵심적 원리와 지식의 단계를 제시하였다.

④ 어머니 무릎 학교, 모국어 학교, 라틴어 학교, 대학으로 이어지는 단계적 학교 제도를 제안하였다.

04 □□□

페스탈로치(Pestalozzi)의 교육사상에 대한 설명으로 옳지 않은 것은?

① 일반교육학을 저술하여 심리학적 원리에 기초한 교육방법을 정립하였다.

② 아동의 자발적 활동과 실물을 활용한 직관교육을 중시하였다.

③ 루소의 자연주의 교육사상을 교육 실제에 적용하여 빈민학교를 설립하였다.

④ 전체적인 구조 속에서 신체적 능력, 도덕적 능력, 지적 능력의 조화로운 발달을 주장하였다.

---

03 코메니우스의 교육사상

코메니우스(Comenius)는 실학주의 교육사상의 대표자이다. 그는 대교수학에서 모든 사람에게 모든 내용을 모든 방법을 통해 가르쳐야 한다고 주장하였다. 또한 그림을 넣은 교재인 세계도회를 제작하여 문자 위주 언어교육의 문제를 해결하고자 하였고, 어머니 무릎 학교, 모국어 학교, 라틴어 학교, 대학으로 이어지는 4단계 단계적 학교 제도를 제안하였다.

(선지분석)

③ 동굴의 비유를 통해 교육의 핵심적 원리와 지식의 단계를 제시한 인물은 그리스 시대 학자인 플라톤(Platon)이었다.

답 ③

04 페스탈로치의 교육사상

페스탈로치(Pestalozzi)는 신인문주의 교육사상가로 신체적 능력, 도덕적 능력, 지적 능력의 조화로운 발달이라는 전인교육의 원리를 주장하였고, 직관의 ABC에서는 아동의 자발적 활동과 실물을 활용한 직관교육을 중시하였다. 또한 페스탈로치는 루소의 자연주의 교육사상을 교육 실제에 적용하여 빈민학교를 설립하였다. 교육사상의 8대 원리는 자기창조의 원리, 안방교육의 원리, 도태의 원리, 기초 도야의 원리, 내적 직관의 원리, 여러 힘의 조화와 균형의 원리, 개성과 사회성의 조화의 원리, 친근성의 원리 등이다.

(선지분석)

① 일반교육학을 저술하여 심리학적 원리에 기초한 교육방법을 정립한 사람은 헤르바르트(Herbart)이다.

답 ①

아리스토텔레스의 교육사상에 대한 설명으로 옳은 것만을 모두 고르면?

> ㄱ. 모든 인간은 장차 실현될 모습을 스스로 지니고 있다는 목적론적 세계관을 지향한다.
> ㄴ. 교육의 최종적인 목적은 행복한 삶을 영위할 수 있는 인간을 기르는 것이다.
> ㄷ. 자유교육은 직업을 준비하거나 실용적인 목적을 위해 행해지는 것이 아니라 지식 자체의 목적에 맞추어져 있다.

① ㄱ, ㄴ
② ㄱ, ㄷ
③ ㄴ, ㄷ
④ ㄱ, ㄴ, ㄷ

다음에서 설명하는 교육사상가는?

> • 아동의 본성은 선하다는 신념을 가졌다.
> • 학습과 관련하여 최대한의 자유를 허용하였다.
> • 서머힐 학교(Summerhill School)를 창립하여 아동 중심의 자유주의 교육을 실천하였다.

① 니일(A. S. Neill)
② 부버(M. Buber)
③ 몬테소리(M. Montessori)
④ 듀이(J. Dewey)

05	아리스토텔레스의 교육사상

아리스토텔레스(Aristoteles)는 모든 인간은 형상(形相)과 질료(質料)로 구성된다고 보았다. 또한 질료 속에서 형상이 아직 완전히 실현되지 못한 상태는 가능태이고, 형상이 완전히 실현된 상태는 현실태라고 하였다.

ㄱ. 모든 인간은 장차 실현될 모습을 스스로 지니고 있다는 목적론적 세계관을 지향한다.

ㄴ. 교육의 최종적인 목적은 행복한 삶을 영위할 수 있는 인간을 기르는 것으로, 여기서 행복은 관조적 삶과 중용의 삶을 통해 온다고 보았다.

ㄷ. 아리스토텔레스는 자유교육과 비자유교육을 구분하였다. 자유교육은 직업을 준비하거나 실용적인 목적을 위해 행해지는 것이 아니라 지식 자체에 목적을 둔다.

답 ④

06	니일의 교육사상

서머힐(Summerhill) 학교는 1921년 영국의 니일(A. S. Neill)이 프로이드의 정신분석학에 기반을 둔 실험학교이다. 이 학교의 기본 정신은 아이들을 학교에 맞추는 대신 아이들에게 맞추는 학교였다. 니일은 어린이는 본질적으로 善한 존재라고 본다. 따라서 서머힐 학교는 자유와 창조적 활동을 중시하며, '자유'가 기본 원리이다. 이 학교에서는 다른 사람의 자유를 방해하지 않기 위한 최소한의 제약만 있고 자기가 하고 싶은 일을 마음대로 할 자유가 보장되었다.

답 ①

종교개혁이 서양 근대교육에 미친 영향으로 옳은 것은?

① 교육의 구심점이 국가에서 교회로 이동하였다.
② 성서중심 교육이 중시되어 교육의 종교화를 초래하였다.
③ 아동의 발달단계에 따른 교육을 강조하는 계기가 되었다.
④ 라틴어 대신에 모국어가 성경과 교육의 언어로 사용되면서 교육의 보편화에 기여하였다.

07	종교개혁

서양의 종교개혁의 의의는 다음과 같다. 첫째, 교육의 국가의무와 보편적인 무상의무교육을 강조하였다. 둘째, 성서를 읽고 쓰는 데 필요한 능력을 훈련시키기 위해 학교의 임무를 강조하였다. 셋째, 남녀를 불문하고 모든 계층에 보편적이고 강제적인 교육을 요구하였다. 넷째, 근대 초등교육의 기초를 제공하였다. 다섯째, 신교의 교육목적에 근거하여 노동과 직업 훈련을 강조하였다.

(선지분석)
① 교육의 구심점이 교회에서 국가로 이동하였다.
② 성서중심 교육에서 탈피해서 교육의 세속화를 초래하였다.
③ 아동의 발달단계에 따른 교육을 강조하는 계기가 된 것은 루소 이후이다.

답 ④

코메니우스(J. A. Comenius)의 교육사상에 대한 설명으로 옳지 않은 것은?

① 고전(古典)의 내용을 체계적으로 전달하고 이해하는 것이 중요하다.
② 감각교육의 중요성을 강조한다.
③ 교육을 이끌어가는 방법상의 원리를 자연에서 찾는다.
④ 수업에서는 사물이 사물에 대한 언어보다 앞서야 한다.

08	코메니우스의 교육사상

고전의 내용을 체계적으로 전달하고 이해하는 일의 중요성을 강조한 것은 인문주의이다.

(선지분석)
②, ③ 코메니우스(J. A. Comenius)는 실학주의자이다. 실학주의는 자연과학의 발달에 영향을 받아 고전의 내용을 전달하고자 했던 인문주의에 반발하고, 실용적 지식과 과학적 탐구방법을 중시하였다. 코메니우스는 감각교육의 중요성을 강조하였고, 교육의 방법으로 자연의 연구를 통해 발견한 법칙을 적용하고자 하였다.
④ 코메니우스는 수업에서는 언어보다 사물 혹은 실물의 중요성을 강조하였다.

답 ①

09 ☐☐☐

플라톤이 국가론에서 주장한 내용으로 옳은 것은?

① 교육의 궁극적인 목적은 개인의 자아실현에 있다.
② 국가는 능력에 따라 구분된 계급에 적합한 교육을 시켜야한다.
③ 모든 인간은 백지상태에서 태어나므로 개인의 사회적 역할은 평등하다.
④ 국가는 교육에 최소한으로 개입하여 개인의 발달을 보장해야 한다.

10 ☐☐☐

헤르바르트(J. F. Herbart)의 4단계 교수론에서 다음이 설명하는 단계는?

> 이 단계에서는 지식 사이의 중요한 관련과 중요하지 않은 관련이 명백히 구분되고, 지식은 하나의 통일된 전체로 배열된다. 이 단계에서 학습의 성공은 학습자의 내부에 들어있는 표상들이 완전한 통합을 이루도록 하는 데 있다.

① 명료화(clearness)
② 연합(association)
③ 방법(method)
④ 체계(system)

09	플라톤의 교육사상

플라톤(Platon)은 국가론에서 교육사상을 전개하였다. 그는 보편적이고 절대적인 세계를 중시하였고, 이상국가의 4가지 덕목인 지혜, 용기, 절제, 정의를 강조하였다. 그리고 특별히 적합한 자질을 갖춘 사람에게만 높은 수준의 교육을 허용하였다. 즉, 능력에 따라 구분된 계급에 적합한 교육을 시켜야 한다고 보았다. 그의 교육사상은 국가 중심의 공동체 교육, 계급에 따른 교육지향(비민주성)을 의미한다. 그는 교육의 모든 과정이 국가에 의해 철저히 조직되고 통제되어야 한다고 주장하였다.

선지분석
① 자아실현을 강조한 사람은 매슬로우(A. Maslow)이다.
③ 백지설을 주장한 사람은 로크(J. Locke)이다.
④ 국가가 교육에 최소한으로 개입하여 개인의 발달을 보장해야 한다고 주장한 사람은 루소(Rousseau)이다.

답 ②

10	헤르바르트의 4단계 교수론

헤르바르트(J. F. Herbart)는 연상주의(associationism)에 기초한 교수 4단계, 즉 명료(clearness), 연합(association), 체계(system), 방법(method)의 4단계설을 제시하였다. 지식 사이의 중요한 관련과 중요하지 않은 관련이 명백히 구분되고, 지식은 하나의 통일된 전체로 배열되며, 이 단계에서 학습의 성공은 학습자의 내부에 들어있는 표상들이 완전한 통합을 이루도록 하는 단계는 체계(계통)이다.

답 ④

11 ☐☐☐

종교개혁기의 서양교육에 대한 설명으로 옳은 것은?

① 교회중심의 기독교교육을 강조하였다.
② 교육에서 현세의 고행과 금욕을 강조하였다.
③ 성서 읽기를 위한 기본 문해교육이 강조되었다.
④ 스콜라 철학을 바탕으로 한 대학교육이 발달하였다.

12 ☐☐☐

다음에 해당하는 서양 근대의 교육사조는?

> • 교육은 합리적인 자연의 원리에 합당해야 한다는 교육방법의 원칙을 채택한다.
> • 교육의 목표를 사회적 분업에 따른 유용한 인간을 양성하는 데 둔다.

① 계몽주의
② 국가주의
③ 인문주의
④ 신인문주의

11	종교개혁기의 교육

종교개혁은 루터(M. Luther)가 95조항의 건의문을 발표하고 서민층의 지지를 받으면서 본격화되었다. 특히 루터는 가정교육의 보완으로 학교교육을 중시하였고, 학교교육의 유지에 국가의 책임이 필요하다는 공교육을 주장하였다. 학교교육은 서민층 자제들이 성서를 읽고 찬송가를 노래할 수 있는 정도의 기초 문해교육을 강조하였다.

(선지분석)

①, ②, ④ 교회 중심의 기독교교육을 강조하고, 교육에서 현세의 고행과 금욕을 강조하며, 스콜라 철학을 바탕으로 한 대학교육이 발달하기 시작한 시기는 중세 기독교 시대이다.

답 ③

12	서양 근대 교육사조

서양 근대의 교육사조 가운데 계몽주의는 18세기 지적 사조 중 하나로 인간 이성에 대한 신화를 바탕으로 모든 전통과 권위, 교회의 속박으로부터 탈피하려는 합리주의적 사상 경향을 말한다. 계몽주의에서는 개인의 판단 능력을 존중하고, 개인의 이성적 능력의 발달을 도모하며, 루소(Rousseau)의 영향을 받아 교육은 합리적인 자연의 원리에 합당해야 한다는 교육방법의 원칙을 채택한다. 계몽주의자들은 자연법 사상에 기초하여 자연의 빛에 비추어 보면 인간은 본래 자유롭고 평등한 존재라고 주장한다. 이를 가장 대표하는 인물이 루소이다.

답 ①

신인문주의 교육에 대한 설명으로 옳지 않은 것은?

① 인간 본성의 미적, 지적 차원의 조화로운 발달을 추구하였다.
② 국민국가의 민족적 관점에서 전통과 유산을 중요한 교육 소재로 삼았다.
③ 고전 연구와 교육을 위해 이탈리아의 궁정학교와 독일의 김나지움과 같은 학교가 생겨났다.
④ 공리주의적이고 실리적인 계몽주의에 맞서 학교교육 전반에 걸친 개혁을 추구하였다.

다음 내용과 가장 관련이 깊은 것은?

> • 핵심 주제는 정의, 즉 올바른 삶이다.
> • 올바른 삶을 위해 가장 중요한 것은 이성의 덕인 지혜를 갖추는 것이다.
> • 초기교육은 음악과 체육을 중심으로 하고, 후기교육은 철학 또는 변증법을 강조한다.

① 플라톤(Platon)의 국가론
② 루소(J. J. Rousseau)의 에밀
③ 듀이(J. Dewey)의 민주주의와 교육
④ 피터스(R. S. Peters)의 윤리학과 교육

13	신인문주의 교육

서양의 19세기 신인문주의는 18세기 계몽주의의 지나친 합리성에 대한 반발로 등장한 사조로서 조화로운 인간발달, 국가주의의 발달에 따른 민족문화의 유산을 전달하기 위한 교과인 국어, 국사 등을 교육내용으로 하였다.

(선지분석)
③ 고전 연구와 교육을 위해 이탈리아의 궁정학교와 독일의 김나지움과 같은 학교가 생겨난 시기는 르네상스 시대인 인문주의이다.

답 ③

14	플라톤의 교육사상

플라톤(Platon)은 국가론에서 철인교육론을 제시하였다. 그가 구상한 이상국가의 덕목은 지혜, 용기, 절제, 정의이고, 철인교육의 첫 번째 단계인 예비 교육단계에서는 체육과 음악을 통해 육체와 정신을 연마하도록 하였다. 철인교육의 마지막 단계인 5단계에서는 철학의 문답법을 연습하면서 국가의 여러 직책을 돌아다니고 통치의 실습을 받는다. 50세 이후가 되면 변증법의 최고 단계인 선의 이데아를 탐구하다가 순번이 돌아오면 정치 일선에 나와서 통치를 담당한다.

답 ①

17세기 서양의 실학주의 철학 사조에서 강조하는 교육의 특징으로 옳지 않은 것은?

① 인문적 실학주의 – 고전연구를 통해 현실생활에 잘 적응하는 유능한 인간 양성을 강조하였다.
② 사회적 실학주의 – 여행과 같은 경험중심 교육을 통하여 사회적 조화와 신사 양성을 교육목적으로 강조하였다.
③ 감각적 실학주의 – 감각적 경험을 통하여 생활의 지식을 습득하며, 이해와 판단을 중시하는 교육방법을 강조하였다.
④ 인문적 실학주의 – 고전중심의 교과를 토의와 설명에 의해 개별적으로 교육하는 것을 강조하였다.

15	실학주의 교육철학

감각적 실학주의는 지식은 감각이나 경험을 통해서 오는 것이라는 신념에 근거한다. 이해와 판단을 중시하는 교육방법을 강조한 것은 계몽주의의 형식도야설이다.

📋 **실학주의의 비교**

구분	인문적 실학주의	사회적 실학주의	감각적 실학주의
교육 사상	고전의 내용을 통해서 현실생활을 이해하고 적응하는 것	사교생활의 경험을 교육내용으로 삼고, 사회생활을 통한 교육 강조	감각적 직관이 교육의 기초, 말에 앞서 사물을 보여 주는 것을 강조
교육 목적	고전연구를 통한 현실생활 적응인 양성	사회적 조화, 신사 양성	자연법칙과의 조화 → 개인과 사회를 발전시킴
교육 내용	백과전서적 내용	신사를 양성하는 데 필요한 여러 내용	모국어, 자연과학, 사회과학 등의 실제적 내용
대표 학자	밀턴, 라블레	몽테뉴, 로크	베이컨, 라트케, 코메니우스

답 ③

서양의 감각적 실학주의(sensual realism)에 관한 설명으로 가장 적절한 것은?

① 인문주의 교육을 비판한 몽테뉴(Montaigne)가 대표적인 사상가이다.
② 고전을 중시하지만, 고전을 가르치는 목적이 현실생활을 이해하는 데 있다.
③ 세상은 가장 훌륭한 교과서이며, 세상사에 밝은 인간을 기르는 데 교육의 목적이 있다.
④ 자연과학의 지식과 방법론을 활용하여 교육의 현실적 적합성과 실용성을 추구한다.

16	감각적 실학주의

감각적 실학주의는 지식은 감각이나 경험을 통해서 오는 것이라는 신념에 근거하며, 교육은 자연적 과정으로서 교육이 기초해야 할 법칙이나 원리는 자연 속에서 발견될 수 있다고 보았다.

(선지분석)
① 몽테뉴(Montaigne)는 여행의 교육적 가치를 강조한 사회적 실학주의자이다.
② 고전을 통해 현실생활을 이해하고자 한 것은 인문적 실학주의이다.
③ 세상은 가장 훌륭한 교과서이며, 세상사에 밝은 인간을 기르는 데 교육의 목적이 있다고 본 것은 사회적 실학주의이고, 대표자는 몽테뉴이다.

답 ④

다음 설명과 가장 밀접한 것은?

> • 지식을 주입하는 대신 질문을 통하여 스스로 생산적 사고
>   를 하도록 한다.
> • 지혜는 물이 높은 곳에서 낮은 곳으로 흘러가듯 교사로부
>   터 학생에게 손쉽게 전달되지는 않는다.

① 반문법과 산파술
② 코메니우스(J. A. Comenius)의 감각교육
③ 실물교육과 노작교육
④ 3학과 4과

교육사상가들에 대한 설명으로 옳지 않은 것은?

① 파크허스트(H. Parkhurst)는 달톤플랜(Dalton plan)에서 학생과 교사가 계약을 맺는 계약학습을 제시하였다.
② 아들러(M. J. Adler)는 파이데이아 제안서(Paideia proposal)에서 학생들이 동일한 교육목표를 가지는 교육과정을 주장하였다.
③ 허친스(R. M. Hutchins)는 듀이(J. Dewey)와 함께 진보주의 교육협회를 설립하고 진보주의 교육운동을 전개하였다.
④ 킬패트릭(W. H. Kilpatrick)은 학생이 자신의 학습을 계획하고 활동을 수행하는 프로젝트 학습법(project method)을 제시하였다.

17	소크라테스의 교육사상

지식을 주입하는 대신 질문을 통해 스스로 생산적 사고를 하도록 하는 방법은 소크라테스(Socrates)의 문답법이다. 문답법은 반어법과 산파술로 구성된다. 반어법은 학습자를 무의식적 무지에서 의식적 무지로 이끄는 방법이고, 산파술은 의식적인 무지에서 합리적인 진리로 인도하는 방법이다. 문답법은 개념들의 모순과 오류를 밝히고 무지의 앎에 이르게 하는 과정 자체에서 인간을 자극하고 각성하도록 하는 것에 목적이 있다.

답 ①

18	현대의 교육사상가

듀이(J. Dewey)와 함께 진보주의 교육협회를 설립하고 진보주의 교육운동을 전개한 사람은 파커(Parker) 등이다. 허친스(R. M. Hutchins)는 진보주의를 비판한 항존주의자이다.

(선지분석)
② 아들러(M. J. Adler)는 파이데이아 제안서(Paideia proposal)에서 학생들이 동일한 교육목표를 가지는 교육과정을 주장하였다. 파이데이아 제안서는 1982년 지나치게 방만하게 운영되어 학생들의 학습에 초점이 없고 기초학력의 저하를 초래한 미국 학교교육에 대한 대안으로 제안된 것으로, 교육목표, 교육과정, 수업, 교육평가, 행정관리에 이르는 종합적인 학교개혁안이다. 여기서는 개인의 계속적인 성장 발달, 민주 시민 의식의 함양, 직업적 기초 소양을 양성하기 위하여 언어와 문학 및 예술, 수학과 자연과학, 역사와 지리 및 사회생활과의 세 가지 통합 교과영역을 핵심적인 공통 필수로 지정하였다.

답 ③

19 □□□

서양교육사에서 나타난 사실로 옳은 것은?

① 고대 그리스의 스파르타에서는 신체와 영혼의 균형을 교육의 목적으로 추구하여 교육과정에서 읽기, 쓰기, 문학, 철학의 비중이 컸다.
② 고대 로마시대에는 초기부터 공립학교 중심의 공교육체제가 확립되어 유행하였다.
③ 17세기 감각적 실학주의는 감각을 통한 지각, 관찰학습, 실물학습을 중시하였다.
④ 산업혁명기 벨(A. Bell)과 랭커스터(J. Lancaster)의 조교법(monitorial system)은 소규모 토론식 수업방법이었다.

19	실학주의 교육사상

17세기 감각적 실학주의는 감각을 통한 지각, 관찰학습, 실물학습을 중시하였다. 감각적 실학주의는 자연계에서 이루어진 새로운 발견이나 발명에 영향을 받아 지식과 진리의 원천으로서 자연현상에 흥미와 관심을 가졌다.

(선지분석)
① 고대 그리스의 아테네에서는 신체와 영혼의 균형을 교육의 목적으로 추구하여 교육과정에서 읽기, 쓰기, 문학, 철학의 비중이 컸다.
② 고대 로마시대에는 초기부터 초등교육기관인 루더스, 그리스어와 라틴어를 배우는 문법학교, 최고의 웅변가를 양성하는 수사학교가 설립되었지만 이들 학교는 사립학교이었다.
④ 산업혁명기 벨(A. Bell)과 랭커스터(J. Lancaster)의 조교법(monitorial system)은 대량생산체제의 산업혁명의 정신을 반영한 대량의 일제식 수업방법이었다.

답 ③

20 □□□

다음 내용과 관련이 있는 교육사상가는?

> 교사는 학생에게 정답을 미리 알려주지 않고 학생이 알고 있는 것이 참인지 거짓인지를 판단하면서 학생 스스로 진리의 세계로 들어갈 수 있도록 돕는 역할을 한다. 이를 위해 교사는 반어적인 질문을 학생에게 던짐으로써 학생 자신이 무지를 깨닫게 한다. 지적(知的)인 혼란에 빠진 학생은 교사와의 끊임없는 대화를 통해 진리를 성찰하게 되면서 점차 참된 지식에 이를 수 있게 된다.

① 아퀴나스(T. Aquinas)
② 소크라테스(Socrates)
③ 프로타고라스(Protagoras)
④ 아리스토텔레스(Aristoteles)

20	그리스의 교육사상가

학생 스스로 진리의 세계로 돌아갈 수 있도록 돕기 위해 교사가 반어적인 질문을 통해 학생 자신이 무지를 깨닫도록 한 사상가는 소크라테스(Socrates)이다. 소크라테스의 교육사상은 문답법 또는 대화법으로, 반어법과 산파술로 구성된다. 반어법은 학습자를 무의식적 무지에서 의식적 무지까지 이끄는 것이고, 산파술은 의식적인 무지에서 합리적인 진리로 인도하는 것이다. 문답법은 개념들의 모순과 오류를 밝히고 무지의 지(知)에 이르게 하는 과정 자체에서 인간을 자극하고 각성하도록 하는 것을 목적으로 한다.

답 ②

중세시대 대학 발생의 주요 배경에 대한 설명으로 옳지 않은 것은?

① 스콜라 철학이 발달하면서 학문적 열기가 고조되었다.
② 십자군 전쟁 이후 외부 지역으로부터 실용학문이 널리 유입되었다.
③ 대중의 교육적 요구에 따라 조합학교(guild school)가 새롭게 등장하였다.
④ 도시와 상공업이 발달하면서 법조인, 의사와 같은 전문 인력에 대한 수요가 증가하였다.

다음과 같이 주장한 교육사상가는?

- '다방면적 흥미'의 형성을 중시하였다.
- 명료, 연합, 체계, 방법으로 이어지는 수업의 단계를 주장하였다.
- 단순한 지식 전달을 넘어 도덕적 인격을 갖추는 데 기여하는 '교육적 수업'을 강조하였다.

① 퀸틸리아누스(Quintilianus)
② 헤르바르트(Herbart)
③ 루소(Rousseau)
④ 듀이(Dewey)

---

21   중세 대학의 발생 배경

이미 형성되어 있던 생산 조합인 조합학교(guild school)의 형태를 그대로 이어받은 것이 중세 대학이다. 학생이 교수가 되려면 조합의 형태인 도제 → 직공 → 장인의 과정을 거쳐야 한다.

📄 **중세 대학의 발생 배경**

1. 십자군 전쟁 이후 사라센 문화의 유입
2. 스콜라 철학의 영향
3. 중세 도시의 발달과 시민계급의 형성
4. 도제제도

답 ③

22   헤르바르트의 교육사상

신인문주의자인 헤르바르트(Herbart)는 칸트(Kant)의 철학과 페스탈로치(Pestalozzi)의 교육원리를 결합하고, 인간성의 전면적 발달과정을 이론적으로 추구하여 교육학을 과학적으로 체계화하였다. 그는 다방면의 흥미를 통하여 의지를 도야하고 그것을 통하여 도덕적 품성에까지 도달하는 것을 교육적 교수라고 하였다. 또한 연상심리학에 근거해서 명료, 연합, 계통, 방법으로 이어지는 4단계 교수단계를 제시하였다.

답 ②

16세기 서양의 인문주의 교육사상에 대한 설명으로 옳은 것은?

① 고대 그리스·로마의 자유교육의 이상을 계승하였다.

② 자연이나 실재하는 사물을 매개로 하는 실물교육을 도입하였다.

③ 민족적으로 각성된 관점에서 공동체 의식을 기르는 데 주력하였다.

④ 고등교육이 아닌 초등교육 수준에서 구체적인 교육 방안을 제안하였다.

르네상스 시기의 인문주의 교육에 대한 설명으로 옳지 않은 것은?

① 인간중심적 사고를 강조하였다.

② 감각적 실학주의를 비판하며 등장하였다.

③ 북유럽의 인문주의 교육은 개인보다는 사회개혁에 주된 관심을 가졌다.

④ 이탈리아의 인문주의 교육에서는 자기표현 및 창조적 능력의 실현을 강조하였다.

23	인문주의 교육사상

16세기 인문주의 교육사상은 그리스와 로마의 자유교육의 이상을 계승한 사상이다.

(선지분석)

② 자연이나 실재하는 사물을 매개로 하는 실물교육의 도입을 강조한 것은 실학주의 교육사상이다.

③ 민족적으로 각성된 관점에서 공동체 의식을 기르는 데 주력한 것은 19세기에 발생된 국가주의 교육사상이다.

④ 고등교육이 아닌 초등교육 수준에서 구체적인 교육 방안을 제안한 것은 신인문주의 교육사상이다.

답 ①

24	인문주의 교육사상

르네상스 시기의 인문주의는 예술, 문학, 과학, 철학, 정치, 교육 등에 있어서 새로운 정신의 부활을 말한다. 인문주의의 외침은 "과거로 돌아가자. 고대 세계의 예술과 문학과 종교로 돌아가자."라는 것이었다. 인문주의는 중세적 요소를 비판하며 등장하였고, 감각적 실학주의는 인문주의 이후 등장하였다.

(선지분석)

① 인간적인 것에 대한 관심이 고조되었으며, 인문주의는 중세와 근세의 전환적 문화를 의미한다.

③ 북유럽의 인문주의를 사회적 인문주의라고 하고, 교육은 개인보다는 사회개혁에 주된 관심을 가졌다.

④ 이탈리아의 개인적 인문주의 교육에서는 자기표현 및 창조적 능력의 실현을 강조하였다.

답 ②

아리스토텔레스의 교육사상에 대한 설명으로 옳지 않은 것은?

① 교육은 시민들의 행복한 삶을 다룬다는 점에서 정치와 동일하다.

② 도덕적 탁월성이란 개인이 가진 내적 소질을 최대한 발현시키는 것이다.

③ 인간을 포함하여 존재하는 모든 것은 장차 실현될 모습을 스스로 지니고 있다.

④ 반어법(反語法)과 산파술(産婆術)은 학습자의 무지를 일깨우기 위한 교수법이다.

교육학의 성격에 대한 오코너(O'Connor)와 허스트(Hirst) 사이의 논쟁에서 오코너의 입장으로 옳은 것은?

① 교육이론은 신념, 도덕, 종교 등 형이상학적 가치판단의 문제를 포함해야 한다.

② 엄밀한 자연과학적 이론체계를 갖추고 있지 못한 교육이론은 예우상의 경칭(a courtesy title)에 불과하다.

③ 교육이론은 실제적 질문에 판단을 내리고 합리적으로 정당화한 것이다.

④ 교육이론은 자연과학이론에 종속되거나 열등한 이론이 아니다.

25	아리스토텔레스의 교육사상

아리스토텔레스(Aristoteles)의 교육사상은 실재론적 철학관으로, 진리탐구는 정신에 의해서만 이루어지는 것이 아니고 자연 및 사회생활의 객관적 사실 속에서도 구해야 하며, 형상은 질료와 더불어 존재한다고 보았다. 그는 교육목적으로 이성인을 강조하였고, 이성인이 누려야 할 최고의 생활을 행복, 행복이나 선에 도달하는 것이 덕이라고 하였다. 교육은 참된 윤리적 생활을 가능하게 하는 것으로 정치적 문제와 관련되어 있으며, 인간의 영혼은 신체적 힘의 총체로서 신체 없이는 존재할 수 없다고 본다. 그가 교육을 논한 대표적인 저서는 정치학이다.

(선지분석)

④ 반어법(反語法)과 산파술(産婆術)은 학습자의 무지를 일깨우기 위한 교수법으로, 소크라테스(Socrates)가 제시하였다.

답 ④

26	교육학의 성격에 관한 논쟁

교육학의 성격에 대한 오코너(O'Connor)와 허스트(Hirst)의 논쟁에서 오코너는 교육학 이론을 자연과학으로 보았고, 허스트는 교육학 이론을 규범과학으로 보았다. 오코너에 따르면 교육학 이론을 자연과학으로 보는 것은 가치중립적이며, 현상에 관한 관찰, 기술, 설명, 일반화 등을 중시하여, 엄밀한 자연과학적 이론체계를 갖추고 있지 못한 교육이론은 예우상의 경칭(a courtesy title)에 불과하다. 반면, 허스트와 같이 규범과학으로 보는 경우 교육학은 가치지향적이며 형이상학적 신념, 도덕, 종교 등의 가치판단을 포함하고 있다.

답 ②

27 ☐☐☐   2016년 국가직 7급

서양 교육사상가의 교육사상과 실천에 대한 설명으로 옳은 것은?

① 루소(Rousseau)는 부모와 교사가 주도적 역할을 하는 적극 교육의 중요성을 강조하였다.
② 페스탈로치(Pestalozzi)는 빈민과 고아를 위한 학교를 운영하며 노작의 교육적 가치에 주목하였다.
③ 프뢰벨(Fröbel)은 종교, 자연, 수학, 언어를 중심으로 한 유아 교육을 강조하였다.
④ 헤르바르트(Herbart)가 제시한 수업의 형식 단계설에서 체계와 방법은 전심(concentration) 과정에 해당한다.

28 ☐☐☐   2015년 지방직 9급

18세기 유럽의 계몽주의 교육 사조에 대한 설명으로 틀린 것은?

① 인간의 이성적 능력을 신뢰하였다.
② 전통적인 관습과 권위에 도전하였다.
③ 인문·예술 교과를 통한 감성 교육을 강조하였다.
④ 교육을 통한 무지의 타파와 사회개혁을 추구하였다.

27	페스탈로치의 교육사상

페스탈로치(Pestalozzi)는 교육을 사회개혁의 주요 수단으로 간주하였고, 빈민과 고아를 위한 학교를 운영하며 노작의 교육적 가치에 주목하였다. 그는 프랑스 혁명 이후 교육을 사회개혁의 수단으로 하는 길은 실천적인 방법으로 그 효과를 입증하는 것임을 자각하였다.

(선지분석)
① 루소(Rousseau)는 부모와 교사가 주도적 역할을 하는 적극 교육의 중요성을 거부하였다.
③ 프뢰벨(Fröbel)이 제시한 종교, 자연, 언어를 중심으로 한 교육은 청소년들을 위한 교육이다.
④ 헤르바르트(Herbart)가 제시한 수업의 형식 단계설에서 체계와 방법은 치사(致思) 과정에 해당한다.

답 ②

28	계몽주의 교육사상

18세기 계몽주의는 인간 이성에 대한 신화를 바탕으로 모든 전통과 권위, 교회의 속박으로부터 탈피하려는 합리주의적 사상 경향을 말한다. 계몽주의는 정치에서의 절대주의, 종교에서의 정교주의 그리고 교육에서의 전통적인 고전주의와 훈련관에 의한 전제적인 권위의 지배에 대한 반동운동이었다. 초기에는 지적이고 귀족주의적이었으나, 후기의 혁명적 경향은 자연주의적이었으며 사회의 개혁을 목적으로 하였다. 계몽주의의 교육은 개인의 판단 능력을 존중해야 하며, 개인의 이성적 능력의 발달을 도모하는 일이었다.

(선지분석)
③ 인문·예술 교과를 통한 감성교육을 강조한 것은 19세기 신인문주의 교육사상이다.

답 ③

고대 그리스의 소크라테스 교육사상에 대한 설명으로 틀린 것은?

① 덕(德)과 지식은 동일하다고 주장하였다.
② 도덕성 함양을 위해 습관 형성을 강조하였다.
③ 교육방법으로 대화법과 산파술을 사용하였다.
④ 절대적이고 객관적인 진리의 존재를 역설하였다.

서양의 근대 공교육 제도의 발달에 대한 설명으로 옳지 않은 것은?

① 종교개혁 과정에서 국가의 대중교육에 대한 책무가 강조되었다.
② 프랑스 혁명기에 콩도르세(Condorcet)는 '공교육 조직 법안'에서 교육의 자유원칙을 주장하였다.
③ 영국에서는 19세기 말에 자유주의자들과 비국교도들이 국가교육연맹을 구성하여 의무무상교육 운동을 전개하였다.
④ 미국에서는 1890년대에 중등학교 취학률이 급격히 증가하여 복선제 학제가 강화되었다.

29	소크라테스의 교육사상

소크라테스(Socrates)는 지행합일설(知行合一說)을 주장하였다. 그는 "도덕적 지식은 도덕적 행위를 보장하는가?"라는 문제에서 "지식은 덕이다."라는 원리에 도달하였다. 즉, 옳음을 안다는 것은 그것을 행하는 것이며, 지식은 바로 미덕이다. 지식은 자유행동의 선행조건이고 모든 기술(arts)에 있어 바른 행위의 기초이며, 지식은 보편타당한 것을 탐구함으로써 획득된다. 소크라테스가 주장한 문답법은 반어법과 산파술로 구성된다.

(선지분석)
② 도덕성 함양을 위해 습관 형성을 강조한 사람은 아리스토텔레스(Aristoteles)이다. 아리스토텔레스는 교육목적으로서의 이성인을 강조하였다. 이성인이 누려야 할 최고의 생활이 행복이며, 지식의 소유는 덕이 아니고 행복이나 선에 도달하는 것이 덕이라고 하였다. 덕은 중용(mean)에 있으며 그것을 구별하게 하는 힘은 이성이지만 좋은 품성으로 그것을 실천하게 하는 것은 '습관 형성'이라고 보았다.

답 ②

30	서양의 근대 공교육 제도의 성립

공교육 제도는 일반적으로 국가 혹은 준국가적 자치조직의 통제와 관리와 지원에 의해 국민 전체를 대상으로 하여 운영되는 제도를 말한다. 최초의 근대 공교육 제도는 프랑스 혁명 이후 콩도르세(Condorcet) 등에 의해 성립되었다.

(선지분석)
④ 미국에서는 전통적으로 민주주의 정신에 기초한 단선형 학제가 확립되었다. 미국의 학제는 주마다 약간의 차이는 있지만 초등 5년, 중학교 3년, 고등학교 4년인 5-3-4가 다수이고 6-3-3, 6-2-4, 4-4-4, 8-4제 등 다양하다.

답 ④

31 ☐☐☐

다음 글에 해당하는 교육사상가는?

> "모든 것은 조물주의 손에서 나올 때는 순전히 선하나 인간의 손에 넘어오면서 타락한다."라고 주장하며, 인위적 교육을 비판하고 자연의 원리에 맞는 교육을 해야 한다고 강조하였다.

① 니일(A. S. Neill)
② 루소(J. J. Rousseau)
③ 듀이(J. Dewey)
④ 로크(J. Locke)

---

31 루소의 교육사상

루소(J. J. Rousseau)는 에밀의 서론 부분에서 "모든 것은 조물주의 손에서 나올 때는 순전히 선하나 인간의 손에 넘어오면서 타락한다."라고 주장하며, 인위적 교육을 비판하고 자연의 원리에 맞는 교육을 해야 한다고 하였다.

📄 **루소의 자연주의 교육사상**

1. 자연에 일치하는 교육으로 이는 교육과정에 대한 자연법칙의 발견·형성·응용을 의미한다.
2. 인간발달이 자연적 법칙에 일치하는 교육을 의미하는 것으로 후에 계발주의자(19세기의 신인문주의자)들에게 영향을 미쳤다.
3. 모든 인위적인 것에 반대하여 자연으로 돌아가는 것을 말한다. 자연주의자들은 아동에 대한 인위적인 환경과 훈련을 공격하고 아동의 자연스러운 자발성을 억압하는 모든 인위적인 것을 반대하였다(아동중심주의).

답 ②

---

32 ☐☐☐

듀이(Dewey) 교육관의 특징에 해당하지 않는 것은?

① 사회적 가치보다는 아동의 흥미를 더 중시하는 아동중심적 교육관이다.
② 이론중심의 전통적 교육관에 대해 비판적이다.
③ 학습자 경험의 재구성과 성장을 중시하는 교육관이다.
④ 전통주의와 진보주의 교육 사이에서 극단적인 입장을 취하기보다는 절충적인 입장을 취한다.

---

32 듀이의 교육사상

듀이(Dewey) 교육사상의 배경은 프래그머티즘(Pragmatism)으로 도구주의, 경험주의, 상대적 진리관, 변화적 세계관(유일한 실재는 변화와 경험), 아동중심교육, 생활중심교육, 경험중심교육, 흥미중심교육을 특징으로 한다. 학교교육 속에서 아동이 경험해야 할 것은 사회현실과 밀접한 관련이 있는 것이어야 하며, 생활을 중심으로 구성되어야 한다. 즉, 사회적 가치에 바탕을 둔 아동중심적 교육관이다.

답 ①

02 한국교육사

01 ☐☐☐

2024년 지방직 9급

우리나라 교육사에 관한 설명으로 옳지 않은 것은?

① 백제에서는 교육기관으로 국학을 세웠다.
② 고구려에서는 교육기관으로 태학을 세웠다.
③ 유형원은 『반계수록』에서 교육제도 개혁을 주장하였다.
④ 근대적 관립학교인 육영공원을 세웠다.

02 ☐☐☐

2024년 국가직 9급

조선 후기 실학자에 의해 직접 편찬된 한자 학습용 교재는?

① 아학편
② 천자문
③ 동몽선
④ 입학도설

---

01 | 전통적 교육제도

백제에서는 학교설립에 대한 직접적인 기록이 없고, 교육기관으로 국학을 세운 것은 통일신라였다.

(선지분석)
② 고구려에서는 고등 교육기관으로 중앙에 태학을 세웠다.
③ 실학자인 유형원은 『반계수록』에서 4단계 교육제도 개혁을 주장하였다.
④ 1886년 정부는 근대적 관립학교인 육영공원을 세웠다.

답 ①

02 | 아학편

조선 후기 실학자에 의해 직접 편찬된 한자 학습용 교재인 『아학편(兒學編)』은 기존의 천자문을 비판하고 저술한 새로운 아동용 2천자문(상·하권 각 1천자)이다. 이 저서는 아동에게 '어떤 단어'를 '어떤 순서'로 '어떤 방법'으로 가르칠 것인가를 제시하였다.

(선지분석)
② 천자문은 중국 양나라 시대 주흥사가 편찬한 문자서이다.
③ 동몽선습은 『천자문』 다음에 가르쳤던 어린이들의 한문교재로 조선 중종 때에 박세무가 저술하였다.
④ 입학도설은 전·후집을 합해서 40개의 도설(圖說)이 있고, 학자와의 문답형식으로 된 해설이 삽입되어 있으며, 조선시대 권근이 편찬하였다.

답 ①

03 ☐☐☐

조선시대 교육기관으로서 서당(書堂)에 대한 설명으로 옳은 것만을 모두 고르면?

> ㄱ. 중종 38년 풍기 군수 주세붕이 안향을 제향(祭享)하면 서 세운 사당에 기원을 두고 있다.
> ㄴ. 국가가 운영하는 관학(官學) 성격의 교육기관이었다.
> ㄷ. 촌락이나 동리와 같이 향촌 사회에 널리 설립되어 운영 되었던 초급 교육기관이었다.
> ㄹ. 서재(書齋), 서실(書室), 서숙(書塾)은 서당을 지칭하는 또 다른 용어이다.

① ㄱ, ㄴ
② ㄱ, ㄹ
③ ㄴ, ㄷ
④ ㄷ, ㄹ

03	조선시대 교육기관

서당(書堂)은 고려시대에 설립되어 조선시대에 발전한 초등 정도 의 사설 교육기관으로 한국 교육사에서 생명력이 가장 긴 교육기관 이었다. 일명 글방, 서재, 서실, 서숙 등이라고도 불렀다. 서당은 서 민 대중들에게 문자교육과 마을의 도덕적 및 예양적(禮讓的) 향풍 을 수립하고 순화하는 데 기여하였다. 서당의 강독(講讀)으로는 천 자문·동몽선습·소학·사서삼경·근사록 등을 읽었다.

(선지분석)
ㄱ. 중종 38년 풍기 군수 주세붕이 안향을 제향(祭享)하면서 세운 사당에 기원을 두고 있는 것은 서원(書院)이다.
ㄴ. 국가가 운영하는 관학(官學) 성격의 교육기관은 향교(鄕校)이다.

답 ④

---

04 ☐☐☐

1894년부터 1896년까지 추진된 갑오개혁의 과정에 관제(官制) 또는 영(令)에 의해 설립된 근대 교육기관이 아닌 것은?

① 소학교
② 중학교
③ 외국어학교
④ 한성사범학교

04	근대 교육기관

중학교는 1899년 중학교 관제에 의해 4년제의 심상과와 3년의 고 등과를 두도록 되어 있었으나 심상과만 개설하고, 소학교 졸업자를 입학시켰다.

📄 근대 교육기관

1894년부터 1896년까지 추진된 갑오개혁의 과정에 관제(官制) 또는 영(令)에 의해 설립된 근대 교육기관은 다음과 같다.

1. 한성사범학교관제	1895. 4. 16.
2. 외국어학교관제	1895. 5. 10.
3. 성균관관제	1895. 7. 2.
4. 소학교령	1895. 7. 19.
5. 한성사범학교규칙	1895. 7. 23.
6. 성균관 경학과 규칙	1895. 8. 9.
7. 소학교 규칙대강	1895. 8. 12.

답 ②

다음 설명에 해당하는 조선시대 교육기관은?

> • 조선 중기 이후 각 지방에 세워진 사학(私學)이다.
> • 선현 존숭(尊崇)과 후진 양성을 목적으로 하였다.
> • 지역 양반사회의 결속과 유대 강화의 기능을 하였다.

① 서원
② 향교
③ 성균관
④ 사부학당

고구려의 경당에 대한 설명으로 옳지 않은 것은?

① 문과 무를 아울러 교육하였다.
② 미혼 자제들을 위한 교육기관이다.
③ 문선(文選)을 교재로 사용하였다.
④ 유교 경전으로는 사서(四書)를 중시하였다.

05　조선시대 교육기관

조선시대 교육기관 가운데 선현 존숭(尊崇)과 후진 양성을 목적으로 설립한 사학(私學)은 서원(書院)이다. 최초의 서원은 주세붕이 안향을 배향하고 유생을 가르치기 위해 세운 백운동 서원이다. 서원은 사림파가 내세운 도학정치(道學政治)를 담당할 인재를 양성하고 사문(斯文)의 진흥을 도모하기 위한 위기지학(爲己之學) 위주의 새로운 교학(敎學)체제의 설립 필요성이 대두되면서 등장하였다.

답 ①

06　고구려의 경당

고구려의 경당(扃堂)은 지방에 설치된 사학(私學) 교육기관으로 미혼 자제를 대상으로 독서(讀書)와 습사(習射)를 통한 문무일치 교육을 실시하였고, 교육내용으로는 5경, 삼사(三史), 문선 등을 배웠다.

(선지분석)
④ 사서(四書)는 성리학의 성립 이후 유교 경전이 된 대학, 논어, 맹자, 중용 등이다.

답 ④

07 ☐☐☐

다음에 해당하는 조선 후기의 자찬 교재는?

> • 천자문이 갖고 있던 문자학습 교재로서의 결함을 극복하기 위해 만든 한자 학습서이다.
> • 상·하권으로 나누어, 상권은 유형적 개념, 하권은 무형적 개념 위주로 2,000자를 수록하였다.

① 사소절
② 아학편
③ 아희원람
④ 하학지남

08 ☐☐☐

개화기에 설립된 우리나라 관립 신식학교에 해당하는 것만을 모두 고르면?

> ㄱ. 동문학
> ㄴ. 육영공원
> ㄷ. 연무공원

① ㄱ, ㄴ
② ㄱ, ㄷ
③ ㄴ, ㄷ
④ ㄱ, ㄴ, ㄷ

07	아학편

실학자인 정약용이 편찬한 아동용 2천자문인 아학편은 아동에게 어떤 단어를, 어떤 순서로, 어떤 방법으로 가르칠 것인가를 제시한 글자서이다.

(선지분석)
① 사소절(士小節)은 이덕무가 유학의 기본 이념인 하학이상달(下學而上達)을 실천하고자 한 저서이다.
③ 아희원람(兒戲原覽)은 장혼이 후기 서당의 교재로 편찬하였다.
④ 하학지남(下學指南)은 실학자 안정복이 편찬한 교육 지침서로 하학(下學)이란 쉽게 알고 행할 수 있는 일상적 공부를 말하며, 지남(指南)은 가르쳐 인도한다는 뜻이다

답 ②

08	관립 신식학교

ㄱ, ㄴ, ㄷ 모두 우리나라 관립 신식학교에 해당한다.
ㄱ. 동문학은 통변학교라고도 하며, 1883년 독일인 묄렌도르프가 정부의 자원으로 설립한, 즉 정부가 세운 일종의 영어교육기관이다.
ㄴ. 육영공원은 동문학이 근거가 되어 1886년 정부가 설립한 최초의 근대학교로 외국어를 해득할 수 있는 관리양성기관이다.
ㄷ. 연무공원(鍊武公園)은 1888년에 정부가 설립한 사관양성학교이다.

답 ④

통일신라의 국학과 고려의 국자감에서 공통으로 필수과목이었던 두 책은?

① 논어와 맹자
② 논어와 효경
③ 소학과 가례
④ 소학과 대학

조선시대의 향교에 대한 설명으로 옳지 않은 것은?

① 전국의 부·목·군·현에 일읍일교(一邑一校)의 원칙에 따라 설립된 지방 관학이다.
② 교관으로는 중앙에서 파견하는 교수(敎授)나 훈도(訓導)가 있었다.
③ 성균관과 마찬가지로 문묘와 학당으로 구성된 묘학(廟學)의 구조를 갖추고 있었다.
④ 향교 유생들은 성균관 유생들을 대상으로 거행하는 알성시나 황감제, 도기과 등의 시험에 함께 응시할 수 있었다.

09	국학과 국자감의 필수과목

신라시대 국학의 과목 가운데 공통과목은 논어와 효경이고, 고려시대 국자감의 필수과목도 논어와 효경이며 수업연한은 합 1년으로 하였다. 신라의 국학은 논어와 효경을 공통과목으로 첫째, 논어·효경·예기·주역을 한 가지로, 둘째, 논어·효경·좌전·모시·춘추를 다른 하나로, 셋째, 논어·효경·상서·문선 등 3가지로 구분하였다. 고려의 국자감의 인문학부적 성격인 국자학, 태학, 사문학은 논어와 효경을 필수과목으로 하고, 상서·공양전·곡량전·주역·모시·주례·의례·예기·좌전 등을 선택과목으로 하였다

답 ②

10	조선시대의 향교

알성시는 과거 특별시험의 일종으로 왕이 성균관 문묘제에 나갈 때 본 시험이고, 황감제는 성균관(成均館)과 사학(四學) 유생들의 사기를 높이고 학문을 권장하기 위하여 제주도에서 진상된 귤을 유생들에게 나눠주고 그들만을 대상으로 실시한 과거 특별시험 가운데 하나이다. 도기과는 일정한 도기(到記) 점수를 딴 성균관 유생에게 실시하던 과거시험으로 중종 때 처음 실시되었다.

(선지분석)
① 조선시대 향교는 중등 정도의 관학으로 전국의 부·목·군·현에 일읍일교(一邑一校)의 원칙에 따라 설립되었다.
② 향교의 교관에는 중앙에서 파견하는 교수(敎授)나 훈도(訓導)가 있었다.
③ 향교는 관학이기 때문에 중앙의 성균관과 마찬가지로 문묘와 학당으로 구성된 묘학(廟學)의 구조를 갖추고 있었다.

답 ④

다음 내용을 포함하고 있는 일제강점기의 조선교육령은?

> • 보통학교의 수업연한은 6년으로 한다. 단, 지역의 상황에 따라 5년 또는 4년으로 할 수 있다.
> • 전문교육은 전문학교령에, 대학교육 및 그 예비교육은 대학령에 의한다.

① 제1차 조선교육령
② 제2차 조선교육령
③ 제3차 조선교육령
④ 제4차 조선교육령

조선시대 과거제도에 대한 설명으로 옳지 않은 것은?

① 크게 문과, 무과, 잡과의 세 종류로 나뉜다.
② 3년에 한 번, 식년(式年)에 실시하는 것을 원칙으로 한다.
③ 잡과의 시험은 초시, 복시, 전시의 3단계로 치러진다.
④ 생원시와 진사시의 합격자에게는 성균관에 입학하여 수학할 수 있는 자격이 주어진다.

I

해커스공무원 이이수 교육학 단원별 기출문제집

11	일제강점기의 조선교육령

일제강점기의 조선교육령 가운데 문화정책의 일환으로 보통학교 수업연한을 일본의 본토 교육제도와 동일하게 6년으로 한 것은 1922년부터 시행된 제2차 조선교육령의 내용이다. 이때는 조선인과 일본인의 공학(共學)을 원칙으로 하였고, 사범교육을 독립된 사범학교에서 실시하였으며, 조선 민립대학 설립운동을 방해하고 경성제국대학을 설립하였다. 또한 조선어를 정규교과로 인정하기도 하였다.

답 ②

12	조선시대 과거제도

조선시대 과거제도는 크게 3년마다 실시하는 본시(本試)인 식년시(式年試)와 나라에 경사가 있을 때 시험을 보는 특별시험인 별시(別試)로 구분된다. 식년시는 다시 문과, 무과, 잡과의 세 종류로 분류된다. 문과의 예비시험인 소과(小科)는 생원시와 진사시로 구분되고 생진시 2차 합격자에게는 성균관 입학자격을 부여하였다. 문과와 무과는 초시, 복시, 전시의 3차례 시험을 실시하였다.

(선지분석)
③ 잡과는 각 관청별로 실시되며, 초시와 복시의 2차례 시험을 실시하였다.

답 ③

다음 설명에 해당하는 조선시대 교재는?

> • 소학(小學) 등 유학 입문용 교재이다.
> • 중종 때 박세무가 저술하였다.
> • 학습내용을 경(經)과 사(史)로 나누어 제시하였다.
> • 일제강점기에는 우리 역사를 다룬다는 이유로 서당의 교재로 쓰지 못하게 하였다.

① 동몽선습
② 유합
③ 입학도설
④ 훈몽자회

우리나라 근대 초등교육의 역사에 대한 설명으로 옳은 것은?

① 1895년에 한성사범학교가 설립되어 근대적인 초등교원을 양성하였다.
② 통감부 시기에 초등 교육기관의 명칭이 보통학교에서 소학교로 바뀌었다.
③ 제1차 조선교육령(1911년)에는 소학교와 보통학교의 수업연한상의 차별이 없었다.
④ 제2차 조선교육령(1922년)에 의해 초등 교육기관의 명칭이 국민학교로 바뀌었다.

13	조선시대의 유학 교재

중종 때 박세무가 저술한 동몽선습(童蒙先習)은 천자문(千字文) 다음에 가르쳤던 아동용 한문 교재이다. 대부(大夫)의 자제들과 문자학습을 끝낸 아동들에게 기본적인 유교적 도덕과 역사를 가르치기 위해 저술하였다.

(선지분석)
② 유합(類合)은 서거정이 저술(혹은 작자 미상)한 것으로, 기본 한자를 수량, 방위 등 종류에 따라 구별하여 새김과 독음을 붙여 만든 한자 입문서이다.
③ 입학도설(入學圖說)은 권근이 저술한 것으로, 40개의 도설(圖說)과 학자와의 문답형식으로 된 해설이 삽입된 그림책이다.
④ 훈몽자회(訓蒙字會)는 최세진이 기존의 천자문과 유합의 문제점을 해결하기 위해 저술한 것이다.

답 ①

14	근대 초등교육의 역사

1895년 사범학교 관제가 제정되고 설립된 한성사범학교는 소학교 교원양성학교로 본과 2년과 속성과 6개월을 두었으나, 1899년에는 본과 수업연한을 4년으로 연장하였다.

(선지분석)
② 통감부 시대에는 초등 교육기관의 명칭을 소학교에서 보통학교로 개칭하였다.
③ 소학교와 보통학교의 수업연한상의 차별을 없앤 것은 제2차 조선교육령 시대이다.
④ 초등 교육기관의 명칭이 국민학교로 바뀐 것은 제3차 조선교육령 시대이다.

답 ①

우리나라 개화기 교육에 대한 설명으로 옳지 않은 것은?

① 동문학은 통역관 양성을 위한 목적으로 출발하였다.
② 배재학당은 우리나라 최초로 설립된 민간 신식교육기관이다.
③ 육영공원은 엘리트 양성을 위한 목적으로 설립된 관립 신식교육기관이다.
④ 안창호는 대성학교를 설립하여 무실역행을 강조하였다.

다음 내용이 포함된 율곡 이이의 책은?

> 그 독서하는 순서는 먼저 소학으로 근본을 배양하고, 다음으로는 대학과 근사록으로 그 큰 틀을 정하고, 다음으로 논어와 맹자, 중용, 오경을 읽고, 그 사이사이에 역사서와 선현들의 성리서를 읽어 의취를 넓히고 식견을 정밀하게 한다.

① 만언봉사
② 성학십도
③ 성학집요
④ 학교모범

15	개화기의 교육

우리나라 최초로 설립된 민간 신식교육기관은 원산학사이다. 배재학당은 선교사인 아펜젤러(Appenzeller)가 1886년에 세운 선교계 학교이다.

선지분석
① 동문학은 일명 통변학교라고도 하며 독일인 묄렌도르프의 도움으로 설립한 영어교육기관으로 육영공원의 전신이다.
③ 육영공원은 현직관리와 일류문벌 출신의 자제에게 입학이 한정되었다.
④ 도산 안창호는 3대 교육정신인 자아혁신, 무실역행, 점진공부를 실천하기 위해 점진학교와 대성학교를 설립하였다.

답 ②

16	학교모범

율곡의 학교모범은 선조 15년에 저술한 것으로 16개 조항으로 된 학생 수양에 관한 훈규이다. 기존의 학령이 지닌 미비점을 보충하여 청소년 교육을 쇄신하기 위한 것으로 가정, 학교, 사회생활에서의 준칙과 유학의 학습순서를 제시하고 있다.

선지분석
① 만언봉사(萬言封事)는 율곡 이이가 올린 10,000자의 상소문이다.
② 성학십도(聖學十圖)는 퇴계 이황이 올린 10개의 그림이 삽입된 제왕학에 관한 저서이다.
③ 성학집요(聖學輯要)는 율곡 이이가 저술한 제왕학에 관한 저서이다.

답 ④

조선시대 성균관 유생의 출석 확인을 위한 방식은?

① 학교모범(學校模範)
② 원점법(圓點法)
③ 탕평책(蕩平策)
④ 학교사목(學校事目)

신라시대의 국학(國學)에 대한 설명으로 옳은 것은?

① 교수와 훈도를 교관으로 두어 교육하게 하였다.
② 6두품 출신 자제들에게만 입학 자격이 부여되었다.
③ 독서삼품과를 도입하여 독서의 정도에 따라 관직에 진출시켰다.
④ 수학 기간은 관직에 진출할 때까지 누구에게도 제한하지 않았다.

17	조선시대의 교육기관 - 성균관

원점절목은 성균관 재(齋)에 거처하는 유생들의 성적 평가에 관한 규정으로 세조 때 제정되어 정조 때 완성되었다. 300점이 되면 문과 초시 응시 자격을 주었다.

선지분석

① 학교모범은 율곡 이이가 지은 것으로 16개 조항으로 구성되어 있다.
③ 탕평책은 조선 후기 영조가 당파 싸움을 막기 위해 당파 간의 세력 균형을 위해 추진한 정책이다.
④ 학교사목은 율곡 이이가 왕명에 의해 제정한 것이다.

답 ②

18	신라시대의 교육기관 - 국학

신라시대 국학(國學)은 신라 31대 신문왕 2년(682)에 국학의 체제를 정비됨으로써 예부(禮部)에 소속되었다. 국학은 당나라의 국자감제도를 모방한 것이다. 독서삼품과(讀書三品科)는 38대 원성왕 4년(788)에 실시된 국학의 졸업시험으로 고려 과거제도의 전신이라고 할 수 있다. 독서삼품과의 실시는 삼국통일 전까지 화랑도 교육과 궁전법으로 인재를 택하였던 것에서 시험을 통해 문관을 등용하게 되었음을 의미한다.

선지분석

① 직원은 경(卿) 1인과 박사 및 조교를 두었고, 15세부터 30세까지 입학이 가능하였다.
② 국학의 입학자 신분은 대사(大舍)로부터 무위자(無位者)까지이고, 국학을 졸업하면 대내마(大奈麻)·내마(內麻)를 주었다. 이는 신라 17등급 가운데 10·11등급에 해당된다.
④ 국학의 수업연한은 9년이었고, 논어와 효경을 공통 과목으로 하여 3가지로 분류하였다.

답 ③

19 □□□

갑오·광무 교육개혁 시기에 이루어진 한국 근대교육의 성과에 해당하는 것은?

① 사립학교령의 제정·공포
② 한성사범학교 관제의 공포·시행
③ 최초의 여성교육기관인 이화학당의 설립
④ 외국어와 신학문 교육을 위한 육영공원의 설립

20 □□□

조선 후기 실학자들의 교육에 대한 주장으로 볼 수 없는 것은?

① 실용을 위한 공부와 교육을 해야 한다.
② 우리나라의 역사와 문화를 가르쳐야 한다.
③ 신분의 구별 없이 교육의 기회를 제공해야 한다.
④ 천자문, 사략, 통감 등의 교재로 아동교육을 내실화해야 한다.

19	근대 교육의 성과

갑오개혁(1894) 이후에 이루어진 교육상황으로는 기존의 6조가 폐지되고 8아문이 설치되었으며, 과거제가 폐지되고 새로운 관료능동법이 실시되었다. 또한 교육입국조서(1895.2.), 한성사범학교의 관제(1895.4.), 소학교령(1895.7.) 그 밖에 관립외국어 학교관제 등이 공포되었다.

(선지분석)
① 사립학교령의 제공 및 공포는 일제 통감부 시기인 1908년 8월이다.
③ 최초의 여성교육기관인 이화학당은 1886년 스크랜턴(Scranton)이 설립하였다.
④ 외국어와 신학문 교육을 위한 육영공원의 설립은 1886년이다.

답 ②

20	실학의 교육사상

실학자들은 천자문은 그 구성이 의미의 개념 원리와 맞지 않아 교육적 효과를 기대할 수 없고, 사략과 통감은 내용이 비합리적이며 중국에서도 배우지 않는 글이기 때문에 이 서적들을 공부하는 일을 천자문불가독설, 사략불가독설, 통감절요불가독설 등을 통해 비판하였다.

(선지분석)
①, ②, ③ 조선 후기 실학자들은 실용을 위한 공부, 조선의 역사·문화교육, 신분의 구별 없는 교육의 기회균등을 강조하였다.

답 ④

새로운 교육의 방향을 제시하기 위해 고종이 갑오개혁 시기에 반포한 교육입국조서의 내용으로 옳은 것만을 모두 고른 것은?

> ㄱ. 초등단계의 의무교육을 시행할 것임을 선언하였다.
> ㄴ. 유교식 교육기관인 성균관을 근대식 대학으로 전환할 것을 천명하였다.
> ㄷ. 교육의 3대 강령으로 덕양(德養), 체양(體養), 지양(智養)을 제시하였다.
> ㄹ. 과거의 허명(虛名)교육을 버리고 실용(實用)교육을 중시할 것임을 밝혔다.

① ㄱ, ㄴ
② ㄱ, ㄹ
③ ㄴ, ㄷ
④ ㄷ, ㄹ

조선시대 성균관의 학령에 대한 설명으로 옳은 것을 <보기>에서 고른 것은?

> ─〈보기〉─
> ㄱ. 사서오경과 역사서뿐만 아니라 노자와 장자, 불교, 제자백가 관련 서적도 함께 공부하도록 하였다.
> ㄴ. 매월 옷을 세탁하도록 주어지는 휴가일에는 활쏘기와 장기, 바둑, 사냥, 낚시 등의 여가활동을 허용하였다.
> ㄷ. 유생으로서 재물과 뇌물을 상의하는 자, 주색을 즐겨 말하는 자, 권세에 아부하여 벼슬을 꾀하는 자는 벌하도록 하였다.
> ㄹ. 매년 여러 유생이 함께 의논하여 유생들 중 품행이 탁월하고 재주가 출중하며 시무에 통달한 자 한두 명을 천거하도록 하였다.

① ㄱ, ㄴ
② ㄱ, ㄹ
③ ㄴ, ㄷ
④ ㄷ, ㄹ

21	교육입국조서

1895년 2월에 공포한 교육입국조서에는 실용교육, 유학자의 비판, 근대교육의 이념과 필요성, 삼육론(三育論), 신학제의 설립 필요성 등을 제시하고 있다. 교육입국조서의 공포 이후 한성사범학교 관제를 비롯한 외국어학교 관제, 성균관 관제(성균관을 근대적인 교육기관으로 개편), 소학교령, 의학교 관제, 중학교 관제, 상공학교 관제 등을 공포하여 관학의 학교가 설립되었다.

선지분석

ㄱ. 초등단계의 의무교육을 시행할 것임을 선언한 것은 박영효의 건백서이다.
ㄴ. 유교식 교육기관인 성균관을 근대식 학교로 전환할 것을 천명한 것은 '성균관 관제(1895.7.19.)'와 '성균관 경학과 규칙(1895.8.9.)'의 제정을 통해서였다.

답 ④

22	조선시대의 교육기관 - 성균관

학령(學令)은 성균관에 관한 규정으로 성균관 유생의 생활과 평가 방법 등을 기록하고 있다.

선지분석

ㄱ. 이 규정에서 독서방법은 항상 4서와 5경, 역사서를 읽되 장자, 노자, 불경, 잡류 등을 읽어서는 안 된다고 되어있다.
ㄴ. 매월 8일과 23일은 유생의 옷을 세탁하는 휴가일로 이 날을 이용하여 자습하되 활, 장기, 바둑, 사냥 등의 놀이를 하면 벌하도록 하고 있다.

답 ④

23 □□□

과거시험과 성리학 교육에 대한 설명으로 옳지 않은 것은?

① 고려시대에는 경학(經學)보다 사장(詞章)이 중시되면서 제 술업 급제자가 명경업 급제자보다 많았다.

② 조선시대의 문과시험 중 대과는 초시와 복시 2단계로 구 분되었다.

③ 율곡 이이는 입지(立志)와 성경(誠敬)을 바탕으로 지행합 일, 내면적 동기, 반복학습을 통한 점진적 발전 등을 강조 하였다.

④ 퇴계 이황은 거경(居敬)과 궁리(窮理)를 근본원리로 삼아, 도덕적 심성을 배양하고 의심이 없도록 사물의 이치를 깨 닫는 교육방법을 강조하였다.

24 □□□

다음 설명에 해당하는 저서는?

- 체계적 한자 학습을 위하여 엮은 교육용 교재로서 천자문 의 결점을 극복하기 위하여 만들어졌다.
- 상하 각각 1,000자를 수록하여 2,000자로 구성이 되었다.
- 상권에는 유형적 개념에 해당하는 한자를 담았고, 하권에 는 계절, 기구, 방위 등의 무형적 개념에 해당하는 한자를 담았다.

① 아학편(兒學編)
② 성학집요(聖學輯要)
③ 격몽요결(擊蒙要訣)
④ 학교모범(學校模範)

23	**과거제도와 성리학의 교육관**

조선시대 문과시험은 초시 – 복시 – 전시의 3단계로 구분되어 실시 되었다.

(선지분석)

① 고려시대 광종 때 처음 실시된 과거제도는 유교 경전을 시험 보 는 경학(명경과)보다 문장력을 시험 보는 사장(제술과)이 중시 되었다. 반면 조선시대 과거제도는 생원시가 진사시보다 중시되 었다.

③ 율곡 이이는 학문의 뜻을 갖는 입지와 진실된 학문 태도인 성경 을 중시하였다.

④ 퇴계 이황은 학문의 방법으로 거경궁리를 중시하였다. 거경궁리 란 마음속에서 자라고 있는 인욕(人慾)을 억제하고 학문에 몰 두하는 자세를 말한다.

답 ②

24	**조선시대의 교육**

아학편(兒學編)은 정약용이 기존의 천자문을 비판하고 저술한 새 로운 아동용 2천자문(상·하권 각 1천자)이다. 아동에게 '어떤 단 어'를 '어떤 순서'로 '어떤 방법'으로 가르칠 것인가를 제시하였다.

(선지분석)

② 성학집요(聖學輯要)는 율곡 이이가 제왕(帝王)의 학문을 위해 편찬하였다. 성학(聖學)이란 성왕(聖王)의 학문이면서 가장 신 성한 학문이고 진리인 학문이라는 뜻이다.

③ 격몽요결(擊蒙要訣)은 율곡 이이가 일반학생들을 위해 편찬하 였다. 격몽(擊蒙)이란 몽매한 자들을 교육한다는 의미로 '아동 을 계몽하기에 요긴한 것'이라는 의미이다.

④ 학교모범(學校模範)도 율곡 이이가 선조 15년에 지은 것으로, 16개 조항으로 된 학생 수양에 관한 훈규이다.

답 ①

25 ☐☐☐

조선시대 교육기관인 서원(書院)에 대한 설명으로 옳지 않은 것은?

① 관학(官學)인 향교(鄕校)와 대비되는 사학(私學)이다.
② 퇴계 이황은 서원의 교육목적을 위인지학(爲人之學)에 두었다.
③ 원규(院規) 혹은 학규(學規)라고 불리는 자체의 규약을 갖추고 있었다.
④ 교육의 기능뿐만 아니라 선현(先賢)을 숭상하고 그의 학덕을 기리는 제사의 기능도 겸하였다.

26 ☐☐☐

일제강점기 교육에 대한 설명으로 옳은 것은?

① 1920년대에 소학교를 초등학교로 개칭한 후 일본인과 조선인을 함께 교육하였다.
② 제3차 조선교육령 시기에 조선인들의 고등교육에 대한 요구를 충족시키기 위하여 경성제국대학을 설립하였다.
③ 일제 우민화 정책에도 불구하고 제2차 조선교육령 시기에 조선인의 보통학교 재학생 수는 증가하였다.
④ 전쟁인력을 확보하고자 제1차 조선교육령 시기에 학교에서 전시준비교육을 실시하였다.

25	조선시대의 교육기관 - 서원

조선시대 교육기관인 서원은 선현 존중과 후진장학을 목적으로 설립된 사립의 교육기관이다. 서원은 도학정치를 담당할 인재 양성과 사문의 진흥을 도모하기 위해 위기지학 위주로 새로운 교육체제의 설립 필요성이 대두되면서 등장하였다. 서원은 원생에 대한 교육을 위해 원규에 의한 규제와 원생 자신의 자율적 실천과 학습의 조화를 중시하였다.

(선지분석)
② 퇴계 이황은 서원의 교육목적을 수단적 목적인 위인지학에 둔 것이 아니라 내재적 목적인 위기지학에 두었다.

답 ②

26	일제강점기의 교육

일본의 우민화 정책에도 불구하고 제2차 조선교육령 시대인 1922년 이후에는 서당이 탄압을 받아 보통학교에 입학하는 조선인의 학생 수가 많아졌다.

(선지분석)
① 1920년대(제2차 조선교육령)에는 4년제 보통학교를 6년제 보통학교로 하고 일본인과 조선인을 함께 교육하였다.
② 제2차 조선교육령 시기에 일제는 조선인들의 고등교육에 대한 요구를 무마시키기 위하여 경성제국대학을 설립하였다. 경성제국대학의 설립은 1925년이다.
④ 전쟁인력을 확보하고자 제4차 조선교육령 시기에 학교에서 전시준비교육을 실시하였다.

답 ③

조선시대 성균관에 대한 설명으로 옳지 않은 것은?

① 문묘와 학당이 공존하는 묘학(廟學)의 형태를 띠고 있었다.
② 고려의 국자감과 달리 순수한 유학(儒學) 교육기관으로 운영되었다.
③ 유생들이 생활하며 공부할 때 지켜야 할 수칙으로 학령(學令)이 존재하였다.
④ 재학 유생이 정원에 미달하면 지방 향교(鄕校)의 교생을 우선적으로 승보시켰다.

다음에서 조선의 성리학자들이 공통적으로 말하고 있는 것은?

> • 도리(道理)를 우리들이 마땅히 알아야 할 것으로 삼고 덕행(德行)을 우리들이 마땅히 실천해야 할 것으로 삼아 먼 곳보다 가까운 데서 겉보다 속부터 공부를 시작해서 마음으로 터득하여 몸소 실천해야 한다.
> — 퇴계 이황, 퇴계집의 언행록
>
> • 처음 배우는 이는 먼저 뜻을 세우되, 반드시 성인(聖人)이 될 것을 스스로 기약해야 하며 조금이라도 자신을 별 볼 일 없게 여겨 물러나려는 생각을 가져서는 안 된다.
> — 율곡 이이, 격몽요결의 입지

① 위기지학(爲己之學)
② 격물치지(格物致知)
③ 실사구시(實事求是)
④ 권학절목(勸學節目)

27	조선시대의 교육기관 - 성균관

성균관 입학자격은 생원(生員)과 진사(進士)를 원칙으로 하였다. 과거 예비시험인 생진시(生進試)는 성균관 입학시험의 성격을 지녔다. 이들만으로 부족할 경우는 4부학당의 학생으로 소학과 사서와 일경에 능통한 자, 문과나 생원·진사 및 향시와 한성시에 합격한 자, 현직 관리로서 학문에 뜻을 둔 자, 공신의 적자로서 소학에 능통한 자 등에서 선발하였다.

선지분석
① 성균관의 기본 구조는 문묘와 학당인 명륜당이 공존하였다.
② 고려의 국자감은 유학교육뿐만 아니라 무학(武學)과 기술교육으로도 이루어진 반면, 성균관은 순수한 유학(儒學) 교육기관으로 운영되었다.
③ 성균관의 학칙은 경국대전, 학령(學令)을 비롯해서 권학사목·구제학규·진학절목·학교사목·원점절목·경외학교절목 등에 규정되어 있다.

답 ④

28	조선시대 성리학의 교육사상

성리학의 학문목적으로 위기지학(爲己之學)이란 자기가 알아야 할 바를 도리로 삼고, 자기가 행해야 할 바를 덕행으로 삼으라는 뜻이다. 공자, 주자, 퇴계 이황 등은 수단적 목적으로서의 위인지학(爲人之學)을 반대하고 내재적 목적관인 위기지학을 강조하였다. 자신을 위한 학문이란 자기 자신, 특히 자신의 마음을 공부의 대상으로 삼는 것을 말한다.

선지분석
② 격물치지(格物致知)란 객관적 이치 혹은 궁극적 가치규범을 탐구하는 방법이다.
③ 실사구시(實事求是)는 실사구시지학(實事求是之學)의 줄인 말로 사실에서 옳음을 구하는 것이다. 즉, "사실에서 진리를 찾아라. 진리가 다른 곳에 있는 것이 아니라 우리의 생활 속에 있다."라는 것이다.
④ 권학절목(勸學節目)은 조선조 중종 29년(1534)에 한효원(韓效元) 등이 올린 유생들에 관한 장학 규정이다.

답 ①

한국의 전통적 교육제도에 대한 설명으로 옳은 것만을 모두 고른 것은?

> ㄱ. 삼국시대의 교육제도 성립과 발전에 결정적인 영향을 준 것은 유교, 불교, 천도교였다.
> ㄴ. 고려시대의 관학에는 국자감, 학당, 향교가 있었고, 사학에는 12도, 서당, 서원이 있었다.
> ㄷ. 조선시대 성균관의 교육과정은 4서와 5경, 역사서의 강독과 제술 및 서법으로 구성되어 있었다.
> ㄹ. 조선시대 잡학교육은 장악원, 사역원, 전의감, 관상감 등에서 담당하였다.

① ㄱ, ㄴ
② ㄱ, ㄹ
③ ㄴ, ㄹ
④ ㄷ, ㄹ

일제강점기의 제2차 조선교육령에 대한 설명으로 옳지 않은 것은?

① 조선어를 필수과목으로 정했다.
② 고등보통학교의 수업연한을 3년으로 정했다.
③ 대학 설립에 관한 조항을 두었다.
④ 3·1 운동으로 표출된 반일감정을 무마하기 위한 회유책이었다.

29	전통적 교육제도

ㄷ. 한국의 전통적 교육제도 가운데 조선시대 성균관의 교육과정은 4서와 5경, 역사서의 강독과 제술 및 서법으로 구성되어 있었다.
ㄹ. 조선시대 잡학교육은 장악원, 사역원, 전의감, 관상감 등에서 담당하였다. 장악원은 악학, 사역원은 역학, 전의감은 의학, 관상감은 음양풍수학을 담당하였다.

(선지분석)

ㄱ. 삼국시대의 교육제도 성립과 발전에 결정적인 영향을 준 것은 유교이다.
ㄴ. 고려시대의 관학에는 국자감, 학당, 향교가 있었고, 사학에는 12도, 서당이 있었다. 서원은 조선시대 사학이었다.

답 ④

30	일제강점기의 교육

고등보통학교의 수업연한을 일본과 동일하게 3년으로 정한 것은 제3차 조선교육령 시대이다. 제3차 조선교육령 시대에는 학교 명칭을 소학교(6년), 중학교(5년), 고등여학교로 일본학교와 동일하게 하였다. 종래에는 한국인을 위한 학교 명칭과 일본인을 위한 학교 명칭이 달랐는데 한국인은 보통학교, 일본인은 심상소학교로 하였다.

📋 **일제강점기 제2차 조선교육령(1922.2.) 시대의 교육통제 정책**

1. 외형상 일본의 본토 교육제도와 동일한 학제를 적용하였고, 수업연한을 보통학교 6년으로 하였다.
2. 조선인과 일본인의 공학(共學)을 원칙으로 하였다.
3. 사범교육을 독립된 사범학교에서 실시하였다. 수업연한은 남자사범학교 6년, 여자 사범학교 5년으로 하고 그 안에 다시 제1부와 제2부를 두어 소학교 교원과 보통학교 교원을 양성하였다.
4. 조선민립대학 설립운동을 방해하고, 경성제국대학을 설립하였다.
5. 조선어를 정규교과로 하고, 한문은 수의과목으로 하였다.

답 ②

다음 내용에 해당하는 우리나라 교육제도는?

> • 유(儒) · 불(佛) · 선(禪) 삼교의 융합
> • 청소년들의 심신을 수련하는 교육 집단
> • 원광(圓光)의 세속오계를 통한 교육이념의 체계화

① 고구려의 경당
② 신라의 화랑도
③ 고려의 국자감
④ 조선의 성균관

조선시대 과거제도에 대한 설명으로 옳지 않은 것은?

① 문과 대과에 급제한 자에게는 홍패(紅牌)가 지급되었다.
② 생진과의 복시(覆試)에 합격한 자에게는 성균관에 입학할 수 있는 자격이 주어졌다.
③ 생원시에서는 유교경전을, 진사시에서는 부(賦), 시(詩) 등의 문학을 시험 보았다.
④ 과거시험은 정규시험인 정시(庭試)와 특별시험인 별시(別試)로 구분된다.

---

31   전통적 교육제도

신라의 화랑도제도는 진흥왕 시대에 시작된 국가적 관리 양성을 목적으로 한 청년운동이다. 평시에는 국가적 관리 양성, 전시에는 용감한 군인 양성을 주목적으로 하였다. 화랑도의 정신은 유교, 불교, 도교의 정신이 포함되어 있다. 화랑도의 기본정신은 원광법사가 제정한 세속오계(世俗五戒: 事君以忠, 事親以孝, 交友以信, 臨戰無退, 殺生有擇)에 잘 나타나 있다. 여기에는 유불선(儒佛仙) 3교의 정신이 반영되어 있다.

(선지분석)
①, ③, ④ 고구려의 경당, 고려의 국자감, 조선의 성균관은 형식적 교육기관이었다.

답 ②

32   조선시대의 과거제도

조선시대의 과거제도 가운데 정시(庭試)는 임시로 문무 응시자를 시험 보게 하는 것으로 시험성적은 당일에 발표한다. 과거시험 중 정규시험인 식년시는 3년마다 실시하였으며 문과, 무과, 잡과로 구분되었다. 특별시험인 별시에는 정시 이외에도 여러 종류의 시험이 있었는데, 알성시(謁聖試)는 왕이 성균관 문묘제에 친히 나갈 때 보는 시험이었고, 춘추대시(春秋臺試)는 왕이 창덕궁 춘당에 거동해서 무예 및 문사를 시험하였으며, 문관정시(文官庭試)는 왕의 친림하에 무인을 선발하는 기회에 문관에게도 응시기회를 허용한 시험이었다.

(선지분석)
① 문무과 합격자에게는 홍패(紅牌)와 어사화(御賜花)를, 생원 및 진사에게는 백패(白牌)를 주었다.
② 예비시험인 생원과와 진사과의 복시(覆試)에 합격한 자에게는 성균관에 입학할 수 있는 자격이 주어졌다.
③ 생원시에서는 유교경전을, 진사시에서는 부(賦), 시(詩) 등의 문학을 시험 보았다.

답 ④

33 ☐☐☐

조선시대 성균관에 대한 설명으로 옳은 것은?

① 양반(귀족)의 자제면 누구나 입학할 수 있다.
② 성현의 제사를 지내는 것이 주목적이다.
③ 강독, 제술, 서법 등이 교육내용이다.
④ 생원이나 진사가 되기 위한 준비기관이다.

34 ☐☐☐

조선시대 교육기관 중 관학이 아닌 것은?

① 성균관
② 사부학당
③ 향교
④ 서원

33	조선시대의 교육제도 - 성균관

성균관(成均館)은 태조 7년(1398)에 중앙(한양)에 설치한 국립대학(중앙의 예조에서 관할)이다. 성균관의 총 책임자로 지관사(知館事, 혹은 예문관의 대제학이 겸임)를 두고 그 밑에 동지관사 1인을 두었다. 성균관의 입학자격은 생원(生員)과 진사(進士)를 원칙으로 하였으며, 과거 예비시험인 생진시(生進試)는 성균관 입학시험의 성격을 지녔다. 이들만으로 부족할 경우에는 4부학당의 학생으로 소학과 사서와 일경에 능통한 자, 문과나 생원·진사 및 향시와 한성시에 합격한 자, 현직 관리로서 학문에 뜻을 둔 자, 공신의 적자로서 소학에 능통한 자 등에서 선발하였다. 성균관의 교육내용은 강독(講讀)·제술(製述)·서법(書法)으로 나누어졌다.

(선지분석)
① 성균관의 입학은 양반 자제는 누구나 가능한 것이 아니라 생원시·진사시 합격자를 원칙으로 하였다.
② 성균관은 성현의 제사뿐 아니라 교육기능도 담당하였다.
④ 성균관은 생원시·진사시 합격자가 입학하였다.

답 ③

34	조선시대의 교육기관 - 관학과 사학

조선시대 사학(私學) 기관으로는 서당(書堂)과 서원(書院)이 있었다. 이 가운데 서원은 중등정도의 교육기관으로 주세붕이 안향(安珦)을 배향하고 유생을 가르치기 위해 세운 '백운동서원'에서 유래하였다. 서원의 설립목적은 선현존숭(先賢尊崇)과 후진장학(교육)에 있었다. 서원의 교육은 자체적으로 제정한 원규(院規)에 의해 이루어졌다. 서원의 원규에는 입학자격, 임원의 선출절차, 교육목표 및 벌칙조항 등이 수록되어 있다.

(선지분석)
①, ②, ③ 조선시대 교육기관 중 관학(官學)으로는 중앙에 최고 교육기관으로 성균관이 있었고, 중등정도의 교육기관으로는 사부학당(四部學堂), 지방의 교육기관으로는 향교(鄕校)가 있었다.

답 ④

03 교육철학

01 ☐☐☐

다음과 같이 주장한 교육사상가는?

> • 인간이 세계에 대하여 갖는 두 가지 관계는 나 – 너의 관계와 나 – 그것의 관계이다.
> • 나 – 그것의 관계에서 세계는 경험과 인식과 이용의 대상이다.
> • 나 – 너의 관계는 직접적이고 인격적 관계이다.
> • 나 – 너의 관계를 통해서 만남이 이루어진다.

① 부버(Buber)
② 프뢰벨(Fröbel)
③ 피터스(Peters)
④ 헤르바르트(Herbart)

---

01 실존주의 철학자

실존철학자인 부버(Buber)는 만남의 교육적 가치를 제시하였다. 그는 현대인의 인간관계를 '나 – 그것'의 관계로부터 '나 – 너'의 관계인 인격적 만남의 관계로 달라져야 함을 강조하였다. 볼노우(O. F. Bollnow)도 "만남이 교육에 선행한다."라고 주장함으로써 참다운 만남, 즉 인간의 내면적 핵심에서 접근하는 만남(해후, 邂逅)은 나의 삶 전체가 뒤집히고, 전혀 새로운 출발을 하게 될 수도 있다고 주장한 바 있다.

답 ①

02 ☐☐☐

포스트모더니즘 교육론의 특징으로 옳지 않은 것은?

① 획일적 교육방식에서 벗어나 교육내용과 방법의 다원화를 추구한다.
② 국가주도의 공교육 체제보다는 유연하고 다양한 교육체제를 요구한다.
③ 교육에서 다루는 지식의 가치를 절대적이고 보편적인 것으로 인식하고 있다.
④ 교육과정은 지식의 논리적 특성보다 지식의 사회문화적 특성에 근거해야 한다고 본다.

---

02 포스트모더니즘의 교육론

교육에서 다루는 지식의 가치를 절대적이고 보편적인 것으로 인식하고 있는 것은 모더니즘의 교육관이다.

> 📄 **포스트모더니즘 교육론의 특징**
>
> 첫째, 각각의 다른 관심과 문화적 맥락에서 생성된 지식은 맥락에서 정당성을 갖는다는 논리를 형성한다.
> 둘째, 교육과정은 지식의 논리적 특성에 근거할 것이 아니라 지식의 사회문화적 특성에 근거해야 한다.
> 셋째, 학습자를 단순한 배움의 대상이나 수동적 존재가 아닌 학습내용을 재해석하고 재창조하는 능동적이고 주체적인 존재로 본다.
> 넷째, 학습자 개개인의 특수성과 독립성, 고유한 청소년 문화 등을 인정하고 다양한 감성교육을 요구한다.
> 다섯째, 학교는 사회문화의 다양성과 다원성에 보다 민감해야 하며 교사나 학생이나 지역사회의 다양한 가치관과 신념을 존중해야 한다.
> 여섯째, 동일한 교육목적을 위해 동일한 교육내용을 동일한 교육방법으로 가르치는 공교육 체제를 비판하고 새로운 사회조건에 적합한 보다 유연하고 다양한 교육체제가 필요하다고 주장한다.

답 ③

피터스(R. S. Peters)가 제시한 교육의 개념적 준거(criterion)에 대한 설명으로 옳지 않은 것은?

① 피터스는 자신의 저서 윤리학과 교육에서 교육의 개념을 규정하였다.

② 규범적 준거에 따르면, '교육'은 교육의 개념에 붙박여 있는 내재적 가치를 추구하는 활동이어야 한다.

③ 인지적 준거는 학습자가 부분적인 기능에 숙달하여도 이를 용인하는 것을 의미한다.

④ 과정적 준거는 교육의 규범적 준거가 방법 면에서 상세화된 것을 말한다.

다음 설명에 해당하는 피터스(Peters)가 제시한 교육의 개념적 기준은?

> • 교육은 일반적인 훈련과 달리 전인적 계발을 지향해야 한다.
> • 교육받은 사람은 폭넓은 안목을 가짐으로써 자신과 분야가 다른 인간의 삶과 어떤 관련을 맺고 있는지를 깊이 이해할 수 있어야 한다.

① 규범적 기준
② 내재적 기준
③ 과정적 기준
④ 인지적 기준

03	교육의 개념적 준거

인지적 준거는 학습자가 부분적인 기능에 숙달하여도 이를 용인하는 것을 의미하는 것이 아니라 그 분야에 관한 완전한 이해를 전제로 한다.

(선지분석)

① 피터스는 자신의 저서 윤리학과 교육에서 교육의 개념을 규정하였다.

②, ④ 교육의 개념적 준거는 규범적, 인지적, 과정적 준거이다. 규범적 준거는 어떤 활동이나 과정이 교육적이라고 말할 수 있으려면 그 활동이나 과정이 가치 있는 것이어야 한다는 것이다. 인지적 준거는 지식, 분야, 영역의 관계를 바라볼 수 있는 능력을 의미한다. 과정적 준거는 방법적 준거라고도 하며 학습자의 자발성과 의도성을 존중하는 방법이다.

답 ③

04	교육개념의 준거

피터스(Peters)가 구분한 교육개념의 준거 가운데 규범적 준거는 어떤 활동이나 과정이 교육적이라고 말할 수 있으려면 그 활동이나 과정이 가치 있는 것이어야 한다. 교육에서 추구되어야 할 가치 가운데 인지적 가치(지식, 이해 등)와 인지적 안목을 중요시하였다. 그는 교육받은 사람에게 필수적인 가치가 인지적 안목이라고 하였다. 인지적 안목이란 지식, 분야, 영역의 관계를 바라볼 수 있는 능력을 의미한다. 과정적 준거란 학습자의 자발성과 의도성을 존중하는 방법이다. 의도성과 자발성을 무시한 강제적 행위는 교육의 개념과 공존할 수 없다.

답 ④

05 □□□

항존주의 교육철학에 대한 설명으로 옳은 것은?

① 아동 존중의 원리를 채택한다.
② 교육을 통한 사회 개조를 중시한다.
③ 지식이나 진리의 영원성을 강조한다.
④ 실제적인 삶의 문제를 해결하는 데 초점을 둔다.

06 □□□

(가), (나)에 들어갈 말을 바르게 연결한 것은?

> ___(가)___의 비유에서 교육은 마치 석회나 진흙을 일정한 모양의 틀에 부어 어떤 것을 만들어 내는 것과 같다. 교사는 장인에 해당하고 학생은 석회나 진흙과 같은 재료에 해당한다. 신체의 근육을 단련하듯이 교육을 통해 마음의 능력인 지각, 기억, 의지 등을 단련하는 데 초점을 둔다.
> ___(나)___의 비유는 권위주의나 전제주의적 교육에 대한 비판적 관점을 반영한다. 식물이 스스로 자라나듯이 교육은 아동이 가진 잠재적 가능성을 자연스럽게 실현해가는 과정으로 본다.

	(가)	(나)
①	만남	성년식
②	만남	성장
③	주형	성년식
④	주형	성장

05	항존주의 교육철학

항존주의 교육철학은 진보주의 교육철학에 대한 반기로 등장하였다. 항존주의는 진리는 불변한다고 믿으며 모든 가변적인 것을 이 진리에 의해 해석하고자 한다. 또한 인간의 본성은 이성적인 존재로 동일하며, 교육의 임무는 영원한 진리를 밝히는 것이라고 주장하며 이를 위해 100권으로 구성된 '위대한 저서' 읽기를 강조한다. 대표적인 항존주의 교육철학자로는 허친스(Hutchins), 아들러(Adler) 등이 있다.

(선지분석)
①, ④ 아동 존중의 원리를 채택한다든가, 실제적인 삶의 문제를 해결하는 데 초점을 두는 것은 진보주의 교육철학이다.
② 교육을 통한 사회 개조를 중시하는 것은 재건주의 교육철학이다.

답 ③

06	교육관

(가) 주형(鑄型)으로서의 교육관에서 교육은 인간을 사회·문화적으로 확립된 틀에 맞게 만들고자 하는 것이다. 학습자는 피동적이고 타율적일 뿐만 아니라 마치 장인(匠人)의 손에 의해 조작되는 재료의 의미를 지니게 된다.
(나) 성장으로서의 교육관은 듀이(J. Dewey)에 의해 제시된 것으로 교육을 경험의 성장 혹은 경험의 재구성 과정으로 본다. 이는 루소(Rousseau)에 의해 제시된 자연적 성장을 강조한 교육관의 영향을 받은 것으로 볼 수 있다.

답 ④

분석적 교육철학에 대한 설명으로 옳지 않은 것은?

① 위대한 사상가의 교육사상이나 교육적 주장에서 교육의 목적과 방향을 찾으려 하였다.
② 전통적 교육철학에서 애매하거나 모호하게 사용되고 있는 개념의 의미를 명료화하는 데 치중하였다.
③ 교육을 과학적·논리적 방법으로 탐구함으로써 교육철학을 객관적인 체계를 갖춘 독립 학문으로 발전시키려 하였다.
④ 이차적 또는 반성적이라는 철학적 방법의 성격상 교육의 가치나 실천의 문제에 소홀한 한계를 지닌다.

다음에 해당하는 교육 개념은?

- 정규 학교교육 체제 밖에서 이루어지는 조직적 교육활동이다.
- 교수자의 자격 요건이나 교육 방법이 프로그램의 상황과 조건에 따라 유동적인 경우가 많다.

① 형식 교육
② 비형식 교육
③ 무형식 교육
④ 우연적 학습

07	**분석적 교육철학**

분석적 교육철학은 1923년 '비엔나 서클'을 중심으로 발생한 논리실증주의에 기초한 철학으로 전통철학과 근본적인 차이를 보인다. 이들은 철학은 새로운 지식을 생산해내는 것이 아니라 일상생활에서 사용하는 언어나 논리를 밝히고 분석함으로써 사고를 정확히 하는 데 있다고 본다. 분석철학에서는 가치와 사실을 구분하여 사실만을 중시한다.

(선지분석)
① 위대한 사상가의 교육사상이나 교육적 주장에서 교육의 목적과 방향을 찾으려 한 것은 전통적 교육철학의 접근방법이었다.

답 ①

08	**교육의 형태 분류**

교육의 형태 분류 가운데 형식 교육(formal education)은 정규적인 학교교육을 말하고, 비형식 교육(non-formal education)은 정규 학교교육 밖에서 이루어지는 조직적 교육활동(사회교육이라고도 함)이다. 무형식 교육(informal education)은 학교 밖에서 이루어지는 비조직적 교육활동으로 일상생활에서의 교육활동이나 가정교육 등을 말한다. 우연적 학습(incidental learning)은 환경과의 접촉이나 인생경험, 사회체험 등을 통한 학습을 말한다.

답 ②

진보주의 교육원리에 대한 설명으로 옳지 않은 것은?

① 미래의 생활을 위한 준비가 아니라 현재의 생활 자체를 의미 있게 만들어야 한다.
② 학습자의 관심과 흥미를 강조한다.
③ 고대 그리스의 자유교양교육을 교육적 이상으로 삼는다.
④ 경험에 의한 학습과 학습자의 참여를 중시한다.

실존주의 교육철학에 대한 설명으로 옳지 않은 것은?

① '나 – 너'의 진정한 만남을 통해 인간의 본래 모습을 회복한다.
② 불안, 초조, 위기, 각성, 모험 등의 개념에 주목한다.
③ 부버(Buber), 볼르노(Bollnow) 등이 대표적인 학자이다.
④ 의도적인 사전 계획과 지속적인 훈련을 강조한다.

09	진보주의 교육원리

진보주의 교육은 프래그머티즘(pragmatism)의 철학과 루소(Rousseau)나 페스탈로치(Pestalozzi) 등으로 이어진 아동중심 교육인 신교육운동에서 비롯된 교육철학이다. 진보주의 교육원리는 진보주의 협회(PEA)의 7대 강령에 잘 드러나 있다. 진보주의 협회의 7대 강령은 자연스런 아동의 발달, 흥미를 통한 학습, 안내자로서의 교사, 아동에 대한 과학적 이해, 아동의 신체적 건강, 가정과 학교의 긴밀한 협력관계, 새교육운동의 선구자로서의 학교 등이다.

(선지분석)
③ 고대 그리스의 자유교양교육을 교육적 이상으로 삼는 것은 허친스(Hutchins) 등이 주장한 항존주의 교육철학이다.

답 ③

10	실존주의 교육철학

실존주의 교육철학은 인간 존재의 성격을 실존이라고 규정하고 이 실존의 문제를 사상의 중심에 둔다. 실존주의의 기본 입장은 '존재가 본질에 우선한다.', '주체성이 진리이다.' 등이다. 실존철학의 교육에서 부버(Buber), 볼르노(Bollnow) 등은 교사 – 학생의 실존적 만남을 강조한다. 특히 볼르노(Bollnow)는 "만남이 교육에 선행한다."라고 주장함으로써 참다운 만남으로 나의 삶 전체가 뒤집히고, 전혀 새로운 출발을 하게 될 수도 있다고 본다.

(선지분석)
④ 의도적인 사전 계획과 지속적인 훈련을 강조하는 것은 실존철학과는 다른 전통적 교육철학의 관점을 반영한다.

답 ④

포스트모더니즘의 특징으로 옳지 않은 것은?

① 다원주의를 표방한다.
② 반권위주의를 표방한다.
③ 반연대의식을 표방한다.
④ 반정초주의를 표방한다.

다음의 주장과 가장 관계가 깊은 현대 교육철학자는?

> 교육의 내용은 일차적으로 특정한 사회적 활동(social practices)의 영역에 학생을 입문시키는 일로 이루어져야 한다. 그러한 활동들은 '사회적으로' 발전되거나 형성된 것들로서, 해당 사회를 구성하는 사람들이 개인적으로나 집단적으로 종사하는 행위의 패턴들이다. 교육에서 가장 근본적인 것은 건강한 삶을 사는 것이며, 바로 이 활동들이야말로 개인의 건강한 삶을 구성하는 요소들이 된다.

① 피터스(Peters)
② 허스트(Hirst)
③ 프레이리(Freire)
④ 마르쿠제(Marcuse)

11	포스트모더니즘

포스트모더니즘은 다원주의, 반권위주의, 연대의식, 반정초주의를 특징으로 한다.

선지분석
③ 포스트모더니즘에서의 진리는 상대적이므로 진리 결정을 위해서는 공통적인 관심과 가치관을 공유하는 사람들과의 대화와 논의, 비판적 검토와 합의가 강조된다. 즉, 진리는 협동적 논의의 산물이라고 본다.

답 ③

12	현대 교육철학자

허스트(Hirst)는 피터스(Peters)와 더불어 전통적인 자유교육의 정신을 반영한 '지식의 형식에 입문'을 강조하였으나 후기에 이르러 이에 대한 대안으로 '사회적 실제에 기반을 둔 교육'을 강조하였다. 허스트가 말하는 사회적 실제에 기반을 둔 교육이란 보편적 합리성을 추구하는 자유교육과 개인의 자율성을 강조하는 자유교육에 대한 대안이다. 즉, 좋은 삶이란 사회적 실제에 종사함으로써 실천적 이성에 입각한 인간 욕구를 장기적인 안목에서 최대한 만족시키는 일을 의미한다.

답 ②

13 □□□

20세기 미국의 재건주의 교육의 기본 원리에 해당하지 않는 것은?

① 교육에서는 개인의 자유가 존중되어야 하며, 교육의 목표는 개인적 자아실현의 추구이어야 한다.

② 교육은 문화의 기본적 가치 실현을 위한 새로운 사회질서 창조에 기여해야 한다.

③ 교육의 목적과 방법은 행동과학의 연구 성과에 의해 혁신되어야 한다.

④ 교사는 새로운 사회건설의 긴급성과 타당성을 학습자들에게 교육해야 한다.

14 □□□

비판적 교육철학 또는 비판교육학(critical pedagogy)에 대한 설명으로 옳지 않은 것은?

① 인간의 자유로운 의식의 형성을 억압하고 왜곡하는 사회적·경제적·정치적 제약요인들을 분석하고 비판한다.

② 하버마스(J. Habermas), 지루(H. Giroux), 프레이리(P. Freire) 등이 대표적인 학자이다.

③ 지식 획득을 포함한 인간의 모든 인식행위는 가치중립적인 것으로 간주한다.

④ 교육문제에 대해 좀 더 실제적이고 정치사회적인 관점을 취한다.

13	**미국의 재건주의 교육**

재건주의는 인류 문화의 위기의식으로부터 출발한다. 브라멜드(Brameld)에 의해 대표되는 재건주의는 교육의 주요 목적은 새로운 사회질서를 창조하는 일이라고 본다. 또한 교육의 목적과 수단은 행동과학의 연구에 의해 재검토되어야 하며, 교사는 새로운 사회건설의 긴급성과 타당성을 학습자들에게 교육해야 한다고 주장한다.

(선지분석)

① 교육에서는 개인의 자유가 존중되어야 하며, 교육의 목표는 개인적 자아실현의 추구이어야 한다고 주장하는 것은 인본주의이다.

답 ①

14	**비판철학의 교육관**

비판적 교육철학은 독일의 프랑크푸르트 대학 사회연구소를 중심으로 형성된 학파에서 비롯되었으며, 현대 사회의 모순점과 인간의 문제 등을 분석하고 그 문제점을 지적한 철학의 한 경향을 말한다. 미국에서는 보올스와 진티스(Bowles & Gintis), 지루(Giroux), 프레이리(Freire) 등이, 독일에서는 하버마스(Habermas), 마르쿠제(Marcuse) 등이 대표적인 학자이다.

(선지분석)

③ 지식 획득을 포함한 인간의 모든 인식행위를 가치중립적인 것으로 간주하는 철학은 실증주의 혹은 객관주의 철학이다.

답 ③

실존주의 교육철학의 특징에 해당하는 것은?

① 삶의 긍정적·부정적 측면을 통해 학습자 스스로가 삶의 문제를 해결하고 주체적으로 성장할 수 있다.
② 교육의 사회적 역할을 강조하고 교육을 통한 사회개조를 강조한다.
③ 교육의 주도권은 교사에게 있고 교육과정의 핵심은 소정의 교과를 철저하게 이수하는 것이다.
④ 교육에서 현실의 학문을 무시하고 고전의 지식을 영원한 것으로 여기며 지적인 훈련을 매우 강조한다.

15	실존주의 교육철학

실존철학은 합리주의의 허구성, 실증주의의 비인간화, 독재체제의 비윤리성에 반기를 들고 등장하였다. 실존철학은 인간 삶의 긍정적 혹은 부정적 측면을 통해 학습자 스스로 삶의 주체로서 성장할 것을 강조한다. 실존철학의 기본입장은 '존재가 본질에 우선한다.', '주체성이 진리이다.' 등으로 이는 인간 존재의 주체성, 자율성, 진리의 개별성 등을 강조한 말이다.

(선지분석)
② 교육의 사회적 역할을 강조하고 교육을 통한 사회개조를 강조한 철학은 브라멜드(Brameld)가 주장한 재건주의 철학이다.
③ 교육의 주도권은 교사에게 있고 교육과정의 핵심은 소정의 교과를 철저하게 이수하는 것이라고 본 것은 본질주의 철학이다.
④ 교육에서 현실의 학문을 무시하고 고전의 지식을 영원한 것으로 여기며 지적인 훈련을 매우 강조한 것은 항존주의 철학이다.

답 ①

본질주의와 항존주의에 대한 설명으로 옳지 않은 것은?

① 항존주의는 본질주의를 비판하면서 태동하였다.
② 본질주의는 읽기, 쓰기, 셈하기 등의 기초학습능력을 강조하였다.
③ 허친스(Hutchins)는 '위대한 고전(Great Books)' 읽기 교육을 주장하였다.
④ 본질주의는 인류의 문화유산 중 핵심적인 것을 다음 세대에 교육할 것을 주장하였다.

16	항존주의와 본질주의 교육철학

항존주의는 진보주의의 과학만능주의, 활동숭배주의, 사회밀착주의에 반기를 들고 등장한 교육사조이다. 항존주의 교육철학의 대표자인 허친스(Hutchins)는 100권으로 구성된 '위대한 고전' 읽기 교육을 주장하였다.

(선지분석)
② 본질주의는 베글리(Bagley)를 중심으로 발생하였고, 읽기, 쓰기, 셈하기 등의 기초학습능력을 강조하였다.
③ 항존주의의 대표자인 허친스(Hutchins)는 '위대한 고전(Great Books)' 읽기 교육을 주장하였다.
④ 본질주의는 인류의 문화유산 중 핵심적인 것을 다음 세대에 교육할 것을 주장하였다.

답 ①

다음 설명에 해당하는 교육사조는?

> • 킬패트릭(Kilpatrick)의 교육사상을 지지한다.
> • 아동중심 교육관에 기반하여 아동의 흥미를 중시한다.
> • 교육원리는 프래그머티즘(pragmatism)에 철학적 기반을 둔다.
> • 교육은 현재 생활 그 자체이지 미래 생활을 준비하는 과정이 아니다.

① 구성주의
② 인본주의
③ 진보주의
④ 사회재건주의

실존주의 교육철학관에 대한 설명으로 옳지 않은 것은?

① 교육의 목적은 자유롭고 주체적이며 창조적인 인간 형성에 있다.
② 교육은 자기결정적인 자아의 형성을 위한 것이다.
③ 교육에서는 인간적인 만남이 중요하다.
④ 인간의 본질을 규격화된 것으로 이해한다.

17	진보주의 교육철학

진보주의는 프래그머티즘(pragmatism)에 철학적 기반으로 아동중심, 흥미중심, 생활중심 등을 강조하며, 듀이(J. Dewey), 킬패트릭(Kilpatrick) 등이 대표자이다.

(선지분석)
① 구성주의는 '지식은 개인과 독립적으로 존재하는 것이 아니라 환경과의 상호작용을 통해 개인에 의해 구성된다'고 본다.
② 인본주의는 1940년대 행동주의와 정신분석에 대한 반기로 등장하였다.
④ 사회재건주의는 1050년대 브라멜드(Brameld)에 의해 제기된 철학적 경향을 말한다.

답 ③

18	실존주의 교육철학

실존철학은 인간의 본질을 규격화된 존재가 아니라 자신의 본질을 스스로 결정할 수 있는 주체적이고 능동적인 존재로 간주한다.

(선지분석)
①, ② 실존철학은 인간 존재를 자유롭고 주체적이며, 책임 있는 존재로 보며 자기결정적인 자아 형성을 강조한다. 또한 교사와 학생의 인간적 만남을 통한 내면의 각성을 중시한다. 따라서 인간의 본질은 결정된 것이 아니라 스스로의 선택에 의해 이루어지는 것으로 간주한다.
③ 교육에서 만남의 중요성을 강조한 사람은 실존철학자인 부버(M. Buber)이다.

답 ④

다음과 같은 주장을 하는 현대교육사상가는?

> 현대의 위기상황에서 잃어버린 인간의 본래적 모습을 회복할 수 있는 방안은 인간들 간의 대화적, 실존적 만남 속에서 서로의 독특성을 발견하는 데 있다. 교육도 이러한 인격적 만남에 기초해야만 한다. 따라서 교수 목표는 지식 교육이 아니라 아동과의 관계 형성을 통한 정체성 확립에 있다.

① 부버(M. Buber)
② 듀이(J. Dewey)
③ 브라멜드(T. Brameld)
④ 허친스(R. M. Hutchins)

피터스(R. Peters)는 교육의 개념을 3가지 준거로 구분하였다. 그 중 규범적 준거(normative criterion)에 근거한 교육의 개념으로 옳은 것만을 모두 고른 것은?

> ㄱ. '무엇인가 가치 있는 것'을 추구하는 활동이다.
> ㄴ. 학습자의 의식과 자발성을 전제하는 것이다.
> ㄷ. 지식, 이해, 인지적 안목을 길러 주는 것이다.

① ㄱ
② ㄷ
③ ㄴ, ㄷ
④ ㄱ, ㄴ, ㄷ

19	실존주의 교육철학

만남의 교육적 가치는 부버(M. Buber)에 의해 제시되었다. 그는 현대인의 인간관계를 '나-그것'의 관계로부터 '나-너'의 관계인 인격적 만남의 관계로 달라져야 함을 강조하였다. 실존철학은 교육의 상황에서 교사, 학생, 교재의 실존적 만남 위에서 교육을 논의하는 기초를 제공하였다. 만남은 특정한 계기와 돌발적 상황을 통해 비약적으로 성장·발전할 수 있는 계기를 가져다 준다.

(선지분석)
②, ③, ④ 듀이(J. Dewey)는 진보주의자, 브라멜드(T. Brameld)는 재건주의자, 허친스(R. M. Hutchins)는 항존주의자이다.

답 ①

20	피터스의 교육의 준거

피터스(R. Peters)의 3가지 준거 가운데 규범적 준거는 어떤 활동이나 과정이 교육적이라고 말할 수 있으려면 그 활동이나 과정이 가치 있는 것이어야 한다는 것이다. 그런 의미에서 도박, 음주, 흡연 등과 같은 행동은 교육과는 무관하다. 교육의 규범적 준거는 가치 있는 것을 전달해야 할 뿐만 아니라 학습자가 가치 있는 것에 헌신하는 것을 포함한다. 헌신이란 하나의 신념에 따라 행동하는 성향을 말한다.

(선지분석)
ㄴ. 학습자의 의식과 자발성을 전제하는 것은 과정적 준거이다.
ㄷ. 지식, 이해, 인지적 안목을 길러 주는 것은 인지적 준거이다.

답 ①

21 ☐☐☐

다음은 학교장이 학부모 연수에서 강조한 내용이다. 이에 가장 부합하는 교육철학은?

> 우리 학교는 지금까지 지식 교육에 매진해 온 결과, 학업성취도에서는 우수한 성과를 거두었습니다. 하지만 학생들은 그다지 행복하지 않은 것 같고, 왜 교과 지식을 배우는지도 모르는 것 같습니다. 그래서 저는 앞으로 교과보다는 학생에 관심을 기울이고, 교사와 학생의 인격적 만남을 중시하며, 교과 지식도 학생 개개인의 삶에 의미 있는 것이 되도록 하는 학교를 만들어 가겠습니다.

① 분석적 교육철학
② 항존주의 교육철학
③ 본질주의 교육철학
④ 실존주의 교육철학

---

22 ☐☐☐

서양의 교육철학 사조에 대한 설명으로 가장 적절한 것은?

① 본질주의 – 아동이 당장 흥미가 없고 힘들더라도 철저히 학습하도록 하는 것이 필요하다고 보았다.
② 항존주의 – 위대한 고전을 이용한 교육을 실용적인 직업교육과 융합하려고 노력하였다.
③ 재건주의 – 문화유산과 고전과목 등 전통적 교과과정을 중시하였다.
④ 진보주의 – 최초로 주장한 학자는 허친스(R. M. Hutchins)이다.

21	실존주의 교육철학

실존주의 철학은 교육의 상황에서 교사, 학생, 교재의 실존적 만남 위에서 교육을 논의하는 기초를 제공하였다. 만남의 교육적 가치를 제시한 사람은 부버(M. Buber)이다.

(선지분석)
① 분석적 철학은 일상 언어와 논리를 분석하는 철학이다.
② 항존주의 철학은 허친스(Hutchins)에 의해 제기된 철학으로 인간 이성능력의 개발을 위한 고전 독서를 강조한다.
③ 본질주의 철학은 배글리(Bagley)가 대표자로 기본교육이나 기본교과의 학습과 교사 중심의 전통적 훈련을 강조한다.

답 ④

22	교육철학 사조

본질주의는 배글리(Bagley)에 의해 본질파 선언을 계기로 일어난 교육철학의 한 사조로 학습을 본질상 강한 훈련의 과정으로 본다. 또한 교육과정의 본질은 기본교과를 철저히 이수하는 것이며 전통적인 훈련방법이 회복되어야 함을 강조한다.

(선지분석)
② 항존주의는 위대한 고전을 이용한 교양교육을 실용적인 직업교육보다 강조한다.
③ 문화유산과 고전과목 등 전통적 교과과정을 중시하는 것은 본질주의이다.

답 ①

23

다음 내용에 가장 부합하는 것은?

- 교육은 학습자와 교육내용을 모두 고려해야 한다.
- 교육내용의 내재적 가치는 선험적으로 정당화된다.
- 교육은 합리적인 사고와 지적 안목을 도덕적인 방식으로 전달하는 과정이다.
- 교육은 인류의 문화유산이라는 공적(公的) 전통으로 학생을 안내하는 과정이다.

---

① 주입(注入)으로서의 교육
② 주형(鑄型)으로서의 교육
③ 성년식(成年式)으로서의 교육
④ 행동수정(行動修正)으로서의 교육

24

다음 내용과 관련이 있는 교육철학은?

- 프랑크푸르트 학파의 이론적 성과를 수용하였다.
- 교육 현상에 대해 규범적·평가적·실천적으로 접근하였다.
- 자본주의 사회의 불평등 문제와 교육의 관련성에 주목하였다.
- 인간의 의식과 지식이 사회, 정치, 경제에 의해 결정되는 것으로 보았다.

---

① 비판적 교육철학
② 분석적 교육철학
③ 홀리스틱 교육철학
④ 프래그머티즘 교육철학

23	성년식으로서의 교육관

교육은 합리적인 사고와 지적 안목을 도덕적인 방식으로 전달하고, 인류의 문화유산이라는 공적(公的) 전통으로 학생을 안내하는 과정이라고 보는 교육관은 피터스(R. S. Peters)가 주장하는 성년식으로서의 교육이다.

(선지분석)
① 주입으로서의 교육은 학습자의 자발성을 무시하고 학습내용을 일방적으로 전달하는 교육이다.
② 주형으로서의 교육은 사회·문화적으로 확립된 틀로 인간을 기르고자 하는 교육이다.
④ 행동수정으로서의 교육은 행동주의 심리학에 근거한 교육으로 강화 혹은 벌의 기법을 통해 바람직한 행동은 증가시키고, 바람직하지 못한 행동은 감소시키는 교육을 말한다.

답 ③

24	현대의 교육철학

프랑크푸르트 학파의 이론적 성과를 수용하였고, 교육 현상에 대해 규범적·평가적·실천적으로 접근한 것은 비판적 교육철학이다.

(선지분석)
② 분석적 교육철학은 교육에서 사용하는 용어나 논의를 명백히 함으로써 사고나 행위의 명확성·일관성을 기하도록 한다.
③ 홀리스틱 교육철학은 전체론(holism)에 기초한 교육으로 전체와의 관련을 근저로 그것을 통해 개인과 세계에 변형이 이루어지도록 작용한다.
④ 프래그머티즘 교육철학은 변화, 가치의 상대성을 근거로 교육의 과정을 끊임없는 경험의 재구성 과정으로 본다.

답 ①

본질주의 교육사조에 대한 설명으로 옳지 않은 것은?

① 수월성을 강조하는 오늘날의 교육은 본질주의 사조와 일맥상통한 면이 있다.
② 미국 정부가 과거에 주도했던 기초 회귀(Back-to-basics) 운동은 본질주의 입장의 재현으로 볼 수 있다.
③ 현재의 문화적 위기 속에서 교육을 통하여 새롭고 민주적인 세계질서가 수립될 수 있다고 주장한다.
④ 수업의 주도권이 교사에게 있으며, 교재는 학습자의 현재의 관심과는 무관하게 선정되어야 한다고 본다.

다음에 해당하는 현대 교육철학 사조는?

- 교육이 처해 있는 사회구조나 제도에 대해 의문을 제기한다.
- 의사소통적 합리성이라는 개념을 통해 교육에서 조작이나 기만, 부당한 권력 남용 등을 극복할 수 있는 발판을 마련하였다.
- 교육을 교육의 논리가 아니라 정치·경제·사회의 논리에 의해 해석하는 경향이 있다.

① 실존주의 교육철학
② 분석적 교육철학
③ 비판적 교육철학
④ 포스트모더니즘 교육철학

25	본질주의 교육사조

본질주의 교육사조는 진보주의에 대한 반발로 1930년대 배글리(Bagley)를 중심으로 한 '미국교육 향상을 위한 본질파위원회'의 창설로부터 비롯되었다. 본질주의는 학습은 본질상 강한 훈련과정이며 교육은 기본능력이나 기초능력을 철저히 이수시켜야 한다는 입장이다.

(선지분석)
③ 현재의 문화적 위기 속에서 교육을 통하여 새롭고 민주적인 세계질서가 수립될 수 있다고 주장한 것은 브라멜드(Brameld)의 문화적 재건주의 교육철학 사조이다.

답 ③

26	현대의 교육철학 사조

비판철학은 1923년 프랑크푸르트 대학 사회연구소를 중심으로 형성된 프랑크푸르트 학파에서 비롯된 것으로 현대사회와 인간의 문제를 분석하고 그 모순을 지적했던 이론이다. 미국의 보올스와 진티스(Bowles & Gintis), 영국과 미국의 신교육사회학자, 프레이리(P. Freire) 등이 비판적 교육철학의 대표자들이다. 비판철학은 마르크스(Marx)의 이데올로기 비판의 논리와 프로이드(Freud)의 심리학 방법론을 발전적으로 수용하였으며, 프랑크푸르트 학파, 네오마르크시즘, 뉴 레프드 등으로 불리기도 한다. 인간의 의식이나 지식은 사회적, 경제적, 정치적 제약하에서 형성된다고 보고 인간의 자유로운 의식의 형성을 억압하고 왜곡시키는 사회적, 경제적, 정치적 제약요인들을 분석하고 비판하는 일을 통해 인간 의식을 억압의 영향에서 해방시키는 것을 교육의 목적으로 본다.

답 ③

다음과 같이 주장하는 교육철학은?

> 교육철학은 철학 이론들로부터 교육실천의 함의를 이끌어
> 내는 데 주력하지 말고, 교육의 목적이나 교육의 실재 그
> 자체에 대해 철학적으로 사고하는 일에 집중해야 한다. 또
> 한 기존 교육사상들이 가정하고 있는 개념적 구조를 명료
> 화하고 개념의 일관성과 타당성을 검토함으로써 언어의 혼
> 란으로 인해 빚어진 교육 문제를 제거하는 일에 관심을 두
> 어야 한다.

① 분석적 교육철학
② 비판적 교육철학
③ 실존주의 교육철학
④ 프래그머티즘 교육철학

**포스트모던 교육철학을 반영한 교육적 실천으로 볼 수 없는
것은?**

① 학교 내 소수자를 보호하는 방안을 모색한다.
② 발표 수업에서 학생들의 다양한 관점을 수용한다.
③ 대화와 타협의 과정에 충실한 토론식 수업을 권장한다.
④ 학습 과정에서 지식의 실재성과 가치의 중립성을 강조한다.

27	현대의 교육철학

교육철학 가운데 기존 교육사상들이 가정하고 있는 개념적 구조를
명료화하고 개념의 일관성과 타당성을 검토함으로써 언어의 혼란으
로 인해 빚어진 교육 문제를 제거하는 일에 관심을 두는 것은 분석적
교육철학이다.

(선지분석)
② 비판적 교육철학은 현대 사회와 인간의 문제를 분석하고 그 모
　순을 지적했던 사상 경향이다.
③ 실존주의 교육철학은 합리주의의 허구성, 실증주의의 비인간화,
　독재체제의 비윤리성에 반기를 들고 인간 존재의 존재 상황을
　문제 삼는다.
④ 프래그머티즘의 교육철학은 영국의 경험론을 발전시킨 것으로
　환경에 대한 생물학의 도전 혹은 상호작용으로 생각하고, 의식
　과 이성은 이 경험과정에서 생겨나는 것으로 간주한다.

답 ①

28	포스트모더니즘

포스트모더니즘은 20세기 후반 이성중심의 합리성에 한계를 느끼고
새로운 패러다임의 필요성이 정치, 경제, 사회는 물론 문학, 예술,
학문 등 광범위한 영역에서 출현된 경향을 말한다.

(선지분석)
④ 학습 과정에서 지식의 실재성과 가치의 중립성을 강조하는 것은
　모더니즘의 교육철학을 말한다.

답 ④

29 ☐☐☐

교육의 목적을 내재적·외재적 목적으로 구분할 때, <보기>에서 외재적 목적에 해당하는 것으로만 묶은 것은?

─────〈보기〉─────
ㄱ. 국가 경쟁력 강화
ㄴ. 지식의 형식 추구
ㄷ. 인적 자원의 개발
ㄹ. 합리적 마음의 계발

① ㄱ, ㄴ
② ㄱ, ㄷ
③ ㄴ, ㄹ
④ ㄷ, ㄹ

30 ☐☐☐

교육철학 사조와 그 내용으로 옳지 않은 것은?

① 분석적 교육철학은 교육적 언어의 의미를 분석하고 교육적 개념을 명료화하는 데 초점을 두었다.
② 본질주의는 형이상학과 신학이 고등교육의 교육과정에 포함되어야 한다고 주장하였다.
③ 항존주의는 미국 사회의 진보주의 교육운동을 비판하며 등장한 보수적인 교육철학 이념이다.
④ 포스트모더니즘은 사회의 이질성과 다원성을 의식하고 인정하는 교육을 강조하였다.

29	교육의 목적

교육의 내재적 목적이란 교육목적을 교육이 이루어지는 활동 안에서 찾고자 하는 관점을 말하고, 외재적 목적이란 문제되는 행동의 외부에서 주어지는 목적을 말한다. 이 중 교육의 외재적 목적은 교육활동을 수단으로 하여 다른 것을 추구하는 것을 의미한다. 여기서 수단적 가치란 끝없는 연쇄질문을 수반한다. 외재적 목적의 예로는 직업을 위한 준비, 산업화를 위한 인적 자원의 육성 등이 있다.

(선지분석)
ㄴ, ㄹ. 지식의 형식 추구, 합리적 마음의 계발 등은 피터스(Peters)가 주장하는 자유교육의 목적관으로 내재적 목적관의 대표적인 예이다.

답 ②

30	교육철학 사조

본질주의 교육철학은 배글리(Bagley)를 중심으로 '미국교육향상을 위한 본질파위원회'의 결성과 '본질파 선언' 등을 시작으로 비롯되었다. 본질주의는 학습을 강한 훈련의 과정으로 보며, 교육과정의 본질은 기본 교과와 기본 교육을 중시한다.

(선지분석)
② 형이상학과 신학이 고등교육의 교육과정에 포함되어야 한다고 주장하는 것은 항존주의 교육철학이다.

답 ②

31

2015년 국가직 7급

교육기본법 제2조에 명시된 교육이념이 아닌 것은?

① 홍익인간의 이념
② 창의 인재 양성
③ 자주적 생활능력 함양
④ 민주시민으로서 필요한 자질 함양

32

2014년 국가직 9급

현대 교육철학 사조 중 본질주의에 대한 설명으로 옳은 것은?

① 인류의 전통과 문화유산을 소중히 여기며 교육을 통해 문화의 주요 요소들을 다음 세대에 전달할 것을 강조한다.
② 진리를 인간의 경험에서 나오는 실험적 혹은 가설적인 것으로 간주한다.
③ 교육에서 전통과 고전의 원리를 강조하고 불변의 진리를 인정한다.
④ 교육이 문화의 기본적인 가치를 실현시키는 새로운 사회질서를 창조하는 일에 전념할 것을 강조한다.

31	교육이념

창의 인재 양성은 교육기본법 제2조에 명시된 교육이념에 해당하지 않는다.

> **교육기본법 제2조【교육이념】** 교육은 홍익인간(弘益人間)의 이념 아래 모든 국민으로 하여금 인격을 도야하고 자주적 생활능력과 민주시민으로서 필요한 자질을 갖추게 함으로써 인간다운 삶을 영위하게 하고 민주국가의 발전과 인류공영의 이상을 실현하는 데에 이바지하게 함을 목적으로 한다.

답 ②

32	본질주의 교육사상

본질주의 교육철학은 1930년대 진보주의에 대한 반기로 등장하였다. 본질주의의 원리로 학습은 강한 훈련의 과정으로 교사는 수업에 대한 준비와 책임을 져야 하며, 교수는 교재중심의 조직적 학습이 되어야 한다고 주장한다. 본질주의에서 말하는 본질이란 인류의 전통과 문화유산을 말하며, 교육을 통해 이들 문화의 주요 요소를 다음 세대에 전달하는 일이라고 본다.

(선지분석)
② 진리를 인간의 경험에서 나오는 실험적 혹은 가설적인 것으로 간주하는 것은 진보주의이다.
③ 교육에서 전통과 고전의 원리를 강조하고 불변의 진리를 인정하는 것은 항존주의이다.
④ 교육이 문화의 기본적인 가치를 실현시키는 새로운 사회질서를 창조하는 일에 전념할 것을 강조하는 것은 재건주의이다.

답 ①

58 해커스공무원 학원·인강 gosi.Hackers.com

33 □□□

교육의 개념에 대한 설명으로 옳지 않은 것은?

① 교육의 사회적 기능이 부각되면서 사회가 요구하는 가치나 규범을 내면화하는 개념으로 사회화라는 개념이 쓰이게 되었다.

② 교육의 기초인 양육은 물질적인 원조뿐만 아니라 정신적, 심리적 조력을 모두 포괄하는 개념이다.

③ 조작적 정의를 견지하는 학자들은 교육을 '인간행동을 계획적으로 변화시키는 과정'이라고 본다.

④ 훈련(training)은 자연의 원리에 따르는 교육에서 유래한 것으로, 신념체계 전체를 변화시키는 '전인적' 교육이다.

33	교육의 개념

피터스(R. S. Peters)는 교육과 훈련의 관계에 대해 "훈련이란 제한된 기술이나 사고방식을 길러 주는 것이고, 교육은 보다 넓은 신념체계를 다루는 일이다."라고 하였다. 즉, 교육은 인간의 신념체계의 변화, 전인적 변화, 지적이고 창의적인 참여를 강조하고, 가치지향적 활동임에 비해 훈련은 제한된 기술의 연마, 인간 특성 일부의 변화, 기계적 학습의 강조, 가치중립적 활동을 특징으로 한다.

답 ④

II

교육심리학 및 상담

01 교육심리학

01 □□□

형태주의(Gestalt) 심리학의 관점으로 옳지 않은 것은?

① 학습의 과정에 통찰도 포함된다.
② 지각은 실제와 차이가 있을 수 있다.
③ 전체는 부분의 합이 아니라 그 이상이다.
④ 복잡한 현상을 단순한 요소로 나누어 설명한다.

02 □□□

다음 설명에 해당하는 지능은?

- 카텔(Cattell)과 혼(Horn)이 제시한 지능 개념이다.
- 유전적·신경생리적 영향을 받는 지능이다.
- 기계적 암기, 지각, 일반적 추리 능력과 관련된다.
- 청소년기까지 증가하다가 성인기 이후 점차 쇠퇴한다.

① 결정지능
② 다중지능
③ 성공지능
④ 유동지능

---

01 형태주의 심리학

형태주의(Gestalt) 심리학은 에렌펠스(Ehrenfels)가 도입한 개념을 베르트하이머(Wertheimer)가 심리학으로 발전시킨 것이다. 형태주의 심리학의 원리는 부분의 성질은 전체에 대한 부분들의 관계에 의존하고 부분의 성질을 전체 속에 있는 부분의 위치, 역할 및 기능에 의존한다는 것이다. 형태주의 심리학의 원리로는 근접의 원리, 유사성의 원리, 좋은 연속의 원리, 폐쇄의 원리 등이 있다.

(선지분석)
④ 복잡한 현상을 단순한 요소로 나누어 설명하는 것은 원자론(atomism, 혹은 요소주의)이다. 형태주의 심리학에서는 인간이 경험하고 학습하는 것은 통합된 전체로서의 장(場)이며, 이를 자극-반응의 단위와 같이 개개의 요소로 분석하는 것은 무의미하다고 본다. 행동주의는 원자론적 관점이다.

답 ④

02 유동적 지능

카텔(Cattell)과 혼(Horn)이 제시한 지능 가운데 유동적 지능은 추리, 개념 형성, 추론, 추상성과 같이 정식 훈련과 관계없는 지능이다. 이 지능은 학교 학습과 밀접한 관련성을 갖지 않으며 어떤 특정한 문화권에 구애를 받지 않는 생득적 요소를 가진다.

(선지분석)
① 결정지능은 카텔(Cattell)이 제시한 지능 가운데 청소년기 이후에 발달되는 지능이다.
② 다중지능은 가드너(Gardner)가 제시한 지능이다.
③ 성공지능은 스턴버그(Sternberg)가 분석적 지능(구성 요소적 지능), 창의적 지능(경험적 지능), 실천적 지능(상황적 지능)을 기초로 제시한 지능이다.

답 ④

(가), (나)에 들어갈 말을 바르게 연결한 것은?

> 학습동기에 대한 목표지향성 이론에 따르면, 학습자가
> (가) 목표를 갖고 있으면, 자신의 능력을 높이기 위한
> 목표를 성취하기 위해 도전적인 새로운 과제를 선택하는
> 경향이 높지만, 학습자가 (나) 목표를 갖고 있으면,
> 자신의 능력이 부족해 보이는 것을 피하기 위해 새롭고 도
> 전적인 과제보다 이미 충분히 학습된 쉬운 과제를 선택하
> 려는 경향이 높다.

	(가)	(나)
①	수행	숙달
②	숙달	수행
③	사회적	숙달
④	수행접근	과제회피

03	**목표지향성 이론**

학습동기에 대한 목표지향성 이론에 따르면 (가) 숙달목표(mastery goals)는 도전 거리를 해내고 향상시키는 속에서 얻는 개인적 만족감, 적당히 어렵고 도전할 만한 목표를 선택한다. 학습목표라고도 한다. (나) 수행목표(performance goals)는 수행한 것에 대해 승인을 받고자 하는 욕구, 아주 쉽거나 어려운 목표를 선택한다.

답 ②

마샤(Marcia)의 정체성 지위 이론에서 다음의 특징에 해당하는 것은?

> • 정체성 위기의 상태에 있다.
> • 구체적인 과업에 전념하지 못하고 있다.
> • 자신의 정체성에 대해 적극적으로 탐색한다.

① 정체성 동요(identity agitation)
② 정체성 상실(identity foreclosure)
③ 정체성 유예(identity moratorium)
④ 정체성 혼미(identity diffusion)

04	**정체성 이론**

마샤(Marcia)와 에릭슨(Erikson) 등이 제시한 정체성 유예(identity moratorium)에 대해 에릭슨은 '유예'를 선택을 위한 노력 중에 있는 상태로 말하였고, 마샤는 유예의 의미를 정체성 위기에 대하여 대처하기 위한 청소년의 활동적 노력도 포함시켜 확장시켰다. 특히 에릭슨은 복잡한 사회 속의 청소년들은 이러한 정체감 위기를 경험하거나 유예와 혼란의 일시적 시기를 경험한다고 믿었다.

답 ③

와이너(Weiner)의 귀인 이론에 따르면 그 소재가 내부에 있고 불안정하며 통제 가능한 귀인은?

① 과제난이도
② 교사의 편견
③ 일시적인 노력
④ 시험 당일의 기분

다음 설명에 해당하는 학습이론은?

- 학습이란 시행착오의 과정을 통해 이루어진다.
- 시행착오 학습은 성공적인 반응이 결합되는 점진적인 과정을 통해 일어난다.
- 쏜다이크(E. L. Thorndike)에 의해 체계화된 이론이다.

① 통찰설
② 자극 – 반응 연합설
③ 조작적 조건형성설
④ 목적적 행동주의설

05	귀인 이론

소재가 내부에 있고 불안정하며 통제 가능한 귀인은 일시적 노력이다.

📄 **와이너(Weinner)의 귀인이론**

와이너(Weiner)의 귀인 이론은 개인이 어떤 특정한 상황에서의 성취결과(성공 혹은 실패)에 대하여 그 원인을 무엇이라고 인식하느냐에 따라 그의 행동이 결정된다는 이론이다.

능력	내적, 안정적, 통제 불가능한 원인
노력	내적, 불안정적, 통제 가능한 원인
과제 곤란도	외적, 안정적, 통제 불가능한 원인
운	외적, 불안정적, 통제 불가능한 원인

답 ③

06	행동주의 학습이론

행동주의 학습설은 파블로프(Pavlov)의 고전적 조건화설, 스키너(Skinner)의 조작적 조건화설, 쏜다이크(Thorndike)의 시행착오설 등이 있다. 쏜다이크(Thorndike)의 시행착오설은 자극 – 반응 연합설이라고도 한다.

(선지분석)

① 통찰설은 쾰러(Köller)에 의한 형태주의 학습설, ③ 조작적 조건형성설은 스키너(Skinner), ④ 목적적 행동주의는 톨만(Tolman)의 기대형성이론이다.

답 ②

07 □□□

구성주의 관점에서 학습에 대한 설명으로 옳지 않은 것은?

① 유의미한 지식은 학습자 스스로 구성하는 지식이어야 한다.
② 학습환경을 설계할 때의 중심은 학습자가 활용할 자원과 정보이다.
③ 교육과정 개발은 교과의 논리나 구조가 아니라 교사와 학습자의 삶의 맥락에 대한 이해에서 출발한다.
④ 교사는 학습자의 문제 해결을 촉진하기 위해 대화 및 협력 도구를 함께 제공해야 한다.

07	구성주의 학습관

유의미한 지식은 학습자 스스로 구성하는 지식이며, 교육과정 개발은 교과의 논리나 구조가 아니라 교사와 학습자의 삶의 맥락에 대한 이해에서 출발하고, 교사는 학습자의 문제 해결을 촉진하기 위해 대화 및 협력 도구를 함께 제공해야 한다고 보는 것은 구성주의적 관점이다.

(선지분석)
② 학습환경을 설계할 때의 중심이 학습자가 활용할 자원과 정보라고 본 것은 객관주의적 관점이다.

답 ②

---

08 □□□

다음 설명에 해당하는 개념은?

> • 어떤 결과를 산출하기 위해 요구되는 행동을 성공적으로 수행할 수 있다는 신념을 말한다.
> • 개인적인 능력의 판단과 관계가 있다.
> • 영향요인으로는 숙달 경험, 신체적 혹은 정서적 각성, 대리경험 및 사회적 설득이 있다.

① 자아개념(self-concept)
② 자기조절(self-regulation)
③ 자기효능감(self-efficacy)
④ 자아존중감(self-esteem)

08	자기효능감

반두라(Bandura)에 의해 제시된 자기효능감(sense of self-efficacy)은 개인이 어떤 행동이나 활동을 성공적으로 수행할 수 있는 자신의 능력에 대한 신념을 말한다. 최근에는 자기효능감이 학업능력에 대한 일반적인 지각보다 학업수행을 강력하게 예언하는 요인으로 인정되고 있다.

📄 **반두라의 자기효능감의 근원**

실제경험	과거의 성공과 실패의 경험
대리경험	사회적 모델을 통한 경험 예 자기와 비슷한 아이가 어떤 일을 성공하는 경우 자신이 성공할 것에 대한 기대가 높아짐
언어적 설득	할 수 있다는 언어적 격려를 받은 경우
생리적 각성	정서적 각성 예 시험을 보는 동안의 식은 땀이나 가슴이 울렁거리는 경험

답 ③

가드너(H. Gardner)의 다중지능 이론에 대한 설명으로 옳지 않은 것은?

① 지능은 단일한 특성을 지닌다.
② 여러 지능들은 상호작용한다.
③ 언어 지능은 단어의 의미와 소리에 대한 민감성과 관련된다.
④ 논리 – 수학적 지능은 논리적·수리적 유형에 대한 민감성과 구분 능력 등을 말한다.

09	가드너의 다중지능 이론

가드너(H. Gardner)는 1983년 『정신의 틀 : 다중지능 이론』(Frames of Mind : The Theory of Multiple Intelligences)에서 7가지 지능의 spectrum을 주장하였다(후에 9가지로 확장). 그는 지능은 일반지능과 같은 단일한 능력이 아니라 다수의 능력이 인간의 지능을 구성하고 있으며 이러한 능력들도 상대적 중요성은 동일하다고 가정하였다. 가드너의 지능 이론은 기존의 IQ점수가 함축하고 있는 의미보다 넓은 시각에서 인간의 잠재적 능력을 탐구하는 계기를 마련해 주었다.

(선지분석)
① 다중지능 이론은 인간의 지능을 단일 특성이 아니라 다차원(多次元) 혹은 다중적(多重的)으로 간주한다.

답 ①

비고츠키(Vygotsky)의 사회문화이론에 근거할 때, (가)에 들어갈 말은?

> 타인의 도움을 받아서 수행할 수 있는 수준과 자기 혼자서 독립적으로 수행할 수 있는 수준 사이에 [(가)]이 있다.

① 집단 무의식
② 근접발달영역
③ 학습된 무기력
④ 잠재적 발달영역

10	비고츠키의 사회문화이론

비고츠키(Vygotsky)의 사회문화이론에 근거한 근접발달영역(ZPD)은 타인의 도움을 받아 수행할 수 있는 잠재적 발달영역과 자기 혼자서 독립적으로 수행할 수 있는 실재적 발달수준과의 차이를 말한다.

(선지분석)
① 집단 무의식은 단편적인 무의식들이 결합된 형태로 개인의 행동 결정에 직접적인 계기가 되는 것으로 융(C. Jung)이 주장한 개념이다.
③ 학습된 무기력은 동기유발에서 학생들이 실패를 내적, 안정적, 통제 불가능한 요인으로 귀인하는 현상으로 셀리그만(Seligman) 등이 주장하였다.
④ 잠재적 발달영역은 비고츠키가 주장한 것으로 미래의 발달수준을 말한다.

답 ②

---

11 □□□
2023년 국가직 9급

콜버그(Kohlberg)의 도덕성 발달이론에 대한 설명으로 옳은 것은?

① 아동 초기에 초점을 둔 이론으로 도덕성 발달은 동화와 조절의 과정을 거쳐 이루어진다.
② 전인습(preconventional) 수준에서 도덕성 발달의 시작은 처벌을 피하기 위한 행동에서 비롯된다.
③ 선악을 판단하는 초자아(superego)의 작동에 의해 도덕성이 발달한다.
④ 인습(conventional) 수준에서 도덕성은 정의, 평등, 생명과 같은 보편적인 원리를 지향한다.

12 □□□
2023년 지방직 9급

다음 사례에 해당하는 학습의 전이(transfer)가 아닌 것은?

> 수학 시간에 사칙연산을 배우는 것은 가게에서 물건 값을 지불하고 잔돈을 계산하는 데 도움을 준다.

① 긍정적(positive) 전이
② 특수(specific) 전이
③ 일반(general) 전이
④ 수평적(lateral) 전이

11	콜버그의 도덕성 발달이론

콜버그(Kohlberg)의 도덕성 발달이론 가운데 전인습(preconventional) 수준은 벌과 복종지향단계와 욕구충족을 위한 단계로 구분된다. 도덕성 발달의 시작은 처벌을 피하기 위한 행동은 제1단계인 벌과 복종단계이다.

선지분석
① 아동 초기에 초점을 둔 이론으로 도덕성 발달은 동화와 조절의 과정을 거쳐 이루어진다는 것은 피아제(Piaget)의 주장이다.
③ 선악을 판단하는 초자아(superego)의 작동에 의해 도덕성이 발달한다는 것은 프로이트(Freud)의 주장이다.
④ 콜버그 이론에서 도덕성은 정의, 평등, 생명과 같은 보편적인 원리를 지향하는 것은 인습 이후 수준이다.

답 ②

12	학습의 전이

학습의 전이(transfer) 가운데 일반 전이란 어떤 상황에서 배운 지식이나 기술이 더 넓은 범위의 다양한 상황에 적용할 수 있는 능력을 말하고, 특수 전이란 어떤 것을 배운 상황과 유사한 상황에서만 배운 정보를 적용시킬 수 있는 능력을 말한다. 예를 들어 라틴어, 수학과 같은 과목을 배우면 정신을 훈련하는 데 도움이 될 것이라는 것은 일반 전이를 말하며, 수학 시간에 사칙연산을 배우는 것은 가게에서 물건 값을 지불하고 잔돈을 계산하는 데 도움을 준다는 것은 특수 전이를 말한다. 현재는 일반 전이 이론보다는 특수 전이를 인정하고 있다.

답 ③

다음 설명에 해당하는 학습은?

- 유의미한 학습이 일어나기 위해서는 지식이 사용되는 맥락에 대한 정보가 제공되어야 한다.
- 전이를 촉진하기 위해 한 가지 주제를 다양한 맥락에서 다양한 예시와 함께 다룰 필요가 있다.
- 학습은 일상생활의 활동에 참여하는 경험을 통해 진행되므로 사회공동체의 활동에 참여하는 과정이 장려되어야 한다.

① 발견학습(discovery learning)
② 상황학습(situated learning)
③ 혼합학습(blended learning)
④ 거꾸로학습(flipped learning)

다음 설명에 해당하는 방어기제는?

- 욕구 충족이 어려운 상황에서 참된 이유가 아니라 그럴듯한 이유를 찾아 자신의 행동을 정당화시킨다.
- 자신이 바라는 것을 얻지 못하였을 때 그것의 가치를 평가절하 하는 신 포도 기제가 활용될 수 있다.
- 자신이 인정하고 싶지 않은 상황을 할 수 없이 받아들여야 할 때 그것이 마치 바라던 일인 것처럼 과대평가하는 단 레몬 기제를 동원할 수 있다.

① 투사(projection)
② 반동형성(reaction formation)
③ 억압(repression)
④ 합리화(rationalization)

13	구성주의 학습모형

구성주의 학습모형 가운데 상황학습(situated learning)은 학습자의 능동적인 참여를 강조하며, 추상적이거나 탈상황적인 지식을 다루는 대부분의 전통적 교실 수업과는 달리 사회적인 교류가 학습의 중요한 요소를 이룬다. 그 밖에 구성주의 학습모형으로는 인지적 도제학습, 문제중심학습, 인지적 유연성이론, 정착수업 등이 있다.

답 ②

14	방어기제

기제(mechanism)란 욕구불만이 쌓였을 때 이를 비합리적인 방법으로 해소하는 것으로 방어기제, 도피기제, 공격기제 등으로 구분된다. 방어기제 가운데 합리화(rationalization)란 자신의 행동이 억압되었을 때 그 행동에 대해 그럴듯한 변명을 함으로써 자아를 보호하려는 기제로 정당화 혹은 변명이라고도 한다.

답 ④

15 ▢▢▢

다음 설명에 해당하는 인지적 도제학습의 방법은?

> • 학습자의 근접발달영역에 속하지만 독자적으로 수행하기 어려운 과제를 수행하도록 도와준다.
> • 학습의 초기 단계에 교수자는 학습자에게 많은 지지를 제공하다가 단계적으로 감소시켜 학습자가 독립적으로 수행하게 한다.

① 비계설정(scaffolding)
② 반성적 사고(reflection)
③ 명료화(articulation)
④ 모델링(modeling)

16 ▢▢▢

학업성취 격차의 원인을 이해하는 관점에 대한 설명으로 옳지 않은 것은?

① 학업성취 격차의 원인을 지능에서 찾는 관점은 지능을 둘러싼 유전 – 환경 결정 논쟁과 관련이 깊다.
② 교육내용이 선정·조직되는 측면을 중시하는 관점은 학업성취 격차가 발생하는 과정을 '검은 상자(black box)'로 남겨 두었다는 한계를 갖는다.
③ 가정의 문화적 환경을 중시하는 관점은 학교 내 변인만으로는 학업성취 격차를 해소하는 데 불충분하다고 본다.
④ 교사 – 학생 간 상호작용에 초점을 둔 관점은 교사의 기대수준 및 학생의 자기충족예언이 학업성취 격차에 미치는 영향에 관심을 둔다.

15	인지적 도제학습

구성주의 학습 모형 가운데 인지적 도제학습은 초보자가 실제 장면에서 전문가가 과제를 수행하는 과정을 직접 관찰하고, 이를 모방하여 수행하는 과정을 통해 특정 지식과 기능을 연마하는 과정으로 이루어진다. 인지적 도제학습의 과정은 '전문가의 시범보이기 – 교수적 도움주기 – 비계 설정하기 – 명료화하기 – 반성 – 탐색' 등으로 이루어진다. 이 가운데 비계 설정하기는 교사와 학습자가 공동으로 과제를 수행하면서, 학습자의 학습에 도움을 주는 디딤돌 역할을 하는 교수적 도움과 교수적 도움의 중지 등을 포함한다.

답 ①

16	학업성취 격차의 원인

학업성취 불평등에 대한 1960년대의 논의는 인지적 능력(IQ)이 학업성취 불평등에 중요한 요인으로 간주하고 지능이 유전되는가 아니면, 지능이 사회경제적 배경에 의해 영향을 받는가에 대한 논쟁이 주요 쟁점이었다(이를 'IQism'이라고도 함). 최근의 연구경향은 사회·경제적 배경이 학업성취에 어느 정도 영향을 미치는가 보다[콜맨 보고서(Coleman Report)] 사회·경제적 배경이 학업성취에 영향을 미치는 경로를 밝히고자 한다[문화실조론, 번스타인(Bernstein)의 사회계층별 언어모형, 교사의 기대효과, 학생문화 등].

(선지분석)
② 교육내용이 선정·조직되는 측면을 중시하는 관점은 교육과정사회학적 관점으로 여기에서는 지금까지 '검은 상자(black box)'로 간주되었던 학교의 내적 특징(학업성취가 실제로 이루어지는 과정의 특징)을 보다 세부적으로 파악하여 지적 성취를 증진시키는 요인을 찾으려는 연구가 시도되고 있다.

답 ②

형태주의 심리학(Gestalt psychology)의 관점에 대한 설명으로 옳지 않은 것은?

① 인간은 완전하지 않은 대상을 보완하여 완전한 형태로 지각하는 경향이 있다.
② 전체는 단순히 부분의 합이 아닌 그 이상을 의미한다.
③ 복잡한 현상을 단순한 구성 원자로 환원할 때 더 정확하게 이해할 수 있다.
④ 파이 현상(phi phenomenon)의 사례처럼 지각은 종종 실재와 다르다.

다음 설명에 해당하는 것은?

- 지능은 사회문화적 맥락의 영향을 받는, 서로 독립적인 다양한 능력으로 구성되어 있다.
- 지능의 예로 언어 지능, 논리수학 지능, 음악 지능, 공간 지능, 신체운동 지능, 대인관계 지능 등이 있다.
- 학습자는 누구나 강점 지능과 약점 지능을 가지고 있으므로, 수업방식을 다양화하는 교육방식이 필요하다.

① 스피어만(Spearman)의 일반요인이론
② 길포드(Guilford)의 지능구조모형
③ 가드너(Gardner)의 다중지능론
④ 캐롤(Carroll)의 지능위계모형

17	형태주의 심리학

형태주의 심리학(Gestalt psychology)은 에렌펠스(Ehrenfels)가 도입한 개념을 베르트하이머(Wertheimer)가 심리학으로 발전시킨 것이다. 형태주의 심리학의 원리는 부분의 성질은 전체에 대한 부분들의 관계에 의존하고 부분의 성질을 전체 속에 있는 부분의 위치, 역할 및 기능에 의존한다는 것이다. 형태주의 심리학의 원리로는 근접의 원리, 유사성의 원리, 좋은 연속의 원리, 폐쇄의 원리 등이 있다. 형태주의 심리학의 원리 가운데 단순성의 법칙이란 복잡한 사물을 단순화시켜 지각하는 것으로 이는 지각의 불완전성을 말하는 것이다.

(선지분석)
① 인간은 완전하지 않은 대상을 보완하여 완전한 형태로 지각하는 경향은 폐쇄성의 원리라고 한다.
④ 파이 현상(phi phenomenon)이란 예를 들면 영화필름은 정지되어 있는 사진의 연속인데 이를 영사기로 돌리면 운동으로 되는 현상을 말한다.

답 ③

18	지능이론

다중지능이론을 제시한 가드너(Gardner)는 지능을 특정 문화권에서 중요한 문제해결능력 혹은 문화적 산물을 창출해내는 능력으로 보고 언어적 지능, 논리수학적 지능, 음악적 지능, 시공간적 지능, 신체운동적 지능, 대인관계 지능, 개인 내적 지능, 자연탐구적 지능, 실존적 지능 등을 제시하고 있다. 다중지능을 이용한 교육방식으로는 강점 지능을 개발해줌으로써 약점 지능도 보완하는 것이 있다.

답 ③

19 ☐☐☐

다음과 가장 관계가 깊은 학습이론은?

> 영수는 국어 성적이 좋지 않아서 시험 성적이 나올 때마다 여러 번 국어 선생님으로부터 꾸중을 들었고, 꾸중을 들을 때마다 기분이 상해서 얼굴이 붉어졌다. 어느 날 영수는 우연히 국어 선생님을 복도에서 마주쳤는데, 잘못한 일이 없음에도 불구하고 자신도 모르게 얼굴이 붉어졌다.

① 구성주의 이론
② 정보처리 이론
③ 고전적 조건형성 이론
④ 조작적 조건형성 이론

19	학습이론

학습이론 가운데 학습을 자극과 반응 간의 연합으로 보는 것은 행동주의 학습이론이다. 행동주의 학습이론은 고전적 조건형성 이론과 조작적 조건형성 이론으로 구분된다. 학습을 정서적 자극과 반응 간의 연합으로 보는 것은 파블로프(Pavlov)의 고전적 조건형성 이론이다. 고전적 조건형성의 예로는 수학시간에 칠판 앞에서 문제를 푸는 데서 오는 불쾌한 감정을 수학과목에 대한 부정적 태도의 습득과 관련시키는 것, 특정한 향수 냄새가 옛 애인을 생각나게 하는 것 등이 있다. 즉 사람이나 사물에 대한 정서적 반응은 고전적 조건화 과정을 통해 학습된다.

답 ③

---

20 ☐☐☐

학습에 대한 관점 중 정보처리이론에 대한 설명으로 옳은 것은?

① 감각기억 – 인지과정에 대한 자각과 통제로 자신의 사고를 확인하고 점검하는 기능을 한다.
② 시연 – 관련 있는 내용을 공통 범주나 유형으로 묶는 과정이다.
③ 정교화 – 새로운 정보를 저장된 지식에 연결하고 의미를 부여하기 위해 정보를 재처리하는 과정이다.
④ 조직화 – 정보에 대한 시각적 이미지를 머릿속에 표상하는 과정이다.

20	정보처리이론

정보처리이론에서 정교화란 기억하고자 하는 정보를 이미 알고 있는 정보, 즉 장기기억으로부터의 정보와 연결하는 것을 말한다. 즉 어떤 정보에 조작을 가하여 정보가 갖는 의미의 깊이와 폭을 더욱 심화·확장시키는 정보처리전략이다.

(선지분석)
① 인지과정에 대한 자각과 통제로 자신의 사고를 확인하고 점검하는 기능을 하는 것은 집행통제(초인지)이다.
② 관련 있는 내용을 공통 범주나 유형으로 묶는 과정은 조직화이다.
④ 정보에 대한 시각적 이미지를 머릿속에 표상하는 과정은 부호화이다.

답 ③

다음에 해당하는 프로이드(Freud)의 성격 구조 요소는?

- 도덕적 원리를 추구한다.
- 부모나 양육자로부터 영향을 많이 받는다.
- 양심과 자아이상이라는 두 가지 하위체계로 구성된다.

① 무의식
② 원초아
③ 자아
④ 초자아

반두라(Bandura)의 관찰학습 단계 중 모델의 행동을 언어적·시각적으로 부호화하는 단계는?

① 재생
② 파지
③ 동기화
④ 주의집중

21	프로이드의 성격 구조 요소

프로이드(Freud)의 성격 구조 요소 가운데 초자아(super ego)는 도덕적 측면으로 부모나 다른 성인들이 아동에게 그 사회의 가치관과 규범을 전수하는 과정에서 발달한다. 특히 초자아는 남근기의 오이디푸스 콤플렉스(Oedipus complex) 결과로 발달하며, 완벽을 추구하며 좀처럼 만족하지 않는 특징을 갖는다.

답 ④

22	반두라의 관찰학습

반두라(Bandura)의 관찰학습 단계는 주의집중 – 파지 – 운동재생 – 동기화 등으로 이루어진다. 이 가운데 모델의 행동을 언어적·시각적으로 부호화하는 단계는 파지단계이다. 즉 파지단계에서는 주의집중에 덧붙여 학습자가 기억할 수 있는 형태로 관찰된 행동의 표상(表象)을 만든다.

답 ②

23 □□□

매슬로우(Maslow)의 욕구위계이론상 욕구를 결핍 욕구와 성장 욕구로 구분할 때, 성장 욕구에 해당하는 것은?

① 안전의 욕구
② 소속과 애정의 욕구
③ 자존의 욕구
④ 자아실현의 욕구

24 □□□

정보처리이론에서 장기기억에 해당하지 않는 것은?

① 감각기억
② 의미기억
③ 일화기억
④ 절차기억

23	매슬로우의 욕구위계이론

매슬로우(Maslow)의 욕구위계이론은 면담, 자유연상, 투사적 기법, 전기 및 자서전 등 여러 기법 등을 활용하여 인간은 누구나 본능적 욕구를 지니고 있다고 보고, 5가지 욕구위계이론을 주장하였다. 5가지 욕구위계를 하위 욕구인 생리적 욕구, 소속 욕구, 안전 욕구, 자존 욕구를 결핍 욕구, 자아실현을 성장 욕구로 구분하였다. 즉, 성장 욕구에 해당하는 것은 자아실현의 욕구이다. 그는 이후 성장 욕구에 이해와 지적 욕구, 심리적 욕구를 추가하였다.

답 ④

24	정보처리이론

정보처리이론 가운데 중다(重多)기억이론에 의하면 인간의 기억은 여러 개의 기억저장고로 이루어져 있다. 기억의 기본 구조는 감각기억, 단기기억, 작업기억, 장기기억으로 이루어져 있고, 이 가운데 장기기억은 의미기억, 일화기억, 절차기억으로 구분된다. 의미기억은 명제, 심상이나 도식의 형태로 기억하는 것이고, 일화기억은 특정한 장소 및 시점과 관련된 정보를 기억하는 것이다. 절차기억은 일을 하는 방법에 관한 기억이다.

답 ①

25 ☐☐☐

렌줄리(Renzulli)가 제시한 영재성의 세 가지 요소에 해당하지 않는 것은?

① 높은 도덕성
② 높은 창의성
③ 높은 과제집착력
④ 평균 이상의 능력

| 25 | 영재성 |

렌줄리(Renzulli)가 제시한 영재성의 세 가지 요소는 평균 이상의 지능, 창의성 그리고 과제집착력이다.

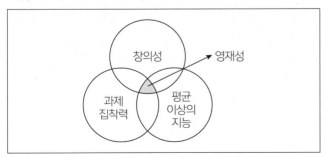

답 ①

26 ☐☐☐

학습이론에 대한 설명으로 옳지 않은 것은?

① 형태주의 심리학에 따르면 학습은 계속적인 시행착오의 결과이다.
② 사회인지이론에 따르면 개인, 행동, 환경의 상호작용에 의해 학습이 이루어진다.
③ 행동주의 학습이론에 따르면 학습의 근본적인 원리는 자극과 반응 간의 연합이다.
④ 정보처리이론에 따르면 정보저장소는 감각기억, 작업기억, 장기기억의 세 가지로 구분된다.

| 26 | 학습이론 |

학습이론 가운데 학습을 계속적인 시행착오의 결과라고 보는 것은 행동주의 학습이론이다. 형태주의 심리학에 의하면 인간은 감각정보를 패턴이나 관계로 조직하려는 경향성을 지니며, 주어진 정보를 관련이 없는 별개의 조각들로 지각하지 않고 객관적 실체를 정신적 사상으로 변환시켜 의미 있는 전체로 파악한다. 형태주의 심리학에 근거한 학습이론으로는 통찰설, 장의 이론, 기대형성이론 등이 있다.

답 ①

27 □□□

다음에 해당하는 이론은?

> • 특정한 행동을 관찰하고 흉내 내는 모델링
> • 타인의 행동을 관찰함으로써 학습이 되는 대리학습
> • 타인의 행동을 관찰하고 유사한 행동을 하는 관찰학습

① 톨만(Tolman)의 잠재학습
② 반두라(Bandura)의 사회인지학습이론
③ 쾰러(Köhler)의 통찰학습
④ 브루너(Bruner)의 발견학습

28 □□□

와이너(Weiner)의 귀인이론에 의하면 그 요소가 외적이며, 안정적이고, 통제 불가능한 귀인은?

① 운
② 능력
③ 노력
④ 과제난이도

27	반두라의 사회인지학습이론

반두라(Bandura)의 사회인지학습이론은 행동주의적 접근과 인지주의적 접근을 통합한 이론으로, 인간은 타인의 행동을 관찰하거나 보는 것만으로도 여러 가지 행동을 배운다고 본다. 사회인지학습은 모델링, 자기효능감, 관찰학습, 대리강화 등을 강조한다.

답 ②

28	귀인이론

와이너(Weiner)의 귀인이론은 개인이 어떤 특정한 상황에서의 성공 혹은 실패에 대해 그 원인을 무엇이라고 인식하느냐에 따라 그의 행동이 결정된다는 이론을 말한다. 이 이론에서 귀인요소는 능력, 노력, 과제난이도, 운 등을 말한다. 이 가운데 외적, 안정적, 통제 불가능한 원인은 과제난이도이다. 그 밖에 능력은 내적, 안정적, 통제 불가능한 원인이다. 노력은 내적, 불안정적, 통제 가능한 원인이며, 운은 외적, 불안정적, 통제 불가능한 원인이다.

답 ④

다음에 해당하는 자아정체감의 개념은?

> 의사결정을 할 때, 대안을 고려하지 않고 부모 등이 제시하는 역할이나 가치를 그대로 선택하거나 수용한다.

① 정체감 성취(achievement)
② 정체감 유예(moratorium)
③ 정체감 유실(foreclosure)
④ 정체감 혼미(diffusion)

숙달목표지향성의 특징에 해당하지 않는 것은?

① 도전 추구
② 능력 입증
③ 노력 귀인
④ 절대적, 내적 자기참조 기준

29	자아정체감

에릭슨(Erikson)과 마샤(Marcia)에 의해 제시된 청소년기의 정체감 상태 가운데 의사결정을 할 때, 대안을 고려하지 않고 부모 등이 제시하는 역할이나 가치를 그대로 선택하거나 수용하는 상태는 정체감 유실(foreclosure)이다. 그 밖에 정체감 성취(achievement)는 현실적으로 선택할 수 있는 것들이 무엇인가를 먼저 고려한 후 선택을 하고 그것을 위해서 추구하는 상태이고, 정체감 유예(moratorium)는 정체감 형성을 위해 노력 중에 있는 상태이며, 정체감 혼미(diffusion)는 자신이 누구인지 또는 인생에서 무엇을 하고 싶어 하는지에 대해 어떤 결론에 도달하지 못한 상태라고 보았다.

답 ③

30	숙달목표

학습동기의 개념정립 모형 중 숙달목표란 학습목표라고도 하며, 도전을 해내고 향상시키는 속에서 얻는 개인적 만족감을 중시하고, 적당히 어렵고 도전할 만한 목표를 선정하는 것이다. 숙달목표는 내적 동기, 과제 개입, 성공추구 동기, 완숙지향, 성공과 실패를 통제 가능한 노력에 귀인한다. 능력 입증을 중시하는 유형은 수행목표로 외적 동기, 자아 개입형, 실패회피동기, 성공과 실패를 통제 불가능한 원인에 귀인하는 특징을 지닌다.

답 ②

에릭슨(Erikson)의 심리사회적 발달이론에서 (가) ~ (라)에 들어갈 발달단계를 A ~ D와 바르게 연결한 것은?

신뢰감 대 불신감 - ___(가)___ - ___(나)___ - 근면성 대 열등감 - ___(다)___ - ___(라)___ - 생산성 대 침체감 - 통합성 대 절망감

A. 자율성 대 수치심과 회의
B. 주도성 대 죄책감
C. 정체성 대 역할혼미
D. 친밀감 대 고립감

	(가)	(나)	(다)	(라)
①	A	B	C	D
②	A	B	D	C
③	B	A	C	D
④	B	A	D	C

피아제(Piaget)의 인지발달단계에서 구체적 조작기에 대한 설명으로 옳은 것만을 모두 고르면?

ㄱ. 가설 연역적 사고가 가능하다.
ㄴ. 서열화와 분류가 가능하다.
ㄷ. 상징을 형성하고 사용하는 능력이 발달하기 시작한다.
ㄹ. 가역적 사고가 가능하다.

① ㄱ, ㄷ
② ㄱ, ㄹ
③ ㄴ, ㄷ
④ ㄴ, ㄹ

---

31   에릭슨(Erikson)의 심리사회적 발달이론

에릭슨(Erikson)의 심리사회적 발달이론에서는 인간의 성격발달을 불변의 순서에 따라 8단계로 구분하였다. 제1단계(출생~1세)는 신뢰감 대 불신감, 2단계(2~3세)는 자율성 대 수치심과 회의, 제3단계(4~5세)는 주도성 대 죄책감, 제4단계(초등학교 학령기)는 근면성 대 열등감, 제5단계(청소년기)는 자아정체감 대 역할혼미, 제6단계(성인 초기)는 친밀감 대 고립감, 제7단계(성인 중기)는 생산성 대 침체감, 제8단계(노년기)는 통합성 대 절망감의 성격적 특징을 나타낸다.

답 ①

32   피아제(Piaget)의 인지발달단계

피아제(Piaget)의 인지발달단계에서 구체적 조작기는 7~11세 정도로, 실재하는 구체적인 사물을 통해 논리적 사고나 가역적 사고가 가능한 시기이다. 이 시기 발달의 특징으로는 보전 개념을 습득하며, 서열화나 탈중심화, 유목화, 가역적 사고가 가능하다는 것이 있다.

(선지분석)
ㄱ. 가설 연역적 사고가 가능한 단계는 형식적 조작기이다.
ㄷ. 상징을 형성하고 사용하는 능력이 발달하기 시작하는 단계는 전조작기이다.

답 ④

인지주의 학습이론에 대한 설명으로 옳지 않은 것은?

① 부호화 – 제시된 정보를 처리가능한 형태로 변형하는 과정
② 인출 – 장기기억 속에 있는 정보를 작업기억으로 가져오는 과정
③ 조직화 – 기존에 가지고 있던 정보를 새 정보에 연결하여 정보를 유의미한 형태로 저장하는 과정
④ 메타인지 – 사고과정에 대한 지식으로 자신의 인지과정 전체를 지각하고 통제하는 정신활동

33	인지주의 학습이론

인지주의 학습이론의 정보처리전략 중 기존에 가지고 있던 정보를 새 정보에 연결하여 정보를 유의미한 형태로 저장하는 과정은 정교화이다. 정교화는 새로운 정보에 조작을 가하여 정보가 갖는 의미의 깊이와 폭을 더욱 심화·확장시키는 정보처리전략을 말한다. 정교화를 촉진시키는 방법으로는 배운 내용을 자신의 말로 표현하기, 다른 사람에게 설명해보기, 구체적인 예를 제시하기, 실제 장면에 적용해보기 등이 있다.

답 ③

지능에 대한 설명으로 옳지 않은 것은?

① 서스톤(Thurstone) – 지능의 구성요인으로 7개의 기본정신능력이 존재한다.
② 길포드(Guilford) – 지능은 내용, 산출, 조작(operation)의 세 차원으로 구성되어 있다.
③ 가드너(Gardner) – 8개의 독립적인 지능이 존재하며, 각각의 지능의 가치는 문화나 시대에 따라 달라진다.
④ 스턴버그(Sternberg) – 지능은 유동적 지능과 결정적 지능으로 구성되며 결정적 지능은 경험에 따라 변할 수 있다.

34	지능이론

지능은 유동적 지능과 결정적 지능으로 구성되며 결정적 지능은 경험에 따라 변할 수 있다고 주장한 사람은 카텔(Cattell)이다. 카텔이 주장한 유동적 지능은 학교 학습과 밀접한 관련성을 갖지 않으며 어떤 특정한 문화권에 구애 받지 않는 생득적 요소를 지닌다. 반면 결정적 지능은 독서, 이해, 어휘, 일반 지식과 같이 문화에 의해 학습되고 가치화된 지능을 말한다.

답 ④

---

35 □□□

다음 설명에 해당하는 이론은?

- 전문가의 사고과정을 내면화하는 것이다.
- 콜린스(Collins)와 동료들이 발전시켰다.
- 학습환경을 구성하는 내용, 방법, 순서, 사회학의 네 차원을 중시한다.
- 모델링, 코칭, 비계설정, 발화, 반성, 탐구의 수업방법을 활용한다.

① 완전학습
② 전환학습
③ 학습공동체이론
④ 인지적 도제학습

36 □□□

구성주의 교육에 대한 설명으로 옳은 것만을 모두 고르면?

ㄱ. 교수의 내용은 객관적 법칙이라고 밝혀진 체계화된 지식이다.
ㄴ. 실재하는 지식을 효과적으로 전달할 수 있는 교수·학습방법을 강조한다.
ㄷ. 학습자가 정보를 획득하고 의미를 재구성할 수 있도록 복잡하고 비구조화된 과제를 제시한다.
ㄹ. 협동 수업, 소집단 활동, 문제해결학습 등을 통해 사고와 메타인지를 촉진하는 다양한 교육방법을 적용한다.

① ㄱ, ㄴ
② ㄱ, ㄹ
③ ㄴ, ㄷ
④ ㄷ, ㄹ

35	구성주의 학습모형

콜린스(Collins)와 러고프(Rogoff) 등에 의해 발전된 구성주의 학습모형 가운데 하나인 인지적 도제학습은 초보자가 실제 장면에서 전문가가 과제를 수행하는 과정을 직접 관찰하고 이를 모방하고 수행하며 특정 지식과 기능을 연마하는 과정으로 이루어진다. 인지적 도제학습의 단계는 모델링, 코칭, 비계설정, 발화, 반성, 탐구로 진행된다.

답 ④

36	구성주의 교육

구성주의 교육은 교육을 학습자 자신이 지식을 내부적으로 표상하여 자신의 경험적 해석을 통해 구성해내는 과정이라고 본다.
ㄷ. 학습자가 정보를 획득하고 의미를 재구성할 수 있도록 복잡하고 비구조화된 과제를 제시한다.
ㄹ. 협동 수업, 소집단 활동, 문제해결학습 등을 통해 사고와 메타인지를 촉진하는 다양한 교육방법을 적용한다.

(선지분석)
ㄱ, ㄴ. 교수의 내용은 객관적 법칙이라고 밝혀진 체계화된 지식이라고 하거나, 실재하는 지식을 효과적으로 전달할 수 있는 교수·학습방법을 강조하는 것은 객관주의 교육을 말한다.

답 ④

아동의 인지발달과정에 대한 피아제(Piaget)와 비고츠키 (Vygotsky) 이론의 차이점으로 옳지 않은 것은?

① 피아제는 학습이 발달을 주도한다고 보는 반면 비고츠키 는 발달에 기초하여 학습이 이루어진다고 본다.

② 피아제는 아동은 스스로 세계를 구조화하고 이해하는 존 재라고 생각한 반면 비고츠키는 아동이 타인과의 관계에 서 영향받아 성장하는 사회적 존재임을 강조한다.

③ 피아제는 혼잣말을 미성숙하고 자기중심적 언어로 보지 만 비고츠키는 혼잣말이 자신의 사고를 위한 수단, 문제 해결을 위한 사고의 도구라고 생각한다.

④ 피아제는 개인 내적 지식이 사회적 지식으로 확대 또는 외면화된다고 보는 반면 비고츠키는 사회적 지식이 개인 내적 지식으로 내면화된다고 본다.

37	인지발달 이론

아동의 인지발달과정에 대해 학습이 발달을 주도한다고 본 것은 비 고츠키(Vygotsky)이고, 발달에 기초하여 학습이 이루어진다고 본 것은 피아제(Piaget)이다. 발달과 학습의 관계에 대해 피아제는 발 달은 학습과 독립적이며, 학습에 우선한다고 본 반면, 비고츠키는 발달과 학습 사이의 상호의존적 작용이라는 점을 강조하며, 학습에 의해 발달이 촉진될 수 있다고 주장한다.

답 ①

행동주의 학습이론에 대한 설명으로 옳은 것은?

① 고정비율 강화계획은 일정한 시간 간격을 기준으로 강화 가 제시되는 것을 의미한다.

② 부적 강화란 어떤 행동 후 싫어하는 자극을 제거함으로써 특정 행동을 증가시키는 것을 의미한다.

③ 일차적 강화물은 그 자체로 강화능력을 가지고 있지 않은 자극이 다른 강화물과 연합하여 가치를 얻게 된 강화물 이다.

④ 프리맥 원리는 차별적 강화를 이용하여 목표와 근접한 행 동을 단계적으로 형성해 나가는 것이다.

38	행동주의 학습이론

행동주의 학습이론 가운데 부적 강화란 어떤 행동 후에 싫어하는 자극을 제거함으로써 특정 행동을 증가시키는 기법을 말한다.

(선지분석)

① 일정한 시간 간격을 기준으로 강화가 제시되는 것은 고정간격 강화이다.

③ 그 자체로 강화능력을 가지고 있지 않은 자극(중성자극)이 다른 강화물과 연합하여 가치를 얻게 된 강화물은 2차 강화물 혹은 조건강화물이다.

④ 차별적 강화를 이용하여 목표와 근접한 행동을 단계적으로 형성 해 나가는 것은 행동조형이다.

답 ②

---

39 ☐☐☐

인간발달에 대한 연구자와 이론을 바르게 연결한 것은?

① 비고츠키(Vygotsky) - 동화와 조절을 통해 환경에 적응해 나감으로써 인지발달이 이루어진다.

② 콜버그(Kohlberg) - 아동은 인지적 성숙과 사회적 경험을 통해 타율적 도덕성 단계에서 자율적 도덕성 단계로 발달한다.

③ 프로이드(Freud) - 생의 특정 시점에서 경험하는 사회적 요구에 의해 나타나는 위기를 어떻게 해결하느냐에 따라 심리사회적 발달이 이루어진다.

④ 브론펜브레너(Bronfenbrenner) - 인간은 개인에게 직접적인 영향을 주는 가족뿐만 아니라 사회적·문화적 환경을 포함한 여러 수준의 환경과 다양한 상호작용을 통해 발달한다.

39	인간발달이론

브론펜브레너(Bronfenbrenner)의 생태학적 발달이론은 인간은 개인에게 직접적인 영향을 주는 가족뿐만 아니라 사회적·문화적 환경을 포함한 여러 수준의 환경과 다양한 상호작용을 통해 발달한다고 본다.

(선지분석)
① 동화와 조절을 통해 환경에 적응해 나감으로써 인지발달이 이루어진다는 것은 피아제(Piaget)의 인지발달이론이다.

② 콜버그(Kohlberg)의 도덕성 발달이론은 아동의 인지적 성숙에 따라 타율적 도덕성에서 자율적 도덕성 단계로 발달한다.

③ 생(生)의 특정 시점에서 경험하는 사회적 요구에 의해 나타나는 위기를 어떻게 해결하느냐에 따라 심리사회적 발달이 이루어진다는 것은 에릭슨(Erikson)의 성격발달이론이다.

답 ④

---

40 ☐☐☐

목표지향이론에서 제시하고 있는 수행접근목표에 해당하는 것은?

① 그림을 못 그린다고 놀림을 받을 것 같아 미술 과제를 제출하지 않았다.

② 지난번보다 더 나은 결과물을 만들기 위해 열심히 과제를 준비하였다.

③ 기말시험에서 경쟁자인 동급생보다 더 잘하기 위하여 열심히 공부하였다.

④ 뛰어난 운동선수가 실력이 떨어질 것 같아 새로운 기술의 습득을 주저하였다.

40	수행접근목표

수행목표란 수행한 것에 대해 승인을 받고자 하는 욕구로 아주 쉽거나 어려운 목표를 선택한다. 수행목표지향 학습자는 기말시험에서 경쟁자인 동급생보다 더 잘하기 위하여 열심히 공부하는 경향이 있다. 반면, 숙달목표는 도전을 해내고 향상시키는 속에서 얻는 개인적 만족감을 추구하는 것으로, 숙달목표지향 학습자는 적당히 어렵고 도전할 만한 목표를 선택하는 경향이 있다.

답 ③

---

41 □□□

다음 설명에 해당하는 방어기제는?

> • 사회적으로 용인될 수 없는 충동을 정반대의 말이나 행동으로 표출하는 과정
> • 친구를 좋아하면서도 표현하기가 힘든 아이가 긴장된 상황에서 '난 네가 싫어!'라고 말하는 것

① 억압(repression)
② 반동형성(reaction formation)
③ 치환(displacement)
④ 부인(denial)

42 □□□

인지주의 학습전략 중 기존에 가지고 있던 정보를 새로운 정보에 연결하여 정보를 유의미한 형태로 바꾸는 것은?

① 정적 강화
② 부적 강화
③ 체계적 둔감화
④ 정교화

41	방어기제

기제(mechanism)란 욕구불만이 쌓였을 때 이를 비합리적 방법으로 해소하는 것으로 방어기제, 도피기제, 공격기제 등이 있다. 억압된 욕구나 충동이 무의식의 세계에 잠입해 있다가 방향이나 성질이 정반대의 현상으로 표현되는 기제는 역형성 혹은 반동형성이다.

(선지분석)
① 억압이란 용서받지 못한 소망, 욕구를 의식하에 억눌러 버리고 아무것도 아닌 것처럼 행동하는 것이다.
③ 치환은 사회적으로 받아들여지기 어려운 충동이나 태도를 다른 대상에 돌려서 불만을 해소하는 기제이다.
④ 부인은 자신에게 불리하거나 위협이 되는 상황을 인정하거나 인식하기를 거부하는 기제이다.

답 ②

42	인지주의 학습전략

정보처리전략 가운데 정교화란 어떤 정보에 조작을 가하여 정보가 갖는 의미의 깊이와 폭을 더욱 심화·확장시키는 것을 말한다. 정보처리이론은 인지주의에 해당한다.

(선지분석)
①, ②, ③ 정적 강화, 부적 강화, 체계적 둔감화 등은 행동주의 이론을 응용한 행동수정 원리이다.

답 ④

43 ☐☐☐

형태주의 심리학(gestalt psychology)에 대한 설명으로 옳지 않은 것은?

① 학습자는 세상을 지각할 때 외부자극을 단순히 합하는 것 이상의 작업을 수행한다.
② 문제 장면에 존재하는 다양한 요소의 관계를 파악하는 통찰에 주목한다.
③ 학습은 인지구조의 변화가 아니라 행동의 변화를 나타낸다.
④ 쾰러(W. Köhler)의 유인원 실험은 중요한 근거를 제공한다.

44 ☐☐☐

사회인지이론에서 주장하는 관찰학습의 단계를 순서대로 바르게 나열한 것은?

① 파지단계 → 재생단계 → 동기화단계 → 주의집중단계
② 주의집중단계 → 파지단계 → 재생단계 → 동기화단계
③ 동기화단계 → 주의집중단계 → 파지단계 → 재생단계
④ 재생단계 → 주의집중단계 → 동기화단계 → 파지단계

43	형태주의 심리학

형태주의 심리학은 행동주의 심리학의 원자론(atomism)에 대한 반발로 전체론(holism)을 강조하는 심리학의 경향을 말한다. 게슈탈트(gestalt)란 전체, 장 혹은 형태 등을 의미한다. 학습은 인지구조의 변화가 아니라 행동의 변화를 나타낸다고 보는 이론은 행동주의 심리학이다.

(선지분석)
① 형태주의 심리학에서는 세상을 지각할 때 외부자극을 단순히 합하는 것 이상을 지각한다.
② 통찰(insight)을 학습의 중요한 요소로 본다.
④ 쾰러(W. Köhler)의 침팬지 바나나 실험은 통찰학습설의 대표적인 예이다.

답 ③

44	관찰학습

관찰학습의 단계는 온정적이고, 유능하며, 강력하다고 여겨지는 모델에 더욱 주의를 집중하는 주의집중단계, 상징적 부호화가 이루어지는 파지단계, 관찰된 행동을 실제로 수행하는 재생단계, 외적 혹은 자기강화가 이루어지는 동기화단계로 이루어진다.

답 ②

행동주의 학습이론에 대한 설명으로 옳지 않은 것은?

① 환경은 학습자의 행동에 영향을 끼치는 변인이다.

② 학습자는 상황에 관계없이 스스로 사고하고 판단하는 존재이다.

③ 바람직한 행동뿐만 아니라 부적응 행동도 학습의 결과이다.

④ 학습은 외현적 행동으로 나타나기 때문에 과학적 연구가 가능하다.

피아제(J. Piaget)의 인지발달단계를 순서대로 바르게 나열한 것은?

ㄱ. 전조작기
ㄴ. 형식적 조작기
ㄷ. 감각운동기
ㄹ. 구체적 조작기

① ㄱ → ㄴ → ㄷ → ㄹ

② ㄱ → ㄷ → ㄴ → ㄹ

③ ㄷ → ㄱ → ㄹ → ㄴ

④ ㄷ → ㄴ → ㄱ → ㄹ

45	행동주의 학습이론

행동주의 학습이론은 1930~1960년대 행동주의 심리학의 영향을 받아 주로 통제된 실험실에서 동물을 대상으로 연구가 이루어졌다. 행동주의 학습이론의 근본 원리는 자극(stimulus)과 반응(response) 간의 연합으로, 자극은 학습자가 환경으로부터 받는 모든 것을 의미하며, 반응은 자극의 결과로 나타나는 행동을 의미한다. 그러므로 행동주의는 교육이란 어린이로 하여금 주어진 자극에 계획된 반응을 하도록 조건화하는 일이라고 본다.

(선지분석)

② 학습자는 상황에 관계없이 스스로 사고하고 판단하는 존재라고 보는 것은 인지주의 학습이론이다.

답 ②

46	피아제의 인지발달단계

피아제(J. Piaget)는 인간의 인지를 복잡한 유기체가 환경에 대해 생물학적으로 적응해 나가는 과정의 특수한 형태로 보고 인간의 지각, 학습, 경험 등 인식의 문제를 연구하였다. 그는 출생부터 청년기까지 일어나는 인지 기능의 개체 발생적 변화를 밝히고자 하였다. 피아제는 아동의 개인차에 관심이 있는 것이 아니라 모든 인종과 역사 속에서 어린이에게 일어나는 개념화 형태에 관심을 가졌다. 피아제는 인지발달은 스키마(schema)가 동화와 조절작용을 통해 평형화가 이루어지는 것으로, 연령에 따라 질적으로 구분되는 4단계를 거쳐 이루어진다고 보았다. 즉, ㄷ. 감각운동기 → ㄱ. 전조작기 → ㄹ. 구체적 조작기 → ㄴ. 형식적 조작기의 단계를 거친다.

답 ③

---

47 ☐☐☐

콜버그(L. Kohlberg)의 도덕성 발달이론에 비추어 볼 때, 다음 <상황>에 대한 <아동의 대답>이 해당하는 발달단계는?

―――〈상황〉―――

한 남자의 아내가 죽어가고 있다. 아내를 살릴 수 있는 약이 있지만 너무 비싸고, 약사는 싼 가격에는 약을 팔려고 하지 않는다. 남자는 아내를 위해 하는 수 없이 약을 훔쳤다. 남자는 정당한 일을 하였는가?

―――〈아동의 대답〉―――

"나는 찬성한다. 좋은 남편은 아내를 잘 돌보아야 하기 때문에 사랑하는 아내를 살리기 위한 이러한 행위는 정당하다."

① 1단계: 복종과 처벌 지향
② 2단계: 개인적 쾌락주의
③ 3단계: 착한 소년/소녀 지향
④ 4단계: 사회질서와 권위 지향

48 ☐☐☐

발달이론을 제안한 학자와 그의 관점에 대한 설명으로 옳지 않은 것은?

① 에릭슨(Erickson) - 각 발달단계에서 겪게 되는 위기를 어떻게 해결하느냐에 따라 성격발달이 이루어진다.
② 콜버그(Kohlberg) - 개인의 도덕적 판단은 인지발달 수준과 병행한다.
③ 비고츠키(Vygotsky) - 한 개인이 수행할 수 있는 수준과 타인의 도움을 받아 수행할 수 있는 수준의 차이가 존재한다.
④ 피아제(Piaget) - 자기중심적 언어는 단순히 자기만의 생각을 표현하는 것이 아니라 문제해결을 위한 사고의 도구이다.

47	콜버그의 도덕성 발달이론

콜버그(L. Kohlberg)의 도덕성 발달이론은 사람들이 실제로 도덕 문제에 어떻게 답하는가 하는 사고 체계를 연구하여 이것을 바탕으로 도덕성 발달단계를 3수준 6단계로 나누었다. 이 가운데 제2수준의 3단계는 대인관계 조화를 위한 도덕성, 즉 착한 소년 - 소녀 지향 단계이다. 이 단계에서는 타인의 인정을 구하고 타인을 기쁘게 하기 위해 동조한다. 이 단계의 아이들은 착함의 동기나 감정을 고려한다. 이 단계에서의 도덕이란 타인과 좋은 관계를 유지하는 것으로서, 칭찬을 받고 싶어하고 타인을 기쁘게 해주고 도와주려는 방향으로 생각하고 행동하는 것이다. 예를 들면 "하인즈는 생명을 구하려고 애썼다.", "하인즈는 아내를 사랑했다." 등을 강조한다. 반면 약제사의 동기에 대해서는 "나쁘다.", "탐욕스럽다."라고 답한다.

답 ③

48	발달이론

발달이론 가운데 자기중심적 언어는 단순히 자기만의 생각을 표현하는 것이 아니라 문제해결을 위한 사고의 도구라고 본 사람은 비고츠키(vygotsky)이다. 피아제(Piaget)는 자기중심적 언어는 자기중심적 사고로 나타날 뿐 문제해결의 도구가 되지 못한다고 보았다.

답 ④

49 □□□

학습전략에 대한 설명으로 옳지 않은 것은?

① 묶기(chunking) – 많은 작은 정보를 몇 개의 큰 묶음으로 처리함으로써 파지할 수 있는 정보의 양을 늘릴 수 있다.

② 심상(imagery) – 정보에 대한 시각적 이미지를 머릿속에 표상하는 전략으로, 개념에 대한 정신적 이미지를 만든다.

③ 정교화(elaboration) – 공통 범주나 유형을 기준으로 새로운 정보를 장기기억에 저장되어 있는 정보와 연결하는 부호화 전략이다.

④ 조직화(organization) – 구체적인 방법으로 개요 작성과 개념도가 있으며, 개념도는 개념 간의 관계를 보여주고 주제와의 관련성을 도형화하는 것이다.

50 □□□

다음 설명에 해당하는 이론은?

- 강화가 없어도 학습이 이루어진다.
- 눈에 보이는 행동의 변화만이 학습은 아니다.
- 구체적인 행동이 아니라 인지도(cognitive map)를 학습한다.
- 학습은 자극 – 반응을 결합하는 것이 아니라 어떤 행동을 하면 특정한 결과를 얻을 것이라는 기대를 획득하는 것이다.

① 목적적 행동주의
② 사회적 구성주의
③ 행동수정
④ 메타인지

49	학습전략

학습전략 중 정교화(elaboration)란 어떤 정보에 조작을 가하여 정보가 가지는 의미의 깊이와 폭을 더욱 심화·확장시키는 전략으로 처음 학습할 때 정교화하면 재생하기가 훨씬 쉽다. 정교화는 기존 지식과 더 많은 연결고리를 만들어 준다. 정교화는 주어진 자극에 대해 우리 자신의 지식을 동원하여 내용을 첨가하여 살을 붙이고, 가다듬고, 관련 내용을 유의미하게 조직하는 일체의 과정을 의미한다.

답 ③

50	학습이론

인지주의 학습이론 가운데 기대형성이론은 학습을 기대의 형성으로 본다. 즉, 유기체의 강화에 대한 기대는 선행하는 반응에 영향을 준다. 쥐의 미로 실험에서 학습되어지는 것은 인지도(cognitive map)와 같은 것으로 학습은 인지지도를 신경조직 속에 형성하는 일이다. 이 이론에 의하면 행동은 목적적이므로 유기체는 어떤 목적을 성취하려고 한다. 따라서 이 학습이론을 목적적 행동주의라고도 한다.

답 ①

51 ☐☐☐

특수 학습자 유형을 바르게 설명한 것은?

① 학습부진(under achiever) - 정서적 혼란과 같은 의미로 사용되며 개인적 불만, 사회적 갈등, 학교성적 부진이 지속적으로 나타난다.
② 학습장애(learning disabilities) - 지능 수준이 낮지 않으면서도 말하기, 쓰기, 읽기, 셈하기 등 특정 학습에서 장애를 보인다.
③ 행동장애(behavior disorders) - 지적 수준이 심각할 정도로 낮고, 동시에 적응적 행동의 결함을 보인다.
④ 정신지체(mental retardation) - 선수학습 결손으로 인해 자신의 지적 능력에 비해서 최저 수준에 미달하는 학업성취를 보인다.

52 ☐☐☐

에릭슨(E. Erikson)의 심리사회적 발달단계에 대한 설명으로 옳은 것만을 모두 고른 것은?

> ㄱ. 인생 주기 단계에서 심리사회적 위기가 우세하게 출현하는 최적의 시기는 개인에 따라 차이가 있지만, 그것이 출현하는 순서는 불변한다고 가정한다.
> ㄴ. 현 단계에서는 직전 단계에서 실패한 과업을 해결할 수 없다고 본다.
> ㄷ. 청소년기에는 이전 단계에서의 발달적 위기가 반복하여 나타난다고 본다.

① ㄱ
② ㄴ
③ ㄱ, ㄷ
④ ㄱ, ㄴ, ㄷ

51	특수 학습자

학습장애란 정신지체, 정서장애, 환경 및 문화적 결핍과는 관계없이 듣기, 말하기, 쓰기, 읽기 및 산수 능력을 습득하거나 활용하는 데 있어 한 분야 이상에서 어려움을 보이는 장애를 말한다.

(선지분석)
① 학습부진이란 지적 능력은 정상인데 해당 연령층에서 기대하는 학습 결과를 나타내지 못하고, 학업성취도가 정규학년 수준에 크게 미달하거나 학습속도가 부진한 것을 말한다.
③ 행동장애는 학습장면과 관련지어 행동장애를 사회적 갈등, 개인적 불만, 학교성적 부진 등을 지속적으로 나타내는 학습자로 정의하고 있다.
④ 정신지체란 지능이 평균보다 낮으며(-2SD 이하, 즉 IQ 70 이하), 특히 정신적인 발달이 지체되는 것을 말한다.

답 ②

52	에릭슨의 성격발달이론

ㄱ. 에릭슨(E. Erikson)의 심리사회적 발달단계이론은 모든 인간은 기본적으로 같은 욕구를 갖고 있으며 각 사회는 어떤 방식으로든 그러한 욕구를 채워줄 방법을 제공해야 한다고 보았다. 정서적 변화와 그들의 사회 환경에 대한 관계는 모든 사회에서 유사한 패턴을 따른다.
ㄷ. 각 단계는 상호 의존적이고 다음 단계의 성취는 이전의 갈등이 어떻게 해결되었는지에 달려 있다. 각 개인은 각 단계에서 '발달적 위기'에 직면한다. 그 위기는 긍정적 대안과 잠재적으로 건강하지 못한 대인 간의 갈등을 포함한다. 개인이 각 위기를 해결하는 방식은 개인의 자아상과 사회를 보는 눈에 지속적인 영향을 미친다. 초기 단계에서의 건강하지 못한 문제해결은 종종 이후 단계에서 손상이 회복될 수 있을지라도, 인생 전반에 걸쳐 잠재적으로 부정적인 영향을 미친다. 특히 청소년기에는 이전 단계에서의 발달적 위기가 반복적으로 나타나기도 한다고 보았다.

답 ③

다음 내용과 가장 관련이 깊은 학습이론은?

> 굶주린 침팬지가 들어 있는 우리의 높은 곳에 바나나를 매달아 놓았다. 침팬지는 처음에는 이 바나나를 먹으려고 손을 위로 뻗거나 뛰어 오르는 등 시행착오 행동을 보였다. 몇 차례의 시도 후에 막대를 갖고 놀던 침팬지는 마치 무엇을 생각한 듯 행동을 멈추고 잠시 서 있다가 재빠르게 그 막대로 바나나를 쳐서 떨어뜨렸다. 쾰러(W. Köhler)는 이것이 통찰에 의해 전체적 관계를 파악함으로써 학습이 이루어지는 좋은 예라고 주장하였다.

① 구성주의
② 인간주의
③ 행동주의
④ 형태주의

학습의 전이에 대한 설명으로 옳지 않은 것은?

① 특정 장면에서 학습한 내용이 다른 장면의 학습에 영향을 미치는 것을 말한다.
② 일반적으로 원래의 학습장면과 새로운 학습장면이 다를수록 전이가 촉진된다.
③ 학습 원리를 학습자 스스로가 경험할수록 전이가 촉진된다.
④ 다양한 사례와 충분한 연습의 기회를 제공할수록 전이가 촉진된다.

53	형태주의 심리학

형태심리학은 인간이 감각 정보를 패턴이나 관계로 조작하려는 경향성을 지니며, 인간의 대뇌는 주어진 정보를 관련이 없는 별개의 조각들로 지각하지 않고 객관적 실체를 정신적 사상으로 변환시켜 의미 있는 전체로 조직한다고 본다. 형태심리학에 근거한 학습이론이 쾰러(W. Köhler)의 통찰학습설이다. 형태주의는 초기 인지주의 심리학에 해당한다.

답 ④

54	학습의 전이

학습의 전이란 이전에 이미 형성된 일정한 습관이 다음에 어떤 습관을 성취·획득할 때 영향을 미치는 과정이다. 학습의 전이이론으로는 전통적인 형식도야설과 이를 비판하고 등장한 동일요소설, 일반화설, 형태이조설, 초보자 – 전문가설 등이 있다.

(선지분석)
② 일반적으로 원래의 학습장면과 새로운 학습장면이 동일할수록 전이가 촉진된다.

답 ②

---

55 ☐☐☐

다음 설명에 해당하는 학습이론은?

> • 문제해결의 과정에서 관련 없어 보이던 요소들이 유의미한 전체로 파악되고 결합된다.
> • 전날 저녁 내내 문제가 풀리지 않았으나 새벽에 일어나서 보니 해결방법이 갑자기 떠올랐다.

① 스키너(B. F. Skinner)의 조작적 조건 형성
② 톨만(E. C. Tolman)의 잠재학습
③ 쾰러(W. Köhler)의 통찰학습
④ 반두라(A. Bandura)의 관찰학습

56 ☐☐☐

피아제(J. Piaget)는 인지발달이론에서 "인간은 적응을 위해 새로운 경험과 도식을 서로 조정한다."라고 하였다. 다음의 예와 피아제가 제시한 적응의 유형이 옳게 짝지어진 것은?

> (가) 다른 나라를 방문할 때 그 나라의 문화와 음식, 언어에 빠르게 순응하려고 노력하는 것
> (나) 아빠는 양복을 입은 사람이라는 생각을 가진 유아가 양복을 입은 사람을 모두 '아빠'라고 부르는 것

	(가)	(나)
①	탈중심화	중심화
②	조절	동화
③	중심화	탈중심화
④	동화	조절

55	학습이론

쾰러(W. Köhler)의 통찰학습은 형태 파악 혹은 재체제화이다. 통찰은 문제 상황의 배열에 달려 있고, 일단 통찰로 해답을 구하면 그것은 즉각적으로 반복될 수 있다. 통찰로 달성된 해답은 새로운 사태에 지속적으로 적용될 수 있다는 점에서 학습의 개념(행동의 지속적인 변화)에 부합된다. 통찰학습설은 초기 인지주의인 형태심리학에 기초를 둔다. 그 밖에 레빈(Lewin)의 장의 이론과 톨만(Tolman)의 기호형태설 등이 있다.

답 ③

56	피아제의 인지발달이론

조절(accomodation)은 '새로운 스키마를 만들거나 낡은 스키마를 알맞게 고치는 인지과정'이다. 즉, 조절은 인지구조의 질적 변화를 가져온다. 동화(assimilation)란 '새로운 지각물이나 자극 사건을 이미 가지고 있던 스키마(schema) 혹은 행동양식에 통합되게 하는 인지과정'을 말한다. 즉, 동화는 인지구조의 양적 변화를 의미하며, 스키마의 성장을 가져온다. 동화와 조절은 서로 반복되어 일어나서 인지구조의 발달을 가져온다.
(가) 다른 나라를 방문할 때 그 나라의 문화와 음식, 언어에 빠르게 순응하려고 노력하는 것은 조절이다.
(나) 아빠는 양복을 입은 사람이라는 생각을 가진 유아가 양복을 입은 사람을 모두 '아빠'라고 부르는 것은 동화작용이다.

답 ②

57 □□□

스키너(B. F. Skinner)의 행동주의 학습과 반두라(A. Bandura)의 사회인지학습의 공통점에 해당하지 않는 것은?

① 강화와 처벌의 개념을 받아들인다.
② 학습의 요인으로 경험의 중요성을 인정한다.
③ 신념과 기대가 행동의 변화를 가져온다고 본다.
④ 행동을 촉진하기 위해서는 피드백이 중요하다고 본다.

58 □□□

다음에서 설명하는 개념은?

- 학생의 인지발달을 위해서 교사가 찾아야 하는 것
- 학습자가 주위의 도움을 받아서 문제를 해결할 수 있는 범위
- 학습자의 실제적 발달 수준과 잠재적 발달 수준 간의 차이

① 메타인지(metacognition)
② 비계(scaffolding)
③ 근접발달영역(ZPD)
④ 내면화(internalization)

57	행동주의와 사회인지학습의 공통점

반두라(A. Bandura)의 사회인지학습은 행동주의 학습이론의 요소인 강화와 벌만으로는 불충분하다고 보고, 인간은 타인, 즉 모델의 행동을 관찰하거나 봄으로써 여러 가지 행동을 배우게 된다고 본다. 사회인지학습이론은 원칙적으로 행동주의 원리를 수용하면서도 여기에 더해서 관찰, 모방, 동일시 등을 학습의 중요한 요인으로 간주한다. 신념과 기대가 행동의 변화를 가져온다고 보는 것은 사회인지학습이론의 주장이다. 즉, 사회인지학습이론에서는 목표달성에 대한 기대와 과제 자체가 과제를 수행하는 사람에게 부여하는 신념이나 가치가 동기를 발생한다고 본다.

(선지분석)
①, ②, ④ 행동주의와 사회인지학습의 공통점이다.

답 ③

58	비고츠키의 사회적 인지발달이론

비고츠키(Vygotsky)의 근접발달영역(ZPD)은 실제 발달 수준과 잠재적 발달 수준 간의 차이를 말하며, 이는 곧 역사·사회적 관점이 그 개념의 바탕에 있다. 인간과 영장류의 인지적 차이는 이 근접발달영역 때문이라고 보았다. 이 개념은 비고츠키가 아동의 현재의 정신연령을 측정하여 추후 학습과 발달을 예언하기 위해 사용하였다. 아동이 혼자서 문제를 해결할 수 있는 영역과 없는 영역으로 구분하고 전자를 실제적 발달 수준, 후자를 다시 다른 사람의 도움을 받아 해결할 수 있는 영역과 없는 영역으로 구분해서 성인이나 또래 아동과 협동하여 문제를 해결할 수 있는 능력을 잠재적 발달 수준으로 보고, 실제적 발달 수준과 잠재적 발달 수준의 거리를 근접발달영역이라고 하였다.

답 ③

59

아동의 혼잣말(private speech)에 대한 비고츠키(L. Vygotsky)의 견해로 옳지 않은 것은?

① 자기중심적 언어로서 미성숙한 사고를 보여준다.
② 자신의 사고과정과 행동을 스스로 조절하고 주도한다.
③ 연령이 증가함에 따라 점차 줄어들면서 내적 언어로 바뀐다.
④ 쉬운 과제보다 어려운 과제를 해결할 때 더 많이 사용한다.

60

다음은 정보처리이론에서 부호화(encoding)를 촉진하기 위한 전략을 설명한 것이다. (가) ~ (다)에 해당하는 전략을 바르게 짝지은 것은?

(가) 개별적 정보를 범주나 유형으로 묶는다. 도표나 그래프, 위계도를 작성하는 것이 그 예이다.
(나) 정보를 시각적인 형태인 그림으로 저장한다. 자동차를 언어적 서술 대신에 그림으로 기억하는 것이 그 예이다.
(다) 새로운 정보를 기존의 지식과 관련 짓는다. 학습한 정보를 자신의 말로 바꾸어 보거나 또래에게 설명해 보는 것이 그 예이다.

	(가)	(나)	(다)
①	정교화	심상	조직화
②	정교화	조직화	심상
③	조직화	정교화	심상
④	조직화	심상	정교화

---

59 언어 발달의 상호작용설

2~3세 전후로 나타나는 유아의 혼잣말(private speech, 중얼거림)에 대한 비고츠키(Vygotsky)와 피아제(Piaget)의 견해는 다르다. 비고츠키는 자기중심적 언어의 사용은 단순히 자기만의 생각을 표현하기 위한 것이 아니라 문제해결을 위한 사고의 도구로 보았다. 독립적으로 발생하기 시작한 사고와 언어는 일정 시간이 지나면 서로 연합되며 이러한 연합은 아동이 발달해 가는 과정에서 변화하고 성장한다. 2세 정도에서 사고와 언어가 결합하기 시작해서 점차 지적이고 합리적으로 발달한다.

(선지분석)
① 혼잣말이 자기중심적 언어로서 미성숙한 사고를 보여준다고 본 사람은 피아제이다.

답 ①

---

60 정보처리이론

(가) 조직화는 개별적 정보를 범주나 유형으로 묶는 것이다. 도표나 그래프, 위계도를 작성하는 것이 그 예이다.
(나) 심상은 정보를 시각적인 형태인 그림으로 저장하는 것이다. 자동차를 언어적 서술 대신에 그림으로 기억하는 것이 그 예이다.
(다) 정교화는 새로운 정보를 기존의 지식과 관련 짓는 것이다. 학습한 정보를 자신의 말로 바꾸어 보거나 또래에게 설명해 보는 것이 그 예이다.

답 ④

61 □□□

개인차에 대한 설명으로 옳지 않은 것은?

① 결정성 지능은 경험에 따라 변화될 수 있다.
② 창의적인 사람은 모호성을 잘 견디고 과제 집착력이 높은 경향이 있다.
③ 문제를 해결할 때 충동형 학습자는 속도에 주안을 두지만 숙고형 학습자는 정확성에 주안을 둔다.
④ 장 독립형 학습자는 사물을 전체적으로 지각하기 때문에 정보 항목들 사이에 관련성을 파악하는 데 능하다.

62 □□□

성취목표를 숙달목표와 수행목표로 구분할 때, 숙달목표를 지닌 학습자의 특성으로 옳지 않은 것은?

① 자신의 유능성을 입증하고자 과제에 대하여 계속해서 노력하는 경향이 있다.
② 어려움이나 실패에 직면했을 때에도 학습을 지속해 나가는 경향이 있다.
③ 학습기회를 극대화하는 과제를 선택하고 도전하는 경향이 있다.
④ 자신의 능력을 진단하고 향상을 도울 수 있는 피드백을 추구하는 경향이 있다.

---

61 개인차

위트킨(Witkin)이 정의한 인지양식 가운데 장 독립형 학습자는 지각적 상황을 재빨리 구조화할 수 있으며, 구조가 없거나 적은 상황에 구조를 부여할 수 있다. 장 독립적인 사람은 스스로를 다른 사람과 분리시켜 상대적으로 객관적인 형태로 행동할 수 있으며, 자신이 속한 상황을 분석하는 경향이 강하다.

[선지분석]
④ 장 의존형 학습자는 사물을 전체적으로 지각하기 때문에 대상을 그것이 가지고 있는 전체로 받아들인다. 상황을 특정한 면으로 분리하거나 중요한 하위부분을 인식하거나 다른 부분으로 나누지 못해 문제해결에 자신의 전략을 조정하기 어렵다.

답 ④

62 숙달목표

목표유형 가운데 숙달목표는 학습목표라고도 한다. 이는 도전거리를 해내고 향상시키는 속에서 얻는 개인적 만족감을 중시하여 적당히 어렵고 도전할 만한 목표이다. 수행목표란 수행한 것에 대해 승인을 받고자 하는 욕구로 아주 쉽거나 어려운 목표를 말한다. 즉, 숙달목표는 내적 동기, 과제 개입형, 성공추구 동기, 성공과 실패를 통제 가능한 노력에 귀인한다.

[선지분석]
① 자신의 유능성을 입증하고자 과제에 대하여 계속해서 노력하는 경향이 있는 것은 수행목표이다.

답 ①

63 ☐☐☐

심리검사에 대한 설명으로 옳지 않은 것은?

① MMPI, MBTI는 자기보고식 성격검사이다.

② 웩슬러(Wechsler) 지능검사는 언어성 검사 이외에 동작성 검사를 포함하고 있다.

③ 투사적 성격검사는 구조화되지 않은 모호한 자극 제시를 통해 내적 심리상태를 파악한다.

④ 로르샤흐(Rorschach) 잉크반점검사는 융의 성격유형을 근거로 한 16가지 성격 유형 분류에 활용된다.

64 ☐☐☐

지능에 대한 설명으로 옳지 않은 것은?

① 비율지능지수는 편차지능지수의 문제점을 해결하기 위해 고안된 것으로 정신연령과 생활연령의 비로 나타낸다.

② 스턴버그(Sternberg)는 분석적 능력, 창의적 능력, 실제적 능력의 세 가지 능력으로 구성된 성공지능을 제안하였다.

③ 정서지능은 개인의 정서적 능력이 학교에서의 성공 및 사회에서의 성공과 밀접한 관계가 있음을 시사해 준다.

④ 가드너(Gardner)는 지능이 높으면 모든 영역에서 우수하다고 간주하는 종래의 지능이론을 비판하고 지능이 상호독립적인 여러 지능으로 구성된다고 주장했다.

63	심리검사

융(Jung)의 성격유형을 근거로 한 16가지 성격 유형 분류에 활용되는 것은 MBTI 성격검사이다. MBTI 검사지는 모두 95문항으로 구성되어 있고, 네 가지 척도의 관점에서 인간을 이해하고자 한다.

(선지분석)

① MMPI는 다면적 성격검사로 10개의 임상척도로 되어 있다. 건강염려증, 우울증, 히스테리, 반사회성, 남성성 – 여성성, 편집증, 강박증, 정신분열증, 경조증, 내향성 등의 정신과적 진단과 일반적 특성을 파악한다.

② 웩슬러(Wechsler) 지능검사는 언어성 검사 이외에 동작성 검사를 포함하고 있다.

③ 투사적 성격검사는 비구조적 자극을 제시하는 검사로, 주제통각검사, 그림좌절검사, HTP 등 다양하다.

답 ④

64	지능이론

비율지능지수는 정신연령과 생활연령의 비로 나타낸 것으로, 연령의 증가에 따라 정신연령의 범위와 변산도가 증가하는 문제점이 있다. 이를 극복하기 위해 웩슬러(Wechsler) 지능검사에서는 편차지능지수를 사용하였다.

(선지분석)

② 스턴버그(Sternberg)는 삼위일체기능이론을 제안하였다.

③ 정서적 지능(EQ)은 감정을 정확히 지각하고 표현하는 능력, 감정을 생성하거나 이용하여 사고를 촉진시키는 능력, 감정과 감정지식을 이해하는 능력 등을 의미한다.

④ 가드너(Gardner)의 다중지능이론은 기존의 지능이론을 비판하고 지능이 상호독립적인 여러 지능으로 다차원적으로 구성된다고 보았다.

답 ①

메타인지(meta-cognition)에 대한 설명으로 옳지 않은 것은?

① 자신의 인지과정을 점검하고 조절하는 기능을 한다.
② 시연, 정교화, 조직화와 같이 정보를 처리하는 방식을 의미한다.
③ 사고에 대한 사고, 인지에 대한 인지로 볼 수 있다.
④ 내가 무엇을 알고 무엇을 모르는지에 대한 지식이다.

65	메타인지

메타인지(meta-cognition)란 인지에 대한 인지로, 어떤 과제의 해결에 필요한 적절한 기술의 선택과 그 실행을 조정하고 지시하는 일반적인 지식이다. 메타인지의 예로는 내가 무엇을 어떻게 학습해야 할지 알아보기, 자신이 과제에 대해 아는 것을 생각해 보기, 자신의 문제해결방법을 검토하고 오류를 찾아가기 등이 있다.

(선지분석)
② 시연, 정교화, 조직화와 같이 정보를 처리하는 방식은 인지전략이다.

답 ②

발달학자들이 제시하는 발달의 일반적 원리로 볼 수 없는 것은?

① 발달은 일정한 순서와 단계를 따른다.
② 발달은 성숙과 학습의 상호작용의 결과이다.
③ 발달 속도는 개인 간 및 개인 내 차이가 있다.
④ 특수한 반응에서 전체적인 반응으로 이행하며 발달해 나간다.

66	발달의 일반적 원리

발달은 전체적인 반응에서 특수한 반응으로 분화·발달한다.

📋 **발달의 일반적 성격**

1. 발달은 개체와 환경과의 상호작용이다.
2. 발달은 일정한 발생학적 순서에 따른다.
3. 발달은 계속적이며 점진적인 과정이다.
4. 발달은 전체에서 특수로 분화·발달한다.
5. 발달은 분화와 통합의 과정이다.
6. 발달에는 개인차가 존재한다.
7. 신체기능의 발달은 인생의 초기에 가장 급속히 진행한다.
8. 연령의 증가에 따라 발달 경향의 예측은 어려워진다.
9. 장기적 발달은 규칙적이지만 단기적인 발달은 불규칙적이다.

답 ④

---

67 □□□

다음에 해당하는 학습이론은?

- 강화 없이 관찰하는 것만으로 학습이 일어날 수 있다.
- 강화는 수행을 위해 필요한 조건이지 학습을 위해 반드시 필요한 조건은 아니다.
- 인간의 행동은 보상이나 처벌보다는 자기 조절에 의해 이루어진다.

① 형태주의 학습이론
② 사회인지이론
③ 행동주의 학습이론
④ 병렬분산처리이론

---

68 □□□

지능에 대한 학자의 설명으로 옳은 것은?

① 길포드(J. P. Guilford)는 지능이 내용, 형식, 조작, 산출이라는 4개의 차원으로 구성된다고 가정하였다.
② 스턴버그(R. J. Sternberg)는 지능이 맥락적 요소, 정신적 요소, 시간적 요소로 구성된다는 삼위일체이론을 주장하였다.
③ 가드너(H. Gardner)는 지능이 사회문화적 맥락의 영향을 받지 않는, 서로 독립적이며 다양한 능력으로 구성되어 있다고 보았다.
④ 카텔(R. B. Cattell)은 지능을 유동적 지능과 결정적 지능으로 구분하고, 결정적 지능은 교육이나 훈련의 결과로 형성되는 것으로 보았다.

67	사회인지 학습이론

사회인지이론은 행동주의적 접근과 인지적 접근을 통합한 이론으로 사회인지학습(social cognitive theory)이라고도 한다.

📄 사회인지학습의 원리

1. 인간은 다른 사람의 행동을 관찰함으로써 배우기도 한다. 학습은 시행착오에 의한 것이 아니라 단지 다른 사람의 행동을 보는 것에 의해서 발생한다.
2. 학습과 실행은 구분된다. 사회학습이론가들은 관찰만으로도 학습은 일어난다고 본다.
3. 강화는 학습에 중요한 역할을 하기는 하지만 사회학습에서 강화는 간접적인 영향을 준다고 한다.
4. 인지적 과정은 학습에 중요한 역할을 한다.
5. 행동은 환경과 개인에게 영향을 주고 환경, 개인, 행동의 각각은 서로 두 부분에 영향을 준다. 이를 상호적 결정론(reciprocal determinism)이라고 한다.

답 ②

68	지능의 정의

카텔(R. B. Cattell)은 지능을 유동적 지능과 결정적 지능으로 구분하고, 결정적 지능은 교육이나 훈련의 결과로 형성되는 것으로 보았다. 결정적 지능은 성인기에 발달하는 지능으로 나이가 들어도 감소하지 않는다.

(선지분석)

① 길포드(J. P. Guilford)는 지능이 내용, 조작, 산출이라는 3개의 차원으로 구성된다고 가정하였다.
② 스턴버그(R. J. Sternberg)는 지능이 상황적 지능, 경험적 지능, 구성요소적 지능으로 구성된다는 삼위일체이론을 주장하였다.
③ 가드너(H. Gardner)는 지능이 사회문화적 맥락의 영향을 받으며, 서로 독립적이며 다양한 7가지 능력으로 구성되어 있다고 보았다.

답 ④

정보처리이론의 부호화 과정에 해당하지 않는 것은?

① 필요한 정보를 도표, 개념지도, 개요 등으로 조직화한다.
② 새로운 정보를 장기기억에 저장되어 있는 선행지식과 연결시키는 작업을 한다.
③ 새로운 정보를 유사하고 유관한 정보 조각과 연합하여 유의미하게 한다.
④ 새로운 자극에 주의를 기울일 수 있도록 화려한 멀티미디어를 사용한다.

콜버그(L. Kohlberg)의 도덕성 발달이론에 대한 설명으로 옳은 것을 <보기>에서 고른 것은?

─────〈보기〉─────

ㄱ. 피아제(J. Piaget)가 구분한 아동의 도덕성 발달단계를 더 세분화하여 성인기까지 확장하였다.
ㄴ. 도덕적 사고력을 길러 주기 위해서는 성인에 의한 사회적 전수가 중요한 교육방법이라고 하였다.
ㄷ. 다섯 번째 단계인 '사회계약 정신 지향' 단계에서는 '착한 소년·소녀'처럼 타인으로부터 도덕적이라고 인정받는 것이 중요하다.
ㄹ. 길리건(C. Gilligan)은 콜버그의 도덕성 발달이론에 대해 남성 중심의 이론이며 여성의 도덕성 판단 기준은 남성과 다르다고 비판하였다.

① ㄱ, ㄷ
② ㄱ, ㄹ
③ ㄴ, ㄷ
④ ㄴ, ㄹ

---

69   정보처리이론

정보처리이론에서 부호화(획득)란 각종 경험 내용을 지각하고 기억에 정보로서 기록하는 과정이다. 이는 감각기관을 통해 들어온 자극을 자신의 고유한 부호를 사용하여 정보화하는 과정이다. 부호화란 정보를 지각하고 그것으로부터 몇 가지 분류상의 특징을 추출해내고 그것에 상응하는 기억흔적을 만드는 과정이다. 각종 정보들은 부호화되어 기억에 저장된다. 단기기억에서 장기기억으로 정보를 부호화하여 저장하는 과정은 시연(암송, 기계적 되뇌임)과 정교화(부연과정, 작동기억에서 이루어짐)이다.

(선지분석)
④ 새로운 자극에 주의를 기울일 수 있도록 화려한 멀티미디어를 사용하는 것은 주의집중이다.

답 ④

70   도덕성 발달이론

콜버그(L. Kohlberg)의 도덕성 발달이론은 피아제(J. Piaget)가 구분한 아동의 도덕성 발달단계인 전 도덕단계 – 현실적 도덕단계 – 자율적 도덕단계 등 3단계를 더 세분화하여 성인기까지 확장해서 3수준과 6단계로 구분하였다. 길리건(C. Gilligan)은 콜버그의 도덕성 발달이론에 대해 남성 중심의 이론이며 여성의 도덕성 판단 기준은 남성과 다르다고 비판하면서 '보살핌의 윤리'를 제시하였다.

(선지분석)
ㄴ. 도덕적 사고력을 길러 주기 위해서는 성인에 의한 사회적 전수가 중요한 교육방법이 아니라 인지발달론에 기초해서 도덕적 딜레마를 통한 도덕적 사고와 판단 및 추론 등을 중시한다.
ㄷ. 다섯 번째 단계인 '사회계약 정신 지향' 단계에서는 타인으로부터 도덕적이라고 인정받는 것이 중요한 것이 아니라 사회의 계약이나 개인의 권리 그리고 민주적인 방식으로 수용된 법률에 따라 상대적으로 행동한다.

답 ②

지능이론에 대한 설명으로 옳은 것은?

① 스피어만(Spearman)은 지능이 일반요인과 특수요인으로 구성된다고 하였다.
② 카텔(Cattell)은 지능을 유동지능과 발달지능으로 구분하였다.
③ 스턴버그(Stenberg)는 다양한 측면의 지능을 인정하는 다중지능이론을 주장하였다.
④ 가드너(Gardner)는 지능을 성분적, 경험적, 맥락적 요소로 설명하였다.

동기이론에 대한 설명으로 옳지 않은 것은?

① 기대가치이론 - 과제수행의 성공가능성에 대한 개인의 높은 기대는 과제수행 동기를 감소시킨다.
② 자기결정성이론 - 통제나 평가를 받고 있다고 느낄 때 내재적 동기는 감소한다.
③ 목표지향성이론 - 수행목표지향은 자신의 능력을 증명하고 다른 사람과 비교하는 데 초점을 둔다.
④ 자기가치이론 - 자기장애(self-handicapping) 전략은 실패를 정당화하고 자기가치를 보호하기 위해 사용된다.

---

71 | 지능이론

지능이론 가운데 스피어만(Spearman)은 지능이 일반요인과 특수요인으로 구성된다고 하는 2요인설을 주장하였다. 2요인설에서 두 요인 간의 상관은 낮다. 즉, 일반능력은 별로 뛰어나지 않지만 그림이나 음악 등에 두드러진 재능을 보이는 경우는 특수능력이 있다고 볼 수 있다.

(선지분석)
② 카텔(Cattell)은 지능을 유동지능과 결정지능으로 구분하였다.
③ 가드너(Gardner)는 다양한 측면의 지능을 인정하는 다중지능이론을 주장하였다.
④ 스턴버그(Stenberg)는 지능을 성분적, 경험적, 맥락적 요소로 설명하였다.

답 ①

72 | 동기이론

기대가치이론은 과제수행의 성공가능성에 대한 개인의 높은 기대가 과제수행 동기를 증가시킨다고 본다.

(선지분석)
② 자기결정성이론은 데씨(Deci)가 주장한 이론으로, 어떤 일이 자기 자신에 의해 결정되고 있다는 느낌을 가질 때 내적 동기가 계속 유지된다고 본다.
③ 목표지향성이론에서는 목표를 숙달목표와 수행목표로 구분하고 이 가운데 숙달목표는 도전을 해내고 향상시키는 속에서 개인적 만족감을 얻고, 적당히 어렵고 고전할 만한 목표이고 수행목표는 수행한 것에 대해 승인을 받고자 하는 욕구로 아주 쉽거나 어려운 목표를 선택하는 것이다.
④ 코빙턴(M. Covington)의 자기가치(self-worth) 이론에서 자기장애(self-handicapping) 전략은 실패를 정당화하고 자기가치를 보호하기 위해 사용된다.

답 ①

다음 설명에 해당하는 동기이론은?

> - 학생은 자기 자신의 행동과 운명을 자율적으로 선택할 수 있다.
> - 학습에 대한 선택권을 제공함으로써 학생의 자율성을 신장시킬 수 있다.
> - 학생이 스스로 과제를 선택할 때, 보다 오랫동안 과제에 참여하고 즐거운 학습경험을 하게 된다.

① 귀인이론
② 기대 – 가치이론
③ 자기결정성이론
④ 자기효능감이론

학생이 문제해결능력이 없는 경우, 교사가 어떤 역할을 해야 하는지에 대한 비고츠키(L. Vygotsky)의 관점으로 보기 어려운 것은?

① 구조화를 형성할 수 있는 단서를 제공한다.
② 세부사항과 단계를 기억할 수 있도록 조력하고 격려한다.
③ 표준화 지능검사 문항을 풀게 하여 학생의 지적 발달 수준을 측정한다.
④ 학생이 혼자서 풀 수 있는 문제와 도움을 받아야 하는 문제를 모두 평가하여 지적 발달 수준을 측정한다.

73	동기이론

동기이론 가운데 자율성, 유능감 등을 강조하는 학습동기이론은 자기결정성이론이다. 자기결정성이론은 데씨(Deci)가 주장한 이론으로, 사람들은 자율적인 존재로서 어떤 외부적인 이유 때문에 행동하기보다 자기 자신의 의지에 따라 행동하기를 원하는 선천적인 욕구가 있다는 것이다. 또한 자기 자신을 행동의 원인으로 인식하는가 아니면 외부요인(보상, 타인의 기대, 충족 등) 때문에 행동하는 것으로 인식하는가에 따라 행동의 원인을 내적 – 외적 소재로 나누고, 사람들은 원인의 소재가 외부에 있을 때보다 내부에 있을 때 동기유발이 더 잘 되고, 행동을 적극적으로 수행하려고 한다고 본다.

(선지분석)
① 귀인이론은 개인이 어떤 특정한 상황에서의 성취결과(성공 혹은 실패)에 대하여 그 원인을 무엇이라고 인식하느냐에 따라 그의 행동이 결정된다는 이론이다.
② 기대 – 가치이론은 인간이 어떤 과제를 전력을 다해서 수행하는 것은 자신이 그것을 완성할 수 있을 것이라는 기대 이외에 과제 그 자체가 과제를 수행하는 사람에게 부여하는 가치이다.
④ 자기효능감은 개인이 어떤 행동이나 활동을 성공적으로 수행할 수 있는 자신의 능력에 대한 신념을 말한다.

답 ③

74	비고츠키의 사회적 인지발달이론

표준화 지능검사 문항을 풀게 하여 학생의 지적 발달 수준을 측정하는 것은 객관주의 이론을 적용한 지도방법이다. 비고츠키(L. Vygotsky)는 인간의 인지발달은 역사·사회적 영향력의 내면화에 의해 이루어진다고 보았다. 즉, 마음 인지·기억 등의 개념은 개체의 배타적인 속성으로 이해되기보다는 역사·사회적인 맥락에 의해 영향을 받아 정신 간, 정신 내적으로 실행되는 기능으로 이해되어야 한다는 것이다. 비고츠키 이론에서 학습자가 문제를 해결할 수 있도록 도움을 주는 방법은 비계설정이다. 효과적인 비계설정의 특징으로는 첫째, 교사는 학습자의 현재의 지식 및 기능과 새로운 과제의 요구 간에 다리를 제공하는 데 기여하는 것, 둘째, 학습자의 활동 맥락에서 교수와 도움을 제공함으로써 교사는 학습자의 문제해결을 지지할 구조를 제공해 준다는 것이 있다. 또한 셋째, 학습자가 처음에는 스스로 해결할 수 없는 문제로 시작할지라도 도움을 받아 참여함으로써 학습에서 능동적인 역할을 하고 성공적인 문제해결에 이를 수 있다. 넷째, 학습자를 효과적으로 돕는다고 하는 것은 과제 책무성을 교사로부터 학습자에게로 옮기는 것을 포함한다.

답 ③

75 □□□

브론펜브레너(U. Bronfenbrenner)에 의해 제안된 인간발달의 생태이론에서 중간체계(mesosystem)에 대한 설명으로 가장 적절한 것은?

① 아동이 속해 있는 사회의 이념, 가치, 관습, 제도 등을 의미한다.
② 아동과 아주 가까운 주변에서 일어나는 활동과 상호작용을 나타낸다.
③ 가정, 학교, 또래집단과 같은 미시체계들 간의 연결이나 상호관계를 나타낸다.
④ 아동이 직접적으로 접촉하고 있지는 않지만 아동에게 영향을 주는 환경(부모의 직장, 보건소 등)을 나타낸다.

76 □□□

행동변화를 위한 행동주의 수업기법에 해당하지 않는 것은?

① 모델링
② 행동조성
③ 체계적 둔감화
④ 선행조직자 제시

75	브론펜브레너의 생태학적 관점

브론펜브레너(U. Bronfenbrenner)의 생태학적 관점은 아동 발달의 중요 원천이 환경이라는 가정에서 출발한다. 이 가운데 중간체계(mesosystem)는 발달하는 개인이 적극적으로 참여하는 둘 이상의 환경들 간의 상호관계를 구성하는 건축 자재와 같은 것으로 미시체계들로 구성된 하나의 체계이다. 즉, 아동의 경우 가정, 학교와 이웃, 또래집단들 사이의 관계, 성인의 경우는 가족, 직장, 사회생활 사이의 관계이다.

(선지분석)
① 아동이 속해 있는 사회의 이념, 가치, 관습, 제도 등은 거시체계에 해당한다.
② 아동과 아주 가까운 주변에서 일어나는 활동과 상호작용을 나타내는 것은 미시체계에 해당한다.
④ 아동이 직접적으로 접촉하고 있지는 않지만 아동에게 영향을 주는 환경(부모의 직장, 보건소 등)은 외체계에 해당한다.

답 ③

76	행동주의 수업

선행조직자 제시를 통한 방법은 인지주의 심리학에 기초한 설명적 교수이다. 선행조직자(advance organizer)는 학습자의 인지구조의 조정을 위해 학습 이전에 미리 제공되는 일반적, 추상적인 도입 자료로서 새로운 자료와 이전 학습의 연결을 돕는 장치로 인간의 인지구조가 위계화되어 있다는 것을 활용한다. 즉, 선행조직자는 학생에게 가르칠 학습과제보다 더 일반적이고 추상적인 개념이나 원리, 법칙, 일반화를 뜻한다.

답 ④

인지양식을 장 독립적 양식과 장 의존적 양식으로 구분할 때,
장 독립적 양식을 지닌 학습자의 일반적인 특성으로 옳은 것은?

① 정보를 분석적으로 처리한다.
② 개별학습보다는 협동학습을 선호한다.
③ 비구조화된 과제의 수행에 어려움을 겪는다.
④ 교사 또는 동료 학생과의 대인관계를 중시한다.

다음 내용에 가장 부합하는 동기이론은?

> 학생들의 학습 동기는 두 가지로 구분할 수 있다. 첫째, 숙
> 달(mastery)에 초점을 맞추는 학생은 공부의 목적을 학습
> 자체에 두고 지식이나 기능을 습득하며, 적극적으로 학습활
> 동에 참여하고, 도전적인 과제를 선택하는 경향이 있다.
> 둘째, 수행(performance)에 초점을 맞추는 학생은 다른 사
> 람에게 자신의 능력을 과시하거나 인정을 받기 위해 공부
> 하며, 어려운 과제보다 쉬운 과제를 선택하는 경향이 있다.

① 강화이론(reinforcement theory)
② 충동감소이론(drive reduction theory)
③ 목표지향성이론(goal orientation theory)
④ 인지부조화이론(cognitive dissonance theory)

---

77   인지양식 - 장이론

위트킨(H. Witkin)은 사람들이 어떻게 전체 시각장(total visual
field)으로부터 하나의 요소를 분리해내는가에 대한 연구를 시도하
여 장 독립적인 사람(field independence)과 장 의존적인 사람
(field dependence)으로 구분하였다. 장 독립적인 사람은 지각
적 상황을 재빨리 재구조화할 수 있으며, 구조가 없거나 적은 상황
에 구조를 부여할 수 있다. 이러한 사람들은 다른 사람들과는 별개
로 자아에 대해서 강하게 감지하고 있다. 장 독립적인 개인은 스스
로를 다른 사람과 분리시켜 상대적으로 객관적인 형태로 행동할 수
있다. 장 의존적인 사람은 지각 대상을 전체로서 지각하는 인지 유
형으로, 대상을 그것이 가지고 있는 전체 자체로 받아들인다. 상황
을 특정한 면으로 분리하거나 중요한 하위부분을 인식하거나 그 양
식을 다른 부분으로 나누지 못해 문제해결에 있어서 자신의 전략을
조정하기 어렵다.

답 ①

78   동기이론

로크(Locke)와 라탐(Latham)의 목표 유형에 의하면 학습자의
학습동기는 학습목표(mastery goals, 숙달목표)와 수행목표(per-
formance goals)로 구분된다. 학습목표는 도전거리를 해내고 향
상시키는 속에서 얻는 개인적 만족감, 적당히 어렵고 도전할 만한
목표를 선택하는 유형이고, 수행목표는 수행한 것에 대해 승인을
받고자 하는 욕구로, 아주 쉽거나 어려운 목표를 선택한다.

(선지분석)
② 충동감소이론은 헐(Hull)이 제시한 동기이론으로 욕구가 내적
혐오상태를 일으키며 개인은 그러한 욕구의 감소를 위해 모든
행동의 활력을 증가시킨다고 보았다.
④ 인지부조화이론(cognitive dissonance theory)은 레온 페스
팅거(Leon Festinger, 1957)가 제시한 이론으로 두 가지 이
상의 반대되는 믿음, 생각, 가치를 동시에 지닐 때 또는 기존에
가지고 있던 것과 반대되는 새로운 정보를 접했을 때 개인이 받
는 정신적 스트레스나 불편한 경험 등을 말한다.

답 ③

79 ☐☐☐

피아제(Piaget)와 비고츠키(Vygotsky)의 발달이론에 대한 설명으로 옳은 것은?

① 피아제는 전조작기 단계에서 아동의 자기중심적 사고가 타인에 대한 관심으로 전환된다고 보았다.

② 피아제는 아동이 획득하는 특정 사고와 기술을 결정하는 데 문화가 중요하다고 강조하였다.

③ 비고츠키는 아동의 자기중심적 언어가 문제해결을 위한 사고의 도구라고 주장하였다.

④ 비고츠키는 학습자의 인지가 연령에 따라 단계적으로 발달한다고 설명하였다.

80 ☐☐☐

메타인지(metacognition)에 대한 설명으로 옳지 않은 것은?

① 메타인지는 자신의 인지를 알고 통제하고 조절하는 것이다.

② 메타인지는 주의·부호화·조직화 등 정보를 처리하는 방식이다.

③ 자신의 학습전략이 효과적인지 아닌지를 판별하는 것도 메타인지의 사례이다.

④ 새로운 개념을 학습할 때 그 이해과정을 모니터하는 것도 메타인지에 포함된다.

79	피아제와 비고츠키의 발달이론

피아제(Piaget)와 비고츠키(Vygotsky)의 발달이론에서 비고츠키는 아동의 자기중심적 언어가 문제해결을 위한 사고의 도구라고 주장하였다.

(선지분석)
① 피아제는 구체적 조작기 단계에서 아동의 자기중심적 사고가 타인에 대한 관심으로 전환된다고 보았다.
② 비고츠키는 아동이 획득하는 특정 사고와 기술을 결정하는 데 문화가 중요하다고 강조하였다.
④ 피아제는 학습자의 인지가 연령에 따라 단계적으로 발달한다고 설명하였다.

답 ③

80	메타인지

메타인지(metacognition)는 인지에 대한 인지로 자신의 인지를 통제하고 조절하는 능력이다. 자신의 학습전략이 효과적인지를 판단하는 것도 메타인지에 해당한다. 그 밖에 정보를 분류하는 방법 알기, 과제의 결과를 예측하고 평가해 보기, 무엇을 어떻게 학습해야 할지 알아보기, 자신이 과제에 대해 아는 것을 생각해 보기, 자신의 문제해결 방법을 검토하고 오류를 찾아가기 등이 그 예이다.

(선지분석)
② 주의·부호화·조직화 등 정보를 처리하는 방식은 정보처리전략으로 인지전략에 해당한다.

답 ②

81 □□□

렌줄리(J. S. Renzulli)가 제안한 영재성 개념의 구성요인이 아닌 것은?

① 평균 이상의 일반능력
② 평균 이상의 지도성
③ 높은 수준의 창의성
④ 높은 수준의 과제 집착력

82 □□□

지능이론에 대한 설명으로 옳지 않은 것은?

① 유동지능은 탈문화적이고 비언어적인 능력과 관련되며 두뇌 발달에 영향을 받는다.
② 삼원지능이론에서는 일상적인 문제와 사회적 상황을 효과적으로 처리하고 반응하는 것이 지능의 주요 요소 중 하나이다.
③ g요인설을 통해 언어 능력과 추론 능력이 동시에 우수한 사람에 대한 설명이 가능하다.
④ 결정지능은 태어날 때 이미 결정되어 있기 때문에 새로운 지식이나 경험이 영향을 미치지 않는다.

81	영재의 구성요인

렌줄리(J. S. Renzulli)는 영재아의 특성으로 평균 이상의 지능, 과제 집착력, 창의성 등의 3요소를 제시하였다. 그는 영재교육 이론 모형으로 심화학습 3단계 모형을 제시하였다. 이 모형은 제1부 심화는 일반적인 탐색활동의 단계, 제2부 심화는 사고하고 느끼는 과정을 강화하는 단계, 제3부 심화는 이해한 내용이나 습득·숙달된 기능을 적용하여 일상생활 또는 주변에서 발견할 수 있는 문제를 학생들이 주도적으로 정하고 이를 해결하기 위한 탐구활동으로 구성된다.

답 ②

82	지능이론

결정체적 지능(crystallized intelligence)은 독서, 이해, 어휘, 일반 지식 등과 같이 문화에 의해 학습되고 가치화된 지능으로 결정체적 지능은 나이가 들어도 감소하지 않는다.

(선지분석)
① 유동지능과 결정적 지능은 카텔(Cattell)이 주장하였다.
② 삼원지능이론은 스턴버그(Stenberg)가 주장하였다.
③ g요인과 s요인설은 스피어만(Spearman)이 주장하였다.

답 ④

83 □□□

에릭슨(Erikson)의 심리사회적 발달단계에 따라 취학 전 아동의 주도성(initiative)을 격려하기 위한 수업지침으로 가장 적절한 것은?

① 어린이들이 좋아하는 이야기에 어울리는 옷을 스스로 선택하고 등장인물이 되어 실연하면서 학습에 참여하게 한다.
② 짧고 간단한 숙제부터 시작해서 점차 양이 많은 과제를 내어주고, 향상 점검점(check point)을 설정하여 목표를 향해 열심히 학습하도록 격려한다.
③ 유명한 위인들의 생일을 표시한 달력을 만들어 각각의 생일마다 그 사람의 업적에 대해서 토론하고 자신의 미래 직업에 대해 탐색하게 한다.
④ 수학문제를 틀렸을 경우, 다른 어린이들의 모범답안을 보여주어 자신의 문제풀이 과정과 비교할 수 있게 한다.

| 83 | 에릭슨의 심리사회적 발달이론 |

에릭슨(Erikson)의 심리사회적 발달단계에 따라 취학 전 아동의 주도성(initiative)은 자기통제와 책임감이 확장되는 시기로 주도적으로 어떤 목적이나 일을 계획하고 결정하려는 주도성을 발달시키나 지나치게 몸을 탐하게 되면 흔히 죄책감이 형성될 수 있다.

(선지분석)
②, ④ 짧고 간단한 숙제부터 시작해서 점차 양이 많은 과제를 내어주고 향상 점검점(check point)을 설정하여 목표를 향해 열심히 학습하도록 격려하거나, 수학문제를 틀렸을 경우 다른 어린이들의 모범답안을 보여주어 자신의 문제풀이 과정과 비교할 수 있게 하는 것은 초등학교 시기의 근면성 형성을 위한 지도방법이다.
③ 유명한 위인들의 생일을 표시한 달력을 만들어 각각의 생일마다 그 사람의 업적에 대해서 토론하고 자신의 미래 직업에 대해 탐색하게 하는 것은 청소년기 정체감 형성을 위한 지도방법이다.

답 ①

01 □□□
2024년 국가직 9급

생활지도의 원리로 옳은 것만을 모두 고르면?

> ㄱ. 모든 학생을 대상으로 해야 한다.
> ㄴ. 치료나 교정이 아니라 예방에 초점을 두어야 한다.
> ㄷ. 인지적 발달뿐만 아니라 정의적·신체적 발달도 함께 도모해야 한다.

① ㄱ, ㄴ
② ㄱ, ㄷ
③ ㄴ, ㄷ
④ ㄱ, ㄴ, ㄷ

02 □□□
2024년 지방직 9급

(가) ~ (다)와 개인상담 기법을 바르게 연결한 것은?

> (가) 내담자가 하는 말의 이면에 담겨 있는 의미와 내면의 감정에까지 귀 기울이는 것을 의미한다.
> (나) 내담자의 감정상태를 공감하여, 그 공감내용을 내담자에게 다시 되비쳐 주는 기법이다.
> (다) 정보수집을 위한 기능 외에도 내담자가 자신의 내면을 탐색하도록 자극하거나 유도하는 기능을 한다.

	(가)	(나)	(다)
①	감정 반영	재진술	직면
②	경청	감정 반영	질문
③	주의집중	감정 반영	구조화
④	주의집중	재진술	질문

01	생활지도의 원리

생활지도의 일반적 원리는 다음과 같다. 첫째, 모든 학생을 대상으로 한다. 둘째, 처벌보다는 지도를 앞세운다. 셋째, 치료보다는 예방에 중점을 둔다. 넷째, 과학적 근거를 기초로 한다. 다섯째, 자율성 배양을 원리로 한다. 여섯째, 전인적 발달을 도모한다.

답 ④

02	개인상담 기법

개인상담 기법 가운데 (가) 내담자가 하는 말의 이면에 담겨 있는 의미와 내면의 감정에까지 귀 기울이는 것은 경청, (나) 내담자의 감정 상태를 공감하여, 그 공감내용을 내담자에게 다시 되비쳐 주는 기법은 감정반영, (다) 정보수집을 위한 기능 외에도 내담자가 자신의 내면을 탐색하도록 자극하거나 유도하는 기능을 하는 것은 질문 기법이다.

(선지분석)

재진술은 어떤 상황, 사건, 사람, 생각을 기술하는 내담자의 진술 가운데 내용 부분을 상담자가 다른 동일한 의미의 말로 바꾸어 기술하는 방법이고, 구조화는 상담자가 상담의 시작 단계에서 내담자에게 상담에 필요한 제반 규정과 상담에서의 한계에 대해 설명해주는 것이다.

답 ②

다음 설명에 해당하는 집단상담의 기법은?

> • 어떤 문제의 밑바닥에 깔린 혼란스러운 감정과 갈등을 가려내게 해 준다.
> • 질문, 재진술 등의 방법을 활용한다.
> • 집단 구성원이 미처 생각하지 못했던 측면을 다시 생각하도록 해 주는 자극제의 역할을 한다.

① 해석
② 명료화
③ 피드백 교환
④ 공감적 반응

인지상담이론 중 합리적 정서 치료 이론에 대한 설명으로 옳은 것은?

① 불안은 잘못된 학습의 결과이므로, 재학습을 통해 교정하면 사라진다.
② 심리적 문제는 어린 시절 경험을 억압하기 때문에 나타나게 된다.
③ 이상적 자아와 현실적 자아 간의 간극으로 인해 심리 문제가 발생한다.
④ 부정적 정서나 행동은 비합리적 신념에 의해 발생한다.

03	집단상담의 기법

상담기법으로 명료화(clarification)는 내담자의 말 속에 내포되어 있는 것을 내담자에게 명확하게 해 주는 것이다. 명료화는 어떤 문제의 밑바닥에 깔린 혼란스러운 감정과 갈등을 가려내게 해 준다. 주로 질문, 재진술 등의 방법을 활용한다. 명료화는 집단 구성원이 미처 생각하지 못했던 측면을 다시 생각하도록 해 주는 자극제의 역할을 한다.

답 ②

04	합리적 정서 치료

인지적 치료기법(Rational Emotive Therapy: RET)은 엘리스가 처음에 합리적 치료(rational therapy)라고 명명한 후 합리적–정서적 치료(Rational Emotive Therapy, RET)라고 개칭하였으나, 최근에는 합리적–정서적–행동적 치료라는 뜻인 REBT로 개칭하였다. REBT에서는 인간의 부적응 행동은 비윤리적, 비현실적, 비합리적 사고에 의해 발생한다는 입장이다. 즉, 어떤 사실에 접하여 우리가 경험하게 되는 정서는 우리가 경험한 어떤 사실 그 자체에 의해서라기보다는 그 사실에 대하여 우리가 어떻게 생각하느냐에 따라 달라진다.

(선지분석)
① 불안은 잘못된 학습의 결과이므로, 재학습을 통해 교정하면 사라진다는 것은 행동상담이다.
② 심리적 문제는 어린 시절 경험을 억압하기 때문에 나타나게 된다는 것은 정신분석 상담이다.
③ 이상적 자아와 현실적 자아 간의 간극으로 인해 심리 문제가 발생한다는 것은 인본주의 상담이다.

답 ④

다음의 상담기법이 활용되는 상담이론은?

> • 숙련된 질문 기술
> • 적절한 유머
> • 토의와 논쟁
> • 직면하기
> • 역설적 기법

① 게슈탈트 상담
② 인간중심 상담
③ 행동주의 상담
④ 현실치료

다음 설명에 해당하는 청소년 비행 관련 이론은?

> • 일탈행위가 오히려 정상행동이며, 규범준수행위가 비정상적인 행동이다.
> • 인간의 본성은 악하기 때문에 사람은 항상 규범을 위반할 수 있으며, 개인과 사회 간의 결속이 약화될수록 일탈할 확률이 높아진다.

① 낙인이론
② 사회통제이론
③ 아노미이론
④ 차별접촉이론

05	상담이론

현실치료는 현실요법(Reality Therapy)이라고도 하며 인간은 누구나 자신이 자기 삶의 주인이 되어 자신의 삶을 통제할 수 있을 때 행복을 느낀다고 본다. 즉 자신의 삶에서 중요한 선택을 스스로 할 수 있고, 선택한 것에 대해 책임을 질 수 있는 사람이 행복한 사람이라는 것이다. 핵심개념은 '행동', '지금', '선택' 등이다. 상담기법 중 유머사용은 내담자의 긴장을 풀어주기 위해 적절한 유머를 사용하는 방법이다. 치료적 유머는 교육적, 교정적 내용이며, 내담자로 하여금 상황 파악을 하도록 한다. 또한 역설적 기법이란 하나의 언어충격(verbal shock)으로 우울, 불면증, 공포, 불안장애 등을 효과적으로 치료하는 기법이다.

답 ④

06	청소년 비행이론

사회통제이론(사회유대이론, social bonding theory)은 허쉬(Hirschi)가 주장하였다. 이 이론은 인간은 누구나 선천적으로 일탈 및 비행의 성향을 갖고 태어났다고 보기 때문에 비행 성향이나 비행 동기는 비행의 원인이 될 수 없다. 즉 비행 성향을 통제해 줄 수 있는 사회에의 유대가 원인으로, 어떤 개인이 사회에의 유대가 강하면 비행 성향을 통제할 수 있게 되어 비행을 저지르지 않는다. 그러나 그 유대가 약하게 되면, 비행을 통제할 수 없어 자연적으로 비행을 저지르게 된다. 따라서 가정, 학교, 친구와의 유대를 강조한다.

답 ②

07 □□□

정신분석 상담의 주요 기법에 해당하지 않는 것은?

① 전이 분석
② 저항의 분석
③ 자유연상법
④ 비합리적 신념 논박

08 □□□

다음 설명에 해당하는 청소년 비행 관련 이론은?

> • 뒤르켐(Durkheim)의 이론을 발전시켜 머튼(Merton)이 정
> 립하였다.
> • 문화적인 가치와 사회적 수단 간의 불일치로 인한 사회·
> 심리적 긴장 상태에서 벗어나고자 비행을 시도한다.

① 낙인 이론
② 사회통제 이론
③ 아노미 이론
④ 합리적 선택 이론

07	정신분석 상담

비합리적 신념과 논박을 강조하는 것은 합리적–정서–행동상담이다.

선지분석

①, ②, ③ 정신분석 상담은 인간의 행동은 어린 시기의 경험에 따라 크게 좌우되며, 마음의 대부분은 의식할 수 없는 무의식 속에 잠겨있다고 가정한다. 상담치료의 목적은 무의식적 갈등을 의식화시켜 개인의 성격구조를 재구성하는 데 있다. 상담의 주요 용어로 전이란 자유연상 과정에서 내담자가 어렸을 때 자신의 부모 형제나 주위 사람들에게 애정, 선망 또는 적개의 감정을 다른 사람에게 옮겨가는 현상, 저항이란 치료의 진전을 방해하고 상담자에게 협조하지 않으려는 내담자의 무의식적 행동을 의미하고, 자유연상은 내담자로 하여금 머리 속에 떠오르는 생각이나 욕망, 생리적 느낌 등 모든 것을 말하게 하는 것을 말한다.

답 ④

08	청소년 비행이론

머튼(Merton)이 주장한 비행이론은 아노미론이다. 이 이론은 사회구조적 맥락에서 가난과 범죄와의 연관성을 설명한다. 이 이론은 사회를 구성하는 기본적인 기둥으로서 문화구조와 사회구조를 강조하며, 문화구조와 사회구조 사이에서 발생되는 괴리 현상을 아노미(Anomie)라고 한다. 아노미론에서는 문화적인 가치와 사회적 수단 간의 불일치로 인한 사회·심리적 긴장 상태에서 벗어나고자 비행을 시도한다고 본다. 예를 들어, 부자가 되고 싶으나 부자가 될 합법적 방법이 제한되어 있는 사람은 아노미를 체험하게 된다. 그 결과 비합법적인 방법으로라도 부자가 되려고 하는 과정에서 법을 위반하게 되고 범죄를 저지를 가능성이 높아진다는 것이다.

답 ③

생활지도 활동과 적용 사례가 바르게 짝지어진 것은?

① 학생조사 활동 – 진로 탐색을 위한 학생 맞춤형 프로그램을 실시하였다.

② 정보제공 활동 – 신입생에게 학교의 교육과정 및 특별활동에 관한 안내 자료를 배부하였다.

③ 배치(placement) 활동 – 학생들의 수업 적응 정도를 점검하고 부적응 학생을 상담하였다.

④ 추수(follow – up) 활동 – 학기 초에 학생에 관한 신체적·지적 특성과 가정환경 등 기초적인 정보를 수집하였다.

상담기법에 대한 설명으로 옳지 않은 것은?

① 경청 – 상담자가 자신의 선입견, 편견, 고정관념에서 벗어나 내담자의 생각, 감정, 입장까지 생각하면서 듣는 것이다.

② 질문 – 내담자의 사고·느낌·행동방식을 구체적으로 확인하는 것으로, 내담자가 새로운 시각에서 생각해 볼 수 있는 자극이 된다.

③ 반영 – 내담자의 왜곡된 사고와 신념을 논박하여 내담자가 이를 깨닫게 하는 것이다.

④ 공감 – 내담자의 내면에 있는 감정을 상담자가 자신의 감정인 것처럼 느끼면서 내담자와 소통하는 것이다.

09	생활지도 활동

생활지도 활동 가운데 정보제공 활동은 학생들이 원하는 각종 정보 및 자료를 제공하여 학생들의 개인적 발달과 사회에 현명하게 적응할 수 있도록 돕기 위해 제공되는 활동으로 정보에는 교육정보, 직업정보, 개인적 및 사회적 정보 등이 있다.

(선지분석)

① 진로 탐색을 위한 학생 맞춤형 프로그램을 실시한 것은 배치활동이다.

③ 학생들의 수업 적응 정도를 점검하고 부적응 학생을 상담한 것은 상담활동이다.

④ 학기 초에 학생에 관한 신체적·지적 특성과 가정환경 등 기초적인 정보를 수집한 것은 학생조사활동이다.

답 ②

10	상담기법

상담기법으로는 적극적 경청, 구조화, 반영, 재진술, 요약, 명료화, 직면, 해석 등이 있다.

(선지분석)

③ 상담기법 가운데 반영(reflection)은 내담자의 느낌이나 진술의 정서적인 부분을 다른 동일한 의미의 말로 바꾸어 진술하는 것을 말한다. 즉 반영이란 내담자의 말, 생각, 느낌, 행동 등을 거울처럼 비추어 내담자에게 되돌려 주는 기술을 말한다. 내담자의 왜곡된 사고와 신념을 논박하여 내담자가 이를 깨닫게 하는 것은 REBT 상담의 상담기법이다.

답 ③

11 □□□

더 선호하는 활동을 덜 선호하는 활동의 강화원으로 활용하는 강화 방법은?

① 조형(shaping)의 원리
② 프리맥(Premack) 원리
③ 토큰 경제(token economy)
④ 타임 아웃(time out)

12 □□□

로저스(Rogers)의 인간중심적 상담에서 상담자에게 필요한 태도로 옳지 않은 것은?

① 체계적 둔감
② 공감적 이해
③ 일치성
④ 무조건적 긍정적 존중

---

11 강화기법

강화기법 가운데 프리맥(Premack) 원리란 낮은 행동의 확률을 증가시키기 위해 높은 확률의 행동을 연합시키면 낮은 확률의 행동이 증가된다는 행동수정 원리이다. 다른 사람에게 해주기를 바라는 것을 먼저 하고 네가 원하는 것을 해도 된다는 것으로, 이를 '할머니의 규칙'이라고도 한다. 예를 들어 '숙제를 해 놓고 나서 컴퓨터 게임을 하라' 혹은 '남편이 설거지보다는 TV 보는 것을 더 좋아하는 경우에 남편이 설거지를 마치고 나서 TV 보기를 원한다'는 부인의 행동 등이 그 예이다.

답 ②

---

12 로저스의 인간중심적 상담

체계적 둔감법은 월페(J. Wolpe)가 제시한 행동수정 기법으로 내담자의 행동을 변화시킴으로써 태도나 감정을 변화시키는 것을 말한다. 이는 파블로프(Pavlov)의 고전적 조건화설에 기초하여 역조건화 기법을 활용한 것이다.

(선지분석)

②, ③, ④ 로저스(Rogers)의 인간중심적 상담에서 상담자에게 필요한 태도로는 수용, 공감적 이해, 무조건적 긍정적 존중, 일치성, 진지성 등이 있다.

답 ①

다음 설명에 해당하는 상담은?

- 엘리스(Ellis)가 창시자이다.
- 상담과정은 A(Activating events, 선행사건) → B(Beliefs, 신념) → C(Consequences, 결과) → D(Disputing, 논박) → E(Effects, 효과) 과정으로 진행된다.
- 자신, 타인, 세상에 대한 비현실적인 기대와 요구를 합리적으로 변화시키는 데 초점을 둔다.

---

① 합리적 · 정서적 행동 상담
② 게슈탈트 상담
③ 개인심리학적 상담
④ 정신분석적 상담

강화에 대한 설명으로 옳은 것만을 모두 고르면?

ㄱ. 행동의 강도와 빈도를 높이는 데 있어 강화보다 벌이 더 효과적이다.
ㄴ. 선호하지 않는 것을 제거함으로써 행동의 강도와 빈도를 높일 수 있다.
ㄷ. 선호하는 것을 제공함으로써 행동의 강도와 빈도를 높일 수 있다.

---

① ㄱ, ㄴ
② ㄱ, ㄷ
③ ㄴ, ㄷ
④ ㄱ, ㄴ, ㄷ

13	엘리스의 합리적 · 정서적 행동 상담

엘리스(Ellis)가 창시한 합리적 · 정서적 행동 상담에서는 인간의 부적응 행동이 비윤리적, 비현실적, 비합리적 사고에 의해 발생한다고 간주한다. 즉 어떤 사실에 접하여 우리가 경험하게 되는 정서는 우리가 경험한 어떤 사실 그 자체보다는 그 사실에 대하여 우리가 어떻게 생각하느냐에 따라 달라진다고 본다. 상담기법으로는 ABCDE 기법을 활용한다. 이 상담은 상담에 있어 합리적 사고에 대한 중요성을 재인식시켰으며, 사고와 정서 간의 관계를 명료화시켰다는 데에 의의가 있다.

답 ①

14	강화

행동수정의 원리로 강화(reinforcement)란 행동의 빈도나 강도를 증가시키는 자극으로 정적 강화, 부적 강화, 1차 강화, 2차 강화 등으로 구분된다.
ㄴ. 선호하지 않는 것을 제거함으로써 행동의 강도와 빈도를 높일 수 있는 것은 부적 강화이다.
ㄷ. 선호하는 것을 제공함으로써 행동의 강도와 빈도를 높일 수 있는 것은 정적 강화이다.

(선지분석)
ㄱ. 행동주의자들은 행동의 강도와 빈도를 높이는 데 있어 강화가 벌보다 더 효과적이라고 본다. 즉, 벌은 일시적이며, 바람직하지 않은 부수적 사태를 초래할 수도 있고, 바람직하지 못한 행동을 감소시킬 수는 있지만 바람직한 새로운 행동을 발생시키지는 못한다고 본다.

답 ③

15 ☐☐☐

다음 설명에 해당하는 상담이론은?

> 이 상담이론에서는 인간이 통제력 또는 선택할 수 있는 능력을 갖고 있으므로, 궁극적으로 자기 삶에 책임을 가져야 한다고 주장한다. 상담의 목표는 내담자로 하여금 책임 있는 행동을 학습하여 성공정체감을 발달시키게 하는 것이다. 따라서 상담자는 내담자에게 '원하는 게 무엇인지를 확인한 후 지금부터 계획을 세우자'고 유도함으로써 내담자가 변명이나 구실을 찾지 못하게 하고 자신의 감정이나 행동에 책임을 지도록 도와준다.

① 인간중심 상담
② 정신분석적 상담
③ 행동주의 상담
④ 현실 요법

16 ☐☐☐

다음에 해당하는 학습원리는?

> • 학습태도가 좋은 학생을 칭찬한다.
> • 미술시간에 과제를 잘 수행한 학생의 작품을 전시한다.

① 정적 강화
② 부적 강화
③ 수여성 벌
④ 제거성 벌

15	상담이론

상담이론 가운데 현실 요법은 인간이 자신의 삶에서 중요한 선택을 스스로 할 수 있고, 선택한 것에 대해 책임을 질 수 있다고 본다. 핵심 개념은 행동, 지금, 선택 등이다. 상담절차는 WDEP, 즉 바람 파악하기(Want), 현재 행동 파악하기(Doing), 자신의 행동과 수행능력 평가하기(Evaluation), 계획 수립하기(Planning)이다.

답 ④

16	학습원리

행동주의 학습원리 가운데 학습태도가 좋은 학생을 칭찬하거나, 미술시간에 과제를 잘 수행한 학생의 작품을 전시해서 다음에 더 잘하도록 유도하는 것은 정적 강화이다. 정적 강화란 표적이 되는 행동이 증가되는 결과를 가져오기 위해 어떤 자극을 제시하는 것을 말한다. 즉, 어떤 반응 또는 행동에 대해 그 행동의 빈도나 강도를 증가시키는 자극을 제공하는 것을 말한다.

답 ①

홀랜드(Holland)가 제안한 직업흥미유형 간 유사성이 가장 낮은 조합은?

① 탐구적(I) - 기업적(E)
② 예술적(A) - 사회적(S)
③ 사회적(S) - 기업적(E)
④ 예술적(A) - 탐구적(I)

상담이론에 대한 설명으로 옳은 것은?

① 내담자 중심 상담 - 미해결 갈등을 이해하는 것이 개인의 정신역동을 이해하는 방법이다.
② 행동주의 상담 - 인간의 행동을 개인이 선택한 것으로 바라보며 행동의 원인보다는 목적에 더 주목하면서 자아실현을 강조한다.
③ 의사교류분석 - 가족치료에서 시작된 이론으로 내담자의 욕구를 파악한 후 현실과 맞서도록 심리적인 힘을 개발할 수 있도록 돕는다.
④ 합리적 · 정서적 행동 상담 - 인간의 감정, 즉 정서적 문제의 원인이 비합리적 신념임을 가정하고 이를 합리적 신념으로 변화시키기 위한 치료기법을 개발하였다.

17	홀랜드의 직업흥미유형

홀랜드(Holland)가 제안한 직업흥미유형은 인성을 6가지 특징으로 분류하고 이들 특징에 맞는 직업을 갖고 있느냐에 따라 직업 만족도나 이직률이 좌우된다고 보았다. 홀랜드는 성격유형을 직업 환경과 연결시킴으로써 육각형 모형을 제시하였다. 두 가지 유형 가운데 거리가 가장 가까울수록 상호 간 심리적 유사성이 커지며 거리가 멀수록 다른 특성을 지닌다고 보았다.

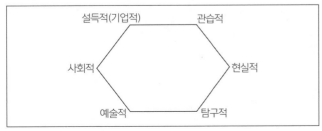

답 ①

18	상담이론(REBT)

합리적 · 정서적 행동 상담은 인간의 부적응 행동이 비윤리적, 비합리적 사고에 의해 발생한다는 입장이다. 즉, 어떤 사실에 접하여 우리가 경험하게 되는 정서는 우리가 경험한 어떤 사실 그 자체보다는 그 사실에 대하여 우리가 어떻게 생각하느냐에 따라 달라진다는 것이다.

(선지분석)
① 미해결 갈등을 이해하는 것이 개인의 정신역동을 이해하는 방법이라고 보는 것은 게슈탈트(Gestalt) 상담이다.
② 인간의 행동을 개인이 선택한 것으로 바라보며 행동의 원인보다는 목적에 더 주목하면서 자아실현을 강조하는 것은 인본주의 상담이다.
③ 가족치료에서 시작된 이론으로 내담자의 욕구를 파악한 후 현실과 맞서도록 심리적인 힘을 개발할 수 있도록 돕는 것은 현실 상담이다.

답 ④

19 □□□

행동치료의 방법 중 체계적 둔감법에 대한 설명으로 옳은 것은?

① 처음부터 강한 불안을 유발하는 자극에 노출하고 불안이 감소될 때까지 노출을 계속하는 방법이다.
② 바람직한 행동을 했을 때 토큰을 나누어 주어 일정한 개수가 모이면 실제적인 강화물로 교환해 줌으로써 바람직한 행동을 유도하는 방법이다.
③ 근육을 이완시킨 상태에서 불안을 유발하는 상황을 약한 것에서부터 강한 것까지 차례로 경험시킴으로써 특정 사태에 대한 불안을 제거하는 방법이다.
④ 부적응적인 행동에 대해서는 강화물을 제거하고, 새로운 적응적 행동에 대해서는 긍정적 강화를 줌으로써 문제행동을 교정하고 바람직한 행동을 습득하게 하는 방법이다.

19	행동치료의 방법

행동수정 기법 가운데 체계적 둔감법은 근육을 이완시킨 상태에서 불안을 유발하는 상황을 약한 것에서부터 강한 것까지 차례로 경험시킴으로써 특정 사태에 대한 불안을 제거하는 방법이다.

(선지분석)
① 체계적 둔감법은 처음에는 약한 불안을 유발하는 자극에 노출하고 점차 강한 불안을 제시해서 불안이 감소될 때까지 노출을 계속하는 방법이다.
② 바람직한 행동을 했을 때 토큰을 나누어 주어 일정한 개수가 모이면 실제적인 강화물로 교환해 줌으로써 바람직한 행동을 유도하는 방법은 토큰 강화이다.

답 ③

---

20 □□□

다음의 특징을 가진 상담기법은?

> • 비(非)지시적 상담이라는 별칭을 갖고 있다.
> • 상담자와 내담자 사이의 촉진적 관계를 강조한다.
> • 인간은 합목적적이고 건설적이며 선한 존재라고 가정한다.
> • 상담의 목표는 내담자가 자신의 모습대로 살아가게 하고 잠재력을 실현하도록 하는 데 있다.

① 인지적 상담기법
② 행동주의 상담기법
③ 인간중심 상담기법
④ 정신분석 상담기법

20	인간중심 상담기법

상담이론 가운데 인간중심 상담기법은 치료의 초점을 문제 자체보다는 인간에게 두며, 지적인 면보다는 정서적인 면을 중시한다. 초기에는 비지시적 상담에서 내담자중심 상담으로, 후에는 인간중심 상담으로 이름을 변경하였다. 인간주의 상담에서는 인간의 의지와 통찰력을 인정하고 면담과정을 통해 스스로 자신의 문제를 해결하도록 도와준다. 인간은 합리적·사회적·전진적·현실적인 존재로 본다. 인간주의 상담기법으로 공감적 이해(empathy, 감정이입)는 상대방의 감정, 경험, 사고, 신념을 상대방의 준거체제에서 자신이 상대인 것처럼 듣고 이해하는 능력을 말한다. 무조건적 긍정적 관심(unconditional positive regard)은 내담자를 선택적으로 평가하지 않으며 가능한 탐색, 동의, 반대, 권위적 해석을 피하는 태도, 즉 내담자에 대한 배려, 수용에 있어서 조건이 없다는 뜻이다.

답 ③

성격 및 직업 흥미에 관한 홀랜드(Holland)의 이론에 대한 설명으로 옳은 것은?

① 개인은 일반적으로 6가지 성격(흥미) 영역 중 일부는 더 발달시키고 일부는 덜 발달시킨다.
② 육각형 성격모형은 실재적 성격, 탐구적 성격, 예술적 성격, 기업가적 성격, 자기이해적 성격, 관습적 성격으로 구성되어 있다.
③ 행동은 타고난 성격에 의해 결정되며, 직업 흥미 또한 일과 관련된 개인의 성격과 관련이 깊다고 전제한다.
④ 홀랜드 이론을 기반으로 한 진로지도는 6가지 성격(흥미) 영역 모두를 균형적으로 발달시키는 데 궁극적 목적이 있다.

정신분석 상담과 행동주의 상담의 공통점에 해당하는 것은?

① 상담과정에서 과거 경험보다 미래 경험을 중시한다.
② 상담기법보다는 상담자의 인간적 자질과 진술한 태도를 중시한다.
③ 인간의 행동을 인과적 관계로 해석하는 결정론적 관점을 가진다.
④ 비합리적 신념을 인식하고 수정하는 논박 과정을 중시한다.

21	홀랜드의 직업 흥미 이론

성격 및 직업 흥미에 관한 홀랜드(Holland)의 이론은 개인의 행동 양식이나 인성 유형이 직업 선택과 발달에 중요한 영향을 미친다고 보고 성격 유형을 육각형 모형으로 제시하였다.

(선지분석)
② 육각형 성격모형은 기업적(설득적) 성격, 관습적 성격, 사회적 성격, 현실적 성격, 예술적 성격, 탐구적 성격이다.
③ 행동은 타고난 유전적 소질과 문화적 요소 간의 상호작용의 결과로 본다.
④ 홀랜드의 이론은 진로지도가 6가지 성격 영역을 모두 균형적으로 발달시키는 데 있다기보다는 6가지 유형 가운데 자기의 성격에 맞는 인성 유형을 표출할 수 있는 직업 환경을 선택하는 것에 있다.

답 ①

22	상담이론

정신분석 상담에서 인간행동에 관한 관점은 첫째, 인간행동의 결정론적이고 기계론적 설명방식이다. 둘째, 인간행동의 많은 부분은 어렸을 때 혹은 자신도 알 수 없는 무의식적 원인에 의한 것이라고 보는 관점이다. 행동주의 상담에서 인간행동에 대한 관점은 인간행동에 관한 기계론적·결정론적 입장이고, 이러한 면에서 인간의 행동이나 동물의 행동이나 근본적으로 차이가 없다고 본다.

(선지분석)
① 대부분의 상담이론은 상담과정에서 과거 경험이나 현재의 경험을 중시하며, 미래에 나타날 경험을 중시하지 않는다.
② 상담기법보다 상담자의 인간적 자질과 진술한 태도를 중시하는 것은 인간주의 상담이론이다.
④ 비합리적 신념을 인식하고 수정하는 논박 과정을 중시하는 것은 인지행동정서 상담이론이다.

답 ③

23 ☐☐☐

(가), (나)에 해당하는 생활지도영역을 바르게 짝지은 것은?

> (가) 생활지도업무를 담당하는 김 교사는 학기 초에 생활
> 지도 계획을 수립하기 위해 전교생에게 학교생활 적
> 응검사를 실시하였다.
> (나) 취업지도업무를 담당하는 송 교사는 기업체에 취업한
> 졸업생들에게 전화를 걸어 직장생활에 잘 적응하고
> 있는지를 점검하고 격려하였다.

	(가)	(나)
①	조사(調査)활동	정치(定置)활동
②	정보(情報)활동	정치(定置)활동
③	조사(調査)활동	추수(追隨)활동
④	정보(情報)활동	추수(追隨)활동

23	생활지도영역

생활지도활동에는 학생에 관한 전반적인 사항에 대해 객관적이고 과학적으로 파악하는 학생조사활동, 이 정보를 학생에게 제공하는 정보활동, 학생에 관해 획득한 정보를 근거로 상담자와 내담자의 친밀한 관계 속에서 전문적인 대화를 전개하는 상담활동 그리고 상담결과를 토대로 학생들을 적재적소에 배치하는 정치활동 및 사후 점검활동인 추수활동으로 구성된다.

답 ③

---

24 ☐☐☐

조건형성 원리에 기초한 상담기법을 <보기>에서 고른 것은?

> ──── ⟨보기⟩ ────
> ㄱ. 상담자는 내담자에게 상담 약속을 이행할 때마다 칭찬
> 스티커를 주고 그것을 다섯 개 모으면 즐거운 게임을
> 함께 하였다.
> ㄴ. 상담자는 '두 개의 빈 의자'를 사용하여 대인갈등 상황
> 에서 내담자가 경험하는 자신의 숨은 욕구와 감정을 자
> 각하도록 촉진하였다.
> ㄷ. 집단상담자는 '타임아웃(time-out)'을 적용하여 집단원
> 이 집단상담 규칙을 어길 때마다 지정된 공간에서 3분
> 간 머물게 하여 참여를 제한하였다.
> ㄹ. 집단상담자는 집단원에게 "기적이 일어나서 각자의 소
> 망이 이루어진다면 여러분의 삶은 어떻게 달라질까
> 요?"라고 질문하여 변화에 대한 욕구를 확인하였다.

① ㄱ, ㄴ
② ㄱ, ㄷ
③ ㄴ, ㄹ
④ ㄷ, ㄹ

24	행동수정 상담기법

조건형성 원리에 기초한 상담기법은 행동수정 기법이다. 행동수정 기법 가운데 ㄱ은 토큰 강화이고, ㄷ은 타임아웃이다.

(선지분석)
ㄴ. 빈 의자 기법을 활용하는 상담은 게슈탈트(gestalt) 상담이다.
ㄹ. "기적이 일어나서 각자의 소망이 이루어진다면 여러분의 삶은 어떻게 달라질까요?"라고 질문하여 변화에 대한 욕구를 확인하는 것은 현실치료기법이다. 현실요법의 상담과정은 WDEP로 요약되는데, 이는 W(want, 욕구), D(doing and direction), E(evaluation), P(planning and commitment)를 말한다. 욕구 탐색하기는 '당신이 진정으로 원하는 것이 무엇입니까?', 현재 행동에 초점을 두기는 '당신은 지금 무엇을 하고 있습니까?'와 같은 물음을 제기하는 것이다.

답 ②

Ⅱ

해커스공무원 이이수 교육학 단원별 기출문제집

25 ☐☐☐

다음 설명에 해당하는 상담이론은?

> • 엘리스(A. Ellis)는 사람들이 정서적 문제를 겪는 이유를 비합리적 사고방법으로 사건을 해석하기 때문이라고 설명한다.
> • 상담의 강조점은 감정 표현보다는 사고와 행동에 있다.

① 인지행동 상담
② 정신분석 상담
③ 행동주의 상담
④ 내담자중심 상담

26 ☐☐☐

로저스(C. Rogers)의 인간중심 상담이론에 대한 설명으로 적절하지 않은 것은?

① 인간에게는 선천적으로 자아실현의 경향이 있다고 본다.
② 내면의 경험을 자각하고 수용할 수 있도록 하기 위해 지금 – 여기보다 과거에 더 주목한다.
③ 상담자가 갖추어야 할 중요한 태도로 진솔성, 무조건적 긍정적 존중, 공감적 이해를 제안하였다.
④ 외적으로 부여된 가치의 조건화가 주관적인 경험을 왜곡하고 부정할 때 문제가 발생한다고 본다.

25	상담이론(REBT)

엘리스(A. Ellis)에 의해 제시된 인지행동 상담(인지적 정서행동 상담, REBT)은 인간의 부적응 행동이 비윤리적이고 비합리적 사고에 의해 발생한다는 입장이다. 이 이론에 의하면 정서장애를 일으키는 것은 생활사건 자체가 아니라 사건에 대한 왜곡된 지각 때문이다. 이 왜곡된 지각 및 잘못된 생각의 뿌리에는 비합리적이고 자기 패배적인 관점들이 깔려 있다. REBT의 상담방법으로 대표적인 것이 ABCDE 모형이다.

답 ①

26	인간중심 상담이론

인간중심 상담은 로저스(C. Rogers)가 1942년 상담과 심리치료(Counseling and Psychotherapy)에서 제시하였다. 치료의 초점을 문제 자체보다는 인간에게 두며, 지적인 면보다는 정서적인 면을 중시한다. 인간중심 상담은 인간의 의지와 통찰력을 인정하고 면담과정을 통해 스스로 자신의 문제를 해결하도록 도와준다(정신분석학과 장의 이론에 근거). 인간주의 상담의 기본이론은 "If ~ then ~(만일 ~이라면, ~이다.)"이라는 가설의 형태로 표현할 수 있다. 인간은 합리적이며 사회적이고 전진적이며 현실적인 존재라고 본다. 인간주의 상담에서 부적응 행동이란 개인의 경험에 대한 지각의 왜곡된 결과이다. 상담 기법으로 수용, 무조건적 긍정적 관심, 공감적 이해, 진솔성, 일치성 등을 강조한다. 내면의 경험을 자각하고 수용할 수 있도록 하기 위해 과거의 경험보다는 현재에 더 주목한다.

답 ②

27 □□□

프로이드(S. Freud)의 정신분석학적 상담이론에 대한 설명으로 옳지 않은 것은?

① 내담자는 합리적으로 불안을 조절할 수 없을 때 자아방어기제에 의존한다.
② 상담자는 내담자의 불안을 초래한 행동자극을 분석하고 체계적 둔감법을 활용한다.
③ 상담자는 내담자의 저항과 전이 감정을 분석하여 무의식적 갈등을 해결하도록 돕는다.
④ 내담자의 행동은 무의식 속에 억압된 과거의 경험과 심리성적인 에너지에 의해서 결정된다.

28 □□□

생활지도의 활동 중 정치(定置)활동으로 옳은 것을 <보기>에서 고른 것은?

――――〈보기〉――――

ㄱ. 학생의 희망 및 능력에 맞추어 동아리를 선택하도록 도와주고 배정하는 활동
ㄴ. 학생을 이해하고 지도하는 데 필요한 가정환경, 교우관계, 심리적 특성 등에 관한 기초 자료를 수집하는 활동
ㄷ. 학생이 진로를 현명하게 선택할 수 있도록 학생의 적성과 흥미 등을 고려하여 도와주거나 안내하는 활동
ㄹ. 생활지도를 일차 완료한 후 학생의 적응 상태와 변화 정도를 점검하고, 필요하면 추가로 도움을 제공하는 활동

① ㄱ, ㄷ
② ㄱ, ㄹ
③ ㄴ, ㄷ
④ ㄴ, ㄹ

27	정신분석학적 상담이론

프로이드(S. Freud)의 정신분석적 상담은 인간행동이 어린 시기의 경험에 따라 크게 좌우되며, 마음의 대부분은 의식할 수 없는 무의식 속에 잠겨 있다고 가정한다. 상담치료는 무의식적 갈등을 의식화시켜 개인의 성격구조를 재구성하는 데 있다. 따라서 치료과정은 아동기의 경험을 되살리는 데 초점을 둔다. 상담의 목표는 무의식적 갈등을 의식화하여 개인의 성격을 재구성하며, 자아를 건강하게 구축하여 행동이 본능적 충동에 따르기보다는 현실에 적합한 행동에 따르도록 유도한다. 상담의 기법은 자유연상, 저항, 전이 등을 강조한다.

(선지분석)
② 상담자가 내담자의 불안을 초래한 행동자극을 분석하고 체계적 둔감법을 활용하는 것은 행동수정기법이다.

답 ②

28	생활지도 활동

정치활동(placement service)이란 상담의 결과 학생들을 적재적소에 배치하는 활동이다. 정치활동에는 교육적 정치와 직업적 정치가 있다. 교육적 정치에는 학과 선택, 특별활동반 선택, 서클 활동부서 선택 등을 하도록 돕는 활동이 있다. 직업적 정치는 직업 선택, 진로 선택, 부직 알선 등의 활동을 말한다.

(선지분석)
ㄴ. 학생을 이해하고 지도하는 데 필요한 가정환경, 교우관계, 심리적 특성 등에 관한 기초 자료를 수집하는 활동은 학생조사활동이다.
ㄹ. 생활지도를 일차 완료한 후 학생의 적응 상태와 변화 정도를 점검하고, 필요하면 추가로 도움을 제공하는 활동은 추수활동이다.

답 ①

엘리스(A. Ellis)의 합리적·정서적 상담에 대한 설명으로 옳은 것은?

① 내담자의 이상적 자아와 현실적 자아의 일치를 정신건강의 지표로 간주한다.

② 주요 상담기법으로 자유연상, 꿈의 분석, 전이의 분석, 저항의 해석이 있다.

③ 상담자는 내담자로 하여금 자신의 문제가 왜곡된 지각과 신념에 기인한 것임을 깨닫도록 논박한다.

④ 내담자는 부모, 어른, 아이의 세 가지 자아를 필요에 따라 적절하게 사용할 수 있는 능력을 갖추는 것이 중요하다.

다음 대화에서 교사가 적용하려는 행동수정방법은?

> 학생: 오늘도 이론만 공부해요? 다른 반은 실험을 하면서 재미있게 공부하고 있는데요.
>
> 교사: 다른 반은 지난 시간에 이론을 다 마쳐서 실험을 할 수 있는 거예요.
>
> 학생: 저희도 실험하고 싶어요. 이론은 너무 지겨워요. 실험부터 하면 안 될까요?
>
> 교사: 그럼 이론을 먼저 30분 공부하고 나서 20분 동안 실험을 하지요. 이론 공부가 잘 되면 더 일찍 실험을 시작할 수도 있어요.

① 간헐적 강화

② 프리맥(Premack) 원리

③ 체계적 둔감법

④ 타임아웃(time-out)

29	합리적 상담이론

엘리스(A. Ellis)의 합리적·정서적 상담에서는 인간의 부적응 행동이 비윤리적, 비현실적, 비합리적 사고에 의해 발생한다고 본다. 즉, 어떤 사실에 접하여 우리가 경험하게 되는 정서는 우리가 경험한 어떤 사실 그 자체보다는 그 사실에 대하여 우리가 어떻게 생각하느냐에 따라 달라진다.

(선지분석)
① 내담자의 이상적 자아와 현실적 자아의 일치를 정신건강의 지표로 간주하는 것은 인본주의 상담이다.

② 주요 상담기법으로 자유연상, 꿈의 분석, 전이의 분석, 저항의 해석 등을 강조하는 것은 정신분석 상담이다.

④ 내담자는 부모, 어른, 아이의 세 가지 자아를 필요에 따라 적절하게 사용할 수 있는 능력을 갖추는 것이 중요하다고 보는 것은 심리교류분석 상담이다.

답 ③

30	행동수정기법

행동수정 원리 가운데 프리맥(Premack) 원리는 낮은 행동의 확률을 증가시키기 위해 높은 확률의 행동과 연합시키면 낮은 확률의 행동이 증가된다는 원리이다. 학생과 교사의 대화에서 교사가 학생들이 싫어하는 이론 공부를 먼저하고 나서 학생들이 좋아하는 실험을 하도록 유도하는 것은 프리맥 원리이다.

(선지분석)
① 간헐적 강화는 강화를 가끔씩 제공하는 강화 기법이다.

③ 체계적 둔감법은 내담자의 행동을 변화시킴으로써 태도나 감정을 변화시키는 기법이다.

④ 타임아웃(time-out)은 잘못된 행동을 하는 아이를 자극이 없는 상황으로 보내는 방법이다.

답 ②

정신분석이론에 기초한 상담기법이 아닌 것은?

① 자유연상
② 꿈의 분석
③ 전이의 분석
④ 무조건적인 긍정적 수용

다음 내용과 가장 관련이 깊은 상담이론가는?

- 비지시적 상담 혹은 내담자중심 상담을 제안하였다.
- 인간의 잠재력과 성장 가능성을 신뢰하며, 상담자와 내담자 사이의 인간관계를 중시하였다.
- 상담자의 자세로 진실성(congruence), 무조건적인 긍정적 존중, 공감적 이해를 강조하였다.
- 충분히 기능하는 인간(fully functioning person)이 되는 것을 상담의 목표로 하였다.

① 올포트(G. Alport)
② 로저스(C. Rogers)
③ 프랭클(V. Frankle)
④ 매슬로우(A. Maslow)

31	정신분석적 상담기법

정신분석적 상담은 인간의 행동은 어린 시기의 경험에 따라 크게 좌우되며, 마음의 대부분은 의식할 수 없는 무의식 속에 잠겨 있다고 가정한다. 상담치료는 무의식적 갈등을 의식화시켜 개인의 성격구조를 재구성하는 데 있다. 따라서 치료과정은 아동기의 경험을 되살리는 데 초점을 둔다. 무조건적인 긍정적 수용을 특징으로 하는 상담기법은 인본주의 상담이다.

(선지분석)
① 자유연상(free association)이란 내담자로 하여금 머릿속에 떠오르는 생각이나 욕망, 생리적 느낌 등 모든 것을 말하게 하는 것을 말한다.
② 프로이드는 꿈의 분석을 무의식적 욕구를 찾아내고 내담자가 해결되지 않은 문제들에 대한 통찰을 얻게 하는 중요한 절차로 보았다.
③ 전이(transference)는 자유연상 과정에서 내담자가 어렸을 때 자신의 부모 형제나 주위 사람들에게 애정, 선망 또는 적개의 감정을 다른 사람에게 옮겨가는 현상을 말한다.

답 ④

32	인본주의 상담이론

비지시적 상담 혹은 내담자중심 상담을 제안한 사람은 로저스(C. Rogers)이다. 내담자중심 상담은 인본주의 상담이라고도 한다. 인간의 잠재력과 성장 가능성을 신뢰하며, 상담자와 내담자 사이의 인간관계를 중시하였다. 인본주의 상담기법으로는 무조건적인 긍정적 관심, 공감적 이해, 진솔성, 일치성 등이 있고 상담의 목표는 완전히 기능하는 인간(fully functioning person)이 되는 것에 둔다.

(선지분석)
③ 프랭클(V. Frankle)은 실존상담의 일종인 의미치료를 체계화하였다. 이 방법은 내담자를 도와 그들의 존재에 대한 목표나 목적을 발견하도록 하는 방법이다.
④ 매슬로우(A. Maslow)는 욕구위계론을 주장한 인본주의 심리학자이다.

답 ②

상담이론과 그 특징으로 옳지 않은 것은?

① 정신분석상담은 무의식 세계를 의식화하여 자아의 문제 해결 기능을 강화하는 것이 목표이다.
② 행동적 상담에서는 부적응 행동을 약화·제거하고 적응 행동을 형성·강화하는 체계화된 학습이론을 적용한다.
③ 내담자중심 상담이론에서는 불안을 유발하는 비합리적 신념을 변화시키고 문제를 해결할 수 있도록 상담자의 중재를 강화한다.
④ 형태주의 상담에서는 지금 상황에서 무엇을 경험하는지를 중시하여 내적 욕구와 외적 욕구에 따라 전경과 배경이 바뀐다는 것에 주목한다.

33	상담이론

불안을 유발하는 비합리적 신념을 변화시키고 문제를 해결할 수 있도록 상담자의 중재를 강화하는 것은 인지정서행동 상담이다. 상담이론 가운데 내담자중심 상담은 인본주의 상담이라고도 하며, 로저스(C. Rogers)에 의해 제시되었다. 치료의 초점을 문제 자체보다 인간에게 두며, 지적인 면보다 정서적인 면을 중시한다. 이 상담의 기법으로는 공감적 이해, 무조건적 긍정적 관심, 진솔성, 일치성 등이 있다.

답 ③

학교교육에서 생활지도의 기본 원리로 옳지 않은 것은?

① 치료나 교정보다 예방에 중점을 두고 있다.
② 학교 교육과정과 통합될 필요가 있다.
③ 문제 유발 가능성이 없는 학생은 대상에 포함되지 않는다.
④ 개인의 권리와 존엄성 및 가치의 인정을 기초로 한다.

34	생활지도의 원리

생활지도의 원리 중 균등의 원리는 생활지도는 문제 학생이나 부적응 학생뿐만 아니라 모든 학생을 대상으로 하는 것이다.

📄 **생활지도의 기본 원리**

계속성의 원리	생활지도는 일정의 주기성을 갖고 연속적으로 전개됨
균등의 원리	생활지도는 문제 학생이나 부적응 학생뿐만 아니라 모든 학생을 대상으로 함
적극적 예방의 원리	생활지도는 학생의 전인적 성장 발달을 돕기 위해 처벌보다는 지도·선도하는 데 중점을 둠
전인의 원리	생활지도는 학생의 전인적 성장을 위한 활동
협동의 원리	생활지도는 학교, 가정, 지역 사회가 유기적으로 관계를 맺고 아동의 성장발달을 도와줌

답 ③

35 □□□

다음 설명에 해당하는 상담이론으로 가장 적절한 것은?

> 내담자의 사고 과정을 수정 또는 변화시켜 정서적 장애와
> 행동적 장애를 극복하게 하는 데 상담의 중점을 둔다. 정
> 서적 장애는 주로 비적응적인 사고 과정의 결과로서, 이
> 잘못된 사고 과정을 재구성하는 것이 상담의 주요 과제라
> 고 본다.

① 인지적 상담
② 행동수정 상담
③ 인간중심 상담
④ 의사결정적 상담

35	인지적 상담이론

인지적 상담 혹은 인지정서행동 상담은 인간의 부적응 행동은 비윤
리적, 비현실적, 비합리적 사고에 의해 발생한다는 입장이다. 즉,
어떤 사실에 접하여 우리가 경험하게 되는 정서는 우리가 경험한
어떤 사실 그 자체에 의해서라기보다는 그 사실에 대하여 우리가
어떻게 생각하느냐에 따라 달라진다.

(선지분석)
② 행동수정 상담은 인간행동의 학습에 관한 행동주의 심리학의 개
  념과 원리를 적용하여 여러 가지 형태의 부적응 행동을 변화시키
  는 원리이다.
③ 인간중심 상담은 치료의 초점을 문제 자체보다는 인간에게 두며,
  지적인 면보다는 정서적인 면을 중시한다.
④ 의사결정적 상담은 지시적 상담 혹은 임상적 상담이라고도 하며,
  상담자가 권위와 능력을 가지고 개인의 부적응 문제와 목표를
  진단하고 확실한 해결책을 제시하는 방법이다.

답 ①

III

교육사회학 및 평생교육

01 교육사회학

01 □□□

문화실조론에 대한 설명으로 옳은 것만을 모두 고르면?

> ㄱ. 미국 헤드스타트(Head Start) 프로그램의 배경이 되었다.
> ㄴ. 학생의 학업성취 격차의 원인은 학교요인에 있다고 주장한다.
> ㄷ. 문화상대주의자들은 문화실조라는 개념이 성립할 수 없다고 비판한다.

① ㄱ
② ㄱ, ㄷ
③ ㄴ, ㄷ
④ ㄱ, ㄴ, ㄷ

02 □□□

번스타인(Bernstein)의 계층과 언어사용에 대한 설명으로 옳지 않은 것은?

① 학교교육에서는 제한된(restricted) 언어코드가 많이 사용된다.
② 학생의 출신 배경에 따라 사용하는 언어방식이 다르다.
③ 중류층 가정의 학생들은 정교한(elaborated) 언어코드를 많이 사용한다.
④ 노동자 계층 가정의 학생들은 제한된(restricted) 언어코드를 많이 사용한다.

---

01 문화실조론

문화실조(cultural deprivation)란 인간의 발달 과정에서 요구되는 문화적 요소의 결핍과 시기적 부적절성에서 초래되는 지적·사회적·인간적 발달의 부분적 상실, 지연 및 왜곡현상이다. 문화실조 상태에 있는 흑인 아동들에게 교육적으로 긍정적 환경을 제공하고 집중적인 보상교육(compensatory program)을 실시해서 지능 발달을 촉진시키려는 시도가 1960년대 광범위하게 이루어졌다. 다만, 문화실조론은 문화적 차이를 문화격차로 오해하였다는 비판을 받기도 한다.

(선지분석)
ㄴ. 문화실조는 학생의 학업성취 격차의 원인은 학교요인이 아니라 가정요인에 기인한다고 본다.

답 ②

02 번스타인의 언어사회화 이론

번스타인(Bernstein)은 학교에서 교사가 사용하는 언어는 세련된 언어이므로 중류가정의 아이들은 쉽게 이해하지만 노동계급의 아이들은 쉽게 이해하지 못해 학업성취가 뒤떨어지게 된다고 하였다.

> 📄 번스타인의 언어사회화 이론
> 번스타인(Bernstein)은 의사소통 방식에서 하류계급의 의사소통 방식의 특징인 '제한된 어법(restricted linguistic code)'과 중류계급의 '세련된 어법(elaborated linguistic code)'은 가정에서의 사회화에 의해 습득되는 것이지만 이런 의사소통의 형태는 학교가 수행하는 사회계급의 재생산 기능과 관련된다고 주장한다.

답 ①

03 ☐☐☐

다음과 같이 주장한 교육학자는?

> 역사 교과서에서 자본가 집단에 유리한 내용을 비중 있게 다루고 노동자들의 기여를 언급하지 않거나 부정적으로 다루고 있다.

① 애니언(Anyon)
② 드리븐(Dreeben)
③ 프레이리(Freire)
④ 보울즈와 진티스(Bowles & Gintis)

04 ☐☐☐

다음 설명에 해당하는 것은?

> • 몸에 각인된 행동거지, 말하고 생각하고 행동하는 방식으로 계급적 배경을 반영한다.
> • 문화자본의 일종이다.

① 아비투스
② 패러다임
③ 헤게모니
④ 이데올로기

---

03 교육과정 사회학자

교육과정 사회학 혹은 교육과정 재개념주의적 관점에서 역사 교과서를 비판적으로 분석한 사람은 지루(Giroux), 애플(Apple), 그린(Green), 휴브너(Huebner), 애니언(Anyon), 몰나르(Molnar) 등이 있다. 교육과정 사회학은 교육과정 속에 나타나 있는 지식과 사회구조와의 역학적 관계, 지식과 집단간의 사상적 갈등을 집중적으로 분석하면서 교육과 사회평등에 관한 문제 논의의 새로운 지평을 열었다는 점에서 의의를 갖는다.

답 ①

04 문화적 재생산론

부르디외(Bourdieu)에 의해 제시된 아비투스란 사고의 구성 틀에 영원히 새겨진 것으로 계급에 기초한 기호·지식·행동의 사회적 문법을 반영한다. 각각의 계급 혹은 사회계급 내의 파벌들이 그들의 특징적인 문화양식이나 지배유형을 발전시켜 그 관점을 가지고 아동을 사회화시키고 그들의 세계관을 형성해나가는 것을 말한다. 아비투스를 내면화된 능력과 구조화된 욕구 체계라고도 하며, 구조, 사회적 실천, 그리고 재생산을 연결하는 매개이다.

답 ①

다음 설명에 해당하는 교육사회학 이론은?

> • 학생들은 수동적 존재가 아닌 능동성과 주체성을 가진 존재로서 학교가 전달하고자 하는 이데올로기를 맹목적으로 수용하지 않는다.
> • 노동계급의 학생은 자신들을 사나이(lad)라 부르며 노동문화에서의 가치관을 학교문화에 접목함으로써 반학교문화를 형성한다.

① 볼스와 진티스(S. Bowles & H. Gintis)의 경제 재생산론
② 윌리스(P. Willis)의 저항이론
③ 부르디외(P. Bourdieu)의 문화 재생산론
④ 번스타인(B. Bernstein)의 문화 전달론

부르디외(P. Bourdieu)의 문화자본 이론에 대한 설명으로 옳은 것만을 모두 고르면?

> ㄱ. 문화자본은 개인의 기술적 생산력을 나타내는 인적 자본에 해당한다.
> ㄴ. 학교 졸업장은 소유할 수 있는 재산의 형태를 띤 가장 대표적인 객관화된 문화자본이다.
> ㄷ. 학교는 지배집단의 자의적인 문화 상징물에 대해 가치와 정통성을 부여해 주는 역할을 한다.
> ㄹ. 문화자본은 계급관계를 재생산하는 역할을 수행한다.

① ㄱ, ㄴ
② ㄱ, ㄷ
③ ㄴ, ㄹ
④ ㄷ, ㄹ

05	윌리스의 저항이론

저항이론(Resistance Theory)은 1970년대 후반 노동계급 학생들이 기존의 학교 문화에 저항하고 모순을 극복하려는 측면을 분석한 윌리스(P. Willis, 「노동학습, Learning to labor」)로부터 출발한 이론이다. 윌리스는 노동자 계급의 학생들이 집단적으로 형성한 저항문화는 교육과 직업지위 획득에 심층적인 영향을 미치며, 바로 그러한 경로를 통해 지배적 사회질서인 자본주의제도가 재생산되고 있다고 주장하였다. 노동자 계급의 학생들은 학교의 권위와 지적 활동의 가치 및 중요성을 거부하는 독특한 반(反)학교 문화를 형성하며, 이들의 반학교 문화는 그들의 부모가 작업장에서 형성한 문화를 근원으로 하고 있다. 학교 공부를 거부하고 특히 지적 활동의 가치와 중요성을 거부하는 것은 이론보다는 실천을 훨씬 중요하게 취급하는 노동 문화의 특성을 반영하고 있으며 남성다움에 가치를 두어 육체노동직을 선택하는 것은 노동문화의 남성 우월주의를 반영하고 있다는 것이다.

답 ②

06	문화자본

부르디외(P. Bourdieu)가 주장한 문화자본은 각 개인들이 그들 가정의 계급적 배경에 의해 상속받는 상이한 언어적 및 문화적 능력 체계를 말한다. 문화자본에는 아비투스적 문화자본, 제도화된 문화자본, 객관화된 문화자본 등이 있다.

(선지분석)
ㄱ. 문화자본은 개인의 기술적 생산력을 나타내는 인적 자본이 아니라 가정배경에 의해 물려받은 언어적 및 문화적 능력 체계를 말한다.
ㄴ. 학교 졸업장이나 학위, 자격증 등은 제도화된 문화자본이다.

답 ④

07 ☐☐☐

다음 설명에 해당하는 이론은?

> • 사회질서는 상징적 폭력을 매개로 하여 재생산된다.
> • 체화된 상태의 자본(취향, 태도 등), 객관화된 상태의 자본(책, 예술작품 등), 제도화된 상태의 자본(졸업장, 학위 등)을 강조한다.

① 경제재생산이론
② 문화재생산이론
③ 저항이론
④ 지위경쟁이론

08 ☐☐☐

의무교육의 대안으로 '학습망(learning web)'이라는 개념을 제시한 학자는?

① 영(Young)
② 일리치(Illich)
③ 지루(Giroux)
④ 프레이리(Freire)

07	문화재생산이론

브루디외(Bourdieu)가 주장한 문화재생산이론은 문화·계급·지배를 학교교육의 논리와 명령에 연결시키는 교육과정의 사회학을 발전시키고자 시도하였다. 문화자본(cultural capital)이란 개인들이 그들 가정의 계급적 배경에 의해 상속받는 상이한 언어적·문화적 능력체계를 말한다. 상징적 폭력(symbolic violence)이란 학교가 중·상류계층의 문화를 가르침으로써 하류층 아동에게 행사하고 있다는 것이다. 학교는 지배집단인 중·상류계층의 문화와 의미체계를 가치중립적이며 상대적으로 우월한 것으로 학생들에게 가르친다. 이러한 과정에서 이들 문화에 익숙하지 못한 피지배집단인 노동자 계층의 아동들은 학교생활에 제대로 적응하지 못하게 된다.

답 ②

08	학습망

일리치(I. Illich)는 탈학교 사회(Deschooling Society, 1971)에서 학교교육의 개혁보다는 학교폐지를 주장하였다. 그는 "사람들의 학습권(the right to learn)이 학교를 다녀야 한다는 의무 때문에 제한을 받고 있다."라고 하였다. 그의 탈학교론에 따르면 창의적인 행동을 육성하는 교육은 현재의 위압적인 제도와는 전혀 다른 시스템, 즉 비형식적으로 자발적인 학습을 위해 조직망을 만들고 거기서 사람들이 자발적으로 학습기회를 선택하는 시스템을 통해 가능하다. 일리치의 학습사회는 학습자들이 학습자원을 쉽게 활용할 수 있도록 지역자원의 연계된 학습망(learning web)에 기초한다.

답 ②

다음과 같이 주장한 교육사회학자는?

> • 학교가 지배집단의 의미체계와 가치체계인 헤게모니를 주입하여 기존 질서를 정당화한다.
> • 학교 교육과정과 수업에서 가르치는 지식은 이데올로기적 속성을 갖는다.

① 애플(Apple)
② 파슨스(Parsons)
③ 로젠탈(Rosenthal)
④ 드리븐(Dreeben)

09	갈등론

학교가 지배집단의 의미체계와 가치체계인 헤게모니를 주입하여 기존 질서를 정당화한다거나, 학교 교육과정과 수업에서 가르치는 지식은 이데올로기적 속성을 갖는다고 보는 것은 애플(Apple)과 같은 갈등론자들이다.

(선지분석)
②, ③, ④ 파슨스(Parsons), 로젠탈(Rosenthal), 드리븐(Dreeben) 등은 기능론자들이다. 파슨스는 학교의 선발과 배치, 로젠탈은 제이콥슨과 더불어 자기충족적 예언, 드리븐은 학교 사회화의 규범 등을 주장하였다.

답 ①

콜만(Coleman)의 사회자본(social capital)에 대한 설명으로 옳지 않은 것은?

① 부모 – 자녀 간의 상호신뢰, 긍정적 상호작용, 자녀에 대한 높은 기대 등으로 나타난다.
② 지역사회 주민들이 생활지도, 학습지원 방법, 학습분위기 조성 등에 대해 협력하는 활동이다.
③ 학생의 학업성취 격차를 설명하는 주요 변인이다.
④ 학교시설, 실험실 등 물리적·객관적 여건에 따라 좌우된다.

10	학업성취 결정 요인

콜만(Coleman)은 학업성취 결정 요인 가운데 하나인 가정배경은 인간자본, 경제자본, 사회자본으로 구성된다고 보았다. 이 가운데 사회자본(social capital)은 부모와 자녀 사이의 상호 신뢰와 유대감, 부모의 교육적 관심, 노력 및 교육적 노하우, 사회적 관계와 사회구조 안에 내재하는 것으로 위무와 기대로 표현되는 신뢰, 정보 소통의 통로 등을 말한다.

(선지분석)
④ 콜만이 주장한 그 밖의 요인으로 인간자본(human capital)은 부모의 지적 능력 혹은 교육수준을 말하고, 경제자본(economic capital)은 부모의 소득이나 경제적 지원 능력을 말한다.

답 ④

11 □□□

학교와 사회평등의 관계에 대한 설명으로 옳지 않은 것은?

① 취약계층 학생을 위한 보상교육 프로그램은 학교가 사회 평등에 기여할 수 있다는 기대를 바탕으로 한다.

② 보올스(Bowles)는 학교가 경제적 불평등을 바로잡는 데 무력하다고 보았다.

③ 파슨스(Parsons)는 능력주의 관점을 토대로 학교와 사회 평등은 무관하다는 결론에 도달했다.

④ 갈등론에서는 학교가 사회적 상승이동을 돕는 게 아니라 사회불평등을 재생산하는 통로가 된다고 본다.

12 □□□

1966년에 발간된 콜맨 보고서(Coleman report)에 대한 설명으로 옳지 않은 것은?

① 기본 문제의식은 학업성취도 격차의 완화기제로서 학교의 가능성을 알아보는 것이었다.

② 학교조건의 차이는 학업성취도 격차와 큰 관련이 없는 것으로 드러났다.

③ 학생의 학업성취도 격차를 설명하는 주된 요인은 가정 배경 관련 요인으로 나타났다.

④ 다른 연구자에 의해 관련 연구가 이어지지 못함으로써 당시 사용된 분석방법과 자료의 적합성은 검토되지 못했다.

11	학교와 사회평등의 관계

학교 혹은 교육과 사회평등을 보는 관점으로는 평등화론, 불평등 재생산론, 무효과론 등이 있다. 평등화론은 능력주의자들의 주장이고, 재생산론자들은 학교는 사회의 불평등 구조를 재생산한다고 본다.

(선지분석)

③ 교육과 사회평등의 관계에서 교육을 통해 불평등 구조를 해소 혹은 축소시킬 수 있다고 보는 것은 평등주의적 관점이다. 능력주의자들[파슨스(Parsons)]은 교육을 통해 사회적 지위를 능력(지능 + 노력) 본위로 결정한다고 본다. 한편 버그(Berg), 치스위크와 민서(Chiswick & Mincer) 등의 연구에서는 교육과 사회평등 혹은 불평등은 관계가 없다고 본다.

답 ③

12	콜맨 보고서

교육과 불평등에 관한 대규모 연구인 콜맨 보고서(Coleman report)는 미국 내 6개의 주요 인종 및 소수민족 집단 간의 학교 간, 지역 간에 존재하는 교육기회와 효과의 불균등 현상 및 원인을 규명하고자 한 연구였다. 콜맨 보고서의 결과는 학생의 가정 배경이 학업 성적에 미치는 가장 중요한 요인이며, 학교의 물리적 시설, 교육과정, 교사의 질 등은 학업 성적에 미미한 영향밖에 주지 못한다는 것이었다.

(선지분석)

④ 콜맨 보고서 이후 많은 후속 연구[젠크스(Jencks), 플라우덴(Plowden) 보고서]를 통해서도 비슷한 결과가 나타났다. 즉 학교는 학업성취도 향상에 거의 영향을 주지 못하고, 대신 가정 배경이 학업성적에 미치는 가장 중요한 요인으로 나타났다. 특히 플라우덴 보고서(Plowden report)에 의하면 사회계층이 높을수록 부모의 자녀 교육에 대한 포부수준 및 그 실현도, 관심도가 높았고, 좋은 학교로의 진학을 원하는 것으로 나타났다.

답 ④

(가), (나)에 들어갈 말을 바르게 나열한 것은?

> [(가)]은 학교가 개인을 사회적 존재로 성장시킨다고
> 본다. 학교는 능력주의에 따라 학생을 선발하고 교육 수준
> 에 따라 인재를 적재적소에 배치하는 기능을 한다. 반면,
> [(나)]은 학교가 기존의 불평등한 계층구조를 재생산한
> 다고 본다. 학교는 교육내용뿐만 아니라 교육분위기를 통해
> 기존의 계층구조를 정당화하는 교육을 한다.

	(가)	(나)
①	기능주의적 관점	갈등론적 관점
②	갈등론적 관점	기능주의적 관점
③	해석적 관점	기능주의적 관점
④	현상학적 관점	갈등론적 관점

다음에 해당하는 교육의 사회적 기능은?

> • 산업구조와 사회구조의 급격한 변화에 대응하는 인력 수
> 급의 기능을 담당한다.
> • 사회의 존속을 위해 필요한 다양한 기능에 적합한 학생을
> 교육하여 적재적소에 배치한다.

① 문화전승의 기능
② 사회이동의 기능
③ 사회통합의 기능
④ 사회충원의 기능

13	학교의 기능

(가) 학교는 개인을 사회적 존재로 성장시키는 사회화의 기능과 능력주의에 기초해서 학생을 선발하고 교육수준에 따라 인재를 적재적소에 배치하는 기능이 있다고 보는 것은 기능주의적 관점이다. 이 가운데 학교의 인력선발기능을 강조하는 대표적인 인물이 파슨스(T. Parsons)이다.

(나) 학교가 기존의 불평등한 계층구조를 재생산하고 불평등한 계층구조를 정당화하는 역할을 수행한다고 보는 것은 갈등론적 관점이다. 학교의 기능 중 자본주의 사회의 경제적 불평등을 재생산하는 기능을 강조하는 학자는 보올스와 진티스(Bowles & Gintis)이고, 문화자본의 재생산 기능을 강조하는 학자로는 부르디외(Bourdieu)가 대표적이다.

답 ①

14	교육의 사회적 기능

교육의 사회적 기능 가운데 사회충원의 기능이란 사회구성원의 선발, 교육, 배치의 기능으로 사회 존속을 위해 필요한 다양한 기능에 적합한 학생을 선발하고 교육시켜 사회적 지위에 맞게 적재적소에 배치하는 기능을 말한다. 즉 교육은 능력에 따라 학생을 분류하고, 그 능력에 합당한 자격을 부여함으로써 사회적 위치를 차지하게 한다. 나아가 산업구조와 사회구조의 급격한 변화에 대응하는 인력을 수급하는 기능을 수행한다.

답 ④

15 ☐☐☐

다음 설명에 해당하는 교육평등의 관점은?

> • 단지 취학의 평등만으로는 충분하지 않다.
> • 고교평준화 정책이 지향한 목적이다.
> • 시설, 교사의 자질, 교육과정 등에서 학교 간에 차이가 없어야 교육평등이 실현된다.

① 교육기회의 허용적 평등
② 교육기회의 보장적 평등
③ 교육조건의 평등
④ 교육결과의 평등

16 ☐☐☐

능력주의 평등화론에 대한 설명으로 옳지 않은 것은?

① 지능과 노력의 합을 능력으로 보았다.
② 현대 서구 교육평등관의 바탕이 되었다.
③ 능력에서의 사회구조적 불평등을 고려하였다.
④ 학교교육을 대표적인 능력주의 실현 장치로 보았다.

---

15 | 교육평등의 관점

교육조건의 평등은 교육의 과정(過程)을 통한 기회균등을 강조한다. 즉, 교육체제 내에서 제공되는 교사, 교육목표, 교육과정, 교육자료, 교육방법, 교육시설 등에 대한 집단 간 균등화를 추구한다. 교육조건의 평등을 실현하기 위한 방법으로 고교평준화 정책이 대표적이다.

(선지분석)
① 교육기회의 허용적 평등은 모든 사람에게 교육받을 기회가 주어져야 한다는 관점이다.
② 교육기회의 보장적 평등은 취학을 가로막는 경제적·지리적·사회적 제반 장애를 제거해 줌으로써 교육평등을 실현하고자 하는 관점이다.
④ 교육결과의 평등은 모든 사람들의 교육필요성을 충족할 수 있도록 평등하게 분배하는 것이다.

답 ③

---

16 | 교육과 사회평등의 관점

교육과 사회평등을 보는 관점은 기능론적 관점, 불평등 재생론적 관점, 그리고 무효과론 등으로 나누어진다. 이 가운데 기능론적 관점은 능력주의적 관점으로 해비거스트(Havighurst), 블라우와 던컨(Blau & Duncan) 등이 대표자이다. 이들은 학교교육이 사회적 불평등을 없애거나 줄일 수 있다고 본다. 반면 불평등 재생론에서는 교육은 사회적 불평등을 더욱 조장한다고 본다. 대표적인 인물에는 보올스(Bowles)나 카노이(M. Carnoy)가 있다. 무효과론은 교육은 사회평등이나 불평등과는 관계가 없다고 보는 관점이다.

답 ③

(가), (나)에 들어갈 단어를 바르게 나열한 것은?

> 　(가)　은/는 사회화를 보편적 사회화와 특수 사회화로 구분하면서 도덕교육을 강조하였다. 그리고 사회의 동질성을 유지하기 위해 한 사회의 공통적인 감성과 신념, 집단의식을 새로운 세대에 내면화시키는　(나)　가 필요하다고 주장하였다.

	(가)	(나)
①	뒤르케임(Durkheim)	특수 사회화
②	뒤르케임(Durkheim)	보편적 사회화
③	파슨스(Parsons)	특수 사회화
④	파슨스(Parsons)	보편적 사회화

문화실조론의 주장으로 옳지 않은 것은?

① 학생의 학습실패 중요 요인으로 학생의 문화적 경험 부족을 지목한다.

② 문화적 상대주의 관점이며, 학생 간의 교육격차가 문화적 결핍보다는 문화적 차이 때문이라고 본다.

③ 빈곤가정의 결핍된 문화적 환경을 보상하기 위한 프로그램 중 하나가 헤드스타트 프로그램이다.

④ 학교에서 학생들의 성공과 실패는 유전적으로 결정된 것이 아니라고 본다.

17	사회화

뒤르케임(Durkheim)은 사회화를 보편적 사회화와 특수 사회화로 구분하였고, 이 중 보편적 사회화는 집합표상을 새로운 세대에게 내면화시키는 일을 말하며, 전체로서의 사회가 요구하는 신체적·지적·도덕적 특성을 함양하는 일을 의미한다. 그는 사회가 점점 분화하기 때문에 다양한 직업교육은 불가피하지만, 전문화된 교육이 증가하면 할수록 사회 전체의 동질성 유지를 위한 보편교육은 필수적이고 교육의 핵심이 된다고 보아 보편적 사회화가 중요하다고 주장하였다.

답 ②

18	문화실조론

문화실조란 인간의 발달과정에서 요구되는 문화적 요소의 결핍과 시기적 부적절성에서 오는 지적·사회적·인간적 발달의 부분적 상실, 지연 및 왜곡현상을 말한다.

(선지분석)

② 문화실조론은 문화적 차이를 문화격차로 오해했고 지배집단이 자신들의 문화를 피지배집단에게 침투시키기 위한 이데올로기적 도구로 쓰이므로 이에 근거한 보상교육은 문화적 폭력이라고 보는 비판적 관점도 있다. ②는 문화실조론을 비판하는 관점이다.

답 ②

다음에 해당하는 개념은?

> • 특정 계급적 환경에서 내면화된 지속적 성향이나 태도를 의미한다.
> • 내면화된 문화자본으로서 계급적 행동유형과 가치체계를 반영한다.

① 아노미(anomie)
② 쿠레레(currere)
③ 패러다임(paradigm)
④ 아비투스(habitus)

신교육사회학에 대한 설명으로 옳지 않은 것은?

① 학교 교육과정 또는 교육내용에 주목한다.
② 불평등의 문제를 학교교육 안에서 찾는다.
③ 학교에서 가르치는 지식의 사회적 성격을 탐구한다.
④ 구조 기능주의에 기반하여 교육의 사회적 기능을 탐구한다.

---

19 아비투스

아비투스(habitus)란 문화적 재생산 이론가인 부르디외(Bourdieu)에 의해 제시된 개념으로, 특정 계급적 환경에서 내면화된 지속적인 성향이나 태도를 말한다. 이는 사고의 구성 틀에 영원히 새겨진 것으로 계급에 기초한 기호·지식·행동의 사회적 문법을 반영한다. 아비투스는 내면화된 능력과 구조화된 욕구체계라고도 하며, 구조, 사회적 실천 그리고 재생산을 연결하는 매개이기도 하다.

답 ④

---

20 신교육사회학

신교육사회학은 교육을 미시적 관점에서 연구하는 분야로 교육과정사회학과 상징적 상호작용론이 대표적이다. 이 가운데 교육과정 사회학은 학교지식의 선택·조직·배분에 작용하는 사회적 문제를 탐구함으로써 교육과정 탐구의 범위와 방법론을 확대하는 데 기여하였다. 즉, 교육과정사회학은 교육과정 속에 나타나 있는 지식과 사회구조와의 역학 관계, 지식과 집단 간의 사상적 갈등을 분석하였다. 구조 기능주의에 기반하여 교육의 사회적 기능을 탐구하는 것은 기능론으로, 신교육사회학은 기능론적 관점이 아니라 비판적 관점에서 학교 교육과정을 분석한다.

답 ④

일리치(Illich)의 탈학교론에 대한 설명으로 옳은 것은?

① 1990년대 초 학교교육에 대한 비판과 함께 처음 등장하였다.
② 학습망(learning webs)을 통한 의무교육의 실현을 제안하였다.
③ 학교제도 자체의 폐지를 주장하지는 않았다.
④ 학습이 학교에 의해서만 이루어지는 것은 아니며, 학교가 반드시 학습의 증진을 가져다주는 것도 아니라고 강조한다.

밑줄 친 부분에서 설명하고 있는 시험의 기능으로 보기 어려운 것은?

> 시험은 학문적으로 무엇이 가치가 있으며 교육제도가 선택적으로 가르치고자 하는 것이 무엇인가를 가장 극명하게 표출하지만, 시험의 의미는 그것만이 아니다. 지식의 사회적 의미규정과 그 표현방식을 학교의 시험을 통하여 학생들에게 강요함으로써, 지배문화와 지배문화의 가치관을 주입하는 가장 효과적인 도구로 시험이 이용되고 있는 것이다.

① 교육과정과 교수방법 개선
② 지식의 공식화와 위계화
③ 기존 사회질서의 정당화와 재생산
④ 규범과 가치관 통제

---

21   일리치(Illich)의 탈학교론

일리치(Illich)의 탈학교론은 학교교육의 개혁이라기보다는 학교폐지론이다. 그는 사람들의 학습권이 학교를 다녀야 한다는 의무 때문에 제한을 받고 있다고 주장하고 학습은 반드시 학교에 의해서만 이루어지는 것이 아니며, 학교가 반드시 학습의 증진을 가져다준다는 것도 아니라고 주장한다. 그는 인간의 자유, 평등, 박애를 증진시키는 학습을 주장하였다. 참다운 학습이란 살아가면서 경험을 통해 얻어지며, 생활과 사물의 관찰을 통해 얻을 수 있는 지식은 선배나 동료 혹은 책이나 학습도구로부터도 획득될 수 있다는 것이다.

답 ④

22   시험의 사회적 기능

제시문의 밑줄 친 부분은 시험의 사회적 기능을 말한다. 시험의 사회적 기능으로는 사회적 선발 기능, 사회통제의 기능, 지식의 공식화와 위계화 기능, 사회질서의 정당화와 재생산 기능 그리고 문화의 형성과 변화의 기능 등이 있다. 교육과정과 교수방법 개선 기능은 시험의 순기능 혹은 교육적 기능에 속한다.

답 ①

23 ☐☐☐

다음에 해당하는 학자는?

> • 기존의 교육을 은행예금식 교육으로 비유하면서, 기존의 교육이 피억압자들을 수동적으로 만들고 비인간화한다고 비판한다.
> • 대화의 교육방식을 통해 불평등한 사회구조를 타파하고 인간해방을 지향하는 문제제기식 교육을 할 것을 주장한다.

① 지루(Giroux)
② 프레이리(Freire)
③ 애플(Apple)
④ 잭슨(Jackson)

24 ☐☐☐

교육이론을 기능주의 이론과 갈등주의 이론으로 구분할 때, 기능주의 이론에 해당하는 것은?

① 인간자본론
② 재생산이론
③ 종속이론
④ 저항이론

23	프레이리(Freire)의 문제제기식 교육

프레이리(Freire)는 피억압자의 교육학에서 전통적인 교육은 인간을 수동적으로 만듦으로써 억압을 더욱 촉진한다고 주장하면서 이러한 교육의 특징을 침묵의 문화, 은행저축식 교육이라고 비판하고 비인간화와 비인간화시키는 억압을 극복하는 교육으로 문제제기식 교육을 주장하였다. 문제제기식 교육에서 교사와 학생은 수직적 관계가 아니라 공동 탐구자가 되며, 공동의 성찰을 통해 실제 베일을 벗기고 지식의 재창조 작업에 참여하게 된다. 문제제기식 교육을 통해 인간이 의식화되면 인간은 의식을 실천하는 존재가 된다.

답 ②

24	기능주의 이론

교육사회학 이론의 구분으로 기능주의 이론에는 기술기능이론, 인간자본론, 근대화론, 지위획득이론(사회이동촉진론), 민족국가형성론 등이 있고, 갈등이론에는 경제적 재생산론, 문화적 재생산론, 저항이론, 문화적 헤게모니론, 문화적 제국주의론, 지위경쟁이론, 종속이론 등이 있다.

답 ①

25 ☐☐☐

파슨스(Parsons)의 관점으로 옳은 것만을 모두 고르면?

> ㄱ. 사회화는 장차 성인이 되어 담당하게 될 역할수행에 필요한 정신적 자세와 자질을 기르는 것이다.
> ㄴ. 학교교육은 지배와 종속의 관계를 유지시켜 주는 역할을 한다.
> ㄷ. 역할을 담당할 인재를 선발하여 적재적소에 배치하는 것이 교육의 중요한 기능이다.

① ㄱ, ㄴ
② ㄱ, ㄷ
③ ㄴ, ㄷ
④ ㄱ, ㄴ, ㄷ

26 ☐☐☐

다음 주장을 한 학자는?

> • 학교는 자본주의적 사회관계의 유지에 필수적인 통합기능을 수행하는 기관이라고 보았다.
> • 경제적 재생산이라는 개념을 사용하여 학교교육이 자본주의 경제체제를 재생산하는 데 어떻게 기여하는지 그 메커니즘을 설명하고자 하였다.
> • 학교 교육체제에서 학생이 미래에 차지할 경제적 위치를 반영하여 차별적 사회화가 이루어진다고 주장하였다.

① 해비거스트(Havighurst)
② 보올스와 진티스(Bowles & Gintis)
③ 콜맨(Coleman)
④ 번스타인과 영(Bernstein & Young)

25	기능론의 관점

파슨스(Parsons)는 기능론을 완성시킨 사람이다.
ㄱ. 사회화는 장차 성인이 되어 담당하게 될 역할수행에 필요한 정신적 자세와 자질을 기르는 것이다.
ㄷ. 기능론은 역할을 담당할 인재를 선발하여 적재적소에 배치하는 것을 교육의 중요한 기능으로 간주한다.

(선지분석)
ㄴ. 학교교육이 지배와 종속의 관계를 유지시켜 주는 역할을 한다고 보는 것은 갈등론의 관점이다.

답 ②

26	경제학 재생산론자

보올스와 진티스(Bowles & Gintis)는 대응이론의 관점에서 학교교육과 공장의 형식이 일치됨을 강조한다. 즉, 그들은 Schooling in Capitalist America(1976)에서 경제적 재생산이라는 개념을 사용하여 학교교육이 자본주의 경제체제를 재생산하는 데 어떻게 기여하는지에 대한 메커니즘을 설명하고자 하였다.

답 ②

27 ☐☐☐

다음 설명에 해당하는 롤스(Rawls)의 교육평등 원리는?

- 모든 이익이 평등하게 분배되도록 요구하지는 않지만 평등한 분배로부터의 일탈은 결과적으로 모든 사람에게 이득이 될 경우에만 인정되어야 함을 요구한다.
- 사회적으로 가장 불리한 입장에 있는 사람의 필요에 특히 신경쓸 것을 요구한다.
- 모든 사람이 평등하게 살아야 한다는 것이 아니라 어떤 사람이 다른 사람의 희생으로 잘 살게 되는 것을 금지하는 것이다.

① 공정한 경쟁의 원리
② 최대이익의 원리
③ 차등의 원리
④ 인간존중의 원리

---

28 ☐☐☐

교육평등관에 대한 설명으로 옳지 않은 것은?

① '교육결과의 평등'을 위한 보상정책은 능력주의 지지자들의 비판을 받는다.
② 산골에 사는 어린이 대상 통학 교통편 무상지원 정책은 '교육기회의 허용적 평등'의 사례이다.
③ 미국의 헤드스타트사업(Project Head Start), 한국의 교육복지우선지원사업은 '교육결과의 평등'의 사례이다.
④ 학교의 시설, 교사의 자격, 교육과정 등에 있어서 학교 간의 차이를 줄이는 정책은 '교육조건의 평등'의 사례이다.

27	롤스의 정의론

롤스(Rawls)의 정의론(1971)에 따르면 인간은 각기 다른 잠재능력을 가지고 각기 다른 자아에서 태어나며, 이는 마치 자연의 복권추첨과 같다. 그러므로 잠재능력을 잘 타고 났거나 좋은 가정에서 태어난 사람은 불리한 사람에게 어느 정도의 적선을 하는 것이 도리에 맞고, 사회는 이러한 방향으로 제반 제도를 수립해야 한다고 본다. 롤스의 정의의 원리는 평등한 자유의 원리와 차등의 원리이다. 즉, 불평등이 존재할 경우 사회적 및 경제적 불평등은 최소 수혜자에게 최대 이익이 되도록 조정되어야 한다는 것이다. 평등한 자유의 원리와 차등의 원리에 기초를 둔 평등관이 보상적 평등관이다.

답 ③

28	교육평등관

산골에 사는 어린이 대상 통학 교통편 무상지원 정책은 '교육기회의 보장적 평등'의 사례이다. 교육기회의 보장적 평등관이란 취학을 가로막는 경제적·지리적·사회적 제반 장애를 제거해 줌으로써 교육평등을 실현하고자 하는 관점을 말한다. 이 평등관은 교육받을 기회를 허용하는 것만으로는 완전한 교육평등이 불가능한 경제력이 없는 하류층 자녀, 외딴 섬에 사는 아이들의 불평등 문제 등을 해결하기 위해 등장하였다.

답 ②

교육과정사회학에 대한 설명으로 옳지 않은 것은?

① 영(Young)에 따르면 학교 교육과정은 학교 밖 정치권력 구조와 관계가 있다.

② 지루(Giroux)에 따르면 학교가 사회의 불평등한 경제적·정치적 질서를 재생산하고 있다.

③ 애니언(Anyon)은 학교에서 학생이 사용하는 언어와 그들의 사회계층과의 관계를 분석하였다.

④ 애플(Apple)에 따르면 학교 교육과정은 사회적 갈등의 부정적 측면을 강조하고 긍정적 측면을 배제하고 있다.

"학교의 시설, 교사의 자질, 교육과정 등의 측면에서 학교 간의 차이가 없어야 한다."라는 관점에 해당하는 것은?

① 교육기회의 허용적 평등

② 장학금 제도

③ 교육조건의 평등

④ 대학입학특별전형제도

29	교육과정사회학

교육과정사회학은 학교 지식의 선택·조직·배분에 작용하는 사회적 문제를 탐구하는 분야로 교육과정 탐구의 범위와 방법론을 확장하는 데 기여하였다. 교육과정사회학자로는 영(Young), 지루(Giroux), 애니언(Anyon), 애플(Apple) 등이 있다.

(선지분석)

③ 학교에서 학생이 사용하는 언어와 그들의 사회계층과의 관계를 분석한 사람은 번스타인(Bernstein)이다.

답 ③

30	교육기회 평등관 - 교육조건의 평등

교육조건이란 학교 시설, 교사의 질, 교육과정, 교수법 등을 말하는 것으로, 조건의 평등을 통해 교육평등을 실현하고자 하는 관점을 교육조건의 평등 혹은 과정적 평등이라고 한다.

(선지분석)

① 교육기회의 허용적 평등이란 신분, 성, 인종, 종교 등을 이유로 교육기회의 차별을 받던 것을 철폐함으로써 모든 사람에게 교육받을 기회를 허용하고자 하는 것을 말한다.

② 장학금 제도 등을 통해 평등을 실현하고자 하는 것은 보장적 평등관이다.

④ 대학입학특별전형제도 등을 통해 평등을 실현하고자 하는 것은 보상적 평등관이다.

답 ③

31 ☐☐☐

학교교육의 기능을 보는 관점이 다른 것은?

① 학교는 불평등한 경제적 구조를 재생산한다.
② 학교의 문화전달과 사회 통합적 기능을 높이 평가한다.
③ 학교는 능력에 맞게 인재를 사회의 적재적소에 배치하는 데 기여한다.
④ 학교교육의 사회화 기능을 긍정적으로 평가한다.

32 ☐☐☐

부르디외(P. Bourdieu)의 문화재생산 이론에 부합하는 내용만을 모두 고르면?

ㄱ. 교육은 사회에 적합한 인간을 양성하는 순기능적인 사회화 과정이다.
ㄴ. 문화자본은 가정에서 자녀의 교육을 위해 지출하는 직접적인 교육비를 의미한다.
ㄷ. 지배집단은 자신들의 문화를 학교교육에 투입시켜 불평등한 사회적 관계를 정당화한다.
ㄹ. 학교에서 가치 있다고 여겨지는 문화자본을 많이 소유한 사람이 그렇지 못한 사람에 비해 성공할 가능성이 높다.

① ㄱ, ㄴ
② ㄱ, ㄷ
③ ㄴ, ㄹ
④ ㄷ, ㄹ

---

31 갈등론의 교육사회학

학교가 불평등한 경제적 구조를 재생산한다는 교육사회학의 관점은 갈등론 중 경제적 재생산이론에 해당한다.

(선지분석)
② 학교의 문화전달과 사회 통합적 기능을 높이 평가한다든지, ③ 학교는 능력에 맞게 인재를 사회의 적재적소에 배치하는 데 기여한다거나, ④ 학교교육의 사회화 기능을 긍정적으로 평가한다는 것은 모두 기능론의 교육관이다.

답 ①

32 문화재생산 이론

부르디외(P. Bourdieu)의 문화재생산 이론은 자본주의 사회가 어떻게 그들 스스로를 재생산하고 반복할 수 있는가에 관한 질문을 제기한다.

(선지분석)
ㄱ. 교육이 사회에 적합한 인간을 양성하는 순기능적인 사회화 과정이라고 주장하는 이론은 기능론적 관점이다.
ㄴ. 가정에서 자녀의 교육을 위해 지출하는 직접적인 교육비를 의미하는 것은 경제자본이다. 부르디외가 주장하는 문화자본이란 개인들이 그들 가정의 계급적 배경에 의해 상속받는 상이한 언어적·문화적 능력체계를 말한다.

답 ④

현대사회의 학력상승 원인과 관련된 이론에 대한 설명으로 옳지 않은 것은?

① 기술기능이론에서는 과학기술의 발달로 인한 직업기술 수준의 향상을 학력상승의 원인으로 강조한다.
② 학습욕구이론의 강점은 오늘날의 학교가 지적·인격적 성장을 위한 학습욕구를 제대로 충족시켜 주는 기관이라는 사실을 입증해 준다는 데 있다.
③ 지위경쟁이론에서는 학력이 사회적 지위획득의 수단이기 때문에 사람들이 경쟁적으로 높은 학력을 취득하는 탓에 학력이 계속 높아진다고 설명한다.
④ 국민통합이론은 정치단위인 국가의 이데올로기 통합 과정에서 교육제도가 수행하고 있는 정치적 기능을 새롭게 지적하였다는 데 의의가 있다.

다음은 뒤르케임(E. Durkheim) 저술의 일부이다. ㄱ ~ ㄷ에 해당하지 않는 것은?

> 교육은 아직 사회생활에 준비를 갖추지 못한 어린 세대들에 대한 성인 세대들의 영향력 행사이다. 그 목적은 전체 사회로서의 정치 사회와 그가 종사해야 할 특수 환경의 양편에서 요구하는 (ㄱ), (ㄴ), (ㄷ) 제 특성을 아동에게 육성·계발하게 하는 데 있다.

① 지적
② 예술적
③ 도덕적
④ 신체적

33	학력상승이론

학습욕구이론은 학교가 학교교육을 통해 개인의 학습욕구를 충족시켜 주는 기관이기 때문에 누구나 학교에 다니기를 원하며, 학습에 대한 강한 욕구로 인해 학력상승이 일어난다고 본다. 다만, 학교가 지적·인격적 성장을 위한 학습욕구를 충족시켜 주는 기관이라는 사실을 입증해 주지 못한다는 비판을 받는다. 기술기능론적 관점에서는 현대사회의 학력상승원인을 과학기술의 발달에 따른 직업기술 수준의 향상으로 보았다. 한편 지위경쟁이론은 학력이 사회적 지위획득의 수단이기 때문에 사람들이 경쟁적으로 높은 학력을 취득하는 탓에 학력이 계속 높아진다고 설명한다. 국민통합이론적 관점은 정치단위인 국가의 이데올로기 통합 과정에서 교육제도가 수행하고 있는 정치적 기능을 새롭게 지적하였다는 데 의의가 있다.

답 ②

34	뒤르케임의 교육사상

📑 **뒤르케임(E. Durkheim)의 교육의 본질과 역할**

1. 교육은 아직 사회생활에 준비를 갖추지 못한 어린 세대들에 대한 성인 세대들의 영향력 행사이며, 그 본질은 사회화이다.
2. 교육은 그 기원에 있어서나 그 기능에 있어서 절대로 '사회적인 것'이다. 따라서 학교교육은 사회적 기능을 수행하기 때문에 국가가 관여해야 한다.
3. 교육목적은 전체 사회로서의 정치사회화와 그가 종사해야 할 특수 환경의 양편에서 요구하는 지적·도덕적·신체적 여러 특성을 아동에게 육성·계발하는 일이다.
4. 전체 사회가 그 사회의 존속에 필요한 동질성을 유지해 주고, 산업사회에서 각 직업집단은 사회 존속에 필요한 다양한 기능(분화와 협동)을 수행한다. 전자를 위해 보편적 사회화를, 후자를 위해 특수 사회화를 시켜야 한다.
5. 교육을 사회화 과정으로 파악하고 또한 도덕교육을 강조하였다. 사회화란 집합표상, 즉 집단적 의식을 내면화시키는 일이다. 집합표상은 개인을 초월한 그 자체의 실체로 존재하며 이는 그 구성원의 개인으로 환원이 불가능하다.

답 ②

35 □□□

다음은 자녀의 학업성취 향상에 도움을 줄 수 있는 부모활동이다. 이 활동에 해당하는 자본의 명칭은?

> • 부모가 이웃에 사는 친구 부모들과 자녀교육, 학습 보조방법, 학습 분위기 조성에 관하여 대화하였다.
> • 부모가 자신의 자녀가 다니는 학교의 학부모회에 참석하고 학생지도에 협력하였다.

① 재정자본(financial capital)
② 인간자본(human capital)
③ 문화자본(cultural capital)
④ 사회자본(social capital)

---

35 사회자본

콜맨(Coleman)은 학업성취 결정 요인 가운데 하나인 가정배경은 사회자본, 인간자본, 경제자본 등으로 구성된다고 하였다. 사회자본(social capital)이란 부모와 자녀 사이의 상호 신뢰와 유대감, 부모의 교육적 관심, 노력 및 교육적 노하우, 사회적 관계와 사회구조 안에 내재하는 것이다. 이는 의무와 기대로 표현되는 신뢰, 정보소통의 통로 등과 같이 사람과 사람 사이의 사회적 관계에서 형성된다.

(선지분석)
① 경제(재정)자본(financial capital)은 부모의 소득이나 경제적 지원 능력 등 가정에서 자녀의 학교공부를 돕기 위해 지출되는 금액을 말한다.
② 인간자본(human capital)은 부모의 지적 능력이나 교육수준 혹은 교육이나 훈련을 통해 인간에게 체계화된 지식, 기술, 창의력 등과 같은 인간이 구비한 생산력[슐츠(Schultz)]을 말한다.
③ 문화자본은 부르디외(Bourdieu)가 주장한 것으로, 개인들이 그들 가정의 계급적 배경에 의해 상속받는 상이한 언어적·문화적 능력체계를 말한다.

답 ④

36 □□□

다음 내용과 가장 관련이 깊은 학자는?

> • 문화자본에는 예술 작품과 같이 객체화된 것, 학력이나 자격과 같이 제도화된 것, 일종의 행동 성향처럼 습성화된 것이 있다.
> • 지배집단의 자녀들은 자신들이 상속받은 문화자본을 학교가 제공하는 학벌과 같은 다른 형태의 문화자본으로 쉽게 전환하여 부모 세대의 사회 경제적 지위를 재획득한다.
> • 능력주의가 지배하는 현대사회에서 부모의 사회 경제적 지위는 문화 재생산을 통해 자녀에게 합법적으로 세습된다.

① 베버(M. Weber)
② 일리치(I. Illich)
③ 파슨스(T. Parsons)
④ 부르디외(P. Bourdieu)

---

36 문화자본

문화자본을 주장한 학자는 부르디외(P. Bourdieu)이다. 문화자본이란 개인들이 그들 가정의 계급적 배경에 의해 상속받은 언어적·문화적 능력체계로, 아비투스적 문화자본, 객관적 문화자본, 제도적 문화자본 등이 있다. 예술 작품과 같이 객체화된 것은 객관적 문화자본, 학력이나 자격과 같이 제도화된 것은 제도적 문화자본, 일종의 행동 성향처럼 습성화된 것은 아비투스적 문화자본에 해당한다.

(선지분석)
① 베버(M. Weber)는 관료제를 주장한 사회학자이다.
② 일리치(I. Illich)는 탈학교사회에서 학교 폐지를 주장하였다.
③ 파슨스(T. Parsons)는 기능론의 사회학을 완성시켰다.

답 ④

신교육사회학(The new sociology of education)에 대한 설명으로 옳지 않는 것은?

① 학교에서 가르치는 지식의 정치학적 성격에 주목한다.
② 교육과정 및 교사 – 학생 간 상호작용이 주요 연구주제이다.
③ 종전의 교육사회학이 사회구조적 문제를 도외시했던 점을 비판한다.
④ 교육내용의 성격과 그것이 전수되는 과정을 이해하고자 한다.

콜맨(J. S. Coleman)에 대한 설명으로 옳지 않은 것은?

① 학교별 교육조건의 차이가 학생들의 성적에 어떻게 반영되는가를 분석하였다.
② 교육평등에 영향을 주는 가정배경 및 학교변인을 분석한 콜맨보고서(Coleman Report)를 발표하였다.
③ 효과적인 학교에 평등하게 취학 기회가 부여되어야 한다는 의미로 교육결과의 평등을 주장하였다.
④ 학업성취에 대한 가정의 영향을 규명하는 데 사회자본(social capital)의 유용성에 주목하였다.

37	신교육사회학

신교육사회학(The new sociology of education)은 종래의 교육사회학이 지나치게 사회구조적 문제만을 다루고 학교 내에서 일어나는 교육내용, 교사와 학생의 상호작용과 같은 미시적 문제를 소홀히 했다고 지적한다. 신교육사회학은 교육과정 사회학과 상징적 상호작용론 등이 있다. 교육과정 사회학은 교육과정 속에 나타나 있는 지식과 사회구조와의 역학적 관계, 지식과 집단 간의 사상적 갈등을 분석해서 교육과 사회 평등에 관한 논의의 지평을 넓혔으며, 상징적 상호작용론은 학교 내의 상호작용 과정에 관한 연구의 사회학적 시각을 새롭게 해 주었다.

답 ③

38	콜맨보고서

콜맨(J. S. Coleman)은 효과적인 학교에 평등하게 취학 기회가 부여되어야 한다는 의미로 교육조건의 평등을 주장하였다. 그는 다 같이 학교에 다니는 것만으로 평등이 실현되는 것이 아니라 학교의 시설, 교사의 자질, 교육과정 등에 있어서 학교 간 차이가 없어야 한다고 하였다.

(선지분석)
② 콜맨(J. S. Coleman)은 콜맨보고서에서 미국 내 주요 인종 및 소수민족 집단 간의 학교 간, 지역 간에 존재하는 교육기회와 효과의 불균등 현상 및 원인을 규명하였으며, 학생의 가정배경은 학업성적에 미치는 가장 중요한 요인이라고 하였다.

답 ③

학교교육에 대한 다음 주장과 가장 거리가 먼 것은?

> • 학교는 지배집단의 '문화자본'을 재창조하고 정당화하는
>   역할을 수행한다.
> • 학습결과인 성적도 학생이 속해 있는 계급의 영향에서 벗
>   어나지 못한다.
> • 경제구조가 학교교육을 일방적으로 결정한다고 비판한다.

① 부르디외(P. Bourdieu)
② 구조기능주의
③ 재생산이론
④ 보올스(S. Bowls)와 진티스(H. Gintis)

교육평등에 관한 관점 중 교육결과의 평등을 위한 정책에 해당하는 것은?

① 취학을 가로막는 경제적·지리적·사회적 제반 장애를 제
  거해 주는 취학 보장 대책
② 저소득층의 취학 전 어린이들을 위한 보상교육(compensatory
  education)
③ 한국의 고교평준화 정책
④ 초·중등교육의 의무무상화

39	학교교육에 대한 관점 - 기능론과 갈등론

학교는 지배집단의 '문화자본'을 재창조하고 정당화하는 역할을 수행한다고 보는 사회학 이론은 부르디외(P. Bourdieu)의 문화적 재생산이론이다. 학습결과인 성적도 학생이 속해 있는 계급의 영향에서 벗어나지 못한다고 보는 이론도 갈등론이며, 경제구조가 학교교육을 일방적으로 결정한다고 비판하는 이론은 보올스(S. Bowls)와 진티스(H. Gintis)의 경제적 재생산론이다. 이처럼 갈등론자들은 학교는 특정 집단의 이익을 옹호하고 정당화하며, 학교의 교육과정은 특정 집단의 문화를 재생산하는 데 기여한다고 본다. 또한 학교는 사회의 구조적 불평등 구조를 유지하는 기능을 한다고 주장한다. 갈등론에 속하는 이론은 재생산이론(경제적 재생산이론, 문화적 재생산이론), 저항이론, 지위경쟁이론, 문화적 제국주의 등이 있다.

답 ②

40	교육기회 평등관 - 보상적 평등(교육결과의 평등)

교육평등에 관한 관점 중 교육결과의 평등은 단지 학교에 다닐 수 있는 기회를 제공해 주는 것뿐만 아니라 사회에서 살아가는 데 필요한 지식을 배우는 데 있으므로 배울 것은 누구나 제대로 배워야 평등교육이 실현되는 것이라고 보는 관점이다. 결과적 평등관에 해당하는 정책으로는 특수교육, 농어촌 출신에 대한 정책적 배려, 영재교육, 수준별 수업 운영, 기회균형선발제도, 교육복지우선지원사업, 저소득층의 취학 전 어린이들을 위한 보상교육 등이 있다.

(선지분석)
① 취학을 가로막는 경제적·지리적·사회적 제반 장애를 제거해 주는 취학 보장 대책은 보장적 평등관이다.
③ 한국의 고교평준화 정책은 과정적 평등 혹은 조건의 평등이다.
④ 초·중등교육의 의무무상화는 보장적 평등에 해당하는 정책이다.

답 ②

보상적(補償的) 교육평등관에 해당하는 내용을 <보기>에서 고른 것은?

─────〈보기〉─────

ㄱ. 성별이나 인종의 차별 없이 교육에 접근할 수 있는 기회를 부여한다.

ㄴ. 교육복지우선지원사업으로 사회적 취약 계층의 교육결과를 제고한다.

ㄷ. 대학 입시에서 농어촌지역 학생들을 배려하기 위한 특별전형을 실시한다.

ㄹ. 학교의 시설 및 여건, 교사의 전문성, 교육과정에서 학교 간 차이를 줄인다.

① ㄱ, ㄷ
② ㄱ, ㄹ
③ ㄴ, ㄷ
④ ㄴ, ㄹ

41	교육기회 평등관 - 보상적 평등(교육결과의 평등)

보상적 교육평등관은 학생의 학습능력에 반비례하여 교육자원을 배정함으로써 학습능력면에서 뒤떨어진 학생들을 능력이 앞서 있는 학생의 수준까지 끌어올려 능력의 격차를 감소시켜서 누구나 최저 능력 면에서 격차가 나지 않도록 하는 일종의 학력의 평준화 방식이라 할 수 있다. 이 평등관은 사회적·경제적·지역적인 격차를 축소시켜 보자는 데 주요 의도가 있다. 자원배정에 있어서 벽지, 저소득층 등 문화적 혜택을 받기 어려운 곳에 보다 많은 자원이 중점적으로 투입되도록 하여 학생 간, 계층 간, 지역 간의 교육적 불평등을 축소시키고자 한다.

(선지분석)

ㄱ. 성별이나 인종의 차별 없이 교육에 접근할 수 있는 기회를 부여하는 것은 허용적 평등관이다.

ㄹ. 학교의 시설 및 여건, 교사의 전문성, 교육과정에서 학교 간 차이를 줄이고자 하는 것은 과정적 평등 혹은 여건의 평등을 말한다.

답 ③

학교교육의 측면에서, 콜만(J. Coleman)의 사회자본에 대한 설명으로 가장 적절한 것은?

① 학교에서 배운 지식과 기술에 따라 개인의 노동력에 차이가 발생한다.

② 학교교육과 경제생산체제 간의 상응관계를 통해 학교가 자본주의 경제구조를 재생산한다.

③ 교사, 학생, 학부모 간의 친밀한 관계 형성은 학생의 학업 성취도에 긍정적인 영향을 미친다.

④ 학교가 특정 계층의 문화를 보편적 가치로 가르치기 때문에 학업에서 상위 계층의 자녀가 유리하다.

42	사회자본

콜만(J. Coleman)은 학교의 학업성취도에 영향을 주는 가정배경으로 인간자본, 사회자본, 경제자본 등을 제시하였다. 사회자본은 사람들 사이의 사회적 관계에서 형성되는 것으로, 가정을 중심으로 정의하면 좁게는 가정 내 부모와 자녀의 관계이고, 넓게는 부모가 가정 밖에서 맺고 있는 사회적 관계의 전체이다. 가정의 사회자본은 부모의 친구관계, 어머니의 취업 여부, 자녀 교육에 대한 기대수준, 이웃과의 교육정보 교류 정도와 같은 변인을 통하여 측정된다.

(선지분석)

① 학교에서 배운 지식과 기술에 따라 개인의 노동력에 차이가 발생한다고 보는 것은 인간자본론이다.

② 학교교육과 경제생산체제 간의 상응관계를 통해 학교가 자본주의 경제구조를 재생산한다고 보는 이론은 경제적 재생산이론이다.

④ 학교가 특정 계층의 문화를 보편적 가치로 가르치기 때문에 학업에서 상위 계층의 자녀가 유리하다고 보는 이론은 문화적 재생산이론이다.

답 ③

다음 내용과 관련이 있는 학자는?

> • 문해교육에서는 성인 각자의 삶이 반영된 일상용어를 활용해야 효과적이다.
> • 진정한 교육은 학습자가 탐구(inquiry)와 의식적 실천(praxis) 활동을 하는 것이다.
> • 교육은 주어진 지식을 전달하는 은행저금식이 아니라 문제제기식으로 이루어져야 한다.

① 일리치(I. Illich)
② 프레이리(P. Freire)
③ 놀즈(M. Knowles)
④ 메지로우(J. Mezirow)

학교교육의 사회적 기능에 대한 기능주의적 관점으로 볼 수 없는 것은?

① 사회구성원을 선발·분류하여 적재적소에 배치한다.
② 체제 적응 기능을 수행해 전체 사회의 유지에 기여한다.
③ 지배집단의 신념과 가치를 보편적 가치로 내면화시킨다.
④ 새로운 세대에게 기존 사회의 생활양식, 가치와 규범을 전수한다.

---

43   프레이리

프레이리(P. Freire)가 말하는 문해는 비판적 문해이다. 비판적 문해란 글을 읽고 쓰지 못함으로써 비인간화되어 버린 피억압자에게 읽고 쓸 수 있는 능력을 부여하여 인간의 존재론·역사적 소명인 인간화, 좀 더 완전한 인간이 되게 하는 것, 즉 단어를 읽을 수 있는 능력뿐만 아니라 세상을 읽을 수 있는 능력을 그리는 교육을 말한다. 또한 프레이리는 피억압자의 교육학에서 은행저금식 교육을 비판하고 비인간화와 비인간화시키는 억압을 극복하는 문제제기식 교육을 제시한다.

(선지분석)
① 일리치(I. Illich)는 탈학교 사회에서 학교교육의 개혁보다는 학교 폐지를 주장하였다.
③ 놀즈(M. Knowles)는 페다고지(pedagogy)와 대응하는 성인교육인 안드라고지(andragogy)를 주장하였다.
④ 메지로우(J. Mezirow)는 성인교육의 특징으로 전환학습을 강조하였다.

답 ②

---

44   학교의 사회적 기능

지배집단의 신념과 가치를 보편적 가치로 내면화시키는 것은 갈등론자들의 주장이다. 이들은 학교교육이 대부분 특권 지배층의 자녀에게 유리한 문화내용으로 되어 있으며, 특권 지배층 가정의 문화적 전통의 합리성을 학교교육에 투사시키고 있다고 주장한다.

📄 **학교의 사회적 기능에 대한 기능론적 관점**
학교의 사회적 기능에 대한 기능론적 관점은 크게 두 가지가 있다. 첫째는 사회통합(integration) 및 통제(control) 기능이다. 사회통합이란 서로 다른 이질적인 요소가 각기 독립성과 고유한 기능을 유지하면서 전체적으로 모순이나 갈등 없이 조화 있게 구성되어 있는 상태를 말하고, 사회통제란 전체적인 질서를 위해 개별적인 행동을 하거나 하지 못하게 조정하는 것을 말한다.
둘째는 사회구성원의 선발 및 분류기능이다. 학교는 개인을 선발해서 일정기간 교육을 통해 서로 다른 사회적 지위에 분배하는 기능을 한다.

답 ③

학교교육에 대한 기능론적 관점으로 옳은 것만을 <보기>에서 모두 고른 것은?

─────────── <보기> ───────────
ㄱ. 기존의 계층 간 사회 불평등을 유지·심화한다.
ㄴ. 자본주의 이데올로기에 순응하는 노동력을 양산한다.
ㄷ. 개인을 능력에 따라 합리적으로 분류·선발·배치한다.
ㄹ. 사회구성원에게 보편적 가치를 내면화하여 구성원의
　　동질성을 확보한다.
─────────────────────────────

① ㄱ, ㄴ
② ㄷ, ㄹ
③ ㄱ, ㄴ, ㄷ
④ ㄴ, ㄷ, ㄹ

학생의 학업성취에 관한 학자의 주장을 바르게 진술한 것은?

① 젠슨(A. Jensen)은 유전적 요인이 아닌 환경적 요인 때문에 소수 인종의 학업성취가 낮다고 주장하였다.
② 콜맨(J. Coleman)은 학교 시설·자원이 가정배경보다 학업성취에 더 큰 영향을 미친다고 주장하였다.
③ 로젠탈(R. Rosenthal)과 제이콥슨(L. Jacobson)은 학업성취가 올라가리라는 교사의 기대가 학생의 학업성취를 높인다고 주장하였다.
④ 번스타인(B. Bernstein)은 노동자 계층 자녀의 학업성취가 낮은 이유는 가정에서 제한된 언어 코드가 아닌 정교한 언어 코드를 사용하기 때문이라고 주장하였다.

45	학교교육에 대한 기능론적 관점

기능론적 관점은 학교교육을 개인을 능력에 따라 합리적으로 분류·선발·배치하는 것으로 보며, 사회 구성원에게 보편적 가치를 내면화하여 구성원의 동질성을 확보한다고 간주한다. 또, 사회의 보편적 가치나 문화를 전달함으로써 사회통합과 통제 기능을 하고, 개인의 능력에 따라 개인을 선발해서 일정기간 교육을 시켜 서로 다른 사회적 지위에 분배하는 사회 구성원의 선발 및 분류 기능을 한다.

(선지분석)
ㄱ, ㄴ. 학교교육이 기존의 계층 간 사회 불평등을 유지·심화한다고 보거나, 자본주의 이데올로기에 순응하는 노동력을 양산한다고 보는 것은 갈등론적 관점이다.

답 ②

46	피그말리온 효과

로젠탈(R. Rosenthal)과 제이콥슨(L. Jacobson)은 미국의 오크(Oak) 초등학교 1~6학년 아동을 대상으로 교사의 기대효과를 실험하였다. 이 연구는 Pygmalion in the classroom으로 출판되어 교사의 기대효과를 피그말리온 효과 또는 로젠탈 효과 등으로 불리게 되었다.

(선지분석)
① 젠슨(A. Jensen)은 지능은 유전적 요인이 80%, 환경에 의한 것이 15% 정도라고 주장하였다. 후에 그는 이 이론을 수정하여 유전이 65%, 환경이 28%, 유전환경이 7%라고 하였다.
② 콜맨(J. Coleman)은 학업성취에 영향을 주는 가정배경 요인으로 인간자본, 사회자본, 경제자본의 3가지를 제시하였다.
④ 번스타인(B. Bernstein)은 노동자 계층의 가정에서는 제한된 언어 코드를 사용하기 때문에 학교에서 교사가 사용하는 언어인 정교한 언어 코드를 이해하지 못하여 노동자 계층 자녀의 학업성취가 낮다고 주장하였다.

답 ③

47 ☐☐☐

학력상승의 원인에 대한 대화이다. 기술기능이론에 바탕을 둔 B의 대답으로 옳은 것은?

> A: 학력이 지속적으로 상승하는 원인이 무엇이라고 생각하시나요?
> B: (   )

① 누구나 뭔가 새로운 것을 배우고자 하는 욕구가 있잖아요.
② 현대 사회에서 학력은 지위획득을 위한 합법적 사다리잖아요.
③ 사회에서 요구되는 직업전문성 수준이 계속 향상되기 때문이지요.
④ 교육을 통해 국민들 사이에 일체감을 형성할 필요가 있잖아요.

---

47 기술기능이론의 학력상승 원인

학력상승의 원인을 설명하는 이론 중 기술기능이론은 과학기술의 부단한 향상으로 인해 직업기술의 수준이 지속적으로 높아지며, 이로 인해 학력이 높아진다고 본다.

선지분석

① 누구나 뭔가 새로운 것을 배우고자 하는 욕구가 있잖아요.
  → 학습욕구이론
② 현대 사회에서 학력은 지위획득을 위한 합법적 사다리잖아요.
  → 지위경쟁이론
④ 교육을 통해 국민들 사이에 일체감을 형성할 필요가 있잖아요.
  → 민족국가형성론

답 ③

---

48 ☐☐☐

번스타인(Bernstein)의 문화전수이론에 대한 설명으로 옳지 않은 것은?

① 지식은 사회적 진공상태에서 전수되는 것이 아니며, 권력과 통제가 교육과정의 모든 국면에 스며든다.
② 분류(classification)는 과목 간, 학과 간 구분으로서 각 교육내용들 간 경계의 선명도를 말한다.
③ 구조(frame)는 교육내용의 선택, 조직, 진도에 대한 교사와 학생의 통제력 정도를 말한다.
④ 구조화(framing)가 강하면 학생의 관심과 요구를 반영하여 교육과정을 편성하기가 용이하다.

---

48 번스타인의 문화전수이론

번스타인(Bernstein)의 교육과정사회학 이론은 지식사회학적 관점에서 학교에서 가르치고 있는 지식은 누구에 의해 구성된 것이며, 왜, 어떤 이유에서 선택되었고, 어떻게 학생들에게 분배되고 있는가에 관한 문제를 제기한다. 번스타인은 교육과정 분석에서 분류와 구조를 사용하였으며, 그는 분류와 구조의 강함과 약함의 정도에 따라 교육과정을 통합형과 집합형으로 구분하였다.

선지분석

④ 구조화가 강하면 교사나 학생의 요구를 반영하기 어렵고, 반대로 구조화가 느슨하면 욕구를 반영하기 용이하다.

답 ④

다음과 같이 주장한 사람은?

> • 학습이 학교에 의해서만 이루어지는 것은 아니고, 학교가 반드시 학습의 증진을 가져다주는 것도 아니다.
> • '조작적 제도'에 대치되는 것으로 '상호 친화적 제도'를 만들어야 한다.
> • 기존의 학교제도를 대신해 '학습을 위한 네트워크'를 만들어야 한다.

① 일리치(I. Illich)
② 라이머(E. Reimer)
③ 프레이리(P. Freire)
④ 슈타이너(R. Steiner)

다음 내용과 다른 입장을 가진 교육사회학자는?

> • 사회를 유기체에 비유한다.
> • 사회의 각 부분은 상호의존적이다.
> • 학교의 사회적 기능은 사회화·선발 및 배치에 있다.
> • 사회의 각 부분은 사회 전체의 유지와 조화에 기여한다.

① 파슨스(T. Parsons)
② 드리븐(R. Dreeben)
③ 뒤르케임(E. Durkheim)
④ 번스타인(B. Bernstein)

---

49 | 일리치의 탈학교교육론

일리치(I. Illich)는 학습은 학교에 의해서만 이루어지는 것이 아니고, 학교가 반드시 학습의 증진을 가져다주는 것도 아니라고 주장하였다. 일리치는 탈학교 사회(Deschooling Society, 1971)에서 학교교육의 개혁보다는 학교 폐지를 주장하였다. 그가 주장한 '학습을 위한 네트워크'인 학습사회론은 학습자들이 학습자원을 쉽게 활용할 수 있도록 지역 자원의 연계된 학습망(learning network)에 기초한다.

(선지분석)

② 라이머(E. Reimer)는 학교는 죽었다(School is Dead, 1971)에서 현대사회의 교육제도, 특히 학교교육제도를 비판하였다.
③ 프레이리(P. Freire)는 피억압자의 교육학(Pedagogy of the Oppressed, 1970)에서 전통적인 교육은 인간을 수동적으로 만듦으로써 억압을 더욱 촉진한다고 주장하였다.
④ 슈타이너(R. Steiner)의 인지학적 인간학에 기초해서 설립한 학교가 자유 발도르프 학교이다.

답 ①

---

50 | 사회학적 관점 - 기능론과 갈등론

제시문이 나타내는 사회학적 관점은 기능론이다. 기능론은 콩트(A. Comte), 스펜서(Spencer)에서 비롯되어 뒤르케임(E. Durkheim), 파레토(Pareto), 말리노브스키(Malinowski), 브라운(R. Brown) 등에 의해 발전하였고, 미국의 파슨스(T. Parsons)에 의해 포괄적인 사회학 이론으로 정립되었다. 그 밖의 기능론자들로는 드리븐(Dreeben), 슐츠(Schultz), 호퍼(Hopper) 등이 있으며, 1980년대 신기능주의자인 알렉산더(J. Alexander) 등도 넓은 의미에서 기능론자에 해당한다. 번스타인(B. Bernstein)은 갈등론에 속하는 문화적 재생산이론 또는 신교육사회학인 교육과정사회학에 속한다.

답 ④

51 ☐☐☐

다음 내용에 가장 부합하는 '교육의 평등'은?

- 학업성취도가 낮은 학생들에게 보충교육을 실시한다.
- 농촌과 도서 벽지의 학생들에게 추가적인 교육 자료를 제공한다.
- 구체적 정책으로는 농어촌지역학생 대학입학특별전형제, 기회균등할당제 등이 있다.

① 교육조건의 평등
② 교육투입의 평등
③ 교육과정의 평등
④ 교육결과의 평등

52 ☐☐☐

시험의 다양한 기능에 대한 설명으로 옳지 않은 것은?

① 공식적 시험일수록 시험의 지식위계화 기능은 뚜렷하지 않다.
② 시험은 학습자들에게 선택적으로 학습하게 하고 시험기간에 공부를 집중하게 하는 기능이 있다.
③ 대학입학시험은 결과적으로 사회적 지위획득에 영향을 주므로 사회적 선발 기능을 수행하기도 한다.
④ 시험은 학습자들에게 학습목표를 지시해 줌과 동시에, 그 목표에 도달하고자 하는 동기를 촉발하는 유인으로 작용한다.

51	교육기회 평등관 - 보상적 평등(교육결과의 평등)

교육결과의 평등은 학업성취도가 낮은 학생들에게 보충교육을 실시하거나 농촌과 도서 벽지의 학생들에게 추가적인 교육자료를 제공하는 것이다. 농어촌지역학생 대학입학특별전형제, 기회균등할당제 등의 정책을 통해 평등을 실현하고자 한다. 결과적 평등관은 보상적 평등관을 주장하는 사람들에게 지지를 받으며, 이들의 관점은 출발점의 불평등을 적극적으로 보상하여 결과적으로 학업성취나 사회적 지위획득을 균등하게 하고자 한다. 즉, 학생의 학습능력에 반비례하여 교육자원을 배정함으로써 능력의 격차를 감소시켜 누구나 최저 능력면에서 격차가 나지 않도록 하는 일종의 학력의 평준화 방법이다.

답 ④

52	시험의 기능

시험의 기능은 순기능과 역기능 그리고 사회적 기능 등으로 구분된다. 시험의 순기능으로는 교육의 질적 수준 유지, 단계별로 이수해야 할 최저 학습수준 지시 등이 있다. 역기능으로는 암기력을 주로 테스트하고, 교육과정의 일부만 다룬다는 점이 있다. 또한 선택적 학습과 교수를 부추기고, 정상적 공부습관이 약화되고, 시험불안을 조성하고 교육과정 및 교수법에 관한 교육개혁을 가로막는다는 점 등이 있다.

(선지분석)
① 공식적 시험일수록 시험의 지식위계화 기능이 뚜렷한 것은 시험의 사회적 기능이다.

답 ①

학자들과 그들의 주장으로 옳은 것은?

① 블라우와 던컨(Blau & Duncan): 경제적 불평등을 바로잡는 데 학교는 다른 어떤 요소보다 영향력이 적다.
② 번스타인(Bernstein): 교육은 다음 세대의 상향이동을 촉진하므로 교육의 보편화는 평등사회에 이르는 촉진제가 된다.
③ 보올스와 진티스(Bowles & Gintis): 가정에서 부모가 사용하는 언어의 질과 가정의 교육적 분위기는 자녀의 학업성취에 영향을 미친다.
④ 콜맨(Coleman): 부모와 지역사회 간의 사회적 관계가 자녀의 학업성취에 영향을 미친다.

시험의 교육적 기능에 대비한 사회적 기능이 아닌 것은?

① 지식의 공식화와 위계화
② 교육과정 결정
③ 문화의 형성과 변화
④ 사회적 선발

53	콜맨의 사회자본

콜맨(Coleman)은 부모와 지역사회 간의 사회적 관계인 사회자본이 자녀의 학업성취에 영향을 미친다고 주장하였다.

(선지분석)

① 경제적 불평등을 바로잡는 데 학교는 다른 어떤 요소보다 영향력이 적다고 본 것은 경제적 재생산론자인 보올스와 진티스(Bowles & Gintis)이다.
② 교육은 다음 세대의 상향이동을 촉진하므로 교육의 보편화는 평등사회에 이르는 촉진제가 된다고 본 것은 기능론자인 블라우와 던컨(Blau & Duncan)이다.
③ 가정에서 부모가 사용하는 언어의 질과 가정의 교육적 분위기가 자녀의 학업성취에 영향을 미친다고 본 것도 번스타인(Bernstein)이다.

답 ④

54	시험의 사회적 기능

교육과정 결정 기능은 시험의 전도된 기능으로, 논리적으로는 교육과정이 시험을 결정하지만 실제로는 시험이 교육과정을 결정한다.

(선지분석)

시험의 사회적 기능으로는 사회통제 기능, 사회질서의 정당화와 재생산 기능, ① 지식의 공식화와 위계화 기능, ③ 문화의 형성과 변화의 기능, ④ 사회적 선발 기능 등이 있다. 이 중 지식의 공식화와 위계화 기능은 시험에 출제되고, 정답으로 규정된 지식은 그 사회가 공식적으로 인정하는 지식이다. 시험에 출제되는 지식과 그렇지 않은 지식 사이에는 자연히 위계화가 이루어진다.

답 ②

55 □□□

뱅크스(J. A. Banks)가 제시한 다문화 교육의 목적이 아닌 것은?

① 특정 인종이나 민족 또는 소외받은 자만을 대상으로 교육하는 것이다.

② 학생들에게 다른 문화의 관점을 통해 자신의 문화를 바라보게 함으로써 자기 이해를 증진시키는 것이다.

③ 학생들에게 문화적·민족적·언어적 대안과 선택을 가르치는 것이다.

④ 학생들이 전 지구적이며 테크놀로지화된 세계에서 살아가는 데 필요한 읽기, 쓰기, 수리적 능력을 습득하도록 돕는 것이다.

56 □□□

학업성취 격차에 관한 설명으로 옳지 않은 것은?

① 번스타인(B. Bernstein)은 가정에서 사용하는 언어의 특성이 학업성취에 영향을 미치지 않는다고 설명하였다.

② 부르디외(P. Bourdieu)의 문화자본이론은 특정 문화에 익숙한 계층이 학업성취에 유리하다고 설명하였다.

③ 사회자본이론은 가정환경이 지역사회 및 학교와의 사회적 관계를 통하여 학업성취에 영향을 미친다고 설명한다.

④ 학업성취에 대한 결과로서의 평등 측면에서 보상교육 프로그램이 실시되었다.

55	뱅크스의 다문화 교육

뱅크스(J. A. Banks)는 "다문화 교육은 교육철학이자 교육개혁운동으로 교육기관의 구조를 바꾸어 학생들에게 평등한 교육기회를 제공하는 것이 중요한 목표이다."라고 하였다. 또한 여러 개념을 조합한 베넷(Bennett)은 다문화 교육을 '평등교육을 목표로 교육과정 개혁을 통하여 주류집단과 소수집단의 모든 사람이 다문화적 능력을 배양하여 사회정의의 실현에 참여할 수 있도록 하는 교육'이라고 정의하였다. 다문화 교육의 대상을 어느 범위까지 포함시켜야 하는지에 관한 논의는 주류집단으로부터 소외되거나 차별받는 사회문화적 소수집단에 한정해야 한다는 견해와 다문화교육의 대상을 전체 구성원으로 확대해야 한다고 보는 견해가 있다. 특히 세계화에 따른 다원화가 가속화되고 있는 상황에서 이해관계의 충돌이나 대립 가능성이 높은 집단들이 동일한 사회적 공간에 병존할 가능성이 높기 때문에 사회통합과 평화적 존속을 위해 전체 구성원 대상으로 다문화 교육을 실시해야 한다고 본다.

답 ①

56	학업성취 격차

번스타인(B. Bernstein)은 가정에서 사용하는 언어의 특성이 학업성취에 영향을 미친다고 보았다. 사회계급에 따라 상이한 언어양식을 가지므로 아이들이 학교에서 적응하는 데 차이가 발생하게 된다. 학교에서 교사가 사용하는 언어는 세련된 언어이므로 중류가정의 아이들은 쉽게 이해하지만, 노동계급의 아이들은 쉽게 이해하지 못해 학업성취에서 뒤떨어지게 된다.

선지분석

② 부르디외(P. Bourdieu)의 문화자본이란 개인들이 그들 가정의 계급적 배경에 의해 상속받는 상이한 언어적·문화적 능력체계를 말한다.

③ 콜맨(Coleman)의 사회자본이론은 사회적 관계와 사회구조 안에 내재하는 것으로 의무와 기대로 표현되는 신뢰, 정보소통의 통로, 사회적 자본은 사람들 사이의 사회적 관계에서 형성된다.

④ 미국의 헤드 스타트 프로그램(Head Start Program), 한국의 교육복지지원우선제도 등의 보상교육 프로그램은 학업성취에 대한 결과로서의 평등을 위한 장치이다.

답 ①

갈등론적 관점에서의 학교교육에 대한 설명으로 옳지 않은 것은?

① 학교교육의 기능을 부정적, 비판적으로 본다.
② 학교교육은 기존의 사회구조를 재생산한다.
③ 학교교육은 사회의 안정과 질서에 기여하는 제도이다.
④ 학교교육은 계급구조와 불평등을 정당화한다.

'교육결과의 평등'을 위한 조치로 옳은 것은?

① 교육을 받을 수 있는 신분적·법적 제약을 철폐한다.
② 교육을 위한 경제적·지리적·사회적 장애를 제거한다.
③ 모든 학생들이 평등한 조건에서 학습을 받을 수 있도록 교육 조건을 정비한다.
④ 저소득층 아동들의 기초학습 능력을 길러주기 위해 보상 교육을 제공한다.

57	학교교육에 대한 갈등론적 관점

갈등론은 칼 마르크스(K. H. Marx)의 사상 및 이론에 토대를 두고 다렌도르프(R. Dahrendorf), 밀즈(C. W. Mills), 코저(L. A. Coser) 등에 의해 제창되었다. 갈등론에는 막스 베버(M. Weber)의 사상에 이론적 토대를 둔 지위경쟁이론, 신마르크스의 이론적 입장에 근거한 저항이론 등이 있다. 종속이론도 넓은 의미에서 갈등론의 범주에 속한다고 볼 수 있다. 갈등론적 교육관은 교육을 사회와 연관시키는 데 있어 거시적 관점을 취하고, 교육과 사회와의 관계를 비판적으로 본다. 또한, 학교를 특정 집단이나 계층의 사고방식을 가르치는 곳으로 보기 때문에 학교교육은 특정 집단의 문화와 이익을 옹호하고 정당화시키는 역할을 한다고 주장한다. 따라서 학교의 교육과정은 특정 집단의 문화를 재생산하는 데 기여하고, 교육체제는 사회의 구조적 불평등을 유지하는 기능을 한다는 입장이다.

(선지분석)
③ 학교교육이 사회의 안정과 질서에 기여하는 제도라고 보는 것은 기능론적 관점이다.

답 ③

58	교육기회 평등관 - 보상적 평등(교육결과의 평등)

최근의 결과적 평등관은 단지 학교에 다닐 수 있는 기회를 제공해주는 것뿐만 아니라 사회에서 살아가는 데 필요한 지식을 배우는 데 있으므로 배울 것은 누구나 제대로 배워야 평등교육이 실현되는 것이라고 보는 관점이다. 미국에서 1954년 이후 인종을 통합하고 인류가 이상으로 하는 정의의 실현을 위해서는 교육이 그 결과 측면에서 동등해야 한다는 결과의 평등을 의미한다. 결과적 평등을 위해서는 저소득층 아동들의 기초학습 능력을 길러주기 위해 보상 교육을 제공한다.

(선지분석)
① 교육을 받을 수 있는 신분적·법적 제약을 철폐하는 것은 허용적 평등이다.
② 교육을 위한 경제적·지리적·사회적 장애를 제거하는 것은 보장적 평등이다.
③ 모든 학생들이 평등한 조건에서 학습을 받을 수 있도록 교육 조건을 정비하는 것은 조건의 평등 혹은 과정적 평등이다.

답 ④

02 평생교육

01 ☐☐☐

「평생교육법」상 (가), (나)에 들어갈 말을 바르게 연결한 것은?

> "평생교육"이란 학교의 정규교육과정을 ☐ (가) ☐ 학력보완교육, 성인 문해교육, 직업능력 향상교육, 성인 진로개발역량 향상교육, 인문교양교육, 문화예술교육, 시민참여교육 등을 포함하는 모든 형태의 ☐ (나) ☐ 교육활동을 말한다.

	(가)	(나)
①	포함한	조직적인
②	포함한	비조직적인
③	제외한	조직적인
④	제외한	비조직적인

02 ☐☐☐

학교의 평생교육을 규정한 「평생교육법」 제29조에 대한 설명으로 옳지 않은 것은?

① 학교의 평생교육을 실시하기 위하여 각급학교의 교실·도서관·체육관, 그 밖의 시설을 활용하여야 한다.
② 학교의 장은 학교를 개방할 경우 개방시간 동안의 해당 시설의 관리·운영에 필요한 사항을 정할 수 있다.
③ 각급학교의 장은 해당 학교의 교육여건을 고려하여 학생·학부모와 지역 주민의 요구에 부합하는 평생교육을 직접 실시하거나 지방자치단체 또는 민간(영리를 목적으로 하는 법인 및 단체는 제외)에 위탁하여 실시할 수 있다.
④ 「초·중등교육법」 및 「고등교육법」에 따른 각급학교의 장은 평생교육을 실시하는 경우 평생교육의 이념에 따라 교육과정과 방법을 수요자 관점으로 개발·시행하도록 하며 학교를 중심으로 공동체 및 지역문화 개발에 노력하여야 한다.

01	평생교육의 정의

「평생교육법」 제2조는 다음과 같다.

> **평생교육법 제2조【정의】** 이 법에서 사용하는 용어의 정의는 다음과 같다.
>   1. "평생교육"이란 학교의 정규교육과정을 제외한 학력보완교육, 성인 문해교육, 직업능력 향상교육, 성인 진로개발역량 향상교육, 인문교양교육, 문화예술교육, 시민참여교육 등을 포함하는 모든 형태의 조직적인 교육활동을 말한다.

답 ③

02	학교의 평생교육

「평생교육법」 제29조는 다음과 같다.

> **평생교육법 제29조【학교의 평생교육】** ① 「초·중등교육법」 및 「고등교육법」에 따른 각급학교의 장은 평생교육을 실시하는 경우 평생교육의 이념에 따라 교육과정과 방법을 수요자 관점으로 개발·시행하도록 하며, 학교를 중심으로 공동체 및 지역문화 개발에 노력하여야 한다.
> ② 각급학교의 장은 해당 학교의 교육여건을 고려하여 학생·학부모와 지역 주민의 요구에 부합하는 평생교육을 직접 실시하거나 지방자치단체 또는 민간에 위탁하여 실시할 수 있다. 다만, 영리를 목적으로 하는 법인 및 단체는 제외한다.
> ③ 제2항에 따른 학교의 평생교육을 실시하기 위하여 각급학교의 교실·도서관·체육관, 그 밖의 시설을 활용하여야 한다.
> ④ 제2항 및 제3항에 따라 학교의 장이 학교를 개방할 경우 개방시간 동안의 해당 시설의 관리·운영에 필요한 사항은 해당 지방자치단체의 조례로 정한다.

답 ②

03 □□□

「평생교육법」의 내용으로 옳지 않은 것은?

① 교육부장관은 매년 평생교육진흥기본계획을 수립하여야 한다.
② 유치원 및 학교의 장은 평생교육프로그램 운영에 필요할 때에는 평생교육사를 채용할 수 있다.
③ 국가·지방자치단체와 공공기관의 장 또는 각종 사업의 경영자는 소속 직원의 평생학습기회를 확대하기 위하여 유급 또는 무급의 학습휴가를 실시하거나 도서비·교육비·연구비 등 학습비를 지원할 수 있다.
④ 시·도교육감 및 시장·군수·자치구의 구청장은 관할 구역 안의 주민을 대상으로 평생교육프로그램 운영과 평생교육 기회를 제공하기 위하여 평생학습관을 설치 또는 지정·운영하여야 한다.

04 □□□

뱅크스(Banks)의 다문화 교육을 위한 교육과정 접근법에 해당하지 않는 것은?

① 기여적 접근
② 변혁적 접근
③ 동화주의적 접근
④ 의사 결정 및 사회적 행동 접근

03	평생교육진흥기본계획의 수립

「평생교육법」 제9조는 다음과 같다.

> **제9조【평생교육진흥기본계획의 수립】**① 교육부장관은 5년마다 평생교육진흥기본계획을 수립하여야 한다.
> ② 기본계획에는 다음 각 호의 사항이 포함되어야 한다.
> 1. 평생교육진흥의 중·장기 정책목표 및 기본방향에 관한 사항
> 2. 평생교육의 기반구축 및 활성화에 관한 사항
> 3. 평생교육진흥을 위한 투자확대 및 소요재원에 관한 사항
> 4. 평생교육진흥정책에 대한 분석 및 평가에 관한 사항
> 5. 장애인의 평생교육진흥에 관한 사항
> 6. 장애인평생교육진흥정책의 평가 및 제도개선에 관한 사항
> 7. 그 밖에 평생교육진흥을 위하여 필요한 사항
> ③ 교육부장관은 기본계획을 관계 중앙행정기관의 장, 특별시장·광역시장·특별자치시장·도지사·특별자치도지사(이하 "시·도지사"라 한다), 시·도교육감 및 시장·군수·자치구의 구청장에게 통보하여야 한다.

답 ①

04	다문화 교육

뱅크스(Banks)는 "다문화 교육은 교육 철학이자, 교육 개혁운동으로 교육기관의 구조를 바꾸어 학생들에게 평등한 교육 기회를 제공하는 것이 중요한 목표다."라고 정의하였다.

📄 다문화 교육을 위한 교육과정 접근법

기여적 접근법	소수 집단들이 주류 사회에 기여한 점을 부각시켜 그들의 자긍심을 길러준다.
부가적 접근법	교육과정의 기본적인 구조, 목표, 특성을 변화시키지 않으면서 소수 집단의 관련된 내용, 개념, 주제, 관점을 교육과정에 첨가한다.
변혁적 접근법	교육과정의 구조를 변화시켜 다양한 집단의 관점에서 개념, 이수, 사건들을 조망해보도록 한다.
사회적 행동 접근법	변혁적 접근법의 요소에 덧붙여 실천과 행동의 문제를 강조한다.

답 ③

05 ☐☐☐

다음 설명에 해당하는 우리나라의 평생교육 제도는?

- 학습자가 자기 주도적으로 공부한 정도가 학사학위를 취득할 수 있는 수준에 이르렀는지를 오직 시험만으로 평가해 국가가 학위를 수여하는 제도이다.
- 학위취득을 위해서 교양과정 인정시험, 전공기초과정 인정시험, 전공심화과정 인정시험, 학위취득 종합시험을 모두 거쳐야 한다.
- 7급 이상의 공무원 공개경쟁 채용시험 합격자, 국가기술자격 취득자, 공인회계사, 세무사, 관세사, 유치원·초중등학교 준교사 및 특수학교 교사 등과 같이 일정한 자격이나 면허를 취득한 자에게는 시험 일부를 면제할 수 있다.

① 검정고시
② 독학학위제
③ 학점은행제
④ 평생학습계좌제

06 ☐☐☐

성인학습에 대한 린드만(Lindeman)의 설명으로 옳지 않은 것은?

① 성인학습자의 개인차는 나이가 들수록 감소한다.
② 경험은 성인학습의 중요한 자원이다.
③ 토론은 성인교육의 실천적 방법이다.
④ 성인학습은 삶 혹은 현장 중심적이다.

05	평생교육제도

학습자가 자기 주도적으로 공부한 정도가 학사학위를 취득할 수 있는 수준에 이르렀는지를 4단계 시험으로 평가해 국가가 학위를 수여하는 제도는 독학학위제이다. 학위취득을 위해서는 교양과정 인정시험, 전공기초과정 인정시험, 전공심화과정 인정시험, 학위취득 종합시험을 모두 거쳐야 한다.

답 ②

06	성인학습의 특징

성인학습자의 개인차는 나이가 들수록 증가한다.

📄 성인학습과 성인학습자의 특징

성인학습	성인학습자의 특징
학습주의	학습 자발성, 개방성(열린사회), 주체성, 생활중심(과제중심)
자기주도 학습	독자적인 협상능력, 긍정적 자아개념, 내적 동기, 독립성, 환경과의 능동적 상호작용
학습방법의 학습	자기반성, 주도성, 자기 확신
경험학습	누적된 경험의 소유, 생활 중심, 계속적인 학습
전환학습	자기반성, 계속적 변화, 지식 구성의 주체, 능동성

답 ①

독학에 의한 학위취득에 관한 법률의 내용으로 옳지 않은 것은?

① 국가는 독학자가 학사학위를 취득하는 데에 필요한 편의를 제공하여야 한다.

② 학위취득시험에 응시할 수 있는 사람은 고등학교 졸업이나 이와 같은 수준 이상의 학력이 있다고 인정된 사람이어야 한다.

③ 일정한 학력이나 자격이 있는 사람에 대하여는 학위취득 종합시험을 면제할 수 있다.

④ 교육부장관은 학위취득 종합시험에 합격한 사람에게는 학위를 수여한다.

학점인정 등에 관한 법률상 교육부장관이 그에 상당하는 학점을 인정할 수 있는 자에 해당하지 않는 것은?

① 외국이나 군사분계선 이북 지역에서 중등교육에 상응하는 교육과정을 마친 자

② 대통령령으로 정하는 자격을 취득하거나 그 자격 취득에 필요한 교육과정을 마친 자

③ 고등교육법 제36조 제1항, 평생교육법 제32조 또는 제33조에 따라 시간제로 등록하여 수업을 받은 자

④ 무형문화재 보전 및 진흥에 관한 법률 제17조에 따라 국가무형문화재의 보유자로 인정된 사람과 그 전수교육을 받은 사람으로서 대통령령으로 정하는 사람

07	독학학위제

독학학위제는 독학에 의한 학위취득에 관한 법률에 근거하여 국가에서 실시하는 학위취득시험에 합격한 독학자(獨學者)에게 학사학위를 수여함으로써 평생교육의 이념을 구현하고 개인의 자아실현과 국가사회의 발전에 이바지하는 것을 목적으로 하는 제도이다. 독학학위제를 통해 대학교를 다니지 않아도 스스로 공부하여 학위를 취득할 수 있다. 일과 학습의 병행이 가능하여 시간과 비용을 최소화할 수 있고 언제나, 어디서나 학습이 가능한 평생학습시대의 자아실현을 위한 제도이다. 독학학위제는 고등학교 졸업 이상의 학력을 가진 사람이면 누구나 시험에 응시할 수 있다. 학위취득시험은 4개의 과정(교양과정, 전공기초과정, 전공심화과정, 학위취득 종합시험)으로 이루어져 있으며 각 과정별 시험을 모두 거쳐 학위취득 종합시험에 합격하면 학사학위를 취득할 수 있다.

답 ③

08	학점인정 등에 관한 법률

학점인정 등에 관한 법률 제7조 【학점인정】 ① 교육부장관은 제3조 제1항에 따라 평가인정을 받은 학습과정을 마친 자에게 그에 상당하는 학점을 인정한다.
② 교육부장관은 다음 각 호의 어느 하나에 해당하는 자에게 그에 상당하는 학점을 인정할 수 있다.
1. 대통령령으로 정하는 학교 또는 평생교육시설에서 고등교육법, 평생교육법 또는 학칙으로 정하는 바에 따라 교육과정을 마친 자
2. 외국이나 군사분계선 이북지역에서 대학교육에 상응하는 교육과정을 마친 자
3. 고등교육법 제36조 제1항, 평생교육법 제32조 또는 제33조에 따라 시간제로 등록하여 수업을 받은 자
4. 대통령령으로 정하는 자격을 취득하거나 그 자격 취득에 필요한 교육과정을 마친 자
5. 대통령령으로 정하는 시험에 합격하거나 그 시험이 면제되는 교육과정을 마친 자
6. 무형문화재 보전 및 진흥에 관한 법률 제17조에 따라 국가무형문화재의 보유자로 인정된 사람과 그 전수교육을 받은 사람으로서 대통령령으로 정하는 사람

답 ①

평생교육제도에 대한 설명으로 옳지 않은 것은?

① 학습휴가제 – 평생학습 기회를 확대하기 위하여 소속 직원에게 유급 또는 무급의 학습휴가를 실시할 수 있다.

② 평생교육이용권 – 국민에게 평생교육의 기회를 제공하기 위하여 신청을 받아 평생교육이용권을 발급할 수 있다.

③ 학습계좌제 – 평생교육을 촉진하고 인적자원의 개발·관리를 위해 국민의 개인적 학습경험을 종합적으로 집중 관리한다.

④ 독학학위제 – 고등학교 졸업이나 이와 같은 수준 이상의 학력을 인정받지 못한 경우에도 학사학위 취득시험의 응시자격이 있다.

경제협력개발기구(OECD)에 의하여 구상된 혁신적 교육프로그램으로, 사회에 진출한 사람들을 다시 정규교육기관에 입학하게 하여 재학습의 기회를 주는 교육은?

① 계속교육
② 생애교육
③ 성인교육
④ 순환교육

09	평생교육제도

독학학위제는 고등학교 졸업 이상의 학력을 가진 사람이면 누구나 시험에 응시해서 학사학위를 받을 수 있는 제도이다. 이는 평생교육 이념을 구현하고 개인의 자아실현과 국가 사회의 발전에 이바지하려는 것을 목적으로 한다. 학위 취득시험은 교양과정 – 전공기초과정 – 전공심화과정 – 학위 취득종합시험 등 4단계 시험에 합격하면 학사학위를 취득할 수 있다.

답 ④

10	순환교육

순환교육(recurrent education)은 경제협력개발기구(OECD)에서 제시한 정책이론으로, 의무교육을 마치고 사회에 진출한 사람들을 다시 학교에 돌아오게 하는 제도이다. 순환교육은 조기교육이 아니고 후기교육(late education)을 의미하며, 의무교육 이후 각자의 생활주기에 따라 가장 적절한 시기에 교육의 기회를 열어주어야 한다. 의무교육 이후 각 개인은 적절한 직업준비와 사회적 안정을 얻을 수 있는 준비과정으로서 일정한 교육 휴가의 기회가 제공될 필요가 있다.

답 ④

11 □□□

평생교육법상 평생학습도시에 대한 설명으로 옳지 않은 것은?

① 평생학습도시의 지정 및 지원에 필요한 사항은 교육부장관이 정한다.

② 전국평생학습도시협의회의 구성 및 운영에 필요한 사항은 교육부령으로 정한다.

③ 평생학습도시 간의 연계·협력 및 정보교류의 증진을 위하여 전국평생학습도시협의회를 둘 수 있다.

④ 국가는 지역사회의 평생교육 활성화를 위하여 시·군 및 자치구를 대상으로 평생학습도시를 지정 및 지원할 수 있다.

11	평생학습도시

평생학습도시는 평생교육법 제15조에 다음과 같이 규정되어 있다.

> **평생교육법 제15조 【평생학습도시】** ① 국가는 지역사회의 평생교육 활성화를 위하여 특별자치시, 시(제주특별자치도 설치 및 국제자유도시 조성을 위한 특별법 제10조 제2항에 따른 행정시를 포함한다)·군 및 자치구를 대상으로 평생학습도시를 지정 및 지원할 수 있다.
> ② 제1항에 따른 평생학습도시 간의 연계·협력 및 정보교류의 증진을 위하여 전국평생학습도시협의회를 둘 수 있다.
> ③ 제2항에 따른 전국평생학습도시협의회의 구성·운영에 필요한 사항은 대통령령으로 정한다.
> ④ 제1항에 따른 평생학습도시의 지정 및 지원에 필요한 사항은 교육부장관이 정한다.

답 ②

12 □□□

다음에 해당하는 우리나라의 평생교육제도는?

> • 국민의 학력·자격이수 결과에 대한 사회적 인정 및 활용기반을 확대하기 위한 제도이다.
> • 학교교육, 비형식교육 등 국민의 다양한 개인적 학습경험을 학습이력관리시스템으로 누적·관리한다.

① 학습휴가제

② 학습계좌제

③ 시간제 등록제

④ 평생교육 바우처

12	평생교육제도

평생교육의 제도적 장치 가운데 국민의 학력·자격이수 결과에 대한 사회적 인정 및 활용기반을 확대하기 위한 제도는 학습계좌제이다. 학습계좌제는 평생교육법 제23조에 규정되어 있는 국민의 개인적 학습경험을 종합적으로 집중·관리하는 제도를 말한다.

(선지분석)

① 학습휴가제란 직장인 등이 계속교육 및 재교육을 위해 일정기간 유·무급 휴가를 실시하는 제도로 평생교육법 제8조에 규정되어 있다.

③ 시간제 등록제란 국가평생교육진흥원 학점은행제도의 하나로, 대학에 입학하지 않고 정규과정으로 개설된 과목을 수강하여 학점을 취득·인정받는 제도이다.

④ 평생교육 바우처란 학습자가 본인의 학습 요구에 따라 자율적으로 학습 활동을 결정하고 참여할 수 있도록 정부가 제공하는 평생교육 이용권(1인당 35만 원)을 말한다.

답 ②

13 ☐☐☐

다음 중 우리나라의 현행 평생교육사 제도에 대한 설명으로 옳은 것만을 모두 고르면?

> ㄱ. 평생교육사의 등급은 1급부터 3급까지로 구분한다.
> ㄴ. 평생교육사 2급은 대학 수준에서, 평생교육사 3급은 전문대학 수준에서 각각 양성한다.
> ㄷ. 학점인정 등에 관한 법률에 따라 평가인정을 받은 학습과정을 운영하는 교육훈련기관에서도 평생교육사 자격 취득에 필요한 학점을 이수할 수 있다.

① ㄱ
② ㄱ, ㄷ
③ ㄴ, ㄷ
④ ㄱ, ㄴ, ㄷ

14 ☐☐☐

놀즈(Knowles)가 강조하는 성인 학습자의 특징으로 옳지 않은 것은?

① 사회적으로 풍부한 경험을 바탕으로 학습한다.
② 아동·청소년과 달리 내적 동기만이 학습의 원동력이 된다.
③ 사회적 지위와 역할에 따라서 학습 준비도가 결정된다.
④ 아동기의 수동적·의존적 자아개념에서 점차 주도적·독립적 자아개념으로 변화한다.

13	평생교육사 제도

평생교육법 제24조【평생교육사】 ① 교육부장관은 평생교육 전문인력을 양성하기 위하여 다음 각 호의 어느 하나에 해당하는 사람에게 평생교육사의 자격을 부여하며, 자격을 부여받은 사람에게는 자격증을 발급하여야 한다.
1. 고등교육법 제2조에 따른 학교(이하 "대학"이라 한다) 또는 이와 같은 수준 이상의 학력이 있다고 인정되는 기관에서 교육부령으로 정하는 평생교육 관련 교과목을 일정 학점 이상 이수하고 학위를 취득한 사람
2. 학점인정 등에 관한 법률 제3조 제1항에 따라 평가인정을 받은 학습과정을 운영하는 교육훈련기관(이하 "학점은행기관"이라 한다)에서 교육부령으로 정하는 평생교육 관련 교과목을 일정 학점 이상 이수하고 학위를 취득한 사람
3. 대학을 졸업한 사람 또는 이와 같은 수준 이상의 학력이 있다고 인정되는 사람으로서 대학 또는 이와 같은 수준 이상의 학력이 있다고 인정되는 기관, 제25조에 따른 평생교육사 양성기관, 학점은행기관에서 교육부령으로 정하는 평생교육 관련 교과목을 일정 학점 이상 이수한 사람
4. 그 밖에 대통령령으로 정하는 자격요건을 갖춘 사람
평생교육법 시행령 제16조【평생교육사의 등급 등】 ① 법 제24조 제4항에 따른 평생교육사의 등급은 1급부터 3급까지로 구분한다.

답 ②

14	놀즈(Knowles)의 성인 학습자의 특징

놀즈(Knowles)가 주장한 성인학습의 특징은 학습주의, 자기 주도적 학습, 학습방법의 학습, 경험학습, 전환학습 등이다. 성인 학습자들은 내적 동기인 자존심, 생활의 질적 향상, 직무만족 등에 의해 반응적이기는 하지만 그렇다고 반드시 내적 동기만 학습의 원동력이 된다고 볼 수는 없다.

답 ②

형식학습과 비교한 비형식학습에 대한 설명으로 옳지 않은 것은?

① 시간 – 단기간 및 시간제 학생
② 목적 – 일반적인 목적 및 학위수여
③ 내용 – 개인화된 내용 및 학습자가 입학조건 결정
④ 전달방식 – 자원의 절약 및 유연한 체제

15	비형식학습

스포올딩(Spaulding)의 평생교육개념 모형에 근거할 때 비형식 혹은 무형식학습의 특징은 개방성, 자기선택, 비경쟁적, 비형식적 교육내용, 직접적 유용성, 자격인정보다는 자기만족, 참여자의 관심과 동기가 강함 등이다. 형식학습은 폐쇄적, 엄격한 선발, 경쟁, 형식적 교육내용, 장기적 목적, 자격인정, 당국의 기준설정 및 통제 등이 특징이다. 일반적인 목적 및 학위수여는 형식학습의 특징이다.

답 ②

다음 설명에 해당하는 평생교육문헌은?

- 국제교육의 해와 개발연대를 맞이해서 전 세계적으로 보급되었다.
- 평생교육 개념 확산에 크게 기여하였다.
- 평생교육의 개념 정립보다는 평생교육의 대두 배경을 제시한 입문서로 볼 수 있다.

① 랭그랑(Lengrand)의 평생교육에 대한 입문
② 포르(Faure)의 존재를 위한 학습
③ 다베(Dave)의 평생교육과 학교 교육과정
④ OECD의 순환교육 보고서

16	평생교육문헌

평생교육의 개념 확산에 가장 크게 기여한 것은 랭그랑(Lengrand)의 평생교육에 대한 입문(An Introduction to Lifelong Education)이다. 랭그랑(Lengrand)은 평생교육의 구성 요소인 생(life), 평생(lifelong), 교육(education)은 하나하나가 평생교육의 핵심적인 내용을 결정하는 기본단위로 보고, 평생교육은 형식적, 계획적 형태뿐만 아니라 비형식적, 우발적인 학습까지를 모두 포함하는 넓은 개념으로 파악하고 있다.

답 ①

평생교육의 6대 영역 중 인문교양교육에 해당하는 것은?

① 건강심성 프로그램
② 시민참여활동 프로그램
③ 생활문화예술 프로그램
④ 레저생활스포츠 프로그램

다음 설명에 해당하는 평생교육제도는?

> 학교 안팎에서 이루어지는 다양한 형태의 학습경험과 자격을 학점으로 인정하여, 일정 기준을 충족하면 대학졸업학력 또는 전문대학졸업학력을 인정하는 제도

① 독학학위제
② 학점은행제
③ 평생학습계좌제
④ 국가직무능력표준제

17	평생교육의 6대 영역

평생교육의 6대 영역은 기초문해교육, 학력보완교육, 직업능력교육, 문화예술교육, 인문교양교육, 시민참여교육이다. 이 중 인문교양교육의 목적은 건강한 생활소양과 인문교양 개발이고, 영역은 건강심성 프로그램, 기능적 소양 프로그램, 인문학적 교양 프로그램 등이다(평생교육법 제2조).

(선지분석)
② 시민참여활동 프로그램은 시민참여교육 영역이다.
③, ④ 생활문화예술 프로그램과 레저생활스포츠 프로그램은 문화예술교육 영역이다.

답 ①

18	평생교육제도

평생교육제도 가운데 학점은행제는 평생학습사회를 구현하기 위해 1998년부터 시행되고 있는 제도로, 개인사정 등에 의해 고등교육의 기회를 놓친 사람들이 평가가 인정된 학습과목을 이수하거나 국가기술 자격 취득, 독학학위제 단계별 시험합격 등을 통하여 인정받아 학점은행제의 표준교육과정에 의하여 일정한 학점(학사 140학점, 전문학사 2년제 80학점, 3년제 120학점) 이상을 취득하면 대학 또는 전문대학 졸업학력인정과 함께 학위를 받을 수 있는 제도이다.

답 ②

경제협력개발기구(OECD)가 제안한 순환교육에 대한 설명으로 옳지 않은 것은?

① 의무교육과 같은 정규교육 영역을 중심으로 제안한 전략이다.

② 사적 영역에서 이루어지고 있는 직무교육을 포함한다.

③ 교육은 개인의 전 생애 동안 순환적인 방법으로 배분될 수 있다고 가정한다.

④ 교육과 일, 자발적 비고용 기간, 은퇴가 서로 교차할 수 있다는 것을 기본 원리로 삼는다.

평생교육법상 평생교육시설에 대한 설명으로 옳은 것은?

① 학교 부설 평생교육시설은 대학을 제외한 각급 학교의 장이 설치·운영할 수 있다.

② 학교형태의 평생교육시설을 설치·운영하고자 하는 자는 대통령령으로 정하는 시설·설비를 갖추어 교육부장관에게 등록하여야 한다.

③ 사내대학형태의 평생교육시설은 해당 사업장에 고용된 종업원만을 대상으로 한다.

④ 사업장 부설 평생교육시설은 대통령령으로 정하는 규모 이상 사업장의 경영자가 해당 사업장의 고객 등을 대상으로 설치·운영할 수 있다.

---

19   순환교육

순환교육(recurrent education)이란 용어는 경제협력개발기구(OECD)가 내건 정책이론이다. 1973년 순환교육: 평생학습의 전략(Recurrent Education: A strategy for lifelong learning) 보고서 이후 널리 사용되고 있다. 순환교육은 의무교육을 마치고 사회에 진출한 사람들에게 언젠가는 다시 학교에 돌아오게 하는 제도로, 조기교육(早期敎育)이 아니고 후기교육(後期敎育, late education)의 의미이다. 즉, 순환교육은 의무교육 이후의 교육에 한정한 교육을 말한다. 따라서 순환교육은 의무교육과 같은 정규교육 영역을 중심으로 제안한 전략이 아니라 의무교육 이후 각자의 생활주기에 따라 가장 적절한 시기에 교육의 기회를 열어주기 위한 목적으로 제안된 것이다.

답 ①

---

20   평생교육시설

평생교육법 제35조에는 "사업장 부설 평생교육시설은 대통령령으로 정하는 규모 이상 사업장의 경영자가 해당 사업장의 고객 등을 대상으로 설치·운영할 수 있다."라고 규정되어 있다.

(선지분석)

① 학교부설 평생교육시설(평생교육법 제30조)은 각급 학교의 장은 학생·학부모와 지역 주민을 대상으로 교양의 증진 또는 직업교육을 위한 평생교육시설을 설치·운영할 수 있다.

② 학교형태의 평생교육시설(평생교육법 제31조)을 운영하고자 하는 자는 대통령령으로 정하는 시설·설비를 갖추어 교육감에게 등록하여야 한다.

③ 사내대학형태의 평생교육시설(평생교육법 제32조)은 해당 사업장에 고용된 종업원, 해당 사업장에서 일하는 다른 업체의 종업원, 해당 사업장과 하도급 관계에 있는 업체 또는 부품·재료 공급 등을 통하여 해당 사업장과 협력관계에 있는 업체의 종업원을 대상으로 한다.

답 ④

21 ☐☐☐

원격교육에 대한 설명으로 옳지 않은 것은?

① 다양한 기술적 매체들에 의존하여 교수자와 학습자 간의 상호작용을 지원한다.

② 다수를 대상으로 하면서도 사전에 계획, 준비, 조직된 교재로 개별학습이 이루어진다.

③ 전통적인 면대면 교육에 비해 학습자들이 자기주도적으로 학습에 몰입하게 되므로 중도탈락률이 상대적으로 낮다.

④ 다양한 교육프로그램에 접근할 수 있는 가능성을 높여 교육대상의 범위를 확대하였다.

21	원격교육

원격교육(distance education)은 교수자와 학습자가 직접 대면(face-to-face)하지 않고 인쇄교재, 방송교재, 오디오나 비디오교재, 통신망 등을 매개로 하여 교수·학습 활동을 하는 형태의 교육이다. 시간적·공간적 제약을 받지 않고 원하는 시간에 원하는 장소에서 학습할 수 있는 교육이다. 컴퓨터나 인터넷이 본격적으로 활용되기 이전에는 인쇄매체나 방송을 통한 원격교육을 시행하였다. 최근에는 인터넷이 발달되어 초창기의 원격교육이 갖고 있는 일방향성을 극복하고 양방향(two-way)의 상호작용이 가능하게 되었다.

(선지분석)

③ 학습자들이 자기주도적으로 학습에 몰입하게 되므로 전통적인 면대면 교육에 비해 중도탈락률이 상대적으로 높다.

답 ③

---

22 ☐☐☐

랭그랑(P. Lengrand)의 평생교육에 대한 견해와 가장 거리가 먼 것은?

① 학교교육과 학교 외 교육의 시간적·공간적 분리를 강조한다.

② 개인에게 사회의 발전에 충분히 참여할 수 있게 하는 교육이다.

③ 평생을 통해 개인이 가진 다방면의 소질을 계속적으로 발전시키는 교육이다.

④ 급속한 사회 변화와 인구 증가, 과학기술의 발달, 생활양식과 인간관계의 균형 상실 등이 그 필요성을 증가시킨 배경이다.

22	랭그랑의 평생교육

평생교육은 성인교육 또는 사회교육에 한정되는 것이 아니라 유아교육, 초등교육, 중등교육 및 고등교육 등 모든 수준의 교육을 포괄하고 통합하는 체제이다. 즉, 평생교육은 교육을 하나의 전체로서 파악하지 않으면 안 된다. 평생교육은 학교교육만으로 끝나는 것이 아니라 일생 동안 지속되는 과정으로 파악해야 한다.

답 ①

독학학위제에 대한 설명으로 옳은 것만을 모두 고른 것은?

> ㄱ. 교양과정, 전공기초과정, 전공심화과정 등의 3개 인정
>   시험을 통과하면 학사학위를 수여하는 제도이다.
> ㄴ. 학점은행제로 취득한 학점은 일정 조건을 갖추게 되면
>   독학학위제의 시험 응시자격에 활용될 수 있다.
> ㄷ. 특성화고등학교를 졸업한 사람은 독학학위제에 응시할
>   수 없다.
> ㄹ. 교육부장관은 독학학위제의 시험 실시 권한을 평생교
>   육진흥원장에게 위탁하고 있다.

① ㄱ, ㄷ
② ㄱ, ㄹ
③ ㄴ, ㄷ
④ ㄴ, ㄹ

평생교육법상 학습휴가제에 대한 설명으로 옳은 것은?

① 도서비·교육비·연구비 등 학습비를 지원할 수 있다.
② 공공기관 소속 직원의 경우에는 무급으로만 가능하다.
③ 100인 이상의 사업장에서는 의무적으로 실시해야 한다.
④ 지방자치단체 소속 직원의 경우에는 적용 대상에서 제외
   한다.

23	독학학위제

독학학위제는 독학에 의한 학위 취득에 관한 법률에 의거하여 국가에서 실시하는 학위 취득시험에 합격한 독학자(獨學者)에게 학사학위를 수여함으로써 평생교육의 이념을 구현하고 개인의 자아실현과 국가사회의 발전에 이바지하는 것을 목적으로 하는 제도이다. 독학학위제는 대학교를 다니지 않아도 스스로 공부하여 학위를 취득할 수 있으며, 고등학교 졸업 이상의 학력을 가진 사람이면 누구나 시험에 응시할 수 있다.

(선지분석)
ㄱ. 학위 취득시험은 4개의 과정(교양과정, 전공기초과정, 전공심화
   과정, 학위 취득 종합시험)으로 이루어져 있으며, 각 과정별 시
   험을 모두 거쳐 학위 취득 종합시험에 합격하면 학사학위를 취
   득할 수 있다.
ㄷ. 독학학위제는 사람은 고등학교 졸업 이상의 학력을 가지면 누
   구나 응시가 가능하다.

답 ④

24	평생교육법상 학습휴가제

평생교육법 제8조의 '학습휴가 및 학습비 지원'에는 국가 및 지방자치단체와 공공기관의 장 또는 각종 사업의 경영자는 소속 직원의 평생학습 기회를 확대하기 위하여 유급 또는 무급의 학습휴가를 실시하거나 도서비·교육비·연구비 등 학습비를 지원할 수 있다고 규정되어 있다.

답 ①

25 ☐☐☐

평생교육을 촉진하고 인적자원의 개발·관리를 위하여 국민의 개인적 학습경험을 종합적으로 집중 관리하는 제도는?

① 입학사정관제
② 학습계좌제
③ 편입학제도
④ 조기이수제도

26 ☐☐☐

우리나라 평생교육제도에 대한 설명으로 옳지 않은 것은?

① 국가무형문화재의 보유자로 인정된 사람과 그 전수교육을 받은 사람으로서 대통령령으로 정하는 사람은 그에 상당하는 학점을 인정받을 수 있다.
② 헌법은 "국가가 평생교육을 진흥하여야 한다."라고 규정하고 있다.
③ 평생교육사는 평생교육의 기획·진행·분석·평가 및 교수 업무를 수행한다.
④ 대표적인 평생교육제도인 독학학위제, 학점은행제, 평생학습계좌제, 내일배움카드제는 국가평생교육진흥원에서 운영하고 있다.

25	학습계좌제

평생교육을 촉진하고 국민의 개인적 학습경험을 종합적으로 집중 관리하는 제도는 학습계좌제이다.

> **평생교육법 제23조 【학습계좌】** ① 교육부장관은 국민의 평생교육을 촉진하고 인적자원의 개발·관리를 위하여 학습계좌(국민의 개인적 학습경험을 종합적으로 집중 관리하는 제도를 말한다)를 도입·운영할 수 있도록 노력하여야 한다.
> ② 교육부장관은 제1항의 학습계좌에서 관리할 학습과정을 대통령령으로 정하는 바에 따라 평가인정할 수 있다.

답 ②

26	우리나라의 평생교육제도

대표적인 평생교육제도인 독학학위제, 학점은행제, 평생학습계좌제, 내일배움카드제 중 독학학위제, 학점은행제, 평생학습계좌제는 국가평생교육진흥원에서 운영하고 있는 제도이고, 내일배움카드제는 노동부에서 관리하는 제도이다. 내일배움카드제의 사업목적은 취·창업을 위해 직무수행능력 습득이 필요한 실업자 등에게 직업능력개발훈련 참여기회를 제공하여 (재)취직·창업 촉진과 생활안정을 도모하는 데에 있다.

답 ④

27 □□□

다음 설명에 해당하는 성인학습의 유형은?

- 개인이 주변 현실을 지각하고, 이해하고, 느끼는 방식에 대한 극적이고 근본적인 변화에 관한 학습이다.
- 기존에 겪은 경험의 의미를 재해석하고 새로운 의미를 만들어가는 비판적 성찰을 필수적인 과정으로 본다.
- 주장에 대한 논쟁과 증거를 검토하는 담론 과정과 학습에서 습득한 결과를 행동으로 옮기는 과정을 중시한다.

① 자기주도적 학습(Self-directed learning)
② 상황학습(Situated learning)
③ 우연학습(Incidental learning)
④ 전환학습(Transformative learninng)

27	성인학습의 유형

메지로우(Mezirow)가 성인학습의 특징으로 제시한 전환학습(Transformative learninng)은 우리가 살고 있는 세계와 우리 자신들에 관한 극적이고 근본적인 변화와 관련하여 학습을 설명하고자 한다. 전환학습은 자신을 구속하는 자기 신념, 태도, 가치로부터 자신을 해방시키고자 하며, 경험, 비판적 성찰, 개인적 발달이 핵심요소이다.

답 ④

---

28 □□□

평생교육법 제4조에 규정된 평생교육의 이념에 해당하지 않는 것은?

① 일정한 평생교육 과정을 이수한 자에게는 그에 상응하는 자격 및 학력 인정 등 사회적 대우를 부여하여야 한다.
② 평생교육은 학습자의 자유로운 참여와 자발적인 학습을 기초로 이루어져야 한다.
③ 평생교육은 정치적·개인적 편견의 선전을 위한 방편으로 이용되어서는 안 된다.
④ 평생교육은 학습자의 필요와 실용성을 존중하여야 한다.

28	평생교육의 이념

학습자의 필요와 실용성 존중은 평생교육법 제4조에 규정되어 있지 않다.

> **평생교육법 제4조 [평생교육의 이념]** ① 모든 국민은 평생교육의 기회를 균등하게 보장받는다.
> ② 평생교육은 학습자의 자유로운 참여와 자발적인 학습을 기초로 이루어져야 한다.
> ③ 평생교육은 정치적·개인적 편견의 선전을 위한 방편으로 이용되어서는 아니 된다.
> ④ 일정한 평생교육과정을 이수한 자에게는 그에 상응하는 자격 및 학력인정 등 사회적 대우를 부여하여야 한다.

답 ④

---

29 ☐☐☐

다음은 유네스코의 21세기 국제교육위원회에서 제시한 21세기를 준비하는 4가지 학습이다. 이 내용을 담고 있는 보고서는?

- 알기 위한 학습(learning to know)
- 행하기 위한 학습(learning to do)
- 존재하기 위한 학습(learning to be)
- 함께 살기 위한 학습(learning to live together)

① 만인을 위한 평생학습(Lifelong Learning for All)
② 학습: 감추어진 보물(Learning: The Treasure Within)
③ 지구 지식경제에서의 평생학습(Lifelong Learning in the Global Knowledge Economy)
④ 순환교육: 평생학습을 위한 전략(Recurrent Education: A Strategy for Lifelong Learning)

29	UNESCO 보고서 - 학습: 내재된 보물

UNESCO 보고서인 학습: 내재된 보물(Learning: The Treasure Within)에서는 평생교육의 4가지 기둥을 다음과 같이 제시하고 있다.

알기 위한 학습 (learning to know)	알기 위한 학습을 통해 이해의 도구를 획득함
행동하기 위한 학습 (learning to do)	행동하기 위한 학습을 통해서 개인의 환경에 대해 창조적으로 대응할 수 있게 해줌
함께 살기 위한 학습 (learning to live together)	함께 살기 위한 학습을 통해서 모든 활동에 다른 사람들과 함께 참여할 수 있게 해줌
존재하기 위한 학습 (learning to be)	존재하기 위한 학습은 알기 위한 학습, 행동하기 위한 학습, 함께 살기 위한 학습을 바탕으로 하는 궁극적인 목표

(선지분석)
① 만인을 위한 평생학습(Lifelong Learning for All)은 OECD 보고서의 내용이다.
③ 지구 지식경제에서의 평생학습(Lifelong Learning in the Global Knowledge Economy)은 세계은행 보고서의 내용이다.
④ 순환교육: 평생학습을 위한 전략(Recurrent Education: A Strategy for Lifelong Learning)은 OECD의 학습전략이다.

답 ②

30 ☐☐☐

평생교육법에 근거할 때, 평생교육기관이 아닌 것은?

① 교육감에게 등록된 학교교과교습학원
② 관할청에 보고된 대학 부설 평생교육원
③ 교육감에게 신고된 시민사회단체의 평생교육시설
④ 교육부장관의 인가를 받은 사업장 부설 사내대학

30	평생교육법상 평생교육기관

교육감에게 등록된 평생교육시설은 학교 형태의 평생교육시설이다.

📄 평생교육시설의 유형(평생교육법 규정)

학력 인정	교육감에 등록	학교 형태 평생교육시설 중 학력인정시설 (교육감 지정)
	교육부장관 인가	사내대학 형태 평생교육시설(사내대학)
학력 미인정	교육감에 등록	학교 형태 평생교육시설 중 학력미인정시설
	교육감에 신고	원격교육 형태 평생교육시설(원격평생교육시설)
		시민사회단체부설 평생교육시설
		언론기관부설 평생교육시설
		지식·인력개발사업관련 평생교육시설
	관할청에 보고	학교부설 평생교육시설

답 ①

다음 (가), (나)의 내용에 해당하는 평생교육제도를 바르게 짝 지은 것은?

> (가) 개인의 다양한 학습경험을 공식적인 이력부에 종합적으로 누적·관리하고 그 결과를 학력이나 자격인정과 연계하거나 고용 정보로 활용하는 제도이다.
>
> (나) 학교에서뿐만 아니라 학교 밖에서 이루어지는 다양한 형태의 학습경험 및 자격을 학점으로 인정하고, 학점이 누적되어 일정 기준을 충족하면 학위 취득을 가능하게 하는 제도이다.

	(가)	(나)
①	평생학습계좌제	학점은행제
②	문하생학력인정제	학점은행제
③	평생학습계좌제	독학학위제
④	문하생학력인정제	독학학위제

31	평생교육제도

(가) 평생학습계좌제는 개인의 다양한 학습경험을 공식적인 이력부에 종합적으로 누적·관리하고 그 결과를 학력이나 자격인정과 연계하거나 고용 정보로 활용하는 제도이다.

(나) 학점은행제는 학교에서 뿐만 아니라 학교 밖에서 이루어지는 다양한 형태의 학습경험 및 자격을 학점으로 인정하고, 학점이 누적되어 일정 기준을 충족하면 학위 취득을 가능하게 하는 제도이다.

(선지분석)

• 문하생학력인정제는 중요무형문화재보유자와 그 문하생으로 일정한 전수교육을 받은 자, 산업체 등에서 일정한 교육을 받은 후 사내인정자격을 취득한 자 등 경험 학습자에게 이수 교육과정에 상응하는 학점 또는 학력을 인정해 주는 제도이다.

• 독학학위제는 국가평생교육진흥원에서 주관하는 국가시험에 합격함으로써 대학 학사학위를 취득할 수 있는 제도이다. 매년 단계별로 한 번의 기회가 주어지며, 제4단계 시험까지 통과하면 교육부장관이 수여하는 학사학위를 취득할 수 있다.

답 ①

평생교육에 대한 설명으로 옳지 않은 것은?

① 평생교육 논의가 본격화된 데에는 유네스코의 역할이 컸다.

② 유네스코는 평생교육의 기본적 성격을 교육시기의 연장과 교육장의 확대 등에서 찾으려 했다.

③ 우리나라 헌법은 국가의 평생교육 진흥 의무를 규정하고 있다.

④ 학교교육을 지원하는 데 주목적을 두고 지식과 이론 중심으로 교육대상을 선발하여 가르친다.

32	평생교육의 특징

평생교육은 학교교육 외의 교육을 지원하는 데 주목적을 둔다. 지식과 이론 중심으로 교육대상을 선발하여 가르치는 것은 학교교육이다. 평생교육은 생활교육을 중심으로 누구에게나 교육의 기회를 제공한다.

(선지분석)

① 평생교육은 1965년대 유네스코(UNESCO)의 성인교육추진국제위원회에서 처음 제시하였고, 우리나라에서는 1973년 이후 평생교육의 개념 정립과 그 방향 및 전략을 협의한 후 본격적인 학문적 관심의 대상이 되었다.

② 평생교육은 교육의 시기를 요람에서 무덤까지, 교육의 장을 가정 – 학교 – 사회로 확장시켰다.

③ 현행 헌법 제31조 제5항에는 국가의 평생교육 진흥 의무를 규정하고 있다.

답 ④

다음은 평생교육법 조항의 일부이다. 괄호 안에 공통으로 들어가는 말은?

> 제2조 【정의】 이 법에서 사용하는 용어의 정의는 다음과 같다.
> 1. "평생교육"이란 학교의 정규교육과정을 제외한 학력보완교육, 성인 (　　)교육, 직업능력 향상교육, 인문교양교육, 문화예술교육, 시민참여교육 등을 포함하는 모든 형태의 조직적인 교육활동을 말한다.
> 제39조 ① 국가 및 지방자치단체는 성인의 사회생활에 필요한 (　　)능력 등 기초능력을 높이기 위하여 노력하여야 한다.

① 취업
② 문자해득
③ 의사소통
④ 정보통신

33	문자해득

평생교육법 제2조 제1호와 제39조 제1항에서 공통적으로 규정하고 있는 것은 문자해득이다.

> **평생교육법 제2조【정의】** 이 법에서 사용하는 용어의 정의는 다음과 같다.
> 1. "평생교육"이란 학교의 정규교육과정을 제외한 학력보완교육, 성인 문자해득교육, 직업능력 향상교육, 인문교양교육, 문화예술교육, 시민참여교육 등을 포함하는 모든 형태의 조직적인 교육활동을 말한다.
> 제39조 **【문해교육의 실시 등】** ① 국가 및 지방자치단체는 성인의 사회생활에 필요한 문자해득능력 등 기초능력을 높이기 위하여 노력하여야 한다.
> ② 교육감은 대통령령으로 정하는 바에 따라 관할 구역 안에 있는 초·중학교에 성인을 위한 문해교육 프로그램을 설치·운영하거나 지방자치단체·법인 등이 운영하는 문해교육 프로그램을 지정할 수 있다.
> ③ 국가 및 지방자치단체는 문해교육 프로그램을 위하여 대통령령으로 정하는 바에 따라 우선하여 재정적 지원을 할 수 있다.

답 ②

우리나라의 독학자 학위 취득시험 단계에서 □에 들어갈 것은?

교양과정 인정시험	→	전공기초과정 인정시험	→	전공심화과정 인정시험	→	☐

① 심층면접
② 학위취득 종합시험
③ 실무능력 인정시험
④ 독학능력 인정시험

34	독학학위제

독학학위제는 독학에 의한 학위 취득에 관한 법률에 의거하여 국가에서 실시하는 학위 취득시험에 합격한 독학자(獨學者)에게 학사학위를 수여함으로써 평생교육의 이념을 구현하고 개인의 자아실현과 국가사회의 발전에 이바지하는 것을 목적으로 하는 제도이다. 독학학위제는 대학교를 다니지 않아도 스스로 공부하여 학위를 취득할 수 있으며, 고등학교 졸업 이상의 학력을 가진 사람이면 누구나 시험에 응시할 수 있다. 일과 학습의 병행이 가능하여 시간과 비용을 최소화할 수 있고, 언제 어디서나 학습이 가능한 평생학습시대의 자아실현을 위한 제도이다. 학위 취득시험은 교양과정 인정시험 – 전공기초과정 인정시험 – 전공심화과정 인정시험 – 학위 취득 종합시험의 4단계 과정으로 이루어져 있다. 1단계인 교양과정 인정시험은 교양학점으로 인정 가능하다. 단, 일부 과목의 경우 학점은 행제 희망전공의 표준교육과정에 기초하여 전공필수 혹은 전공선택으로 인정 가능하다. 2~4단계에서는 희망 학위 및 전공의 표준교육과정을 기준으로 학습구분이 결정된다.

답 ②

평생교육에 이론적 기초를 제공한 학자와 그가 주장한 핵심개념이 올바르게 연결된 것은?

① 일리치(I. Illich) – 인간자본론
② 랭그랑(P. Lengrand) – 순환교육
③ 허친스(R. Hutchins) – 문화재생산이론
④ 놀즈(K. Knowles) – 안드라고지(andragogy)

성인학습(andragogy)의 특징으로 옳지 않은 것은?

① 교과중심의 학습보다는 생활문제 중심의 학습을 선호한다.
② 성인의 경험은 계속 축적되며, 그 축적된 경험은 학습자원으로 활용된다.
③ 학습동기는 내재적인 요인보다 외재적 요인에 의해 유발된다.
④ 교육자와 학습자의 협의를 통해 교육계획을 설정하고 학습 내용을 평가한다.

35	놀즈의 안드라고지

페다고지(pedagogy)와 대립되는 안드라고지(andragogy)를 주장한 사람은 놀즈(K. Knowles)이다. 놀즈가 주장한 안드라고지는 성인학습이라고도 한다. 이는 성인들로 하여금 스스로 자기의 학습방향을 이어갈 수 있는 자율적 학습자로서의 능력을 함양할 수 있도록 도와주는 조직적·계속적 교육활동을 말한다.

(선지분석)
① 일리치(I. Illich)는 탈학교사회에서 학교 폐지를 주장하였고, 인간자본론은 슐츠(T. W. Schultz), 벡커(G. S. Becker), 민서(Mincer) 등이 주장하였다.
② 랭그랑(P. Lengrand)은 평생교육론을 주장하였고, 순환교육은 평생교육이라는 용어 대신 OECD가 내건 정책이론으로, 의무교육을 마치고 사회에 진출한 사람들이 언젠가는 다시 학교에 돌아오게 하는 제도이다.
③ 허친스(R. Hutchins)는 항존주의자이다. 문화재생산이론은 부르디외(P. Bourdieu)가 주장한 이론으로, 자본주의 사회가 어떻게 그들 스스로를 재생산하고 반복할 수 있는가를 설명하고자 하는 사회학 이론이다.

답 ④

36	성인학습의 특징

학습동기가 내재적 요인보다 외재적 요인에 의해 유발되는 것은 아동학습(pedagogy)의 특징이다. 성인학습(andragogy)의 특징은 학습주의, 자기주도적 학습, 학습방법의 학습, 경험학습 그리고 전환학습 등이다.

답 ③

평생교육제도에 대한 설명으로 옳은 것은?

① 학점은행제는 다양한 학습 경험을 학점으로 인정하나 학위 취득은 불가능한 제도이다.
② 학습계좌제는 학습자에게 교육비를 무상으로 지원해 주기 위한 제도이다.
③ 시간제 등록제는 대학의 입학 자격이 있는 사람이 시간제로 등록하여 수업을 받을 수 있게 하는 제도이다.
④ 산업대학은 원격교육을 통해 정식 학위를 수여하는 제도이다.

평생학습사회에서 학력은 전통적인 학교체제를 통해서뿐만 아니라 다양한 학습과 경험을 통해서도 얻을 수 있다. 우리나라가 시행하고 있는 평생학습인증 시스템이 아닌 것은?

① 학점은행제
② 평생교육사 자격제
③ 독학학위제
④ 문하생 학점·학력인정제

37	평생교육제도

평생교육의 제도적 장치 중 시간제 등록제는 대학의 입학 자격이 있는 사람이 시간제로 등록하여 수업을 받을 수 있게 하는 제도이다.

(선지분석)
① 학점은행제는 다양한 학습 경험을 학점으로 인정하고 학위 취득을 가능하게 하는 제도이다.
② 학습계좌제는 국민의 평생교육을 촉진하고 인적자원의 개발·관리를 위하여 학습계좌(국민의 개인적 학습 경험을 종합적으로 집중 관리하는 제도)를 도입 및 운영한다.
④ 원격교육을 통해 정식 학위를 수여하는 제도는 원격대학 형태의 평생교육시설이다.

답 ③

38	평생학습인증 시스템

우리나라의 평생학습인증 시스템에는 학점은행제, 독학학위제, 문하생 학점·학력인정제 등이 있다.

(선지분석)
① 학점은행제는 학점인정 등에 관한 법률에 의거하여 학교에서뿐만 아니라 학교 밖에서 이루어지는 다양한 형태의 학습과 자격을 학점으로 인정해 주고, 누적된 학점이 일정 기준을 충족하면 학위 취득을 가능하게 하는 제도이다.
③ 독학학위제는 국가평생교육진흥원에서 주관하는 국가시험에 합격함으로써 대학 학사학위를 취득할 수 있는 제도이다. 매년 단계별로 한 번의 기회가 주어지며, 제4단계 시험까지 통과하면 교육부장관이 수여하는 학사학위를 취득할 수 있다.
④ 문하생 학점·학력인정제는 중요무형문화재 보유자와 문하생 중에서 고졸 이상자는 정규대학에 가지 않아도 국가가 인정하는 전문학사 또는 학사학위를 받을 수 있도록 하는 제도이다.

답 ②

39 □□□

평생교육체제의 특징에 대한 설명으로 옳지 않은 것은?

① 인간의 통합적이고 유기적인 발달을 고려하여 여러 교육
   간의 연계와 결합을 추구한다.
② 때와 상황에 따라 사회 전 영역에서 교육의 기회가 제공
   될 수 있어야 한다고 본다.
③ 지식, 인격, 이성이 변증법적으로 생성될 수 있다는 관점
   을 가지고 있다.
④ 교육은 문화유산의 전달 수단이 되고, 인재 선별의 기능
   을 한다.

39	평생교육체제

평생교육은 개인과 집단 모두의 삶의 질(quality of life)을 향상시
키기 위하여 개인의 전 생애를 통한 개인적·사회적·직업적 발전을
성취시키기 위한 교육을 말한다. 이는 삶의 모든 단계와 영역에서
가능한 한 최대한의 발달을 이룩할 수 있도록 형식적·비형식적 학
습을 포함하는 종합적이고 통합적인 이념이다. 포르(E. Faure)등
6인의 보고서와 랭그랑(P. Lengrand) 등이 앞으로의 교육은 평
생교육이 되어야 한다는 이념을 주장하였다. 랭그랑이 제시한 평생
교육의 원리에는 ㉠ 교육의 전 과정을 통한 활성화, ㉡ 개인의 전
생애를 통한 계속교육, ㉢ 교육의 통합적 연결 조직의 필요, ㉣ 생
의 전 기간을 통한 수직적 통합과 개인의 사회생활의 모든 측면을
포함한 수평적 통합 등의 원리가 포함되어 있다. 평생교육체제에서
교육은 문화유산의 전달 수단이 되고, 인재 선별의 기능을 해야 한
다고 보는 관점은 전통적 교육관을 반영하고 있다.

답 ④

IV

교육과정 및 교육평가

01 교육과정

01 ☐☐☐

다음과 같이 주장한 교육학자는?

> • 이상적인 성인의 활동분석을 통하여 교육목표를 설정한다.
> • 과학적인 방법에 따른 교육과정 개발이 필요하다.
> • 교육은 학생이 성인이 되어서 할 일을 미리 준비시켜 주는 것이다.

① 애플(Apple)
② 보빗(Bobbitt)
③ 듀이(Dewey)
④ 위긴스와 맥타이(Wiggins & McTighe)

---

01 교육과정론자

교육과정 구성을 과학화한 보빗(F. Bobbit)은 교육을 성인생활을 위한 준비로 보고, 교육과정은 성인이 되어 할 일을 미리 준비시켜 주는 과정으로 보았다. 교육과정을 과학적으로 만든다는 것은 무엇을 가르칠 것인가를 결정할 때 경험적 방법(조사나 인간 행동 분석)을 활용하는 것이다. 즉, 인간 행동의 분석, 성인 생활의 활동영역 조사 분석을 통해 교육과정 개발절차를 정교화하는 것이다.

답 ②

02 ☐☐☐

타일러(Tyler)가 제시한 교육과정 개발에서 고려할 네 가지 질문에 해당하지 않는 것은?

① 학교는 어떤 교육목표 달성을 위해 노력해야 하는가
② 교육목표 달성을 위하여 어떤 교육경험을 제공해야 하는가
③ 교육경험을 효과적으로 조직할 때 필요한 교육매체는 무엇인가
④ 교육목표 달성여부를 어떻게 판단할 것인가

---

02 타일러의 교육과정 개발모형

타일러(Tyler)가 『교육과정과 수업의 기본원리(Basic Principles of Curriculum and Instruction, 1949)』에서 제시한 교육과정 개발에서 고려할 네 가지 질문은 첫째, 학교에서 달성하고자 하는 교육목표는 무엇인가? 둘째, 수립된 교육목표를 달성하는 데 유용한 학습경험은 어떻게 선정되는가? 셋째, 효과적인 수업을 위해 선정된 교육경험은 어떻게 조직할 수 있는가? 넷째, 학습경험의 효과성은 어떻게 평가할 수 있는가? 등이다.

(선지분석)
③ 교육경험을 효과적으로 조직할 때 필요한 교육매체는 무엇인가는 제시되지 않았다.

답 ③

다음과 같은 특징을 가진 교육과정은?

- 국가경쟁력 향상에 중요한 수학과 과학 분야는 새롭게 가르쳐질 필요가 있다는 입장이다.
- 직관적 사고를 중시하였다.
- 내적 동기를 강조하였다.
- 대표 학자로 브루너(J. Bruner)가 있다.

① 교과중심 교육과정
② 학문중심 교육과정
③ 경험중심 교육과정
④ 인간중심 교육과정

다음은 2022 개정교육과정에서 교육과정 구성의 중점 중 일부이다. (가), (나), (다)에 들어갈 말을 바르게 연결한 것은?

- 학생 개개인의 (가) 성장을 지원하고, 사회 구성원 모두의 행복을 위해 서로 존중하고 배려하며 협력하는 공동체 의식을 함양한다.
- 모든 학생이 학습의 기초인 언어·수리· (나) 기초 소양을 갖출 수 있도록 하여 학교 교육과 평생 학습에서 학습을 지속할 수 있게 한다.
- 다양한 (다) 수업을 활성화하고, 문제 해결 및 사고의 과정을 중시하는 평가를 통해 학습의 질을 개선한다.

	(가)	(나)	(다)
①	인격적	디지털	학생 참여형
②	인격적	외국어	학생 주도형
③	통합적	디지털	학생 주도형
④	통합적	외국어	학생 참여형

03   교육과정의 유형

학문중심 교육과정은 1957년 스푸트니크(Sputnik)사건 이후 Woodshole회의에서 과학교육 개혁의 필요성 논의로부터 비롯되었고, 대표자는 브루너(J. Bruner)이다. 학문중심 교육과정은 지식의 구조를 강조하며, 기초교육과 교재의 목표를 체계적인 지식의 습득에 둔다. 학문중심 교육과정에서는 구조발견을 위한 직관적 사고, 발견학습을 강조하며, 발견에서 오는 지적 희열감이라는 내적 동기를 중시한다.

답 ②

04   2022 개정교육과정

📄 **2022 개정교육과정에서 규정한 교육과정 구성의 중점**

1. 디지털 전환, 기후·생태환경 변화 등에 따른 미래 사회의 불확실성에 능동적으로 대응할 수 있는 능력과 자신의 삶과 학습을 스스로 이끌어가는 주도성을 함양한다.
2. 학생 개개인의 인격적 성장을 지원하고, 사회 구성원 모두의 행복을 위해 서로 존중하고 배려하며 협력하는 공동체 의식을 함양한다.
3. 모든 학생이 학습의 기초인 언어·수리·디지털 기초소양을 갖출 수 있도록 하여 학교 교육과 평생 학습에서 학습을 지속할 수 있게 한다.
4. 학생들이 자신의 진로와 학습을 주도적으로 설계하고, 적절한 시기에 학습할 수 있도록 학습자 맞춤형 교육과정 체제를 구축한다.
5. 교과 교육에서 깊이 있는 학습을 통해 역량을 함양할 수 있도록 교과 간 연계와 통합, 학생의 삶과 연계된 학습, 학습에 대한 성찰 등을 강화한다.
6. 다양한 학생 참여형 수업을 활성화하고, 문제 해결 및 사고의 과정을 중시하는 평가를 통해 학습의 질을 개선한다.
7. 교육과정 자율화·분권화를 기반으로 학교, 교사, 학부모, 시·도 교육청, 교육부 등 교육 주체들 간의 협조 체제를 구축하여 학습자의 특성과 학교 여건에 적합한 학습이 이루어질 수 있도록 한다.

답 ①

잠재적 교육과정에 대한 설명으로 옳지 않은 것은?

① 공식적 교육과정과 구분되는 개념이다.
② 학교의 물리적 조건, 행정 조직, 사회 심리 상황 등의 환경에 기인한다.
③ 교사가 의도하지 않은 가운데 학생의 지식, 태도, 행동에 큰 영향을 끼친다.
④ 배울 만한 가치가 있음에도 교육과정에서 빠져 있는 교육 내용을 가리킨다.

아이즈너(Eisner)의 교육과정 이론에 대한 설명으로 옳은 것만을 모두 고르면?

> ㄱ. 행동목표 중심으로 교육과정을 개발해야 한다.
> ㄴ. 내용선정 과정에서 영 교육과정에 대해서 신중히 고려해야 한다.
> ㄷ. 학습기회의 유형을 개발할 때 교육적 상상력을 동원해야 한다.
> ㄹ. 교육과정 개발 과정은 목표설정부터 평가방법 개발에 이르는 직선적 과정이다.

① ㄱ, ㄴ
② ㄱ, ㄹ
③ ㄴ, ㄷ
④ ㄷ, ㄹ

---

05   잠재적 교육과정

잭슨(Jackson)에 의해 제시된 잠재적 교육과정은 공식적 교육과정과 구분되는 개념으로 교사가 의도하지 않은 가운데 학생의 지식, 태도, 행동에 큰 영향을 끼치는 경험을 말한다. 잠재적 교육과정은 주로 물리적 조건, 행정 조직, 사회 심리 상황 등의 환경에 기인한다.

(선지분석)
④ 배울 만한 가치가 있음에도 교육과정에서 빠져 있는 교육내용은 아이즈너(Eisner)의 영 교육과정이다.

답 ④

---

06   아이즈너의 예술적 교육과정모형

아이즈너(Eisner)의 예술적 교육과정 모형에서는 ㄴ. 내용선정 과정에서 영 교육과정에 대해서 신중히 고려해야 하고, ㄷ. 학습기회의 유형을 개발할 때 교육적 상상력을 동원해야 한다고 본다.

(선지분석)
ㄱ, ㄹ. 행동목표 중심으로 교육과정을 개발해야 한다거나, 교육과정 개발 과정은 목표설정부터 평가방법 개발에 이르는 직선적 과정이라고 보는 것은 타일러(Tyler)식의 객관주의 모형이다.

답 ③

07

07 □□□ 2023년 지방직 9급

학문중심 교육과정에 대한 설명으로 옳지 않은 것은?

① 경험을 통한 생활적응학습을 강조한다.
② 지식의 구조를 중요시한다.
③ 나선형 교육과정으로 내용을 조직한다.
④ 발견학습을 강조한다.

08 □□□ 2023년 국가직 9급

다음 설명에 해당하는 블룸(Bloom)의 교육목표 분류 범주는?

- 복잡한 사상이나 아이디어의 구조를 파악하는 수준의 행동으로, 그 구성요소나 관계의 확인을 포함한다.
- 이 범주에 속하는 목표 진술의 예로는 사실과 추론을 구분하기, 원인과 결과를 찾아내기 등이 있다.

① 적용
② 평가
③ 종합
④ 분석

07	학문중심 교육과정

경험을 통한 생활적응학습을 강조하는 것은 경험중심 교육과정이다. 교과중심 교육과정에 대한 반발로 등장한 경험중심 교육과정은 생활의 문제를 종합적으로 처리하는 능력을 기르고자 하며, 교재는 생활의 장에서 결정된다. 교재를 체계적으로 전달하기보다는 학생의 원만한 성장을 강조한다.

(선지분석)
②, ③, ④ 학문중심 교육과정은 지식의 구조를 중요시하며, 나선형 교육과정으로 내용을 조직하고, 지식의 구조를 발견하기 위한 발견학습을 강조한다.

답 ①

08	블룸의 교육목표 분류 범주

블룸(Bloom)의 교육목표 분류 범주 가운데 분석이란 구성 요소나 관계를 분해해서 위계관계를 파악하는 행동이다. 다시말해, 이는 구성 부분을 확인하고 그 부분 간의 관계를 분해해서 구성원리를 인지하는 능력이다. 학습자는 분석의 과정을 통해 전달내용을 더욱 분명히 하고, 전달내용이 어떻게 구성되어 있는가를 밝히며, 전달 내용이 갖고 있는 기본가정이나 배열뿐만 아니라 전달내용이 어떤 방법에 의해 효과를 거두려 하고 있는지를 밝힐 수 있다. 분석의 하위 분류목은 요소의 분석, 관계의 분석, 조직 원리의 분석이 있다.

(선지분석)
① 적용은 개념이나 법칙을 문제사태에 사용하는 것이다.
② 평가는 가치판단의 행위이다.
③ 종합은 요소나 부분을 새로운 전체로 구성하는 행동이다.

답 ④

다음 설명에 해당하는 교육과정은?

> • 교과가 속한 학문의 고유한 구조를 강조한다.
> • 교과를 구성하는 기본개념 및 법칙과 원리를 중시한다.
> • 지식을 탐구하고 발견하는 교육방법을 활용한다.

① 학문중심 교육과정
② 인간중심 교육과정
③ 경험중심 교육과정
④ 사회중심 교육과정

교육과정 유형에 대한 설명으로 옳지 않은 것은?

① 경험중심 교육과정은 아동의 성장과 발달에 목적을 둔다.
② 교과중심 교육과정은 교사 중심의 설명식 교수법을 요구하는 경우가 많다.
③ 학문중심 교육과정은 전통적으로 내려오는 가치와 문화의 전수를 교육과정의 핵심으로 본다.
④ 인간중심 교육과정은 개인적 의미의 중요성을 강조하고 전인적 발달을 추구함으로써 학습자의 자아실현을 돕는다.

09	교육과정의 유형

교육과정의 유형 가운데 학문중심 교육과정은 1957년 스푸트니크 사건 이후 과학교육 개혁의 필요성을 논의한 것에서 비롯되었다. 학문중심 교육과정에서는 지식의 구조나 기초교육을 강조하고, 교재의 목표를 체계적 지식의 습득에 둔다. 교과조직에서의 구조와 학습방법에서의 탐구를 주요 내용과 활동으로 한다.

답 ①

10	교육과정의 유형

학문중심 교육과정은 1957년 스푸트니크(Sputnik) 사건 이후 우즈홀(Woodshole) 회의에서 과학이나 수학교과 개혁의 필요성에 비롯된 것으로 교과나 학문의 구조를 강조한다.

(선지분석)

③ 전통적으로 내려오는 가치와 문화의 전수를 교육과정의 핵심으로 보는 것은 교과중심 교육과정이다.

답 ③

11 □□□

다음에서 설명하는 교육내용의 조직 원리는?

- 학습내용과 경험의 여러 요소는 그 깊이와 너비가 점진적으로 증가되도록 조직된다.
- 예를 들어 단순한 내용에서 복잡한 내용으로, 친숙한 내용에서 친숙하지 않은 내용으로, 선수학습에 기초해서 다음 내용으로, 사건의 역사적 발생의 순서대로, 구체적인 개념에서 추상적인 개념으로 내용을 조직할 수 있다.

① 적절성
② 스코프
③ 통합성
④ 계열성

12 □□□

타일러(Tyler)가 제시한 학습경험 선정의 일반적 원리에 해당하지 않는 것은?

① 다성과의 원리
② 가능성의 원리
③ 통합성의 원리
④ 만족의 원리

11	교육내용의 조직원리

교육내용의 조직 원리 가운데 계열성(sequence)은 종적 조직의 원리 가운데 하나이다. 이는 동일한 내용이 반복되는 수준을 넘어 계속적인 줄기는 있되, 동시에 그 줄기에 좀 더 넓고 깊은 의미가 붙어갈 수 있도록 조직하는 것을 말한다. 계열성은 논리적 계열을 따르는 경우와 학습자의 발달단계를 고려하는 심리적 계열을 강조하는 경우 등이 있다.

답 ④

12	타일러(Tyler)의 학습경험 선정

타일러(Tyler)가 제시한 학습경험 선정의 일반적 원리는 기회의 원리, 만족의 원리, 가능성의 원리, 일목표 다경험의 원리, 일경험 다성과의 원리 등이다. 반면 학습경험의 조직 원리로는 계속성의 원리, 계열성의 원리, 통합성의 원리 그리고 범위 등이 있다.

답 ③

13

보비트(Bobbitt)의 교육과정이론에 대한 설명으로 옳지 않은 것은?

① 교육에 과학적 관리기법을 적용하였다.
② 원만한 성인생활을 영위하는 데 필요한 준비로서의 교육을 주장하였다.
③ 직무분석을 통한 교육과정 개발을 주장하였다.
④ 아동의 흥미와 요구를 중심으로 교육과정을 구성할 것을 주장하였다.

14

2015 개정 교육과정에 근거해 볼 때, (가)에 들어갈 말은?

> (가) 은/는 학생들이 교과를 통해 배워야 할 내용과 이를 통해 수업 후 할 수 있거나 할 수 있기를 기대하는 능력을 결합하여 나타낸 활동의 기준을 의미하며, 학생의 특성·학교 여건 등에 따라 교육과정 및 교과서 내용을 분석하여 교과협의회를 통해 재구조화할 수 있다.

① 성취기준
② 성취수준
③ 평가기준
④ 평가요소

13	보비트의 교육과정이론

교육과정 구성의 과학화를 시도한 보비트(Bobbitt)는 교육을 성인생활을 위한 준비로 간주하고, 교육과정은 성인이 되어 할 일을 미리 준비시키는 과정으로 보았다. 보비트는 교육과정 구성의 5단계를 제시하였다. 교육과정 구성의 5단계는 인간 경험을 광범위하게 분석 → 주요 분야의 직무를 분석 → 교육목표의 열거 → 교육목표의 선정 → 상세한 교육계획의 수립 등으로 진행된다.

(선지분석)
④ 아동의 흥미와 요구를 중심으로 교육과정을 구성할 것을 주장한 사람은 존 듀이(J. Dewey)이다.

답 ④

14	성취기준

성취기준(standards)이란 학습자가 반드시 알아야 하고, 수행해야만 하는 일반적 정보 혹은 기준이나 범주를 말한다. 2015 개정 교육과정에는 성취기준에 근거해서 교수 – 학습활동을 계획하고, 성취기준에 근거하여 학교에서 중요하게 지도한 내용과 기능을 평가하며, 교과별 성취기준 및 학습자의 온라인 학습상황 등을 종합적으로 고려하여 원격수업 방법, 시간 등을 계획하고 운영하도록 하고 있다.

답 ①

15 □□□

2015 개정 교육과정 총론에서 제시된 핵심역량에 해당하지 않는 것은?

① 세계시민 역량
② 자기관리 역량
③ 심미적 감성 역량
④ 창의적 사고 역량

16 □□□

2015 개정 교육과정에서 현재 고시하고 있는 국가 수준의 지원사항에 해당하는 것은?

① 학교가 새 학년도 시작에 앞서 교육과정 편성·운영에 관한 계획을 수립할 수 있도록 교육과정 편성·운영 자료를 개발·보급하고, 교원의 전보를 적기에 시행한다.
② 교과와 창의적 체험활동에 필요한 교과용 도서의 인정, 개발, 보급을 위해 노력한다.
③ 교과별 평가활동에 활용할 수 있는 다양한 평가방법, 절차, 도구 등을 개발하여 학교에 제공한다.
④ 안정적인 원격수업을 지원하기 위해 학교의 원격수업 인프라 구축, 교원의 원격수업 역량강화 등에 필요한 행·재정적인 지원을 한다.

15	핵심역량

📄 **2015 개정 교육과정 총론에서 제시된 핵심역량**

1. 자아정체성과 자신감을 가지고 자신의 삶과 진로에 필요한 기초 능력과 자질을 갖추어 자기주도적으로 살아갈 수 있는 자기관리 역량
2. 문제를 합리적으로 해결하기 위하여 다양한 영역의 지식과 정보를 처리하고 활용할 수 있는 지식정보처리 역량
3. 폭넓은 기초 지식을 바탕으로 다양한 전문 분야의 지식, 기술, 경험을 융합적으로 활용하여 새로운 것을 창출하는 창의적 사고 역량
4. 인간에 대한 공감적 이해와 문화적 감수성을 바탕으로 삶의 의미와 가치를 발견하고 향유하는 심미적 감성 역량
5. 다양한 상황에서 자신의 생각과 감정을 효과적으로 표현하고 다른 사람의 의견을 경청하며 존중하는 의사소통 역량
6. 지역·국가·세계 공동체의 구성원에게 요구되는 가치와 태도를 가지고 공동체 발전에 적극적으로 참여하는 공동체 역량

답 ①

16	국가 수준의 지원사항

2015 개정 교육과정에서는 국가 수준의 지원과 교육청 수준의 지원 사항을 규정하고 있다. 이 가운데 국가 수준의 지원 사항은 교과별 평가활동에 활용할 수 있는 다양한 평가방법, 절차, 도구 등을 개발하여 학교에 제공하는 것(③)이다.

답 ③

IV

해커스공무원 이이수 교육학 단원별 기출문제집

17 ☐☐☐

다음에 해당하는 교육과정 개념은?

> 만약 우리가 학교의 프로그램이 가져오는 결과나, 그런 결과를 초래하는 측면에서 교육과정의 역할에 대하여 관심을 갖는다면, … (중략) … 학교가 가르치지 않는 것에 대하여도 고려할 필요가 있다.

① 공식적 교육과정
② 잠재적 교육과정
③ 영 교육과정
④ 의도된 교육과정

18 ☐☐☐

2015 개정 교육과정 총론에서 제시한 학교급별 교육과정 편성·운영의 기준에 해당하지 않는 것은?

① 학년 간 상호 연계와 협력을 통해 학교 교육과정을 유연하게 편성·운영할 수 있도록 학년군을 설정한다.
② 학습 부담을 적정화하고 의미 있는 학습 활동이 이루어질 수 있도록 학기당 이수 교과목 수를 조정하여 집중이수를 실시할 수 있다.
③ 학교 교육과정을 편성·운영할 때 교원의 요구, 학생의 요구, 학부모의 요구, 지역사회의 요구 등을 반영하도록 노력한다.
④ 초등학교 1학년부터 중학교 3학년까지의 공통 교육과정과 고등학교 1학년부터 3학년까지의 선택 중심 교육과정으로 편성·운영한다.

17	영 교육과정

제시문에서 '학교가 가르치지 않는 것에 대하여도 고려할 필요가 있다'는 표현은 영 교육과정을 말한다. 영 교육과정은 아이즈너(Eisner)에 의해 제시된 개념으로 학교에서 소홀히 하여 공식적으로 가르치지 않는 교과, 지식, 사고 양식을 말한다. 교육과정은 가르칠 내용을 선택·포함시켜 학생들에게 배울 기회를 마련하기도 하지만, 일부러 특정 내용을 배제시켜 학생들이 배울 기회를 놓치게 만드는 기능도 수행한다. 예를 들면 공식적 교육과정에서는 논리적 사고를 강조하는 반면, 직관적 사고나 상상력은 소홀히 취급한다.

답 ③

18	2015 개정 교육과정

학교 교육과정을 편성·운영할 때 교원의 요구, 학생의 요구, 학부모의 요구, 지역사회의 요구 등을 반영하도록 노력한다는 것은 학교 교육과정 편성·운영의 기본 사항에 해당한다.

> **2015 개정 교육과정 총론에서 제시한 학교급별 교육과정 편성·운영의 기준**
> 1. 초등학교 1학년부터 중학교 3학년까지의 공통 교육과정과 고등학교 1학년부터 3학년까지의 선택 중심 교육과정으로 편성·운영한다.
> 2. 학년 간 상호 연계와 협력을 통해 학교 교육과정을 유연하게 편성·운영할 수 있도록 학년군을 설정한다.
> 3. 학습 부담을 적정화하고 의미 있는 학습 활동이 이루어질 수 있도록 학기당 이수 교과목 수를 조정하여 집중이수를 실시할 수 있다.

답 ③

19 ☐☐☐

타일러(Tyler)가 제시한 학습경험을 효과적으로 조직하는 원리에 해당하지 않는 것은?

① 계열성의 원리
② 유용성의 원리
③ 계속성의 원리
④ 통합성의 원리

20 ☐☐☐

위긴스(Wiggins)와 맥타이(McTighe)가 제시한 이해중심교육과정(백워드 설계)의 세 가지 설계 단계에 해당하지 않는 것은?

① 학습자의 요구와 상황 분석하기
② 바라는 결과 확인하기
③ 학습경험 계획하기
④ 수용 가능한 증거 결정하기

19	학습경험의 조직 원리

타일러(Tyler)가 제시한 학습경험 조직 원리는 종적 원리로 계속성과 계열성, 횡적 원리로 통합성과 범위 등이 있다. 계속성(continuity)은 동일한 경험요인이 반복되도록 조직하는 것이고, 계열성(sequence)은 동일한 경험요인이 반복되는 수준을 넘어 계속적인 줄기는 있으되 동시에 그 줄기에 좀 더 넓고 깊은 의미가 붙어갈 수 있도록 조직하는 것을 의미한다. 통합성(integrity)은 여러 가지 학습경험이 서로가 서로를 보강하고 강화할 수 있도록 조직하는 것이다.

답 ②

20	위긴스와 맥타이의 백워드 교육과정 설계모형

위긴스(Wiggins)와 맥타이(McTighe)가 제시한 백워드 교육과정 설계모형은 1990년대 말 미국에서 성취기준 중심 교육개혁운동에서 비롯된 것으로 교사들로 하여금 성취기준을 잘 가르치도록 안내하면서 평가활동에 많은 역점을 둔다. 백워드 모형의 설계 절차는 바라는 결과 확인(목표설정) → 수용할 만한 증거 결정(평가계획) → 학습경험과 수업 계획(교육과정과 수업활동 계획) 순서로 진행된다. '학습자의 요구나 상황 분석하기'는 스킬벡(Skilbeck)의 학교 중심 교육과정 설계모형의 상황분석 단계에서 실시된다.

답 ①

다음과 관련된 교육과정은?

• 교실풍토의 영향
• 잭슨(Jackson)
• 군집, 상찬, 평가 등이 학생의 삶에 미치는 영향
• 학생에게 무(無)의도적으로 전달되는 교육과정

---

① 공식적 교육과정
② 영 교육과정
③ 잠재적 교육과정
④ 실제적 교육과정

아이즈너(Eisner)의 교육과정 이론에 대한 설명으로 옳지 않은 것은?

① 교육적 감식안에 토대한 표준화 검사가 필요하다.
② 평가는 교육과정 개발의 모든 과정에서 이루어져야 한다.
③ 교육내용을 선정할 때 학교에서 가르치지 않는 것에 대하여 고려해야 한다.
④ 행동적 목표에 대한 보완으로 표현적 결과(expressive outcomes)를 고려해야 한다.

21	잠재적 교육과정

잭슨(Jackson)이 교실에서의 생활에서 강조한 것은 잠재적 교육과정이다. 잠재적 교육과정이란 학교에서 사전에 의도되었거나 계획되지는 않았지만 학교생활을 통해 학습되는 모든 경험을 말한다. 그는 잠재적 교육과정의 장(場)으로 군집, 상찬, 권력 등을 강조하였다.

답 ③

22	아이즈너의 교육과정 이론

교육적 감식안은 교육적 상황의 복잡성을 파악하는 능력과 복잡성을 세련되게 개념화하는 능력으로 이는 질적 평가모형이다. 따라서 표준화 검사가 불가능하다. 표준화 검사를 통한 평가를 강조하는 것은 타일러(Tyler)의 양적 평가모형이다.

답 ①

23 □□□

블룸(Bloom)의 교육목표분류학에 대한 설명으로 옳지 않은 것은?

① 학습목표를 행위동사로 기술한다.
② 교육목표 간의 유목 구분이 명확하다.
③ 통찰이나 직관 같은 인지능력이 교육목표에서 제외된다.
④ 인지적 영역 교육목표는 인지작용의 복잡성 정도에 따라 위계적으로 조직된다.

23	블룸의 교육목표분류학

블룸(Bloom)의 교육목표분류학은 수업목표를 생물학에서 동식물을 분류할 때 쓰는 방법에 따라 세분화한 것으로 수업목표를 인지적 영역, 정의적 영역, 행동적 영역으로 분류하고 이를 다시 세부적으로 분류한 것이다.

(선지분석)
② 교육목표분류학은 3영역의 구분이 인위적이며 교육목표 간의 유목 구분이 명확하지 않다는 단점이 있다. 즉, 이 영역들은 서로 밀접하게 관련되어 있고, 복합적이며 동시다발적이기도 하다.

답 ②

24 □□□

타일러(R. W. Tyler)의 교육과정 이론에 대한 설명으로 옳지 않은 것은?

① 교육목표를 설정할 때 학습자, 사회, 교과를 균형 있게 고려한다.
② 교육과정을 교육목적, 교육내용, 교육방법, 학습활동까지 포함하는 경험으로 파악한다.
③ 학습목표를 행위동사로 진술할 것을 주장한다.
④ 기존 교육과정에 대해 기계적이고 절차적인 모형이라는 비판을 가하였다.

24	타일러의 교육과정 이론

타일러(R. W. Tyler)의 교육과정 이론은 행동주의에 기초해서 기계적이고 선형적인 특징을 지닌다. 목표설정의 원천으로 학습자, 사회, 교과를 고려해서 잠정적인 목표를 정하고 학습목표는 행위동사로 진술한다.

(선지분석)
④ 타일러의 교육과정 이론은 객관주의의 양적 접근에 근거한 것으로 기계론이고 절차적인 모형을 기초로 하기 때문이라는 최근 구성주의 질적 접근에 근거한 재개념주의자들에 의해 비판을 받는다.

답 ④

교육과정 이론에 대한 설명으로 옳지 않은 것은?

① 학문중심 교육과정은 나선형 교육과정의 원리를 채택한다.
② 인간중심 교육과정은 정의적 특성의 발달보다는 지적 능력의 성취를 강조한다.
③ 경험중심 교육과정은 학습자의 삶과 관련이 있는 다양한 경험을 주된 교육내용으로 삼는다.
④ 교과중심 교육과정은 문화유산의 전달을 목적으로 하는 내용을 논리적으로 체계화하여 교과로 분류한다.

브루너(J. S. Bruner)의 '지식의 구조'에 대한 설명으로 옳지 않은 것은?

① 경험중심 교육과정의 핵심적인 원리이다.
② 특정 학문에서의 학문 현상을 이해하기 위한 개념적 수단이다.
③ 학문에 내재해 있는 기본적인 아이디어나 개념들을 구조화한 것이다.
④ 배운 내용을 사태에 적용하기 쉽고 위계적인 지식 사이의 간격을 좁힐 수 있게 해준다.

25	인간중심 교육과정

인간중심 교육과정은 지적 능력의 성취보다는 정의적 특성의 발달을 강조한다. 이에 인간중심 교육은 정의적 교육, 열린 교육, 실존주의 교육으로도 불린다.

(선지분석)
① 학문중심 교육과정은 지식의 구조와 나선형 조직의 원리를 강조한다.
③ 경험중심 교육과정은 생활의 문제를 종합적으로 처리하는 능력을 기르고자 한다. 교재는 생활의 장에서 결정되며, 교재를 체계적으로 전달하기보다는 학생의 원만한 성장을 강조한다.
④ 교과중심 교육과정에서 교과조직은 지식의 논리적 체계를 이루는 원리, 사실, 개념 등이 핵심적인 내용이 된다.

답 ②

26	브루너의 지식의 구조

브루너(J. S. Bruner)가 강조하는 '지식의 구조'는 학문이나 지식의 기저를 이루고 있는 일반적 원리 혹은 기본개념을 말한다. 지식의 구조는 학문중심 교육과정의 핵심적인 원리이다.

📑 **지식의 구조의 장점**

1. 이해하기 쉽다. 기본적인 사항을 알면 교과를 훨씬 쉽게 이해할 수 있게 된다.
2. 기억하기 쉽다. 세세한 사항은 그것이 전체적으로 구조화된 형태 안에 들어 있지 않은 한 곧 잊힌다.
3. 일반적 전이(원리의 전이)가 쉽다.
4. 기본적이고 일반적인 아이디어를 학습하면 부단히 지식의 폭을 확장하고 깊이를 심화시키게 된다.
5. 초보적 지식과 고등지식 간에 간격을 좁힐 수 있다(나선적 조직).

답 ①

27 ☐☐☐

2015 개정 교육과정이 제시한 미래사회 핵심역량에 해당하지 않는 것은?

① 자기관리 - 자아정체성과 자신감을 가지고 자신의 삶과 진로에 필요한 기초능력과 자질을 갖추어 자기주도적으로 살아갈 수 있는 능력
② 문제해결 - 다양한 영역의 지식과 정보를 활용하여 문제상황이 발생할 경우 창의적으로 해결할 수 있는 능력
③ 심미적 감성 - 인간에 대한 공감적 이해와 문화적 감수성을 바탕으로 삶의 의미와 가치를 발견하고 향유하는 능력
④ 의사소통 - 다양한 상황에서 자신의 생각과 감정을 효과적으로 표현하고 다른 사람의 의견을 경청하며 존중하는 능력

28 ☐☐☐

자유학기제에 대한 설명으로 옳은 것은?

① 자유학기제 기간에는 중간고사, 기말고사, 수행평가 등의 평가를 실시할 수 없다.
② 2013년도에 연구학교에서 시작되었고, 2015년도부터 모든 중학교에서 시행되었다.
③ 자유학기 활동으로는 진로탐색 활동, 주제선택 활동, 예술·체육 활동, 동아리 활동이 있다.
④ 중학교의 장은 해당 학교 교원 및 학부모의 의견을 수렴하여 자유학기제의 실시 여부를 결정할 수 있다.

27	2015 개정 교육과정

다양한 영역의 지식과 정보를 활용하여 문제상황이 발생할 경우 창의적으로 해결할 수 있는 능력은 창의적 사고 역량이다. 2015 개정 교육과정에서 제시하고 있는 미래 사회의 핵심역량으로는 자기관리 역량, 지식정보처리 역량, 창의적 사고 역량, 심미적 감성 역량, 의사소통 역량, 공동체 역량 등이 있다. 이 가운데 지식정보처리 역량은 문제를 합리적으로 해결하기 위하여 다양한 영역의 지식과 정보를 처리하고 활용할 수 있는 능력이고, 공동체 역량은 지역·국가·세계 공동체의 구성원에게 요구되는 가치와 태도를 가지고 공동체 발전에 적극적으로 참여할 수 있는 능력이다.

답 ②

28	자유학기제

자유학기제란 중학교 교육과정 중 한 학기 동안 학생들이 중간·기말고사 등 시험 부담에서 벗어나 꿈과 끼를 찾을 수 있도록 수업 운영을 토론, 실습 등 학생 참여형으로 개선하고 진로탐색 활동 등 다양한 체험 활동이 가능하도록 교육과정을 유연하게 운영하는 제도이다. 학교별로 수업진도에 따른 학생들의 학습 진전 상황을 확인하고 이를 학생지도에 활용할 수 있도록 형성평가, 자기성찰평가 등 적절한 방안을 마련하여 시행한다. 자유학기제는 연구학교 및 희망학교의 운영성과 등을 바탕으로 2015년 6월에 '자유학기제 실시계획'을 확정·발표하고, 2015년 하반기에 학교별 준비를 거쳐 2016년 3월부터 전국 모든 중학교에서 자유학기제를 전면 실시하였다.

답 ③

(가)와 (나)에 해당하는 교육과정 유형을 바르게 짝지은 것은?

> (가) 교사가 계획하거나 의식하지 않았음에도 불구하고 학생들의 지식·태도·행동에 영향을 미치는 '교육 실천과 환경' 및 '그 결과'를 의미한다.
>
> (나) 가르칠 만한 가치가 있음에도 불구하고, 공식적 교육과정이나 수업에서 빠져 있는 교육내용이다.

	(가)	(나)
①	실제적 교육과정	영 교육과정
②	잠재적 교육과정	영 교육과정
③	영 교육과정	실제적 교육과정
④	영 교육과정	잠재적 교육과정

다음 내용과 가장 관련이 깊은 학자는?

> • 교육과정이란 교육 속에서 개인들이 갖는 경험의 의미와 성질을 탐구하는 것이다.
> • 교수(teaching)는 학생들이 자신의 경험을 이해하고 해석하는 학습활동에 적극적으로 임할 수 있도록 안내하고 조력해 가는 과정이다.
> • 인간의 내면세계에 보다 가까이 다가가기 위해 학생 자신의 전기적(biographical) 상황에 주목하는 쿠레레(currere) 방법을 제시하였다.

① 보비트(F. bobbitt)
② 파이너(W. Pinar)
③ 타일러(R. W. Tyler)
④ 브루너(J. S. Bruner)

29	잠재적 교육과정과 영 교육과정

(가) 잠재적 교육과정은 학교에서 사전에 의도되었거나 계획되지는 않았지만 학교생활을 통해 학습되는 모든 경험을 말하며, 잭슨(Jackson)에 의해 개념화되었다. 잭슨(Jackson)은 학교에서 많은 아동이 어울려서 배우게 되는 것을 군집성(crowds), 여러 가지 형태의 평가를 통해 배우게 되는 상찬(praise), 조직의 권위 관계를 통해 배우게 되는 권력(power)이라는 관점에서 잠재적 교육과정을 구분하였다.

(나) 영 교육과정은 학교에서 소홀히 하거나 공식적으로 가르치지 않는 교과나 지식, 사고 양식을 말한다. 즉, 영 교육과정은 학생들이 공식적으로 교육과정을 배우는 동안 놓치게 되는 기회학습 내용이다. 교육과정은 가르칠 내용을 선택에 포함시켜 학생들에게 배울 기회를 마련하기는 하지만, 일부러 특정 내용을 배제시켜 학생들이 배울 기회를 놓치게 만드는 기능도 수행한다.

답 ②

30	파이너

교육과정 재개념주의자인 파이너(W. Pinar)는 교육과정 설계와 행동적 목표에 집중되었던 과거의 연구에서 벗어나 '쿠레레(currere)'가 갖는 의미를 인식론적으로 설명함으로써 순수이론으로서의 교육과정학을 새롭게 정립하고자 하였다.

(선지분석)

① 보비트(F. bobbitt)는 1918년 The Curriculum을 저술해서 교육과정이라는 명칭을 최초로 사용하였다.
③ 타일러(R. W. Tyler)는 1949년 교육과정과 수업의 기본 원리를 저술해서 교육과정 이론을 정립한 대표적인 인물로, 그의 교육과정 이론은 객관주의의 양적 연구에 토대를 두고 있다.
④ 브루너(J. S. Bruner)는 교육의 과정에서 학문중심 교육과정을 정립하였고, 교육과정에서 다룰 지식의 구조를 강조하였다.

답 ②

31 ☐☐☐

2015 개정 교육과정(교육부 고시 제2015-74호)에서 신설된 것을 <보기>에서 모두 고른 것은?

―――――――〈보기〉―――――――
ㄱ. 통합사회
ㄴ. 통합과학
ㄷ. 안전한 생활
ㄹ. 창의적 체험활동
ㅁ. 우리들은 1학년

① ㄱ, ㄴ
② ㄱ, ㄴ, ㄷ
③ ㄱ, ㄷ, ㄹ, ㅁ
④ ㄴ, ㄷ, ㄹ, ㅁ

32 ☐☐☐

교육내용 선정 시 고려해야 할 일반적인 원리에 대한 설명으로 옳지 않은 것은?

① 다성과(多成果)의 원리 - 하나가 아닌 여러 가지 교육목표를 달성하는 데 도움이 되는 행동을 선택한다.
② 다활동(多活動)의 원리 - 동일한 목표를 달성하는 데도 다양한 학습경험을 사용할 수 있다.
③ 만족의 원리 - 학생에게 요구되는 행동이 현재의 능력, 성취, 발달 수준에 맞아야 한다.
④ 기회의 원리 - 교육목표가 의미하는 행동을 학생 스스로 해보는 기회를 가지게 한다.

31	2015 개정 교육과정

2015 개정 교육과정 가운데 고등학교에서는 ㄱ. 통합사회와 ㄴ. 통합과학이 신설되었고, 초등학교에서는 ㄷ. 안전한 생활이 신설되었다.

(선지분석)
ㄹ. 기존의 재량활동이 2009 개정 교육과정에서 창의적 체험활동으로 도입되었다.
ㅁ. 우리들은 1학년은 5차 교육과정 개정 시기(1987)에 초등학교 교육과정에 도입되었다.

답 ②

32	교육내용 선정원리

타일러(Tyler) 이론에 근거한 학습내용의 선정원리로는 기회의 원리, 만족의 원리, 가능성의 원리, 일목표 다경험의 원리, 일경험 다성과의 원리 등이 있다.

(선지분석)
③ 학생에게 요구되는 행동이 현재의 능력, 성취, 발달 수준에 맞아야 한다는 것은 가능성의 원리이다.

답 ③

교실생활의 군집성, 상찬, 권력구조 등이 학생들의 행동과 학습결과에 미치는 영향을 설명하면서, 잠재적 교육과정의 개념을 제시한 인물은?

① 잭슨(P. Jackson)
② 보비트(F. Bobbitt)
③ 프레이리(P. Freire)
④ 위긴스(G. Wiggins)

다음의 내용을 모두 포함하는 교육과정개발 이론은?

- 강령을 표방하고, 해당 강령을 지지하는 자료를 검토하는 강령(platform) 단계
- 다양한 대안을 검토하고 이를 토대로 적절한 대안을 도출하는 숙의(deliberation) 단계
- 선택한 대안을 구체적 프로그램으로 만드는 설계(design) 단계

① 타일러(R. Tyler)의 이론
② 아이즈너(E. Eisner)의 이론
③ 타바(H. Taba)의 이론
④ 워커(D. Walker)의 이론

33	잠재적 교육과정

잠재적 교육과정(hidden curriculum)이란 학교에서 사전에 의도되었거나 계획되지는 않았지만 학교생활을 통해 학습되는 모든 경험을 말하며, 잭슨(P. Jackson)에 의해 개념화되었다. 잭슨은 Life in Classroom에서 잠재적 교육과정의 장(場)으로 학교에서 많은 아동이 어울려서 배우게 되는 것을 군집성(crowds), 여러 가지 형태의 평가를 통해 배우게 되는 상찬(praise), 조직의 권위 관계를 통해 배우게 되는 권력(power)이라는 관점에서 잠재적 교육과정을 구분하였다.

(선지분석)
② 보비트(F. Bobbitt)는 1918년 The Curriculum이라는 저서에서 교육과정 개념을 처음 사용하였다.
③ 프레이리(P. Freire)는 Pedagogy of the Oppressed에서 전통적인 교육은 인간을 수동적으로 만듦으로써 억압을 더욱 촉진한다고 주장하였다.
④ 위긴스(G. Wiggins)는 맥타이(McTighe)와 더불어 백워드 교육과정 설계모형을 제시하였다.

답 ①

34	교육과정개발 이론 - 숙의 모형

워커(D. Walker)의 이론은 교육과정을 개발하고 설계하는 참여자들 간의 다양한 견해를 반영할 수 있게 한 것이다. 교육과정 설계를 특수한 상황에 맞추어야 할 필요성을 강조한다. 설계는 강령을 표방하고, 해당 강령을 지지하는 자료를 검토하는 강령(platform) 단계 → 다양한 대안을 검토하고 이를 토대로 적절한 대안을 도출하는 숙의(deliberation) 단계 → 선택한 대안을 구체적 프로그램으로 만드는 설계(design) 단계로 이루어진다.

(선지분석)
① 타일러(R. Tyler)의 이론은 합리적 모형 또는 목표 - 수단 모형에 해당한다.
② 아이즈너(E. Eisner)의 이론은 예술적 교육과정 설계 모형에 해당한다.
③ 타바(H. Taba)의 이론은 타일러의 이론에 영향을 받아 귀납적 접근을 취한다.

답 ④

35 ☐☐☐

2015 개정 국가교육과정에 대한 설명으로 옳지 않은 것은?

① 추구하는 인간상을 구현하기 위한 핵심역량으로 자기관리, 지식정보처리, 창의적 사고, 심미적 감성, 의사소통, 공동체 역량을 제시하였다.
② 고등학교 공통과목으로 통합사회와 통합과학을 신설하였다.
③ 초등학교에 '안전한 생활'을 신설하였다.
④ 초등학교 1~2학년의 학습 부담을 줄이기 위하여 총수업 시간 수를 감축하였다.

35	2015 개정 교육과정

2015 개정 교육과정에서는 초등학교 1~2학년의 총 수업시간 수가 주당 1시간씩 늘었다. 2015 개정 교육과정에서 초등학교의 총 수업시간 수는 2년간 1,744시간이고, 2009 개정 교육과정에서는 총 1,680시간이다. 이에 따른 학습 부담이 생기지 않도록 '안전한 생활'을 신설하여 체험활동 시간으로 활용하도록 하였다.

📋 **초등학교의 편제**

1. 초등학교 교육과정은 교과(군)와 창의적 체험활동으로 편성한다.
2. 교과(군)는 국어, 사회/도덕, 수학, 과학/실과, 체육, 예술(음악/미술), 영어로 한다. 다만, 1, 2학년의 교과는 국어, 수학, 바른 생활, 슬기로운 생활, 즐거운 생활로 한다.
3. 창의적 체험활동은 자율활동, 동아리활동, 봉사활동, 진로활동으로 한다. 다만, 1, 2학년은 체험활동 중심의 '안전한 생활'을 포함하여 편성·운영한다.

답 ④

---

36 ☐☐☐

<보기>는 타일러(R. Tyler)의 교육목표 설정 절차에 대한 것이다. 그 순서가 올바른 것은?

─────〈보기〉─────

ㄱ. 잠정적인 교육목표를 진술한다.
ㄴ. 교육철학과 학습심리학이라는 체에 거른다.
ㄷ. 학습자, 사회, 교과의 세 자원을 조사·연구한다.
ㄹ. 행동의 변화를 명시한 최종 교육목표를 진술한다.

① ㄱ → ㄴ → ㄷ → ㄹ
② ㄱ → ㄷ → ㄴ → ㄹ
③ ㄷ → ㄱ → ㄴ → ㄹ
④ ㄷ → ㄴ → ㄱ → ㄹ

36	타일러의 교육과정 모형

타일러(R. Tyler)의 교육과정 모형에서는 교육목표 설정이 핵심이다. 교육목표의 설정의 순서는 다음과 같다.

ㄷ. 교육과정의 최종 수혜 대상이 되는 학습자, 학교 밖의 현대사회, 시민들에게 가장 중요한 지식은 무엇인가에 대하여 조사 및 연구한다.
ㄱ. 교과 전문가의 목표에 대한 제안과 권고를 바탕으로 잠정적인 목표를 진술한다.
ㄴ. 교육철학을 통해 그 목표가 가치 있는가를 검토하고 학습심리학을 통해 도출된 목표가 달성 가능한가를 확인한다.
ㄹ. 행동의 변화를 명시한 최종 교육목표를 진술한다.

답 ③

(가) ~ (다)에 해당하는 교육과정의 개념을 바르게 짝지은 것은?

> (가) 교육적 가치가 있는 내용임에도 불구하고 학교 교육과정에서 배제하여 가르치지 않았다.
>
> (나) 국가 교육과정과 시·도 교육청 교육과정 편성·운영 지침에 의거해 학교 교육과정을 편성하였다.
>
> (다) 학교 교육과정에서 계획하거나 의도하지 않았지만, 교육과정이 전개되는 동안 학생들은 바람직하지 못한 가치와 태도도 은연중에 배우게 되었다.

	(가)	(나)	(다)
①	잠재적 교육과정	공식적 교육과정	영 교육과정
②	잠재적 교육과정	영 교육과정	공식적 교육과정
③	영 교육과정	잠재적 교육과정	공식적 교육과정
④	영 교육과정	공식적 교육과정	잠재적 교육과정

다음에 해당하는 교육과정 관점은?

> • 교사가 아니라 학생중심의 수업을 강조한다.
> • 교육내용을 학생과 환경 간의 상호작용이라는 측면에서 이해한다.
> • 교육과정은 사전에 계획되는 것이 아니라 교육의 과정에서 생성되는 것으로 본다.

① 경험중심 교육과정
② 학문중심 교육과정
③ 교과중심 교육과정
④ 행동주의 교육과정

37	교육과정의 유형

(가) 교육적 가치가 있는 내용임에도 불구하고 학교 교육과정에서 배제하여 가르치지 않은 것은 영 교육과정이다.

(나) 국가 교육과정과 시·도 교육청 교육과정 편성·운영 지침에 의거해 학교 교육과정을 편성하는 것은 공식적 교육과정 또는 표면적 교육과정이다.

(다) 학교 교육과정에서 계획하거나 의도하지 않았지만, 교육과정이 전개되는 동안 학생들은 바람직하지 못한 가치와 태도도 은연중에 배우게 되는 것은 잠재적 교육과정이다.

답 ④

38	교과중심의 관점 - 경험중심 교육과정

경험중심 교육과정(생활중심 교육과정)은 생활의 문제를 종합적으로 처리하는 능력을 기르고자 한다. 교재는 생활의 장에서 결정되며, 교재를 체계적으로 전달하기보다는 학생의 원만한 성장을 강조한다. 내용의 논리적인 조직보다는 생활 경험을 심리적인 과정과 관련하여 욕구, 문제, 흥미 등을 중심으로 조직한다. 수업은 완결 짓는데 비교적 긴 시간이 소요되는 과제와 같은 프로젝트를 중심으로 조직되며, 소집단별 협동적인 학습 분위기를 강조하는 학생중심의 수업을 요구한다. 교육과정은 사전에 계획되는 것이 아니라 교육의 과정에서 생성되는 것으로 보는 유형은 경험중심 교육과정 중 하나인 현성형 교육과정이다.

답 ①

39 ☐☐☐

2009 개정 교육과정에 대한 설명으로 옳은 것은?

① 총론 중심의 교육과정 개정이었다.
② 초등학교에 창의적 체험활동을 없애고 '우리들은 1학년'을 신설하였다.
③ 중학교와 고등학교에 재량활동을 신설하였다.
④ 초등학교 1학년부터 고등학교 1학년까지 국민공통기본교육 과정을 적용하였다.

40 ☐☐☐

다음 (가), (나)의 내용에 부합하는 교육과정 유형을 바르게 짝지은 것은?

> (가) 인류가 축적한 문화유산을 체계화한 지식을 중심으로 교육과정을 설계한다. 교육의 주된 목적을 지식의 전수에 두고 있으며, 교사중심의 강의식 수업을 중시한다.
>
> (나) 이론적 체계가 갖추어진 지식의 구조를 중심으로 교육과정을 설계한다. 학생의 탐구활동을 통한 발견학습과 지식의 전이를 강조한다.

	(가)	(나)
①	인간중심 교육과정	학문중심 교육과정
②	인간중심 교육과정	경험중심 교육과정
③	교과중심 교육과정	학문중심 교육과정
④	교과중심 교육과정	경험중심 교육과정

39	**2009 개정 교육과정**

원래 교육과정이 개정되면 총론과 각론이 같이 나와야 하는데, 2009 개정 교육과정은 발표 당시에 일단 총론이 나오고, 2011 교과 교육과정에서 각 과목별 '교과과정' 각론이 나오게 되었다. 즉, 2009 개정 교육과정은 총론 중심의 교육과정 개정이었다.

[선지분석]
② 2009 개정 교육과정에서는 초등학교에서 창의적 체험활동은 '우리들은 1학년'을 없애고 새롭게 신설하였다.
③ 중학교와 고등학교에 재량활동을 신설한 것은 1997년 7차 교육과정 개정 시기이다.
④ 초등학교 1학년부터 고등학교 1학년까지 국민공통기본교육과정을 적용한 것은 7차 교육과정 개정 시기이다.

답 ①

40	**교육과정의 유형**

(가) 인류가 축적한 문화유산을 체계화한 지식을 중심으로 교육과정을 설계한다. 교육의 주된 목적을 지식의 전수에 두고 있으며, 교사중심의 강의식 수업을 중시하는 것은 교과중심 교육과정이다.
(나) 이론적 체계가 갖추어진 지식의 구조를 중심으로 교육과정을 설계하며, 학생의 탐구활동을 통한 발견학습과 지식의 전이를 강조하는 것은 학문중심 교육과정이다. 브루너(Bruner)가 주장한 지식의 구조란 지식의 기저를 이루고 있는 일반적인 원리 혹은 기본 개념을 말한다. 학문중심 교육과정은 지식의 구조를 강조하고, 교재의 목표를 체계적인 지식의 습득에 두며, 교과 조직에서의 구조와 학습방법에서의 탐구를 주요 내용과 활동으로 한다.

답 ③

영 교육과정(null curriculum)에 대한 설명으로 옳은 것을 <보기>에서 고른 것은?

─────〈보기〉─────

ㄱ. 아이즈너(E. Eisner)가 제시한 개념이다.

ㄴ. 교과 지식을 아동의 흥미와 요구에 맞추어 재구성한 것이다.

ㄷ. 학생이 학교생활을 통해 은연중에 가지게 되는 경험의 총화이다.

ㄹ. 교육적 가치가 있음에도 불구하고 학교에서 학생들이 학습할 기회를 갖지 못하는 내용이다.

① ㄱ, ㄷ

② ㄱ, ㄹ

③ ㄴ, ㄷ

④ ㄴ, ㄹ

교육과정에 대한 설명으로 옳지 않은 것은?

① 보비트(Bobbitt)는 성인의 활동영역을 전문적으로 분석하여 교육목표를 설정할 것을 강조하였다.

② 브루너(Bruner)는 지식의 구조를 나선형으로 조직하여 가르칠 것을 제안하였다.

③ 교과중심 교육과정은 교과지식을 통해 사회변화를 위한 비판적 의식을 기를 것을 강조하였다.

④ 인간중심 교육과정은 교육을 삶 그 자체로 간주하고 학생의 정서를 중시한다.

41	영 교육과정

아이즈너(E. Eisner)가 예술적 교육과정 설계모형에서 강조한 영 교육과정은 학교에서 소홀히 하거나 공식적으로 가르치지 않는 교과, 지식 및 사고 양식 등을 말한다. 즉, 영 교육과정이란 학생들이 공식적으로 교육과정을 배우는 동안 놓치게 되는 기회학습 내용이다.

(선지분석)

ㄴ. 교과 지식을 아동의 흥미와 요구에 맞추어 재구성한 것을 강조하는 것은 경험중심 교육과정에서 강조하는 심리적 조직이다.

ㄷ. 학생이 학교생활을 통해 은연중에 가지게 되는 경험의 총화는 잠재적 교육과정이다.

답 ②

42	교육과정 이론

교과지식을 통해 사회변화를 위한 비판적 의식을 기를 것을 강조한 것은 사회중심 교육과정이다.

(선지분석)

① 보비트(Bobbitt)는 교육을 성인생활의 준비로 보고, 교육과정은 성인이 되어 할 일을 미리 준비시켜 주는 과정으로 보았다.

② 학문중심 교육과정을 주장한 브루너(Bruner)는 지식의 구조를 나선형으로 조직하여 가르칠 것을 제안하였다.

답 ③

다음 설명에 해당하는 교육과정 조직의 원리는?

> • 교육과정 내용이 제시되는 시간적 순서를 의미
> • 단순한 내용에서 복잡한 내용순으로 제시
> • 친숙한 내용에서 낯선 내용순으로 제시
> • 구체적인 개념에서 추상적인 개념순으로 제시

① 범위
② 계속성
③ 계열성
④ 균형

다음 ㄱ과 ㄴ에 해당하는 용어로 올바른 것은?

> • 타일러(R. Tyler)는 교육과정 개발 단계를 (ㄱ), 학습경험 선정, 학습경험 조직, 교육평가로 제시하였다.
> • 워커(D. Walker)가 제안한 교육과정 개발 단계는 강령(platform), (ㄴ), 설계(design)로 구성된다.

	ㄱ	ㄴ
①	교육목표 설정	숙의(deliberation)
②	교육내용 결정	숙의(deliberation)
③	교육목표 설정	처방(prescription)
④	교육내용 결정	처방(prescription)

---

43   교육과정의 조직원리 - 계열성

계열성이란 동일한 경험요인이 반복되는 수준을 넘어 계속적인 줄기는 있되, 동시에 그 줄기에 좀 더 넓고 깊은 의미가 붙어갈 수 있도록 조직하는 것을 의미한다. 즉, 선행 경험 또는 내용을 기초로 하여 다음 학습 요소가 깊이와 넓이가 증가하도록 조직하는 것을 말한다.

(선지분석)
① 범위란 내용의 폭과 깊이에 관련되는 것으로 어떤 내용을 얼마만큼 폭넓고 깊이 있게 다루어야 하느냐의 문제이다.
② 계속성이란 동일한 경험요인이 반복되도록 조직하는 것을 말한다.

답 ③

---

44   교육과정 설계모형

ㄱ. 타일러(R. Tyler)의 교육과정과 수업의 단계에 관한 질문은 "학교에서 달성하고자 하는 교육목표는 무엇인가?, 수립된 교육목표를 달성하는 데 유용한 학습경험은 어떻게 선정되는가?, 효과적인 수업을 위해 선정된 교육경험은 어떻게 조직할 수 있는가?, 학습경험의 효과성은 어떻게 평가할 수 있는가?" 등이 있다.
ㄴ. 워커(D. Walker)가 제안한 교육과정 개발 단계는 강령(platform), 숙의(deliberation), 설계(design)로 구성된다. 강령이란 교육과정 개발 활동에 참여하는 사람들이 지닌 교육적 신념, 가치, 각종 교육이론, 교육목적, 교육과정 구상, 교육과정 개발절차, 자기가 속하여 이해관계를 대변해야 하는 집단의 전략, 자신의 숨은 의도 및 선호 등을 총칭한다. 숙의란 적절한 여러 대안들, 대안적 지각들, 대안적 문제들과 대안적 해결들을 찾아내고 형성하고 고려하기 위한 체계적인 방법이다. 숙의의 목적은 대안들 간의 충돌을 제거하는 데에 있다. 설계는 교육 프로그램의 상세한 계획을 수립하는 일이다.

답 ①

45 □□□

경험중심 교육과정에 대한 설명으로 가장 옳은 것은?

① 사전에 계획된 조직적이고 계통적인 수업을 선호한다.
② 학문의 핵심적인 아이디어 또는 기본 원리 및 개념을 중시한다.
③ 문화유산 가운데 영구적이고 객관적인 사실, 개념, 법칙을 강조한다.
④ 학생의 실생활 내용을 주로 다루며, 학생 흥미 위주의 수업을 지향한다.

46 □□□

잠재적 교육과정에 대한 설명으로 옳지 않은 것은?

① 잠재적 교육과정은 주로 정의적 영역과 관계가 있다.
② 학교 환경과 교육활동을 의도적으로 조직·통제하는 행위와 결과는 포함되지 않는다.
③ 표면적 교육과정과 상호 조화될 때 교육효과는 더욱 높아진다.
④ 학교에서의 상과 벌, 평가, 사회적 관행 등이 잠재적 교육과정을 형성한다.

45	경험중심 교육과정

경험중심 교육과정(생활중심 교육과정)은 진보주의 교육철학에 기초한 교육과정 유형으로 생활의 문제를 종합적으로 처리하는 능력을 기르고자 하며, 교재는 생활의 장에서 결정된다. 교재를 체계적으로 전달하기보다는 학생의 원만한 성장을 강조하며, 경험중심의 교육과정 조직은 통합형의 형태를 취한다. 내용의 논리적으로 조직하기보다는 생활 경험을 심리적인 과정과 관련하여 욕구, 문제, 흥미 등을 중심으로 조직한다.

(선지분석)
① 사전에 계획된 조직적이고 계통적인 수업을 선호하는 것은 교과중심 교육과정이다.
② 학문의 핵심적인 아이디어 또는 기본 원리 및 개념을 중시하는 것은 학문중심 교육과정이다.
③ 문화유산 가운데 영구적이고 객관적인 사실, 개념, 법칙을 강조하는 것은 교과중심 교육과정이다.

답 ④

46	잠재적 교육과정

학교 환경과 교육활동을 의도적으로 조직·통제하는 행위와 결과도 잠재적 측면에 포함될 수 있다. 예를 들면 특정 집단의 의도가 학교를 통제해서 학생들의 경험에 영향을 주게 될 경우는 잠재적 교육과정에 해당될 수 있다. 갈등론자인 보올스와 진티스(Bowles & Gintis), 애플(Apple), 지루(Giroux) 등도 비판적 관점에서 잠재적 교육과정을 주장하였다. 잠재적 교육과정이란 학교에서 사전에 의도되었거나 계획되지는 않았지만 학교생활을 통해 학습되는 모든 경험을 말한다. 잠재적 교육과정은 주로 인지적 영역보다는 정의적 영역과 관계가 깊으며, 표면적 교육과정과 배척되기보다는 상호 보완적 관계일 때 교육적 효과가 높을 수 있다.

답 ②

47 □□□

아이즈너(E. W. Eisner)가 제시한 영 교육과정(null curriculum)에 대한 설명으로 옳은 것은?

① 공식적 교육과정에서 의도하지 않았으나 학생들이 은연 중에 배우게 되는 경험된 교육과정이다.

② 교사가 교실에서 실제로 가르친 교육과정이다.

③ 교육적 가치가 있음에도 불구하고 공식적 교육과정에서 배제된 교육과정이다.

④ 공적 문서 속에 기술되어 있는 교육계획으로서의 교육과 정이다.

48 □□□

교육과정의 내용조직 원리에 대한 설명으로 옳은 것은?

① 범위성(scope)은 교과목이나 단원의 폭과 영역을 결정하 는 것이다.

② 통합성(integration)은 교육내용을 결정할 때 생길 수 있 는 여러 결절부를 중복, 비약, 후퇴, 누락 등이 없도록 부 드럽게 조절하는 것이다.

③ 계열성(sequence)은 같은 내용이 반복되도록 조직하는 것이다.

④ 연속성(continuity)은 교육내용이 위계적·논리적 순서에 따라 심화 및 확대되도록 조직하는 것이다.

47	영 교육과정

아이즈너(E. W. Eisner)가 제시한 영 교육과정(null curriculum)은 학교에서 소홀히 하거나 공식적으로 가르치지 않는 교과, 지식, 사고 양식을 말한다. 즉, 학생들이 공식적으로 교육과정을 배우는 동안 놓치게 되는 기회학습 내용이다.

(선지분석)
① 공식적 교육과정에서 의도하지 않았으나 학생들이 은연중에 배 우게 되는 경험된 교육과정은 잠재적 교육과정이다.
② 교사가 교실에서 실제로 가르친 교육과정은 표면적(형식적) 교 육과정이다.
④ 공적 문서 속에 기술되어 있는 교육계획으로서의 교육과정은 표 면적(형식적) 교육과정이다.

답 ③

48	교육과정 내용조직 원리

범위성(scope)은 내용의 폭과 깊이에 관련되는 것으로 어떤 내용을 얼마만큼 폭넓고 깊이 있게 다루어야 하느냐의 문제이다.

(선지분석)
② 통합성(integration)은 여러 가지 학습경험이 서로가 서로를 보강하고 강화할 수 있도록 조직하는 것이다. 즉, 구성요소들 간 에 서로 모순, 갈등, 충돌 없이 의미 있게 연결되어 상호 보조적 인 정도를 높도록 조직하는 것을 말한다.
③ 계열성(sequence)은 동일한 경험요인이 반복되는 수준을 넘 어 계속적인 줄기는 있되 동시에 그 줄기에 좀 더 넓고 깊은 의 미가 붙어갈 수 있도록 조직하는 것을 의미한다.
④ 연속성(continuity)은 동일한 경험요인이 반복되도록 조직하는 것을 말한다. 한 두 번의 경험만으로는 의미 있는 학습성과를 거두기가 어려울 때 계속 반복되도록 조직한다.

답 ①

02 교육평가 및 연구법·통계

01 □□□

(가)에 해당하는 타당도는?

> 새로 개발한 A시험의 [(가)]를 구하기 위하여 기존에 타당도를 검증한 B검사의 점수와 A시험의 점수와의 상관계수를 구하였다. (단, A시험과 B검사의 점수 획득 시기가 같다)

① 공인타당도
② 구인타당도
③ 내용타당도
④ 예측타당도

02 □□□

다음 설명에 해당하는 척도는?

> • 사물이나 사람을 구분하거나 분류하기 위해 사용되는 척도이다.
> • 예를 들어 성별을 표시할 때, 여학생을 0, 남학생을 1로 표시한다.

① 명명척도
② 서열척도
③ 동간척도
④ 비율척도

---

01 공인타당도

타당도 가운데 새로운 검사를 제작하였을 때 기존에 타당성을 보장받고 있는 검사와의 유사성 혹은 연관성에 의해 타당성을 검증하는 방법은 공인타당도이다. 공인타당도를 공유타당도라고도 한다.

선지분석
② 구인타당도는 가설적으로 개념화한 특성들을 실제 검사결과와 비교하여 어느 정도 대응하는가의 정도를 말한다.
③ 내용타당도는 측정도구가 가진 내용의 충실도, 즉 검사도구가 수업목표와 수업내용(내적 준거)을 빠짐없이 충실히 측정하고 있는 정도를 말한다.
④ 예측타당도는 검사 결과가 피험자의 장래의 행동이나 특성을 어느 정도 정확하게 예언하느냐의 정도, 즉 어떤 평가도구가 목적하는 준거(외적 준거)를 정확히 예언하는 힘을 말한다.

답 ①

02 명명척도

측정단위 가운데 사물이나 사람을 구분하거나 분류하기 위해 사용되는 척도는 명명척도이다. 명명척도는 어떤 대상에 이름 대신 일정한 숫자를 붙이는 것을 말한다. 조사연구를 위해 연구 대상의 개인정보를 측정할 때 주로 사용된다. 명명척도는 질적 변수에 속하여, 가감승제의 조작이 불가능하다.

선지분석
② 서열척도(ordinal scale)는 어떤 대상들의 크기를 서열로 나타내는 수치를 말한다.
③ 동간척도(interval scale)는 동간성이 보장된 척도로 가감(加減)의 연산이 가능하다(승제는 안 됨). 연구에서 자주 사용되는 척도이다.
④ 비율척도(ratio scale)는 분류, 서열, 동간, 절대영점을 모두 갖춘 이상적인 척도이다. 비율척도는 측정단위가 가상적 단위이며 가감승제의 조작이 가능하다.

답 ①

03 □□□

특정 교사가 개발한 시험에 대한 전문가들의 평가가 다음과 같은 경우, 이 시험의 양호도에 대한 설명으로 옳은 것은?

> 반복 측정에서의 결과가 일관성은 있으나 측정하고자 하는 것을 충실히 측정하지 못하고 있다.

① 신뢰도는 높지만 실용도는 낮은 시험
② 신뢰도는 높지만 타당도는 낮은 시험
③ 타당도는 높지만 난이도는 낮은 시험
④ 타당도는 높지만 신뢰도는 낮은 시험

---

03   검사도구의 양호도

검사도구의 양호도 가운데 검사도구가 무엇을 재든 얼마나 틀림없이 정확히 재고 있느냐의 정도, 즉 측정의 안정성 및 일관성의 정도를 말한다. 타당도란 측정하려는 대상을 측정도구가 정확히 재고 있는가의 충실도를 나타낸다. 즉, 검사점수가 검사의 사용목적에 얼마나 부합하는가의 문제로 검사의 진실성 혹은 정직성이라고도 한다.

(선지분석)

② 반복 측정에서의 결과가 일관성을 지녔다는 것은 신뢰도가 높은 것을 말하고, 측정하고자 하는 것을 충실히 측정하지 못하고 있다는 것은 타당도가 낮은 것을 말한다.

답 ②

04 □□□

검사도구에 대한 설명으로 옳은 것만을 모두 고르면?

> ㄱ. 반분검사 신뢰도는 두 부분 검사로 양분하는 방법에 따라 신뢰도가 다르게 추정된다는 단점이 있다.
> ㄴ. 내용 타당도는 내용 전문가에게 측정하려는 속성을 제대로 측정하였는지 판단하게 하여 검증한다.
> ㄷ. 각각의 문항을 하나의 검사로 간주하여 문항 간 측정의 일치성을 추정하는 방법을 검사-재검사 신뢰도라고 한다.
> ㄹ. 동형검사 신뢰도는 두 집단이 하나의 검사를 치르고 점수 간 상관계수를 통해 검사의 신뢰도를 추정한다.

① ㄱ, ㄴ
② ㄱ, ㄷ
③ ㄴ, ㄹ
④ ㄷ, ㄹ

---

04   검사도구의 구비조건

ㄱ. 반분검사 신뢰도는 한 개의 검사를 한 피험자 집단에게 실시한 다음 그것을 적당한 방법으로 두 부분으로 나눈 후 이 두 부분을 독립된 검사로 생각하고, 두 부분의 점수들의 상관계수로 문항 간의 내적 합치도를 알아보는 신뢰도를 말한다. 다만, 두 부분 검사로 양분하는 방법에 따라 신뢰도가 다르게 추정된다는 단점이 있다.

ㄴ. 내용 타당도는 내용 전문가에게 측정하려는 속성을 제대로 측정하였는지 판단하게 하여 검증한다.

(선지분석)

ㄷ. 각각의 문항을 하나의 검사로 간주하여 문항 간 측정의 일치성을 추정하는 방법을 문항내적 합치도라고 한다.

ㄹ. 동형검사 신뢰도는 동일한 양식의 검사를 같은 응답자에게 처음에 하나의 양식을 실시한 다음 일정한 시간이 지난 후 다른 양식의 검사로 실시해서 두 검사 양식에서 얻은 점수 간의 상관계수를 말한다.

답 ①

IV
훼거스공무원 이이수 교육학 단원별 기출문제집스터플빔(D. L. Stufflebeam)의 의사결정 평가 모형에 대한 설명으로 옳은 것만을 모두 고르면?

> ㄱ. 경영자의 결정에 판단적 정보를 제공한다는 점에서 경영자 위주의 접근이라고 불린다.
> ㄴ. 상황(Context)평가, 투입(Input)평가, 과정(Process)평가, 산출(Product)평가로 구성된다.
> ㄷ. 평가의 주된 목적은 목표 실현 정도를 파악하는 데 있다.
> ㄹ. 예술작품을 비평하는 것과 같은 전문가의 감식안(connois-seurship)에 근거한 평가를 의사결정에 활용할 것을 제안하고 있다.

① ㄱ, ㄴ
② ㄱ, ㄹ
③ ㄴ, ㄷ
④ ㄷ, ㄹ

다음 설명에 해당하는 교육평가의 유형은?

> • 평가의 교수적 기능을 중시한다.
> • 최종 성취수준에 대한 관심보다는 사전 능력 수준과 현재 능력 수준의 차이에 관심을 둔다.
> • 고부담시험보다는 영향력이 낮은 평가에서 사용하는 것이 바람직하다.

① 규준참조평가
② 준거참조평가
③ 능력참조평가
④ 성장참조평가

05　의사결정 평가 모형

스터플빔(D. L. Stufflebeam)의 의사결정 평가 모형은 운영중심 평가로 평가를 의사결정자에게 필요한 정보를 제공함으로써 의사결정을 도와주기 위한 모형이다. CIPP란 상황평가(Context evaluation), 투입평가(Input evaluation), 과정평가(Process evaluation), 산출평가(Product evaluation)를 말하는 것으로 의사결정의 성격과 내용을 중시하는 동시에 그 결정이 추구하는 변화와 그 결정을 위해 요청되는 정보를 중시한다.

(선지분석)
ㄷ. 평가의 주된 목적은 목표 실현 정도를 파악하는 데 있다고 본 것은 타일러(Tyler)의 목표중심 평가모형이다.
ㄹ. 예술작품을 비평하는 것과 같은 전문가의 감식안(connois-seurship)에 근거한 평가를 의사결정에 활용할 것을 제안한 것은 아이즈너(Eisner)의 예술적 평가모형이다.

답 ①

06　교육평가의 유형

성장참조평가(growth referenced evaluation)란 교육과정을 통해 얼마나 성장하였느냐에 관심을 두는 평가방법이다. 최종 성취수준에 대한 관심보다는 초기 능력수준에 비추어 얼마만큼 능력의 향상을 보였느냐를 강조하는 평가로 사전 능력수준과 관찰 시점에 측정된 능력수준 간의 차이에 관심을 둔다. 따라서 성장참조평가는 학생들에게 학업 증진의 기회 부여와 개인화를 강조하는 특징을 지닌다.

답 ④

고전검사이론에 대한 설명으로 옳지 않은 것은?

① 문항난이도는 문항의 쉽고 어려운 정도를 나타낸다.
② 피험자의 능력과 문항의 답을 맞힐 확률 간의 관계를 나타내는 문항특성곡선을 사용한다.
③ 문항변별도는 문항이 피험자의 능력을 변별하는 정도를 나타낸다.
④ 관찰점수는 진점수와 오차점수의 합으로 가정한다.

교수 – 학습 과정 중 출발점 행동 진단에 대한 설명으로 옳지 않은 것은?

① 학습내용과 매체를 선정하고 수업절차를 확인한다.
② 학습자가 해당 학습과제를 학습할 만한 발달수준에 도달했는지를 확인한다.
③ 학습자의 선수학습 요소를 확인한다.
④ 해당 학습과제에 대한 학습자의 흥미나 적성을 확인한다.

07	고전검사이론

문항분석이란 검사의 각 문항이 본래의 기능을 제대로 수행하고 있는지 확인하고 검토해 보는 작업으로 문항의 양호도 분석이라고도 한다. 문항분석 방법은 질적 분석과 양적 분석으로 구분되며, 질적 분석은 문항이 측정의 목적에 부합되게 제작되었는지를 점검하는 것으로 이는 내용타당도를 확인하는 과정이다. 양적 분석은 문항별로 그 난이도, 변별도, 그리고 추측에 의한 정답 가능성을 중심으로 분석하는 것이다. 문항분석의 방법은 고전적 이론검사 방법인 문항곤란도와 문항 변별도에 의한 것과 문항반응이론에 의한 방법이 있다.

(선지분석)
② 피험자의 능력과 문항의 답을 맞힐 확률 간의 관계를 나타내는 문항특성곡선을 사용하는 것은 문항반응이론이다.

답 ②

08	출발점 행동 진단

출발점 행동이란 선수학습을 말하며, 교수 – 학습 과정 중 출발점 행동을 진단하는 평가는 진단평가이다. 진단평가에서 분석해야 할 학습자 특성으로는 학습목표의 선수요건이 되는 출발점 행동 및 기능의 소유여부, 학습단위목표 혹은 교과목표의 사전달성 여부, 적절한 교수법이나 대안을 재공하기 위하여 학생의 특성 등이 있다.

(선지분석)
① 학습내용과 매체를 선정하고 수업절차를 확인하는 기준은 수업목표 혹은 도착점 행동이다.

답 ①

교육평가에 관한 설명으로 옳은 것은?

① 속도검사: 모든 학생이 모든 문항을 풀어볼 수 있도록 충분한 시간을 준 다음 측정한다.

② 준거지향평가: 학생의 점수를 다른 학생들의 점수와 비교하여 상대적 서열 또는 순위를 매긴다.

③ 형성평가: 학기 중 학습의 진척 상황을 점검하여 학습속도 조절이나 학습자 강화에 활용한다.

④ 표준화검사: 교사가 제작하여 수업 진행 중 학생들의 학업성취도나 행동 특성을 측정한다.

교육평가를 위해 활용되는 척도에 대한 설명으로 옳지 않은 것은?

① 명명척도 – 단순히 분류하거나 범주화할 목적으로 사용하는 척도이다.

② 서열척도 – 측정대상에 순위나 서열을 부여하는 것으로, 측정단위의 간격 간에 등간성이 유지된다.

③ 등간척도 – 각 측정단위 사이의 간격이 동일한 척도로서 절대영점은 없고 임의영점은 있다.

④ 비율척도 – 분류, 순위, 등간의 속성은 물론 절대영점을 가지고 있으며 가감승제를 자유롭게 할 수 있다.

09	**형성평가**

교수 – 학습의 진행과정에서의 평가인 형성평가의 목적은 첫째, 학습속도의 조절(학습의 개별화 추구), 둘째, 송환(feedback) 효과와 학습동기 유발, 셋째, 학습곤란의 진단, 넷째, 교사의 교수법 개선 등이다.

(선지분석)
① 모든 학생이 모든 문항을 풀어볼 수 있도록 충분한 시간을 준 다음 측정하는 것은 역량평가이다.

② 학생의 점수를 다른 학생들의 점수와 비교하여 상대적 서열 또는 순위를 매기는 것은 규준지향평가이다.

④ 교사가 제작하여 수업 진행 중 학생들의 학업성취도나 행동 특성을 측정하는 것은 교사제작검사이다.

답 ③

10	**교육평가를 위한 척도**

측정이란 인간이나 사물의 특성을 구체화하기 위해 수(數)를 부여하는 절차를 말한다. 측정단위로는 명명척도, 서열척도, 등간척도, 비율척도 등이 있다. 교육연구에서는 일반적으로 서열척도나 비율척도에 의해 측정된 변수들이 주로 사용된다.

(선지분석)
② 서열척도란 어떤 대상의 크기를 서열로 나타내는 수치를 말한다. 서열척도는 동간성(혹은 등간성)이 없고, 가감승제가 불가능하다.

답 ②

11 ☐☐☐

실험연구의 내적타당도 저해요인에 대한 설명으로 옳지 않은 것은?

① 성숙 – 시간 흐름에 따른 피험자의 내적 변화가 종속변수에 영향을 미치게 된다.
② 통계적 회귀 – 극단적인 측정값을 보인 사례를 다시 측정하면 실험처치와 무관하게 덜 극단적인 측정값으로 회귀하는 경향이 있다.
③ 반복검사 – 사전검사와 사후검사가 동일한 경우 사전검사가 사후검사에 영향을 미치게 된다.
④ 피험자 탈락 – 실험집단과 통제집단을 구성할 때 무작위배치를 하지 않음으로써 두 집단 간의 동질성이 결여된다.

---

12 ☐☐☐

다음 설명에 해당하는 타당도는?

> • 검사도구에서 구한 점수와 미래에 피험자에게 나타날 행동 특성을 수량화한 준거점수 간의 상관을 토대로 한다.
> • 선발, 채용, 배치를 목적으로 하는 적성검사나 선발시험 등에서 요구된다.

① 예언 타당도
② 공인 타당도
③ 구인 타당도
④ 내용 타당도

11	실험연구

실험연구란 변인을 조작하여 이를 적용함으로써 나타나는 변화를 관찰하는 연구이다. 실험연구의 타당성에 영향을 주는 조건 가운데 내적 타당도란 연구의 진행과정이 얼마나 타당하게 이루어졌느냐 하는 것으로 매개변수가 제대로 통제되었느냐의 문제를 말한다. 내적 타당도에 영향을 주는 조건으로는 역사, 성숙, 검사, 도구 사용, 통계적 회귀, 선정, 선정 – 성숙 상호작용 등이다.

(선지분석)
④ 피험자의 탈락이란 통제집단 혹은 실험집단의 피험자가 어떤 사정에 의해 탈락하는 현상으로 내적 타당도에서는 '선정'을 말한다. 실험집단과 통제집단을 구성할 때 무작위배치를 하지 않음으로써 두 집단 간의 동질성이 결여되는 경우는 표집과 관련되는 것으로 이는 실험의 외적 타당도이다.

답 ④

12	검사도구의 구비조건

검사도구의 구비조건 가운데 측정도구가 지닌 예언 가능성의 정도를 따지는 것을 예언 타당도라고 한다. 예언 타당도는 검사 결과가 피험자의 장래의 행동이나 특성을 어느 정도 정확하게 예언하느냐의 정도로 일반적으로 선발, 채용, 배치 등을 목적으로 하는 적성검사나 대학수학능력 시험 등에서 강조된다.

답 ①

---

13 □□□

평가도구의 신뢰도 및 타당도에 대한 설명으로 옳지 않은 것은?

① 신뢰도는 얼마나 정확하게 오차 없이 측정하는가와 관련된다.

② 평가도구가 높은 타당도를 갖기 위해서는 평가도구의 신뢰도가 높아야 한다.

③ 공인 타당도는 새로운 평가도구의 타당도를 기존의 타당성을 인정받고 있는 도구와의 유사성 혹은 연관성에 의해 검증한다.

④ 동형검사 신뢰도는 동일한 피험자 집단에게 동일한 평가도구를 일정 간격을 두고 반복 실시한 결과로 파악한다.

---

14 □□□

성장참조평가에 대한 설명으로 옳은 것만을 모두 고르면?

> ㄱ. 교육과정을 통하여 학생이 얼마나 성장하였는지에 관심을 둔다.
> ㄴ. 학업 증진의 기회를 부여하고 평가의 개별화를 강조한다.
> ㄷ. 사전 측정치와 현재 측정치의 상관이 높을수록 타당한 결과를 얻을 수 있다.
> ㄹ. 대학 진학이나 자격증 취득을 위한 행정적 기능이 강조되는 고부담검사에 적합하다.

① ㄱ, ㄴ

② ㄷ, ㄹ

③ ㄱ, ㄴ, ㄷ

④ ㄴ, ㄷ, ㄹ

13	평가도구의 구비조건

평가도구의 구비조건들 중 신뢰도는 측정도구가 무엇을 재든 얼마나 틀림없이 정확히 재고 있는가의 정도를 말하고, 타당도는 측정도구가 측정하려는 대상을 정확히 재고 있는가의 충실도를 말한다.

(선지분석)

④ 신뢰도 가운데 동일한 피험자 집단에게 동일한 평가도구를 일정한 간격을 두고 반복 실시한 결과로 파악하는 것은 재검사 신뢰도이다.

답 ④

14	성장참조평가

준거에 따른 평가 유형 가운데 성장참조평가란 교육과정을 통해 얼마나 성장하였느냐에 관심을 두는 평가로 초기 능력 수준에 비추어 얼마만큼 능력의 향상을 보였느냐를 강조하는 평가이다. 성장참조평가는 학생들에게 학업 증진의 기회를 부여하는 것과 평가의 개인화를 강조한다.

(선지분석)

ㄷ. 성장참조평가에서는 사전 측정치와 현재 측정치의 상관이 낮을수록 타당한 결과를 얻을 수 있다.

ㄹ. 대학 진학이나 자격증 취득을 위한 행정적 기능이 강조되는 고부담검사에 적합한 것은 규준참조평가이다.

답 ①

15 □□□

준거참조평가의 특징으로 옳은 것만을 모두 고르면?

> ㄱ. 경쟁을 통한 학습자의 외적 동기 유발에 부족하다.
> ㄴ. 탐구정신 함양, 지적인 성취동기 자극 등을 장점으로 들 수 있다.
> ㄷ. 고등 정신능력의 함양보다는 암기 위주의 학습을 유도할 가능성이 있다.
> ㄹ. 일정 점수 이상을 획득한 대상에게 자격증을 부여할 때 주로 사용하는 평가이다.

① ㄴ, ㄷ
② ㄷ, ㄹ
③ ㄱ, ㄴ, ㄹ
④ ㄱ, ㄴ, ㄷ, ㄹ

16 □□□

좋은 검사도구가 갖추어야 할 다음의 조건은?

> • 여러 검사자(채점자)가 어느 정도로 일치된 평가를 하느냐를 의미한다.
> • 검사자의 신뢰도를 의미하기도 한다.

① 타당도
② 객관도
③ 실용도
④ 변별도

15	준거참조평가

ㄱ, ㄴ, ㄹ. 준거참조평가는 절대평가라고도 한다. 준거참조평가는 경쟁을 통한 학습자의 외적 동기 유발은 부족하지만 탐구정신 함양, 지적인 성취동기 자극 등을 장점으로 들 수 있다. 또한 준거참조평가는 일정 점수 이상을 획득한 대상에게 자격증을 부여할 때 주로 사용하는 평가이다.

선지분석

ㄷ. 고등 정신능력의 함양보다는 암기 위주의 학습을 유도할 가능성이 있는 것은 규준참조평가이다.

답 ③

16	좋은 검사도구의 조건

검사도구의 구비조건 가운데 검사자의 신뢰도를 의미하는 것은 객관도이다. 객관도란 채점자에 의해 좌우되는 신뢰도이다. 객관도에 영향을 미치는 요소로는 측정도구, 평가자의 소양, 다수가 공동으로 평가하는 경우 등이 있다.

답 ②

해커스공무원 이이수 교육학 단원별 기출문제집

02 교육평가 및 연구법·통계 207

다음 설명에 해당하는 정의적 특성 측정방법은?

> • 의견, 태도, 감정, 가치관 등을 측정하기 용이하다.
> • 단시간에 다양한 자료를 수집하고 결과 또한 신속하게 처리할 수 있다.
> • 응답 내용의 진위 확인이 어려워 결과 해석에 유의해야 한다.

① 관찰법
② 사례연구
③ 질문지법
④ 내용분석법

다음에 해당하는 신뢰도는?

> • 같은 집단에 특성이 비슷한 두 개의 검사를 각각 실시하고 두 검사점수 간의 상관계수를 산출하여 신뢰도를 구한다.
> • 기억효과와 연습효과가 감소된다.

① 검사 - 재검사 신뢰도
② 동형검사 신뢰도
③ 반분 신뢰도
④ 문항내적 일관성 신뢰도

17	질문지법

개인의 의견, 태도, 감정, 가치관 등과 같은 다양한 자료를 단시간에 수집하고 결과 또한 신속하게 처리할 수 있는 장점을 지닌 측정방법은 질문지법이다. 질문지법은 반응자 자신이 주어진 문제에 대해 기술하도록 하는 일종의 자기 고백식 방법이다.

답 ③

18	신뢰도 검사방법

검사도구의 구비조건 가운데 신뢰도는 검사도구가 측정하려는 대상을 얼마나 안정적이고 일관성 있게 측정하고 있는가의 정도를 말한다. 신뢰도 검사방법 가운데 같은 집단에 특성이 비슷한 두 개의 검사를 각각 실시하고 두 검사점수 간의 상관계수를 산출하여 신뢰도를 구하는 것은 동형검사 신뢰도이다. 동형검사 신뢰도의 장점으로는 재검사 신뢰도에서 오차변인으로 작용하는 기억 및 연습의 효과를 통제할 수 있다는 점이 있고, 단점으로는 동질(同質)의 검사를 제작하기 어렵다는 점이 있다.

답 ②

19 ☐☐☐

구인 타당도에 대한 설명으로 옳지 않은 것은?

① 측정을 통해 얻은 사실로 미래의 행동특성을 예견한다.
② 타당도 증거를 수집하기 위해 요인분석 등 여러 통계적 방법이 사용된다.
③ 한 검사가 어떤 심리적 개념이나 논리적 구인을 제대로 측정하는가를 검증한다.
④ 검사가 의도한 바의 특성을 측정하고 있는지에 대한 증거를 수집하는 과정이다.

20 ☐☐☐

검사도구의 양호도에 대한 설명으로 옳은 것은?

① 실용도는 시간, 비용, 노력 측면에서 검사가 얼마나 경제적인지를 나타낸다.
② Cronbach's α계수는 재검사 신뢰도의 일종이다.
③ 객관도는 신뢰도보다는 타당도에 가까운 개념이다.
④ 높은 신뢰도는 높은 타당도가 되기 위한 충분조건이다.

19	구인 타당도

구인 타당도란 가설적으로 개념화한 특성들을 실제 검사결과와 비교하여 어느 정도 대응하는가의 정도를 말한다. 즉, 한 검사 점수가 어떤 논리적 구성이나 심리적 특성을 어느 정도 측정하고 있느냐의 정도를 의미한다.

(선지분석)
① 측정을 통해 얻은 사실로 미래의 행동특성을 예견하는 것은 예언 타당도이다.

답 ①

20	검사도구의 양호도

검사도구의 양호도의 종류로는 타당도, 신뢰도, 객관도, 실용도 등이 있다. 이 가운데 실용도는 시간, 비용, 노력 측면에서 검사가 얼마나 경제적인지를 나타낸다.

(선지분석)
② Cronbach's α계수는 문항내적 합치도를 검증하는 공식이다.
③ 객관도는 검사자의 신뢰도를 말한다.
④ 신뢰도와 타당도의 관계에서 높은 신뢰도는 높은 타당도가 되기 위한 필요조건이다.

답 ①

피어슨(Pearson)의 적률상관계수를 활용하여 독서량과 국어 원점수 간의 상관을 분석하는 과정에 나타날 수 있는 현상으로 옳은 것만을 모두 고르면?

> ㄱ. 극단한 값(outlier)의 영향을 크게 받을 수 있다.
> ㄴ. 두 변수가 곡선적인 관계를 보이면 상관이 과소추정될 우려가 있다.
> ㄷ. 국어 원점수를 T점수로 변환하면 두 변수 간의 상관계수는 달라진다.

① ㄱ, ㄴ
② ㄱ, ㄷ
③ ㄴ, ㄷ
④ ㄱ, ㄴ, ㄷ

형성평가에 대한 설명으로 옳지 않은 것은?

① 형성평가의 목적은 교수 – 학습 개선에 있다.
② 형성평가는 수업 전 학습곤란 정도를 파악한다.
③ 형성평가는 학습자의 학습을 강화하는 기능을 한다.
④ 형성평가는 학습의 진행속도를 조절하는 기능을 한다.

21	피어슨의 적률상관계수

피어슨(Pearson)의 적률상관은 상관관계를 분석하는 대표적인 방법으로, 상관도란 한 변인이 변함에 따라 다른 변인이 어떻게 변하느냐의 정도를 말한다.

ㄱ. 극단한 값(outlier)의 영향을 크게 받을 수 있다는 것은 한 두 개의 극단점수가 상관계수에 큰 영향을 미친다는 것이다.

ㄴ. 두 변수가 곡선적인 관계를 보인다는 것은 상관이 작다는 의미로, 이는 상관이 과소추정될 우려가 있다는 것이다.

(선지분석)

ㄷ. 원점수를 T점수로 변환하면 두 변수 간의 상관계수는 변하지 않는다. T점수는 표준점수를 의미한다.

답 ①

22	형성평가

형성평가란 교수학습이 진행되고 있는 유동적인 상황에서 학생들에게 피드백을 주고, 교과과정을 개선하며, 수업방법을 개선하기 위해 실시되는 평가이다.

(선지분석)

② 수업 전 학습곤란 정도를 파악하는 것은 진단평가이다.

답 ②

23 □□□

(가)와 (나)에 해당하는 평가의 유형을 옳게 짝지은 것은?

> (가) 학습목표를 설정해 놓고 이 목표에 비추어 학습자 개 개인의 학업성취 정도를 따지려는 것이다.
>
> (나) 최종 성취수준 그 자체보다 사전 능력수준과 평가시 점에 측정된 능력수준 간의 차이에 관심을 두는 평가 로 개별화교육을 촉진할 수 있다.

	(가)	(나)
①	준거참조평가	성장참조평가
②	준거참조평가	능력참조평가
③	규준참조평가	성장참조평가
④	규준참조평가	능력참조평가

24 □□□

ㄱ ~ ㄷ에 들어갈 평가 유형을 바르게 연결한 것은?

유형	(ㄱ)	(ㄴ)	(ㄷ)
시행 시기	수업 전	수업 중	수업 후
목적	출발점 행동과 학습결손의 원인을 확인 하고자 한다.	수업지도방법을 개선하거나 학습행동을 강화 하고자 한다.	수업목표의 달성 여부를 판단하고자 한다.

	ㄱ	ㄴ	ㄷ
①	진단평가	총괄평가	형성평가
②	진단평가	형성평가	총괄평가
③	형성평가	진단평가	총괄평가
④	총괄평가	형성평가	진단평가

23	준거참조평가와 성장참조평가

(가) 학습목표의 달성도를 평가하는 평가방법은 준거참조평가이다. 준거참조평가에서는 '학생이 얼마나 성취했는가?'라는 질문보다 '학생이 무엇을 성취했는가?'의 질문에 더 관심을 갖는다. 의사면허, 운전면허 등 생명과 직결되는 시험에 주로 사용된다.

(나) 사전 능력수준과 평가시점에 측정된 능력수준 간의 차이에 관심을 두는 평가방법은 성장참조평가이다. 성장참조평가는 최종 수준에 대한 관심보다는 초기 능력수준에 비추어 얼마만큼 능력의 향상을 보였느냐를 강조하는 평가로 사전 능력수준과 관찰 시점에 측정된 능력수준 간의 차이에 관심을 둔다.

답 ①

24	교수학습 과정에서의 평가

교수학습이 진행되는 과정에서 이루어지는 평가는 진단평가, 형성평가, 총괄평가 등으로 구분된다.

ㄱ. 수업 전에 출발점 행동과 학습결손의 원인을 확인하고자 하는 것은 진단평가이다.

ㄴ. 수업 중 수업지도방법을 개선하거나 학습행동을 강화하고자 하는 목적으로 하는 것은 형성평가이다.

ㄷ. 수업 후에 수업목표의 달성 여부를 판단하고자 하는 것은 총괄평가이다.

답 ②

25 □□□

검사도구의 신뢰도를 높이기 위한 방법에 해당하지 않는 것은?

① 새로 실시한 검사와 이미 공인된 검사 사이의 유사도를 추정한다.
② 실시한 하나의 검사를 두 부분으로 나누어 각 부분의 측정결과 간의 유사도를 추정한다.
③ 동일한 집단에게 동일한 검사를 일정한 간격을 두고 반복 실시하여 두 검사 간의 일관성 정도를 추정한다.
④ 동일한 집단에게 검사의 특성이 거의 같은 두 개의 검사를 실시하여 두 점수 간의 유사성 정도를 추정한다.

25	검사도구의 신뢰도

새로 실시한 검사와 이미 공인된 검사 사이의 유사도를 추정하는 것은 공인 타당도이다.

(선지분석)
② 실시한 하나의 검사를 두 부분으로 나누어 각 부분의 측정결과 간의 유사도를 추정하는 것은 반분 신뢰도이다.
③ 동일한 집단에게 동일한 검사를 일정한 간격을 두고 반복 실시하여 두 검사 간의 일관성 정도를 추정하는 것은 재검사 신뢰도이다.
④ 동일한 집단에게 검사의 특성이 거의 같은 두 개의 검사를 실시하여 두 점수 간의 유사성 정도를 추정하는 것은 동형검사 신뢰도이다.

답 ①

---

26 □□□

다음 척도에 대한 설명으로 옳은 것은?

> 현재 수강 중인 과목에 어느 정도 만족하십니까?
> ① 매우 불만 ② 불만 ③ 보통 ④ 만족 ⑤ 매우 만족

① 측정치 사이의 크기 또는 간격이 동일한 척도로, 절대영점을 갖고 있다.
② 측정대상을 상호배타적 범주로 분류하는 측정치로, 수치의 의미가 질적 구분만 가능하다.
③ 분류, 순위, 동간성을 갖고 있는 측정치로, 가감승제가 자유로운 가장 높은 수준의 측정이다.
④ 순위 또는 상대적 중요성에 대한 정보를 갖고 있는 측정치로, 측정치가 절대량의 크기를 나타내지 않는다.

26	척도의 의미

척도의 종류로는 명명척도, 서열척도, 동간척도, 비율척도 등이 있다. 매우 불만 / 불만 / 보통 / 만족 / 매우 만족 등으로 구분하는 것은 리커트척도로, 이는 서열척도에 해당한다. 서열척도는 어떤 대상들의 크기를 서열로 나타내는 수치를 말하며, 동간성이 없고 가감승제가 불가능하다. 순위 또는 상대적 중요성에 대한 정보를 가지고 있는 측정치로, 측정치가 절대량의 크기를 나타내지 않는다.

(선지분석)
① 측정치 사이의 크기 또는 간격이 동일하고, 절대영점이 아닌 가상적 영점을 갖고 있는 것은 동간척도이다.
② 측정대상을 상호배타적 범주로 분류하는 측정치로, 수치의 의미가 질적 구분만 가능한 것은 명명척도이다.
③ 분류, 순위, 동간성을 갖고 있는 측정치로, 가감승제가 자유로운 가장 높은 수준의 척도는 비율척도이다.

답 ④

다음은 지능 원점수 4개를 서로 다른 척도로 나타낸 것이다. 지능 원점수가 가장 낮은 것은? (단, 지능 원점수는 정규분포를 따른다)

① Z점수 1.5
② 백분위 90
③ T점수 60
④ 스테나인 2등급

철수의 수학 시험 성적은 60점이었다. 정규분포를 보이는 철수의 학교 전체 학생 50명의 수학 점수 평균은 50, 표준편차는 10이었다. 철수의 수학 점수는 학교에서 8등이었고 동점자는 없었다. 철수의 학교 내 규준점수에 대한 설명으로 옳지 않은 것은?

① 스테나인 점수는 7이다.
② 백분위는 68이다.
③ Z점수는 1이다.
④ T점수는 60이다.

27	지능 원점수

Z점수 1.5를 지능의 원점수로 환산하면 IQ 115와 130 사이인 122.5, 백분위 90은 IQ지수로는 115~130 사이의 점수, T점수 60은 Z점수로 환산하면 1이므로 IQ지수로는 115, 스테나인 2등급은 상위 7%에 해당하며 Z점수로는 1.25로 IQ 지수로는 115~130 사이에 해당한다. 그러므로 원점수가 가장 낮은 척도는 T점수 60이다.

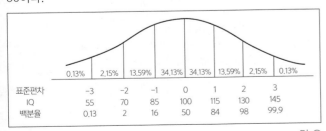

표준편차	−3	−2	−1	0	1	2	3
	0.13%	2.15%	13.59%	34.13%	34.13%	13.59%	2.15%	0.13%
IQ	55	70	85	100	115	130	145
백분율	0.13	2	16	50	84	98	99.9

답 ③

28	규준점수

철수의 수학 시험 성적을 Z점수, T점수, 백분위, 스테나인 점수로 환산하면 각각 다음과 같다.

- Z점수: $Z = \dfrac{X - M}{SD}$ 이므로 $\dfrac{60 - 50}{10} = 1$
- 백분위: Z점수 1은 표준편차(SD) 1이므로 백분위는 84
- T점수: $T = 10Z + 5$ 이므로 60
- 스테나인 점수: $C = 2Z + 5$ 이므로 C점수는 7

답 ②

29 □□□

20개의 문항으로 구성된 검사도구를 앞의 10개 문항과 뒤의 10개 문항으로 나누어 반분검사신뢰도(split-half reliability)를 추정하려고 할 때, 이 검사도구가 갖추어야 할 가장 적절한 조건은?

	문항 간 동질성	평가 유형
①	낮음	속도검사
②	낮음	역량검사
③	높음	속도검사
④	높음	역량검사

30 □□□

정의적 영역의 평가를 위한 사회성 측정법에 관한 설명으로 옳지 않은 것은?

① 선택 집단의 범위가 명확해야 한다.
② 측정 결과를 개인 및 집단에 적용할 수 있다.
③ 문항 작성 절차가 복잡하고 검사 시간이 길다.
④ 집단 내 개인의 사회적 위치를 알아낼 수 있다.

29	반분검사신뢰도

반분검사신뢰도는 한 개의 검사를 한 피험자 집단에게 실시한 다음 적당한 방법으로 두 부분으로 나눈 후 이 두 부분을 독립된 검사로 생각하고 두 부분의 점수들의 상관관계로 문항 간 내적 합치도를 알아보는 신뢰도로 문항 간의 동질성이 높아야 한다. 반면, 검사를 두 부분으로 나누는 방식에 따라 신뢰도 계수가 달라지기 때문에 속도검사에는 적용할 수 없고 역량검사에 적용할 수 있다. 속도검사는 제한된 시간에 얼마나 빨리 정확하게 문제의 답을 맞히는가를 측정하는 검사로 충분한 시간이 부여되지 않는다. 역량검사란 충분한 검사시간을 부여하고 피험자가 지니고 있는 능력을 최대한 발휘하게 하여 피험자의 능력을 추정하는 검사이다. 보통 학업성취도 검사는 역량검사의 형태를 취한다. 속도검사의 경우 반분 신뢰도를 추정할 때 검사를 양분하는 방법으로 전후법을 사용하지 않아야 한다.

답 ④

30	사회성 측정법

사회성 측정법이란 집단 내에서의 개인 간 사회적 위치 및 비형식적 집단의 구조를 알아내는 방법으로, 개인 간 선호도를 간단한 질문을 통해 짧은 시간에 파악할 수 있다.

> 📄 **사회성 측정법 실시할 때의 유의점**
> 1. 실시자는 학급 담임교사가 하는 것이 좋다.
> 2. 결과는 학생들에게 절대로 알려서는 안 된다.
> 3. 집단의 한계가 명시되어야 한다.
> 4. 한정된 집단 구성원 전원이 조사 대상이 되어야 한다.
> 5. 저학년 아동들은 개별 면접으로 하는 것이 좋다.

답 ③

31 ☐☐☐

수행평가에 대한 설명으로 옳지 않은 것은?

① 수행평가의 유형으로는 지필식, 구술식, 실습식, 포트폴리오 평가방법 등이 있다.
② 수행평가의 개발 절차에는 일반적으로 평가목적의 진술, 수행의 상세화, 자료 수집·채점·기록 방법 결정, 수행평가 과제의 결정 등이 포함된다.
③ 채점자가 범할 수 있는 평정의 오류는 집중경향의 오류, 후광효과, 논리적 오류, 표준의 오류, 근접의 오류 등이 있다.
④ 비판적 사고능력의 개인별 변화 및 발달과정을 평가하기에 적합한 수행평가 방식은 표준화 검사이다.

32 ☐☐☐

다음 설명의 ㄱ~ㄷ에 들어갈 개념을 바르게 연결한 것은?

- (ㄱ)란 검사 또는 측정도구가 본래 측정하고자 하는 것을 충실히 측정하고 있는가의 문제이다.
- (ㄴ)란 검사도구가 측정하려는 것을 안정적이고 일관성 있게, 그리고 오차 없이 측정하는가의 문제이다.
- (ㄷ)란 검사의 채점자가 주관적 편견 없이 얼마나 공정하게 채점하느냐의 문제이다.

	ㄱ	ㄴ	ㄷ
①	타당도	변별도	객관도
②	변별도	타당도	신뢰도
③	신뢰도	타당도	변별도
④	타당도	신뢰도	객관도

31	수행평가

수행평가의 방법으로 부적절한 것은 표준화 검사와 같은 객관적 검사이다. 표준화 검사는 수행평가에서 중시하는 비판적 사고능력의 개인별 변화 및 발달과정을 평가하기 위한 수행평가 방식으로 적절하지 않다. 수행평가란 학생들이 습득한 지식, 기능, 기술을 실제 생활이나 인위적인 평가상황에서 얼마나 잘 수행했는지, 혹은 어떻게 수행할 것인지를 다양한 방법으로 종합적으로 판단하는 평가이다.

선지분석

① 수행평가의 방법은 서술형, 논술형, 구술형, 찬반토론, 실기시험, 연구보고서법, 포트폴리오법 등 다양하다.
② 수행평가 문항제작의 일반적 절차는 평가목적의 구체화, 성취행동의 명확한 서술, 평가방법의 설계, 채점계획의 수립 등이다.
③ 평정의 오류로는 집중경향의 오류 등이 있다.

답 ④

32	검사도구의 양호도

ㄱ. 타당도란 측정하려는 대상을 측정도구가 정확히 재고 있는가의 충실도를 말한다. 즉, 검사점수가 검사의 사용목적에 얼마나 부합하는가의 문제로 검사의 진실성 또는 정직성이라고도 한다. 타당도에는 내용 타당도, 공인 타당도, 예언 타당도, 공인 타당도 등이 있다.
ㄴ. 신뢰도란 측정도구가 무엇을 재든 얼마나 틀림없이 정확히 재고 있느냐의 정도를 말한다. 즉, 측정하려는 것을 얼마나 안정적으로 일관성 있게 측정하고 있느냐의 정도이다.
ㄷ. 객관도란 채점자에 의해 좌우되는 신뢰도로 검사의 채점자가 주관적 편견 없이 얼마나 공정하게 채점하느냐의 문제이다.

답 ④

33 □□□

표준화 검사 도구를 활용할 때 유의할 점으로 적절하지 않은 것은?

① 검사 실시 목적에 적합한 내용의 검사를 선택한다.
② 검사의 타당도, 신뢰도, 객관도, 실용도를 고려하여 검사를 선택한다.
③ 상황에 맞춰 검사의 실시·채점·결과의 해석을 융통성 있게 변경한다.
④ 검사를 사용하는 사람이 검사에 대한 객관적인 식견이 있어야 한다.

34 □□□

다음 내용에 가장 부합하는 교육평가 유형은?

• 교과내용 및 평가 전문가가 제작한 검사를 주로 사용한다.
• 서열화, 자격증 부여, 프로그램 시행 여부 결정의 목적을 위해 시행한다.
• 교수·학습이 완료된 시점에서 교육목표의 달성 정도를 종합적으로 판정한다.

① 총괄평가(summative evaluation)
② 형성평가(formative evaluation)
③ 능력참조평가(ability-referenced evaluation)
④ 성장참조평가(growth-referenced evaluation)

---

33 교육평가 유형 - 표준화 검사

표준화 검사(standardized test)란 일정한 객관적 기준(norm)을 설정하여 이 기준에 의해 검사결과를 해석하는 표준화가 된 검사이다. 즉, 모집단을 대표하는 피험자를 표집하여 동일한 지시와 절차에 의해 검사를 시행한 후 객관적 채점방법에 의하여 규준이 만들어진 검사이다. 표준화 검사는 누가, 언제, 어디서 검사를 실시하고 채점하고, 해석을 하더라도 객관성 있는 일정한 결과를 얻을 수 있다.

(선지분석)
③ 표준화 검사는 상황에 맞춰 검사의 실시·채점·결과의 해석을 융통성 있게 변경하는 것이 아니라 상황과 관계없이 일정한 객관성 있는 결과를 얻을 수 있는 장점이 있다.

답 ③

34 교육평가 유형 - 총괄평가

총괄평가(summative evaluation)는 일련의 교수학습 활동이 종결되어 그 활동의 효율성이나, 결과로서 산출된 성과에 대한 종합적 판단을 위한 평가이다. 총괄평가는 전체 교과목이나 혹은 그것의 중요한 부분에 걸친 학업성취가 어느 정도 달성되었는지 그 정도를 총평하기 위해 실시된다.

(선지분석)
② 형성평가(formative evaluation)는 일련의 유목적적(有目的的) 활동의 진행과정에서 그 활동의 부분적 수정, 개선, 보완의 필요성에 관련된 정보를 얻기 위한 평가로, 1967년 스크리븐(Scriven)이 처음 사용하였다.
③ 능력참조평가(ability-referenced evaluation)란 학생이 지니고 있는 능력에 비추어 얼마나 최선을 다하였느냐에 초점을 두는 평가방법이다.
④ 성장참조평가(growth-referenced evaluation)는 교육과정을 통해 얼마나 성장하였느냐에 관심을 두는 평가방법이다.

답 ①

35

검사도구의 타당도에 대한 옳은 설명을 <보기>에서 고른 것은?

―〈보기〉―

ㄱ. 검사점수가 사용 목적에 얼마나 부합하는가를 의미한다.
ㄴ. 검사대상을 얼마나 정확하게 무선오차(random error) 없이 측정하는지를 의미한다.
ㄷ. 동일한 검사에 대한 채점자들 간 채점 결과의 일치 정도를 의미한다.
ㄹ. 측정하고자 하는 특성을 검사점수가 얼마나 잘 나타내 주는지를 의미한다.

① ㄱ, ㄷ
② ㄱ, ㄹ
③ ㄴ, ㄷ
④ ㄴ, ㄹ

다음 설명에 해당하는 정의적 특성 평가방법은?

• 스티븐슨(Stephenson)이 개발한 것으로, 인간의 태도와 행동을 연구하는 데 유용하다.
• 다양한 진술문을 분류하는 작업을 통해 피험자의 특정 주제에 대한 주관적 의견이나 인식의 구조를 확인할 수 있다.
• 여러 사람의 분류에서 어떤 공통성, 차이가 있는가를 밝힐 때 혹은 한 개인의 두 장면(예컨대 치료 전, 후)에서의 차이를 비교할 때 사용될 수 있다.

① 관찰법
② 의미분석법
③ Q 분류법(Q sort)
④ 사회성 측정법(Sociometry)

35	타당도

타당도란 측정하려는 대상을 측정도구가 정확히 재고 있는가의 충실도, 즉 검사점수가 검사의 사용목적에 얼마나 부합하는가의 문제로 검사의 진실성 또는 정직성이라고도 한다. 타당도는 검사가 갖는 고유한 속성이라기보다 검사에서 얻는 결과를 가지고 검사의 타당성의 근거를 제시한다. 타당도는 타당도가 '있다.' 혹은 '없다.'로 말하는 것이 아니라 어느 정도인지 '낮다.', '적절하다.', '높다.' 등으로 표현한다. 즉, 타당도란 무엇에 비추어 본 타당도를 말한다.

(선지분석)

ㄴ. 검사대상을 얼마나 정확하게 무선오차(random error) 없이 측정하는지를 의미하는 것은 신뢰도이다.
ㄷ. 동일한 검사에 대한 채점자들 간 채점 결과의 일치 정도를 의미하는 것은 객관도이다.

답 ②

36	Q 분류법

Q 분류법(Q sort)은 스티븐슨(Stephenson)이 개발한 인성측정 방법으로 여러 가지 다원적 판단, 기호, 인상 등을 측정하고 기록하는 심리측정 및 통계적 절차를 통틀어 지칭한다. Q 분류법은 전통적인 개념인 변인 간 상관 혹은 검사 간 상관 대신에 사람 간의 상관 혹은 사람 간의 요인을 밝혀 사람 간의 유형이나 유사성을 기초로 현상을 탐구하는 방법이다.

답 ③

37 ☐☐☐

평가기준에 따른 평가유형에 대한 설명으로 옳지 않은 것은?

① 규준참조(norm-referenced) 평가: 서열화가 쉽고 경쟁 유발에 유리하다.
② 능력참조(ability-referenced) 평가: 모든 학생들에게 동일한 평가기준의 적용이 가능하다.
③ 성장참조(growth-referenced) 평가: 사전능력수준과 현재 능력수준 간의 차이를 참조하여 평가한다.
④ 준거참조(criterion-referenced) 평가: 학습결과에 대한 직접적인 정보제공을 통해 교수 - 학습을 개선할 수 있다.

38 ☐☐☐
2016년 국가직 9급

변별도에 대한 설명으로 옳은 것만을 모두 고른 것은?

> ㄱ. 난이도가 어려울수록 변별도는 높아진다.
> ㄴ. 정답률이 50%인 문항의 변별도는 1이다.
> ㄷ. 모든 학생이 맞힌 문항의 변별도는 0이다.

① ㄴ
② ㄷ
③ ㄱ, ㄴ
④ ㄱ, ㄷ

37	평가유형

능력참조(ability-referenced) 평가는 한 학생이 지니고 있는 능력에 비추어 얼마나 최선을 다하였느냐에 초점을 두는 평가방법으로, 개인을 위주로 하는 평가이다.

(선지분석)
① 규준참조(norm-referenced) 평가는 한 학생의 학업성취도를 학생 상호 간의 상대적 비교를 통하여 성적을 결정하는 평가방법이다.
③ 성장참조(growth-referenced) 평가는 교육과정을 통해 얼마나 성장하였느냐에 관심을 두는 평가이다.
④ 준거참조(criterion-referenced) 평가는 어떤 기준 또는 교수목표의 달성도에 따라 한 개인의 성적을 결정하는 평가방법이다.

답 ②

38	문항변별도

문항변별도(Discrimination Index; DI)란 각 문항이 얼마만큼 능력의 상·하를 변별해내는가의 방법이다. '어떤 문항이 그 검사가 측정하고자 하는 능력의 상·하를 얼마나 예리하게 변별해 주느냐?'하는 정도를 의미한다. 문항변별도 계산에서 집단을 구분하는 것은 준거점수에 따라 구분하기도 하고, 총 피험자 수에 근거하여 피험자수가 같도록 집단을 구분하거나 상위 27%와 하위 27%를 규정한 후 문항변별도를 추정하기도 한다. 모든 학생이 맞힌 문항의 변별도는 0이다. 이 경우는 상위집단 정답률과 하위집단 정답률에 차이가 없기 때문에 상위집단 정답률 - 하위집단 정답률 = 0이 된다.

(선지분석)
ㄱ. 중간 정도의 난이도가 있는 문항이 변별도를 높인다.
ㄴ. 상위집단 정답률과 하위집단 정답률이 50%인 문항의 변별도는 0이다.

답 ②

39 ☐☐☐

수학 성취도 평가를 실시한 결과, 전체 학생의 수학 원점수는 평균이 70, 표준편차가 10인 정규분포를 따랐다. 원점수 80을 받은 학생이 포함된 백분위 구간은?

① 60 이상 70 미만
② 70 이상 80 미만
③ 80 이상 90 미만
④ 90 이상 100 미만

40 ☐☐☐

고전검사이론에서의 문항변별도에 대한 설명으로 옳은 것을 <보기>에서 고른 것은?

─〈보기〉─

ㄱ. 문항변별도 지수는 0 ~ 100 사이의 값을 갖는다.
ㄴ. 각 문항이 학생들의 능력수준을 구분해 주는 정도를 나타낸다.
ㄷ. 능력수준이 다른 두 집단을 대상으로 각각 계산하더라도 문항변별도는 동일하다.
ㄹ. 검사 총점이 높은 학생이 낮은 학생에 비해 문항변별도가 높은 문항에서 정답을 맞힐 가능성이 높다.

① ㄱ, ㄷ
② ㄱ, ㄹ
③ ㄴ, ㄷ
④ ㄴ, ㄹ

39	정규분포곡선

원점수 평균이 70, 표준편차가 10인 정규분포에서 원점수 80을 받은 학생의 표준편차는 1이므로 백분위는 84에 해당한다.

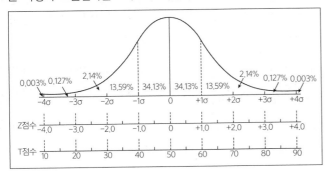

답 ③

40	문항변별도

고전검사이론에서 문항변별도는 문항분석방법의 한 유형을 말한다. 문항분석이란 검사의 각 문항이 본래의 기능을 제대로 수행하고 있는지 확인하고 검토해 보는 작업으로 문항양호도분석이라고 한다. 문항변별도는 각 문항이 얼마만큼 능력의 상하를 변별해내는가의 방법을 말한다. 즉, 각 문항이 학생들의 능력수준을 구분해 주는 정도를 나타내며, 검사 총점이 높은 학생이 낮은 학생에 비해 문항변별도가 높은 문항에서 정답을 맞힐 가능성이 높다.

(선지분석)
ㄱ. 문항변별도 지수는 −1에서 +1 사이의 값을 갖는다. 0~100 사이의 값을 갖는 지수는 문항곤란도이다.
ㄷ. 능력수준이 다른 두 집단을 대상으로 각각 계산하면 능력수준이 높은 집단이 능력수준이 낮은 집단보다 문항변별도는 높다. 문항곤란도의 공식은 상위 집단의 정답률에서 하위 집단의 정답률을 뺀 값으로 계산한다.

답 ④

다음 표는 학생의 문항별 정답 및 오답을 표시한 것이다. 총점에 따른 학생별 수준을 고려할 때, 문항1 ~ 문항4 중 문항변별도가 가장 높은 문항은? (단, 정답은 ○, 오답은 ×로 표시한다)

구분	문항1	문항2	문항3	문항4	……	총점	수준
학생A	○	×	○	×	……	99	상위집단
학생B	○	×	○	×	……	95	상위집단
학생C	×	○	○	×	……	20	하위집단
학생D	×	○	○	×	……	25	하위집단
학생E	○	×	○	×	……	90	상위집단

① 문항1
② 문항2
③ 문항3
④ 문항4

42

규준지향평가와 준거지향평가를 비교할 때 옳지 않은 것은?

구분	규준지향평가	준거지향평가
① 목적	상대적 서열 평가	목표 달성도 평가
② 검사문항	적절한 난이도와 변별도 강조	난이도와 변별도가 강조되지 않음
③ 득점분포	정규분포를 기대함	부적 편포를 기대함
④ 신뢰도 및 타당도	타당도 강조	신뢰도 강조

---

41 문항변별도

문항변별도는 각 문항이 얼마만큼 능력의 상·하를 변별해내는가의 방법이다. 즉, 문항이 그 검사가 측정하고자 하는 능력의 상·하를 얼마나 예리하게 변별해주느냐 하는 정도를 의미한다. 문항변별도는 상위집단의 정답률과 하위집단의 정답률의 차이로 추정한다.

구분	상위집단의 정답률	하위집단의 정답률	변별도
문항1	$\frac{3}{3}=1$	$\frac{0}{2}=0$	$1-0=1$
문항2	$\frac{0}{3}=0$	$\frac{2}{2}=1$	$0-1=-1$
문항3	$\frac{3}{3}=1$	$\frac{2}{2}=1$	$1-1=0$
문항4	$\frac{0}{3}=0$	$\frac{0}{2}=0$	$0-0=0$

문항1의 문항변별도가 1이므로 가장 높다.

답 ①

42 규준지향평가와 준거지향평가

- 규준지향평가는 신뢰도, 준거지향평가는 타당도를 중시한다.
- 규준지향평가는 한 학생의 학업성취도를 학생 상호 간의 상대적 비교를 통해서 성적을 결정하는 평가방법으로 상대적 서열을 평가하는 것을 목적으로 하며, 검사문항은 적절한 난이도와 변별도가 강조되고 득점분포는 정규분포를 기대한다.
- 준거지향평가는 어떤 기준 또는 교수목표의 달성도에 따라 한 개인의 성적을 결정하는 평가로 문항의 난이도나 변별도는 강조되지 않으며, 모든 학습자가 목표에 도달하는 것을 중시하기 때문에 부적 편포를 기대한다.

답 ④

다음 설명에 해당하는 교육평가 유형은?

> • 학습 보조의 개별화를 위한 자료를 제공한다.
> • 학습 진전의 효율화를 확인하기 위한 자료를 제공한다.
> • 교수 - 학습 방법의 개선을 위한 자료를 제공한다.

① 형성평가
② 진단평가
③ 절대평가
④ 총괄평가

43	교육평가 유형 - 형성평가

형성평가는 일련의 유목적적(有目的的) 활동의 진행과정에서 그 활동의 부분적 수정, 개선, 보완의 필요성에 관련된 정보를 얻기 위한 평가로, 1967년 스크리븐(Scriven)이 처음 사용하였다. 형성평가의 실시목적은 ㉠ 학습속도의 조절(학습의 개별화 추구), ㉡ 송환(feedback) 효과와 학습동기 유발, ㉢ 학습곤란의 진단, ㉣ 교사의 교수법 개선 등이다.

답 ①

규준참조(norm-referenced)평가와 비교할 때, 준거참조(criterion-referenced)평가의 특징으로 가장 옳은 것은?

① 정규분포곡선과 표준점수를 기초로 한다.
② 선발적 교육관보다는 발달적 교육관에 근거한다.
③ 검사도구의 타당도보다는 신뢰도와 문항곤란도를 중시한다.
④ 학생들 사이의 개인차를 강조함으로써 경쟁심을 조장할 수 있다.

44	준거참조평가

준거참조(criterion-referenced)평가는 어떤 기준 또는 교수목표의 달성도에 따라 한 개인의 성적을 결정하는 평가방법으로, 발달적 교육관에 근거한다. 발달적 교육관은 모든 학습자에게 각각 적절한 교수 - 학습방법만 제시될 수 있다면, 누구나 의도하는 바의 주어진 교육목표를 달성할 수 있을 것이라는 신념을 지닌 교육관이다. 준거참조평가는 1963년 글레이저(Glaser)에 의해 처음 사용되었고, 의사면허나 운전면허 등 생명과 직결되는 시험에 주로 사용된다.

(선지분석)
① 정규분표곡선과 표준점수를 기초로 하는 것은 규준참조평가이다.
③ 검사도구의 신뢰도와 문항곤란도를 중시하는 것은 규준참조평가이다.
④ 학생들 사이의 개인차를 강조함으로써 경쟁심을 조장할 가능성이 높은 평가는 규준참조평가이다.

답 ②

A 학교의 수학 시험 점수의 평균이 70점이고, 표준편차가 10점일 때, 가장 높은 점수는? (단, 수학 시험 점수는 정규분포를 이룬다)

① 원점수: 75
② T점수: 65
③ Z점수: 1
④ 백분위: 80

난이도와 변별도를 바르게 이해한 것은?

① 변별도가 0이거나 음수인 문항은 제외해야 한다.
② 난이도는 총 피험자 중 오답을 한 피험자의 비율이다.
③ 변별도를 높이기 위해서는 문제를 가능한 한 어렵게 출제해야 한다.
④ 난이도를 조절하기 위해서는 상위집단과 하위집단의 정답률을 비슷하게 구성해야 한다.

45	표준점수

T점수 65를 Z점수로 환산하면 1.50이다.

(선지분석)
① 원점수 75를 Z점수로 환산하면 0.5이다.
④ 백분위 80을 Z점수로 환산하면 1이다.

답 ②

46	문항양호도 검증

변별도란 각 문항이 얼마만큼 능력의 상·하를 변별해내는가의 정도를 말한다. 변별도가 0이거나 음수인 문항은 문항변별이 되지 않거나 하위집단의 정답률이 높은 문항이므로 제외하는 것이 바람직하다.

(선지분석)
② 난이도는 총 피험자 중 정답을 한 피험자의 비율이다.
③ 문제를 너무 어렵게 출제하면 시험 불안증이 발생하여 신뢰도가 낮아지므로 변별도를 높이기 위해서는 중간 정도의 곤란도로 출제해야 한다.
④ 난이도를 조절하기 위해서는 상위집단이 하위집단보다 정답률이 높도록 구성해야 한다.

답 ①

                               2014년 국가직 9급

평가도구의 양호도에 대한 설명으로 옳지 않은 것은?

① 규준지향평가의 신뢰도에서는 원점수 자체의 의미가 중요하다.
② 평가도구의 문항 수는 신뢰도에 영향을 미친다.
③ 최근에는 타당도를 평가결과의 해석이 얼마나 타당한가에 대한 근거를 수집하는 과정으로 본다.
④ 입학시험과 입학 이후의 학업성적과의 상관이 높다면 입학시험의 예측 타당도가 높다고 할 수 있다.

47	평가도구의 양호도

평가도구의 양호도 가운데 타당도는 측정하려는 대상을 측정도구가 정확히 재고 있는가의 충실도, 즉 검사점수가 검사의 사용목적에 얼마나 부합하는가의 문제로 검사의 진실성 혹은 정직성이라고도 한다. 신뢰도란 측정도구가 무엇을 재든 얼마나 틀림없이 정확히 재고 있느냐의 정도, 즉 측정하려는 것을 얼마나 안정적으로 일관성 있게 측정하고 있는가의 정도를 말한다. 규준지향평가의 신뢰도에서는 원점수 자체는 의미가 없고, 원점수를 다른 피험자의 점수와 상대적인 비교를 할 때 의미가 있다.

(선지분석)

② 평가도구의 문항 수는 신뢰도에 영향을 미친다. 즉, 검사 문항들이 동질적인 것이면 문항의 수가 많을수록 신뢰도가 올라간다.
③ 타당도를 평가결과의 해석이 얼마나 타당한가에 대한 근거를 수집하는 과정으로 보는 것은 결과 타당도이다.

답 ①

                                2013년 국가직 9급

사물이나 사람의 특성을 측정하기 위해서는 측정단위를 설정하여야 한다. 다음 중 '절대영점'을 포함하고 있는 척도는?

① 명명척도(nominal scale)
② 서열척도(ordinal scale)
③ 동간척도(interval scale)
④ 비율척도(ratio scale)

48	비율척도

비율척도(ratio scale)란 분류, 서열, 동간, 절대영점을 모두 갖춘 이상적인 척도이다. 영점이 절대영점을 갖고 측정단위가 가상적 단위인 척도이며 가감승제의 조작이 가능하다.

(선지분석)

① 명명척도(nominal scale)란 어떤 대상에 이름 대신에 일정한 숫자를 붙이는 것을 말한다. 연구에서는 일반적으로 독립변수를 측정하기 위해 사용한다(교수법 등). 명명척도는 질적 변수에 속한다(가감승제의 조작이 불가능).
② 서열척도(ordinal scale)란 어떤 대상들의 크기를 서열로 나타내는 수치를 말한다. 예를 들어, 수학시험 성적(원점수)을 성적 순서로 배열한다거나 키를 재서 1, 2, 3, … 등으로 배열하는 것 등이 있다.
③ 동간척도(interval scale)는 동간성이 보장된 척도로 가감(加減)의 연산이 가능하다(승제는 불가). 연구에서 자주 사용되는 척도이다.

답 ④

상대평가와 절대평가의 특성에 대한 설명으로 옳지 않은 것은?

	상대평가	절대평가
①	신뢰도 강조	타당도 강조
②	규준 지향	목표 지향
③	편포곡선 기대	정상분포곡선 기대
④	선발적 교육관 강조	발달적 교육관 강조

수행평가에 대한 설명으로 옳지 않은 것은?

① 실기중심의 평가에 기원을 두고 있는 수행평가는 인지적 영역중심의 교과에서는 적절하지 않다.

② 수행평가는 아는 것과 수행능력이 일치하지 않을 수 있다는 자각에서 대두되었다.

③ 수행평가는 결과에만 초점을 두는 것이 아니라 수행의 과정과 결과를 다양한 방법에 의해 종합적으로 평가하는 것이다.

④ 수행평가는 학생 개인의 활동뿐만 아니라 여러 사람이 수행한 공동활동에 대해서도 평가한다.

49	상대평가와 절대평가

상대평가(규준참조평가)는 한 학생의 학업성취도를 학생 상호 간의 상대적 비교를 통해서 성적을 결정하는 평가방법이다. 규준참조평가는 한 학생의 성취가 얼마나 바람직하냐 하는 정도는 주어진 집단의 점수분포인 규준에 의해 결정된다. 규준참조평가에서 사용되고 있는 상대적 서열에 대한 변환점수의 예로는 백분위(percentile)나 표준점수 등이 있다. 절대평가(준거참조평가)는 어떤 기준 또는 교수목표의 달성도에 따라 한 개인의 성적을 결정하는 평가방법으로, 목표지향평가라고도 한다. 상대평가는 분포가 정상분포에 가까울수록 바람직하며, 절대평가는 대부분의 학습자들이 주어진 목표에 도달하는 것이 바람직하므로 편포곡선을 기대한다. 특히 부적 편포가 바람직하다.

(선지분석)

③ 상대평가는 정상분포 곡선을 기대하고, 절대평가는 부적편포 곡선을 기대한다.

답 ③

50	수행평가

실기중심의 평가에 기원을 두고 있는 수행평가는 인지적 영역뿐만 아니라 모든 교과에 적용이 가능하다.

📄 **수행평가의 특징**

1. 학생이 문제의 정답을 선택하게 하는 것이 아니라, 자기 스스로 정답을 구성하거나 행동으로 나타내도록 하는 평가이다.
2. 추구하고자 하는 교육목표를 가능한 한 실제 상황하에서 달성했는지의 여부를 파악한다.
3. 교육의 결과뿐만 아니라 교육의 과정도 함께 중시하는 평가이다.
4. 단편적인 영역에 대해 일회적으로 평가하기보다 학생 개개인의 변화, 발달과정을 종합적으로 평가하기 위해 전체적이면서도 지속적으로 이루어지는 것을 강조한다.
5. 개개인을 단위로 평가하기도 하지만 집단에 대한 평가도 중시한다.
6. 학생의 학습과정을 진단하고 개별학습을 촉진하는 데 그 목적이 있다.
7. 학생의 인지적 영역뿐만 아니라 학생 개개인의 행동 발달 상황이나 흥미, 태도 등 정의적인 영역, 그리고 체격이나 체력 등 신체적인 영역에 대한 종합적이고 전인적인 평가를 중시한다.

답 ①

51 □□□

형성평가와 총괄평가에 대한 설명으로 옳지 않은 것은?

① 형성평가는 학생 성적의 판정 및 진급 자격을 부여하거나 당락을 결정짓기 위해 시행된다.

② 형성평가는 교사의 학습지도 방법 개선에 큰 도움을 준다.

③ 총괄평가는 교수·학습이 완료된 시점에서 교육목표의 달성 여부나 정도를 종합적으로 판정할 때 활용한다.

④ 형성평가는 학생의 학습에 대한 강화 역할을 한다.

---

51 형성평가와 총괄평가

형성평가(formative evaluation)는 일련의 유목적(有目的的) 활동의 진행과정에서 그 활동의 부분적 수정, 개선, 보완의 필요성에 관련된 정보를 얻기 위한 평가로, 1967년에 스크리븐(Scriven)이 처음 사용하였다. 스크리븐은 형성평가를 '학습 및 교수가 진행되고 있는 유동적인 상황에 있는 상태에서 학생에게 피드백(feedback)을 주고 교과과정을 개선하며, 수업방법을 개선하기 위해 실시하는 평가'라고 정의하였다. 총합평가(summative evaluation, 총괄평가)는 일련의 교수학습 활동이 종결되어 그 활동의 효율성이나 그 활동의 결과로서 산출된 성과에 대한 종합적 판단을 위한 평가이다. 총합평가는 전체 교과목이나 혹은 그것의 중요한 부분에 걸친 학업성취가 어느 정도 달성되었는지의 정도를 총평하기 위해 실시된다.

(선지분석)

① 학생 성적의 판정 및 진급 자격을 부여하거나 당락을 결정짓기 위해 시행되는 것은 총합평가이다.

답 ①

V

교수방법 및
교육공학

01 교수방법

01 ☐☐☐

다음 설명에 해당하는 모형은?

> 체제적 교수모형으로, 요구사정, 교수분석, 학습자 및 상황 분석, 수행목표 진술, 평가도구 개발, 교수전략 개발, 교수 자료 개발 및 선정, 형성평가 개발 및 시행, 교수 수정, 총괄 평가 설계 및 시행의 10단계로 구성된다.

① ADDIE 모형
② 글레이저(Glaser) 모형
③ 켈러(Keller) 동기설계 모형
④ 딕과 캐리(Dick & Carey) 모형

02 ☐☐☐

켈러(Keller)가 제시한 학습자의 동기유발을 위한 4요소에 해당하지 않는 것은?

① 관련성
② 만족감
③ 자신감
④ 자율성

---

01 체제적 교수모형

체제적 교수모형 가운데 요구사정, 교수분석, 학습자 및 상황 분석, 수행목표 진술, 평가도구 개발, 교수전략 개발, 교수자료 개발 및 선정, 형성평가 개발 및 시행, 교수 수정, 총괄평가 설계 및 시행의 10단계로 구성되는 것은 딕과 캐리(Dick & Carey) 모형이다. 이 모형은 체제접근에 입각하여 교수설계, 개발, 실행, 평가의 과정을 제시하는 대표적인 모형이다. 하나의 절차적 모형으로, 효과적인 교수 프로그램을 만들어 내기 위해서 필요한 일련의 단계들과 단계들 간의 역동적인 관련성에 초점을 맞추고 있다.

(선지분석)
① ADDIE 모형은 분석, 설계, 개발, 실행, 평가의 5단계로 구분된 체제적 교수설계 모형이다.
② 글레이저(Glaser) 모형은 수업목표, 출발점 행동, 수업, 평가, 피드백으로 이루어지는 개별화 교수모형이다.
③ 켈러(Keller)의 동기설계 모형은 동기의 구성요소로 주의집중, 관련성, 자신감, 만족감을 제시하고 있다.

답 ④

---

02 Keller의 ARCS 모형

켈러(Keller)는 학습동기 유발 수업설계모형인 ARCS 모형을 제시하였다. 이 모형은 교수 – 학습 상황에서 동기를 유발하고 유지하기 위한 구체적이고 처방적인 전략을 제시하고 있다. ARCS는 주의집중, 관련성, 자신감, 만족감을 의미하는 것으로 이는 수업설계에 적용하고자 고안된 것으로 이를 활용한 수업은 전통적 수업에 비해 학습의 효과가 높은 것으로 입증되고 있다.

답 ④

03 □□□

ADDIE 모형의 '분석(analysis)' 단계에 해당하지 않는 것은?

① 요구 분석
② 학습자 분석
③ 직무 및 과제 분석
④ 프로그램 효과 분석

| 03 | ADDIE 모형 |

프로그램의 질을 개선하기 위해 효과를 분석하는 것은 형성평가로 형성평가를 하는 단계는 개발단계이다.

> 📄 **ADDIE 모형의 '분석(analysis)'**
>
> 첫째, 요구분석으로 요구(need)란 어떤 상황의 "바람직한 상태"와 "현재의 상태"의 차이로, 요구란 현재의 문제 상황에서 오는 반응적 요구와 더 좋은 미래를 준비하기 위한 미래지향적 요구가 포함된다.
> 둘째, 학습자 분석은 학습자의 배경, 선수학습 정도, 직무경험, 적성, 동기, 학습양식 등을 분석하는 것이다.
> 셋째, 환경 분석은 새로운 지식, 기능, 태도 등을 습득하는 학습자의 환경과 습득한 지식, 기능, 태도를 활용하는 수행환경을 분석하는 것이다.
> 넷째, 직무분석은 어떤 직무에 무엇이 포함되어 있는지를 알아내는 일이다.
> 다섯째, 과제분석은 특정의 과제가 어떻게 수행되는지에 관한 정보를 수집하는 일로 직무분석을 통하여 과제목록이 추출되고 타당성이 입증되었을 때 실시된다.

답 ④

04 □□□

가네(R. M. Gagné)의 교수-학습이론에 대한 설명으로 옳지 않은 것은?

① 수업 목표는 수업의 본질이나 내용을 말하는 것이 아니라 학습자의 수업 결과로 획득되는 능력을 말한다.
② 학습자의 학습 성과는 지적 기능, 언어정보, 인지 전략, 태도, 운동기능 영역으로 구분된다.
③ 행동주의에 기반을 둔 직접 교수 모형이기 때문에 정보처리이론이 배제되었다.
④ 학습의 외적 조건은 학습자 주위의 수업 사상(events)을 통해 학습자의 내적 과정을 지원해 주는 다양한 방법이다.

| 04 | Gagné의 교수-학습이론 |

가네(R. M. Gagné)의 교수-학습이론은 정보처리이론과 행동주의에 기반을 둔 직접 교수 모형이다.

(선지분석)

① 가네(R. M. Gagné)의 교수-학습이론에서 수업 목표는 학습자의 수업 결과로 획득되는 능력을 말하며, ② 학습자의 학습 성과는 지적 기능, 언어정보, 인지 전략, 태도, 운동기능 등 5가지 영역으로 구분된다. ④ 학습의 외적 조건은 학습자 주위의 수업 사상(events)을 통해 학습자의 내적 과정을 지원해 주는 다양한 방법이다. 반면 학습의 내적 조건은 다음 학습에 필수적이거나 보조적인 것으로 학습자가 이미 습득한 능력의 획득 및 저장과 학습자 내부의 인지과정의 측면을 지칭한다.

답 ③

문제중심학습(Problem-Based Learning)에 대한 설명으로 옳지 않은 것은?

① 의과대학의 교육생을 훈련할 때 발생한 교육적 문제점을 해결하기 위해 등장하였다.
② 학습에서 다루어지는 문제는 정답이 정해져 있으며 이론적 맥락에서 발생하는 성격을 가진다.
③ 학습자는 상호 의견을 나누고 정보를 공유하는 과정을 통해 성찰, 비판적 사고, 협동심을 키울 수 있다.
④ 교사는 지식전달자의 역할 대신 학습자가 자기 주도적으로 학습하도록 하는 역할을 한다.

다음 설명에 해당하는 교수 – 학습 방법은?

- 학생이 스스로 교과의 기본 개념·원리·법칙을 학습하도록 하는 방법이다.
- 학습자의 사고력 함양에 주안점을 두고 교육목표와 교육방법을 수립한다.
- 문제 파악, 가설 설정, 가설 검증, 원리 적용의 단계를 거쳐 학습하는 방법이다.
- 학습자의 탐구활동을 위해서 탐구의 자극, 탐구의 유지, 탐구의 방향성을 조장해야 한다.

① 토의법
② 강의법
③ 발견학습법
④ 완전학습법

05　구성주의 학습이론

문제중심학습(Problem-Based Learning, PBL)은 학습자가 비구조화된 문제(Ill-Structured Problem)상황에 직면할 때 요구되는 추론기능(가설 – 연역적 추론)과 자기주도적 학습기능을 기를 수 있는 학습 형태이다. 비구조화된 문제를 해결하기 위해서 추론 기능과 지식 기반을 통합하여야 한다는 요구를 반영한다. 또한 계속적인 자기학습기능의 요구를 반영한 교수학습 환경이다.

(선지분석)
② 학습에서 다루어지는 문제는 정답이 정해져 있으며 이론적 맥락에서 발생하는 성격을 가진다고 보는 것은 객관주의적 관점인 교수 – 학습 방법이다.

답 ②

06　교수 – 학습 방법

학생이 스스로 교과의 기본 개념·원리·법칙을 학습하도록 하는 방법으로 학습자의 사고력 함양에 주안점을 두고 교육목표와 교육방법을 수립하는 방법은 발견학습법이다. 발견학습법은 브루너(Bruner)가 학습자 스스로 지적 능력을 개발하도록 하기 위해 개발하였다. 발견학습법의 목표는 탐구적인 사고방법을 형성하는 데 있다.

답 ③

다음 설명에 해당하는 것은?

> • 학습 정도를 시간의 함수로 본다.
> • 적성은 최적의 학습 조건하에서 학습 과제를 일정한 수준으로 성취하는 데 필요한 시간으로 표현된다.
> • 수업 이해력은 학습자가 수업내용, 교사의 설명, 제시된 과제를 이해하는 정도를 의미한다.

① 글레이저(Glaser)의 교수과정
② 캐롤(Carroll)의 학교학습모형
③ 브루너(Bruner)의 발견학습
④ 가네(Gagné)의 학습위계

ADDIE 모형에 대한 설명으로 옳지 않은 것은?

① 분석 - 요구 분석, 학습자 분석, 환경 분석, 과제 분석 등이 실시된다.
② 설계 - 수행 목표 명세화, 교수전략 및 매체 선정 등이 실시된다.
③ 개발 - 설계명세서를 토대로 교수학습자료를 개발한다.
④ 평가 - 평가도구를 제작하고 평가를 실시한다.

07	완전학습모형

완전학습모형의 이론적 근거는 캐롤(Carroll)의 학교학습모형이다. 이 모형은 학습의 정도를 학습에 사용한 시간과 학습에 필요한 시간의 비율에 의해 결정된다고 보았다. 즉 학습 정도를 시간의 함수로 본다. 이 가운데 학습에 사용한 시간의 요인은 학습지속력, 학습기회, 학습에 필요한 시간의 요인은 적성, 수업이해력, 수업의 질 등이다. 적성은 최적의 학습 조건하에서 학습 과제를 일정한 수준으로 성취하는 데 필요한 시간으로 표현되며, 수업 이해력은 학습자가 수업내용, 교사의 설명, 제시된 과제를 이해하는 정도를 의미한다.

선지분석

① 글레이저(Glaser)의 교수과정 모형은 체제이론(system theory)에 근거하여 수업의 과정을 일련의 단계와 절차로 제시한 모형이다.
③ 브루너(Bruner)의 발견학습 모형은 학습자 스스로 지적 능력을 개발하도록 한 모형이다.
④ 가네(Gagné)의 학습위계는 학습된 결과를 학습의 세 영역인 인지, 태도, 운동기능 영역을 포괄적으로 다루고 있다.

답 ②

08	ADDIE 모형

체제적 수업설계 모형인 ADDIE 모형은 분석 - 설계 - 개발 - 실행 - 평가의 단계로 이루어진다.

선지분석

④ 평가도구를 제작하는 단계는 설계단계이다. 설계단계는 수행목표 명세화 - 평가도구의 개발 - 계열화 - 교수전략 및 매체선정 등으로 이루어진다.

답 ④

다음 설명에 해당하는 토의법은?

- 3 ~ 6명으로 편성된 소집단이 주어진 주제에 대해 6분 가량 토론한다.
- 소집단별 토론 이후에 전체가 다시 모여서 그 결과를 공유하고 종합·정리하는 과정을 거친다.
- 소수 인원으로 소집단이 구성되기 때문에 서로 친근감을 갖게 되어 자유롭게 의견을 교환할 수 있다.

① 버즈 토의(buzz discussion)
② 단상 토의(symposium)
③ 배심 토의(panel discussion)
④ 공개 토의(forum)

협동학습의 일반적인 원리로 옳지 않은 것은?

① 개별 책무성
② 동질적 집단구성
③ 긍정적 상호의존성
④ 공동의 목표 달성 노력

09	토의법

토의법 가운데 3 ~ 6명으로 편성된 집단이 주어진 주제에 대해 6분 가량 토의하는 6 × 6의 형태로 이루어지는 것이 버즈 토의(buzz discussion)이다. 버즈 토의의 일반적 절차는 처음에 3명씩 짝을 지어 어느 정도 토의가 진행되면 다른 3명의 집단을 만나 6명씩 토의하고 또 어느 정도 지난 다음에는 다른 6명의 집단과 모여 12명의 집단 구성원으로 토의를 진행한다.

답 ①

10	협동학습

협동학습이란 학생들이 공통의 과제를 함께 공부하고 서로 격려하는 일련의 수업방법을 말한다. 협동학습의 일반적 특징으로는 긍정적 상호의존관계 형성, 학생들 간의 대면 상호작용 요구, 학습과제 완성에 대한 개인적 책무성 중시, 대인 간 및 소집단 기능의 적절한 조화, 향상점수 활용, 2 ~ 6명의 이질혼성집단의 구성 등이 있다.

선지분석
② 협동학습의 집단구성은 이질혼성집단으로 한다.

답 ②

11 ☐☐☐

다음 내용에 해당하는 교수학습이론은?

> • 새로운 지식·정보와 선행 학습내용의 통합을 강조한다.
> • 학습자의 인지구조에 알맞게 포섭 및 동화되도록 학습과제를 제시한다.
> • 일반적이고 포괄적인 지식을 먼저 제시하고, 그다음에 세부적이고 상세한 지식을 제시한다.

① 블룸(Bloom)의 완전학습이론
② 오수벨(Ausubel)의 유의미학습이론
③ 스키너(Skinner)의 행동주의 학습이론
④ 콜린스(Collins)의 인지적 도제학습이론

12 ☐☐☐

교수학습방법에 대한 설명으로 옳지 않은 것은?

① 문제중심학습(problem-based learning) – 문제의 성격이 불분명한 비구조적 문제를 교수자가 사전에 제거할수록 학습자의 학습효과를 높일 수 있다.
② 토의법(discussion method) – 학습자 상호 간의 상호작용을 전제로 학습구성원의 자발성, 창의성 및 미지에 대한 인내심을 요구한다.
③ 직소모형(Jigsaw model) – 협동학습 교수모형의 하나로 모집단이 전문가집단으로 갈라졌다가 다시 모집단으로 돌아오는 과정에서 구성원 간 상호의존성과 협동성을 유발하게 된다.
④ 발견학습(discovery learning) – 교수자는 학습자의 발견 과정을 촉진하고 안내하는 역할을 담당하고, 학습자는 가설 검증을 통해 능동적으로 학습하는 주체가 된다.

11	유의미학습이론

오수벨(Ausubel)의 유의미학습이론은 설명적 교수라고도 하며, 유의미한 학습이란 새로운 학습과제가 학습자의 기존 인지구조와 상호작용하여 인지구조 안으로 포섭되는 것을 말한다. 이 이론은 여러 개념들 간의 관계를 가르칠 때 적용가치가 높다. 학습의 효과를 높이기 위해서는 교수과정에서 학습자의 인지구조에 적합한 학습과제를 조직·구성하여 제시하는 일이 중요하며, 선행학습의 중요성에 대한 이론적 근거를 제공해 준다.

답 ②

12	구성주의 학습방법

문제중심학습(problem-based learning)은 구성주의 학습모형 가운데 하나로 비구조화된 문제 상황에 직면했을 때 요구되는 추론기능과 자기주도적 학습기능을 기를 수 있는 학습방법이다. 이 모형은 비구조화된 문제를 해결하기 위해 추론기능과 지식 기반을 통합해야 한다는 요구를 반영한다.

답 ①

다음 설명에 해당하는 교수 – 학습이론은?

전문가와 초심자 간의 특정한 관계 속에서 실제적 과제를 해결해 나가는 과정을 통하여 새로운 지식을 구성함으로써 개념을 발전시켜 나간다. 전문가는 초심자의 지식 구성과정을 도와주는 역할을 하며, 초심자는 전문가와의 토론이나 초심자 간의 토론을 통하여 사회적 학습행동을 습득하고 자신의 인지적 활동을 통제하면서 인지능력을 개발한다.

① 상황학습 이론
② 문제기반학습 이론
③ 인지적 융통성 이론
④ 인지적 도제학습 이론

13	인지적 도제학습 이론

구성주의 교수학습이론 가운데 인지적 도제학습 이론은 초보자가 실제 장면에서 전문가가 과제를 수행하는 과정을 직접 관찰하고, 이를 모방하여 수행하는 과정을 통해 특정 지식과 기능을 연마하는 것으로 이루어진다. 인지적 도제학습의 단계는 시범 보이기, 코칭, 비계 설정하기, 명료화, 반성, 탐색 등으로 진행된다.

답 ④

다음의 교수설계 전략에 해당하는 ARCS 모형의 요소는?

• 학습에서 성공 기회를 제시한다.
• 학습의 필요조건을 제시한다.
• 개인적 조절감 증대 기회를 제시한다.

① 주의집중
② 관련성
③ 자신감
④ 만족감

14	ARCS 모형

켈러(Keller)의 학습동기유발 교수설계 전략인 ARCS 모형 중 학습에서 성공의 기회를 제공하거나 학습의 필요조건, 개인적 조절감 증대의 기회를 제시하는 것은 자신감을 활용하는 전략이다. 자신감이란 학습자들이 자신의 통제하에서 성공하도록 하기 위해 어떻게 도와줄 수 있는가와 관련된다. 학습자의 요구가 무엇인지 분명하고, 학습자가 무엇을 해야 할지를 분명히 알 때 자신감이 높아진다.

답 ③

15 ☐☐☐

교수설계를 위한 ADDIE 모형 중 다음에 해당하는 단계는?

- 학습목표 명세화
- 평가도구 개발
- 교수매체 선정

① 분석
② 설계
③ 개발
④ 실행

16 ☐☐☐

라이겔루스(Reigeluth)의 교수설계이론에서 제시한 교수방법의 세 가지 전략에 해당하지 않는 것은?

① 조직전략
② 전달전략
③ 평가전략
④ 관리전략

---

15 ADDIE 모형

교수설계를 위한 ADDIE 모형에서 학습목표의 명세화, 평가도구의 개발, 교수매체의 선정 등을 하는 단계는 설계(design)이다. ㉠ 학습목표의 명세화는 교수설계의 전 과정을 통해 중요한 역할을 한다. 설계과정과 그 이후는 학습목표를 보다 효과적으로 달성하기 위해 전개되는 활동을 의미한다. ㉡ 평가도구의 개발은 학습목표 속에 명시된 지식, 기능, 태도 등을 달성했는가를 평가하기 위한 수단을 구체화하는 일이다. ㉢ 계열화는 학습목표를 달성하기 위해 학습내용과 학습활동이 제시되고 경험되는 순서를 제시하는 일이다. ㉣ 교수전략 및 매체 선정은 학습목표를 효과적으로 달성하기 위해 어떤 교수 – 학습의 내용과 과정을 어떻게 사용할 것인가에 대한 계획을 수립하는 과정이다.

답 ②

---

16 라이겔루스(Reigeluth)의 교수설계이론

라이겔루스(Reigeluth)의 교수설계이론에서는 교수전략과 방법의 구성 요소를 고려하고 교수전략의 체계성을 보여주기 위해 교수전략을 조직전략, 전달전략, 관리전략으로 구분하였다. 조직전략은 수업내용을 조직하기 위한 기본 방법을 다루며, 전달전략은 학생들에게 수업내용을 전달하고, 전달된 내용에 대해 반응하게 하는 방법을 다룬다. 관리전략은 어떤 조직전략과 전달전략을 언제 사용할 것인가에 관한 기본방법을 다룬다.

답 ③

가네(Gagné)가 제시한 학습의 결과에 해당하지 않는 것은?

① 태도
② 언어정보
③ 탐구기능
④ 운동기능

브루너(Bruner)의 교수이론에 대한 설명으로 옳지 않은 것은?

① 어떤 교과든지 지적으로 올바른 형식으로 표현하면 어떤 발달 단계에 있는 아동에게도 효과적으로 가르칠 수 있다.
② 학습자의 발달 단계에 맞게 학습내용을 구조화하고 조직함으로써 학습자가 교과내용을 잘 이해할 수 있다.
③ 지식의 표상 양식은 영상적 표상으로부터 작동(행동)적 표상을 거쳐 상징적 표상의 순서로 발달해 나간다.
④ 지식의 구조를 이해하게 되면 학습자 스스로가 사고를 진행할 수 있으며, 최소한의 지식으로 많은 것을 알 수 있다.

17	학습의 결과

가네(Gagné)가 제시한 학습의 결과에는 인지적 영역으로 언어정보, 지적기능, 인지전략 등이, 정의적 영역으로 태도 등이 운동적 영역으로 운동기능 등이 있다.

답 ③

18	브루너의 교수이론

브루너(Bruner)의 교수이론 가운데 지식의 표상 양식은 작동적 표상 – 영상적 표상 – 상징적 표상 등의 순서로 발달해 나간다. 작동적 표현은 전조작기의 아동을 대상으로 동작으로 표현하고, 영상적 표현은 구체적 조작기의 아동에게 그림이나 도형으로 표현하며, 상징적 표현은 형식적 조작기의 아동에게 공식이나 원리로 표현해 주면 어떤 내용이든지 어떤 발달 단계의 아동에게도 가르칠 수 있다는 것이다. 이는 조기교육의 이론적 근거가 되었다.

답 ③

교수설계이론에 대한 설명으로 옳은 것은?

① 개발단계 – 학습을 위해 개발된 자원과 과정을 실제로 사용하는 것을 말한다.

② 실행단계 – 설계에서 구체화된 내용을 물리적으로 완성하는 단계로 실제 수업에서 사용할 자료를 만든다.

③ 평가단계 – 앞으로의 효과 및 결과를 예견하고 평가하는 과정으로 학습과 관련된 요인과 학습자 요구를 면밀히 분석한다.

④ 설계단계 – 설정된 목표를 달성하기 위해 어떤 내용을 어떻게 조직하고 제시해야 효과적인 결과를 얻을 것인가를 핵심질문으로 하는 수업의 청사진이다.

다음 설명에 해당하는 협동학습기법은?

> 모둠원들에게 학습과제를 세부 영역으로 할당하고, 해당 세부 영역별로 전문가 집단을 구성한 후 전문가 집단별로 학습한다. 이후, 원래 모둠에 돌아와서 동료학습자를 교육한다.

① 직소모형(Jigsaw)

② 팀토너먼트게임 모형(TGT: Teams Games Tournament)

③ 팀보조개별학습 모형(TAI: Team Assisted Individualization)

④ 성취과제분담 모형(STAD: Student Teams Achievement Division)

19	교수설계이론

교수설계 모형인 ADDIE 모형에서 설계단계는 설정된 목표를 달성하기 위해 어떤 내용을 어떻게 조직하고 제시해야 효과적인 결과를 얻을 것인가를 핵심질문으로 하는 수업의 청사진을 만드는 단계이다. 설계단계에서는 수행목표의 명세화, 평가도구의 개발, 계열화, 교수전략 및 매체 선정 등을 한다.

(선지분석)

① 학습을 위해 개발된 자원과 과정을 실제로 사용하는 것은 실행단계이다.

② 설계에서 구체화된 내용을 물리적으로 완성하는 단계로 실제 수업에서 사용할 자료를 만드는 것은 개발단계이다.

③ 앞으로의 효과 및 결과를 예견하고 평가하는 과정으로 학습과 관련된 요인과 학습자 요구를 면밀히 분석하는 것은 분석단계이다.

답 ④

20	협동학습

협동학습 모형 가운데 직소모형(Jigsaw)은 협동학습 팀 구성 → 과제별 전문가 모임 → 전문가 집단 협동학습 → 원집단 협동학습 등으로 구성된다. Jigsaw Ⅰ은 원래는 인종 간·문화 간의 교우 관계와 같은 정의적 측면의 증진을 일차적 목적으로 개발되었다. Jigsaw Ⅱ는 슬라빈(Slavin)이 과제분담학습 Ⅰ(Jigsaw Ⅰ)을 개작한 것으로 개념을 가르치는 데 이용되며 특히 교재의 완전습득을 목적으로 한다.

답 ①

학생이 사전에 온라인 등으로 학습내용을 공부해 오게 한 후 학교 수업에서는 문제해결이나 토론 등의 상호작용에 중점을 두는 수업형태는?

① 플립 러닝(flipped learning)
② 탐구수업
③ 토론수업
④ 문제기반학습(problem-based learning)

상황학습(situated learning)의 설계 원리에 대한 설명으로 옳지 않은 것은?

① 지식이나 기능은 유의미한 맥락 안에서 제공되어야 한다.
② 교실에서 학습한 것과 교실 밖에서 필요로 하는 것의 관계 형성을 돕는다.
③ 전이(transfer)를 촉진할 수 있도록 추상적인 형태의 지식을 제공한다.
④ 다양한 사례를 활용하여 능동적인 문제해결을 유도한다.

21	플립 러닝

플립 러닝(flipped learning)이란 학생들은 수업 전에 미리 교과서, 동영상 등의 학습자료를 예습해 오고, 강의실에서는 강의 대신 질문, 토론, 협동학습, 보충 및 심화학습 등을 수행하는 수업형태로 일명 거꾸로 교실이라고도 한다.

(선지분석)
②, ③ 탐구수업이나 토론수업은 일반적으로 교실에서 이루어지는 수업의 한 형태들이다.
④ 문제기반학습은 구성주의 학습의 대표적인 유형이다.

답 ①

22	상황학습

상황학습 또는 참여학습은 구성주의 학습모형의 하나로, 능동적인 학습자의 참여를 강조하며, 추상적이거나 탈상황적인 지식을 다루는 전통적인 교실 수업과는 달리 사회적인 교류가 학습의 중요한 요인이 된다.

(선지분석)
③ 전이를 촉진할 수 있도록 추상적인 형태의 지식을 제공하는 것은 객관주의이다.

답 ③

23 □□□

교수설계 모형을 제시한 학자와 그에 대한 설명으로 옳은 것은?

① 켈러(Keller) – 학습자의 내적 학습과정을 유발하기 위한 외적 상황을 9가지로 제시하였다.

② 메릴(Merrill) – 복잡한 학습내용을 수행 – 내용 매트릭스에 따라 유형별로 나누고 그에 기초하여 교수전략을 개발하였다.

③ 롸이겔루스(Reigeluth) – 인지과학적 구성주의를 기반으로 한 수행역량중심 모형을 제안하였다.

④ 가네(Gagné) – 학습동기를 유발하고 유지하기 위해 가장 중요한 변인들을 주의, 관련성, 자신감, 만족감으로 세분화하여 동기설계의 전략을 제공하였다.

24 □□□

문제중심학습(Problem-Based Learning)에 대한 설명으로 옳지 않은 것은?

① 모델링, 코칭, 비계설정, 명확한 표현, 반성적 사고 등이 핵심적인 방법으로 활용된다.

② 자기주도적 학습이 이루어지면서 문제해결전략을 선택하고 적용하는 방법을 배우게 된다.

③ 실제 생활과 관련된 문제가 제시된다는 점에서 실제성이 강조되어 활동의 의미가 더 커진다.

④ 비구조적 문제를 특징으로 하며, 학습자가 문제를 찾아내고 분석하며 전략을 찾는다.

23	교수설계 모형

교수설계 모형 가운데 메릴(Merrill)의 내용요소제시이론(CDT)는 복잡한 학습내용을 수행 – 내용 매트릭스에 따라 유형별로 나누고 그에 기초하여 교수전략을 개발하였다. 이 이론은 미시적 교수설계 모형에 해당한다.

(선지분석)
① 학습자의 내적 학습과정을 유발하기 위한 외적 상황을 9가지로 제시한 것은 가네(Gagné)의 교수 모형이다.
③ 인지과학적 구성주의를 기반으로 한 수행역량중심 모형을 제안한 것은 목표기반 시나리오 모형(Goal-Based Scenario Model)이다.
④ 학습동기를 유발하고 유지하기 위해 가장 중요한 변인들을 주의, 관련성, 자신감, 만족감으로 세분화하여 동기설계의 전략을 제공한 것은 켈러(Keller)의 ARCS 모형이다.

답 ②

24	문제중심학습

문제중심학습(Problem-Based Learning)은 비구조적 문제 상황에 직면할 때 요구되는 추론기능과 자기주도적 학습기능을 기를 수 있는 구성주의 학습형태이다. 이 모형은 학습자로 하여금 어떤 문제나 과제에 대한 해결안 혹은 자신의 견해나 입장을 전개하여 제시하고 설명하며 옹호할 수 있도록 하는 것을 목적으로 한다.

(선지분석)
① 모델링, 코칭, 비계설정, 명확한 표현, 반성적 사고 등이 핵심적인 방법으로 활용되는 것은 구성주의 학습이론 가운데 하나인 인지적 도제학습이다.

답 ①

다음은 켈러(J. Keller)의 ARCS 이론에 기초하여 동기 유발·유지를 위해 수립한 교수학습 전략들이다. (가) ~ (라)에 해당하는 ARCS 요소를 바르게 짝지은 것은?

> (가) 비일상적인 내용이나 사건을 제시함으로써 학습자의 흥미를 유발한다.
> (나) 쉬운 것에서부터 어려운 것 순으로 과제를 제시해 준다.
> (다) 친밀한 예문이나 배경지식, 실용성에 중점을 둔 목표를 제시한다.
> (라) 적절한 강화계획을 세워 의미 있는 강화나 보상을 제공한다.

	(가)	(나)	(다)	(라)
①	주의집중	관련성	만족감	자신감
②	자신감	주의집중	관련성	만족감
③	만족감	관련성	주의집중	자신감
④	주의집중	자신감	관련성	만족감

26

다음 설명에 해당하는 가네(R. Gagné)의 학습 결과 유형은?

> • 학습자가 그의 주위 환경을 개념화하여 반응하는 능력을 말한다.
> • 지식이나 정보의 내용(what)을 아는 것이 아니라 그 방법(how)을 아는 것으로 정의한다.
> • 복잡성 수준에 따라 가장 단순한 것에서부터 변별, 개념, 규칙, 문제해결 등의 형태로 이루어져 있다.

① 지적기능
② 인지전략
③ 언어정보
④ 운동기능

25	켈러의 ARCS 이론

(가) 비일상적인 내용이나 사건을 제시함으로써 학습자의 흥미를 유발하는 것은 주의집중, (나) 쉬운 것에서부터 어려운 것 순으로 과제를 제시해 주는 것은 자신감, (다) 친밀한 예문이나 배경지식, 실용성에 중점을 둔 목표를 제시하는 것은 관련성, (라) 적절한 강화계획을 세워 의미 있는 강화나 보상을 제공하는 것은 만족감 증진을 위한 방법이다.

📄 **ARCS 이론의 성격**

1. 켈러(J. Keller)의 ARCS 이론은 수업설계에 적용하기 위해 고안된 것으로, 이를 활용한 수업은 전통적 수업에 비해 학습의 효과가 높은 것으로 입증되고 있다.
2. 인간의 동기를 결정지을 수 있는 여러 가지 다양한 변인들과 그와 관련된 구체적 개념들을 통합하였다. 기존 교수에서는 동기의 필요성만을 강조하였지만 켈러는 동기를 일으키는 구체적인 방법을 제시하였다.
3. 교수-학습 상황에서 동기를 유발하고 유지하기 위한 구체적이고 처방적인 전략을 제시하고 있다.

답 ④

26	가네의 수업이론

가네(R. Gagné)의 학습 결과 유형 중 지적기능은 여러 가지 기호나 상징(숫자, 문자, 단어, 그림, 도표 등)을 사용하여 환경과 상호작용할 수 있는 능력을 말한다. 이것은 정보를 아는 것과는 대조되는 '무엇을 하는 방법을 아는 것(know how)'을 의미한다. 지적기능 영역은 지적조작의 복잡성에 따라 변별, 구체적 개념, 정의된 개념, 규칙, 문제해결의 5개의 영역으로 구분된다.

(선지분석)

② 인지전략이란 문제에 관한 새로운 해결방안을 모색하는 것이다.
③ 언어정보란 구두 언어, 문장, 그림 등을 사용해서 일련의 사실이나 사태를 진술하거나 말하는 것이다.
④ 운동기능은 신체적 운동을 유연하고 적절하게 계열에 따라 실행하는 능력으로, 심리운동기능 또는 심동적 기능이라고도 한다.

답 ①

교사중심의 교수 – 학습 방법은?

① 학생들에게 정해진 교과 지식을 제시하고 설명한 후 형성 평가를 실시하여 학습결과를 확인하였다.

② 학생들이 현실생활에서 당면할 수 있는 문제를 소집단 협동학습을 통해 해결하도록 안내하였다.

③ 학생들의 사고력과 창의력을 향상시키기 위해 신문에 나온 기사와 칼럼을 활용하여 토론하게 하였다.

④ 학생들에게 학습 팀을 구성하여 자신들이 실제로 겪고 있는 문제를 확인하고 자료를 수집하여 해결방안을 모색하게 하였다.

다음 설명에 해당하는 것은?

> • 선행조직자는 학습자의 인지구조의 조정을 위해 학습 이전에 미리 제공되는 일반적, 포괄적, 추상적인 도입자료이다.
> • 새로운 학습과제가 선행조직자와 연결이 잘 될 때, 새로운 학습과제는 잘 획득되고 오래 지속된다.

① 직소(Jigsaw) 모형

② 글레이저(R. Glaser)의 수업모형

③ 오수벨(D. P. Ausubel)의 유의미학습이론

④ 스미스(P. L. Smith)와 라간(T. J. Ragan)의 교수설계모형

27	교사중심의 교수 – 학습 방법

교사중심의 교수 – 학습 방법은 강의법 또는 설명적 교수법으로, 교사가 학생들에게 교과 내용을 가르치고 가르친 결과를 확인하기 위해 형성평가나 총괄평가 등을 실시한다.

선지분석

②, ③, ④ 협동학습이나 토론법은 학습자중심 학습방법이다.

답 ①

28	설명적 교수이론

오수벨(D. P. Ausubel)의 유의미학습이론에서 유의미학습이란 새로운 학습과제가 학습자의 기존 인지구조와 상호작용하여 인지구조 안으로 포섭되는 것을 말한다. 선행조직자란 학습자의 인지구조의 조정을 위해 학습 이전에 미리 제공되는 일반적이고 추상적인 도입자료로, 새로운 자료와 이전 학습의 연결을 돕는 장치이다. 선행조직자는 새로운 정보와 학생들이 현재 가지고 있는 지식을 일깨워 주는 일종의 개념상의 가교역할을 한다.

답 ③

V

구성주의 학습이론에 기반한 교사의 교수기술로 적절하지 않은 것은?

① 지식을 효과적으로 전달하기 위해 구조화된 문제와 반복학습을 강조한다.

② 학생 스스로 사고과정을 통해 문제를 해결하도록 촉진한다.

③ 협동학습을 통해 학생이 생각을 능동적으로 발전시키도록 돕는다.

④ 실제 환경에서 직면하게 되는 문제를 학습과제로 제시하여 학습한 내용과 실제 세계를 연결하도록 한다.

다음 내용에 가장 부합하는 교수-학습 방법은?

> • 거꾸로 학습이나 거꾸로 교실로 알려져 있다.
> • 학습할 내용을 수업 이전에 온라인으로 미리 공부한다.
> • 일종의 블렌디드 러닝(blended learning)으로서 학습의 효과를 높이기 위한 전략이다.
> • 학교 수업에서 학습자는 질문, 토론, 모둠활동과 같은 형태로 수업에 적극적으로 참여한다.

① 플립드 러닝(flipped learning)

② 문제중심학습(problem-based learning)

③ 자원기반학습(resource-based learning)

④ 교사주도학습(teacher-directed learning)

29	구성주의 교수 - 학습

구성주의는 지식이 개인과 독립적으로 존재하는 것이 아니라 환경과의 상호작용을 통해 개인에 의해 구성된다는 점을 강조하는 이론이다. 나아가 지식의 구성과정에서 개인의 능동적 참여뿐만 아니라 사회적 맥락에서의 상호작용의 중요성도 강조한다. 구성주의에서 학습이란 학습자가 지식을 내부적으로 표상(表象)하여 자신의 경험적 해석을 통해 구성해내는 과정이다. 구성주의 교수-학습에서 학습자는 더 이상 수동적인 지식의 습득자가 아니라 적극적이며 자율적인 지식의 형성자가 된다. 협동학습을 통해 자신의 견해와 생각을 논리적이고 설득력 있게 제시하는 기술도 익히고 토론과 협상의 기술도 익힐 수 있다. 구체적 상황을 배경으로 한 실제적 과제를 제시한다. 지식을 효과적으로 전달하기 위해 구조화된 문제와 반복학습을 강조하는 것은 객관주의 수업원리이다.

답 ①

30	플립드 러닝

플립드 러닝(flipped learning)은 블렌디드 러닝(blended learning)의 일종으로 학습의 효과를 높이기 위해 학습할 내용을 수업 이전에 온라인으로 미리 공부하고, 학교 수업에서 학습자는 질문, 토론, 모둠활동과 같은 형태로 수업에 적극적으로 참여하는 형태를 말한다.

(선지분석)

②, ③ 문제중심학습(problem-based learning)이나 자원기반학습(resource-based learning)은 구성주의 학습의 한 유형이다.

답 ①

31

다음 내용에 해당하는 가네(R. Gagné)의 학습 성과(learning outcomes) 영역은?

> • 방법적 지식 혹은 절차적 지식에 해당한다.
> • 여러 가지 기호나 상징을 규칙에 따라 활용하는 공부를 한다.
> • 변별학습, 구체적 개념학습, 정의된 개념학습, 원리학습, 고차원리학습으로 세분되며, 이들은 위계적 관계에 있다.

① 언어정보
② 운동기능
③ 인지전략
④ 지적기능

32

문제중심학습(problem-based learning)에 대한 설명으로 옳지 않은 것은?

① 비구조화된 문제상황에서 추론기능과 자기주도적 학습을 필요로 한다.
② 의과대학에서 전통적인 교육방식의 문제점을 개선하기 위해 개발된 모형이다.
③ 실제 문제를 중심으로 학습내용을 학습자가 찾아서 해결하는 학습자 중심의 모형이다.
④ 문제해결 과정이 끝난 후 실시되는 평가는 교사에 의해 시험으로 이루어진다.

31	가네의 학습 성과 영역

가네(R. Gagné)의 학습 성과(learning outcomes) 영역 중 인지적 영역은 언어정보, 지적기능, 인지전략이고, 정의적 영역은 태도이며, 그리고 운동적 영역은 운동기능이다. '~ know how'로 표현되는 방법적 지식에 해당하는 영역은 인지적 영역 가운데 지적기능이다. 지적기능은 다시 변별, 구체적 개념, 정의된 개념, 원리, 문제해결 등으로 위계화되어 있다.

답 ④

32	문제중심학습

문제중심학습(problem-based learning)은 구성주의 학습모형 가운데 하나로, 비구조화된 문제상황에 직면할 때 요구되는 추론기능과 자기주도적 학습기능을 기를 수 있는 학습방법이다. 문제중심학습에서 평가는 학습이 끝난 후 집단별로 학습결과를 발표하고 토의하며 목표 달성 여부를 학습자 스스로 확인한다. 이 모형은 의과대학에서 전통적인 방법에 대한 대안적 방법으로 개발되었다.

답 ④

개별화 수업의 특징으로 볼 수 없는 것은?

① 교육목표는 학습자 개인의 동기·능력·희망·흥미에 따라 선택되고 결정된다.
② 평가 결과에 따라 교정이 이루어지거나 보충·심화 과제가 주어진다.
③ 효율적인 수업을 위해 교수자가 주도권을 가진다.
④ 학생의 수준과 속도에 따라 학습내용의 분량과 진도 등이 결정된다.

33	개별화 수업

개별화 수업(individualized instruction)은 학생들의 개인적 요구와 특성에 맞추어 수업적 절차를 적응시키는 교수법으로, 교수 – 학습 환경의 개별화, 교육목표의 개별화, 교육내용의 개별화, 교육방법의 개별화, 학업성취의 개별화 그리고 교육평가의 개별화 등으로 구성된다. 개별화 수업의 이념적 전제는 개별성과 공평성(equity)이다. 개별성은 학습자마다 각기 다른 요구와 학습방법적 특성이 다르다는 것이고, 공평성은 학습자의 요구, 개인적 특성에 맞추어 합당한 처치를 해야 한다는 것이다. 개별화 수업은 교사가 주도권을 갖는 것이 아니라 학습자 스스로 개별학습 속도에 따라 이루어진다.

답 ③

브루너(J. Bruner)의 교수이론에 근거한 수업으로 보기 어려운 것은?

① 내재적 보상보다 외재적 보상을 강조한다.
② 각각의 교과목이 가지고 있는 나름의 지식의 구조를 학생에게 탐색하도록 한다.
③ 기본적 원리나 개념의 이해를 통해 전이의 가능성을 최대로 한다.
④ 아동의 사고방식과 지적 수준을 고려하여 교과의 내용을 가르친다.

34	브루너의 교수이론

브루너(J. Bruner)의 교수이론이 지녀야 할 특징으로 4가지를 제시하였다. ㉠ 학습자에게 학습에 대한 선행 경향성을 효과적으로 증진시킬 수 있는 경험을 조직하는 원리의 구체화(학습 준비성 혹은 선행 경향성), ㉡ 일련의 지식들이 학습자에게 가장 쉽게 이해될 수 있도록 구조화되는 방법에 관한 원리의 구체화(지식의 구조), ㉢ 자료를 학생들에게 가장 효과적으로 제시할 수 있는 학습내용과 경험의 계열화 방안(학습계열), ㉣ 교수 – 학습 과정에서 보상과 벌의 성격과 효과적인 제시방안(내적 강화)이다.

(선지분석)
① 브루너의 교수이론에 근거한 수업에서는 외재적 보상보다 내재적 보상을 강조한다.

답 ①

---

35 □□□

다음 사례에 가장 잘 부합하는 협동학습 모형은?

> 박 교사는 한국사 수업을 다음과 같이 진행하였다.
> (1) 고려 시대의 학습내용을 사회, 경제, 정치, 문화의 4개 주제로 구분하였다.
> (2) 학급 인원수를 고려하여 모둠을 구성하고, 모둠에서 각 주제를 담당할 학생을 지정하였다.
> (3) 주제별 담당 학생을 따로 모아 전문가 집단에서 학습하도록 하였다.
> (4) 전문가 집단에서 학습한 학생들을 원래의 모둠으로 돌려보내 각자 학습한 내용을 서로 가르쳐 주도록 하였다.
> (5) 모둠학습이 끝난 후, 쪽지 시험을 실시하여 우수학생에게 개별보상을 하고 수업을 종료하였다.

① 팀 경쟁학습(TGT) 모형
② 팀보조개별학습(TAI) 모형
③ 과제분담학습 I (Jigsaw I) 모형
④ 학습자팀성취분담(STAD) 모형

35	과제분담학습 I 모형

과제분담학습 I (Jigsaw I) 모형은 팀 구성 → 개인별 전문과제 선택 → 과제별 모임(전문가 팀) → 전문가 집단 협동학습 → 원집단 협동학습 → 개별평가 → 개별점수 산출로 이루어진다.

(선지분석)
① 팀 경쟁학습(TGT) 모형은 학습자들이 동일한 성적을 수행하고 있는 다른 팀의 2명과 함께 토너먼트에 참가하는 점이 기본모형인 STAD와 차이가 있다.
② 팀보조개별학습(TAI) 모형은 대부분의 협동학습 모형이 정해진 진도에 따라 이루어지는 것과 달리, 학습자 개인이 각자의 학습속도에 따라 학습을 진행해 나가는 개별학습을 이용한다는 점이 특징이다.
④ 학습자팀성취분담(STAD) 모형은 협동학습의 기본 모형으로 기본기능의 습득이나 사실적 지식의 이해를 위한 것이다. 학습자팀성취분담 모형에서는 개별 책무성과 개인별 향상점수를 강조한다.

답 ③

36 □□□

딕과 캐리(W. Dick & L. Carey)의 교수설계모형에 대한 설명으로 옳지 않은 것은?

① 교수설계자의 입장에 초점을 두어 개발된 체제적 교수설계모형이다.
② 교수분석 단계에서는 수업목표의 유형을 구분하고 세부 과제를 도출한다.
③ 수행목표 진술 단계에서는 학습자에게 기대되는 성과를 구체적으로 진술한다.
④ 각 단계명의 영어 첫째 글자를 조합하여 ASSURE 모형으로 명명하기도 한다.

36	딕과 캐리의 교수설계모형

각 단계명의 영어 첫째 글자를 조합하여 ASSURE 모형으로 명명한 것은 교실상황에서 매체를 효과적으로 활용하기 위한 계획에 초점을 두고 개발된 절차모형이다. 딕과 캐리(W. Dick & L. Carey)의 교수설계모형은 체제 접근에 기초하여 교수설계, 개발, 실행, 평가의 과정을 제시하는 모형으로, 효과적인 교수 프로그램을 만들어내기 위해서 필요한 일련의 단계들과 단계들 간의 역동적 관련성에 초점을 둔 모형이다.

답 ④

37 □□□

교수설계절차인 ADDIE 모형의 단계에 대한 설명으로 옳지 않은 것은?

① 설계 – 평가도구를 고안하고 교수전략과 교수매체를 선정한다.
② 개발 – 실제 수업에 사용할 교수 프로그램이나 교수자료를 제작한다.
③ 분석 – 요구분석, 환경분석, 과제분석 등을 포함한다.
④ 실행 – 투입된 교수자료의 효과성과 효율성을 결정한다.

38 □□□

하이니히(Heinich) 등의 ASSURE 모형에 따른 교수매체 선정 및 활용 절차이다. ㄱ ~ ㄷ에 들어갈 절차로 옳은 것은?

(ㄱ) – (ㄴ) – 매체와 자료의 선정 – 매체와 자료의 활용 – (ㄷ) – 평가와 수정

	ㄱ	ㄴ	ㄷ
①	학습자 분석	학습자 참여유도	목표진술
②	목표진술	학습자 분석	학습자 참여유도
③	학습자 분석	목표진술	학습자 참여유도
④	목표진술	학습자 참여유도	학습자 분석

---

37   ADDIE 교수설계모형

ADDIE 모형은 분석 – 설계 – 개발 – 실행 – 평가로 이루어진다. ㉠ 분석에서는 요구분석, 학습자분석, 직무 및 과제분석, ㉡ 설계에서는 수행목표의 명세화, 평가도구 개발, 계열화, 교수전략 및 매체선정, ㉢ 개발에서는 교수자료 개발, 형성평가 및 수정, 제작, ㉣ 실행에서는 사용, 설치, 유지 및 관리, ㉤ 평가단계에서는 총괄평가가 이루어진다. 투입된 교수자료의 효과성과 효율성을 결정하는 단계는 형성평가이다. 형성평가는 교수설계 모형의 분석, 설계과정 그리고 개발을 통하여 만들어진 교수자료를 종합적으로 점검하여 문제점을 찾아내어 수정·보완하는 활동이다.

답 ④

---

38   ASSURE 설계모형

하이니히(Heinich) 등의 ASSURE 모형은 매체를 활용한 교수설계 모형으로, 절차는 학습자 분석 – 목표진술 – 매체선정 및 제작 – 매체와 자료의 활용 – 학습자 참여유도 – 평가와 수정 등으로 이루어진다. 학습자 분석은 학습자의 일반적 특성, 출발점 행동, 학습양식을 분석하고, 학습목표는 교사가 무엇을 할 수 있느냐가 아니라 학생의 능력을 중심으로 진술한다.

답 ③

39 ☐☐☐

문제중심학습(problem-based learning)의 특징이라고 보기 어려운 것은?

① 실제성
② 협동학습
③ 자기주도학습
④ 구조적인 문제

40 ☐☐☐

다음에서 설명하는 교수 – 학습 방법은?

- 브루너(J. Bruner)에 의해 제시되었다.
- 수업의 과정은 '문제 인식, 가설 설정, 가설 검증, 적용'의 순으로 진행된다.
- 교사는 지시를 최소한으로 줄이고, 학생 스스로 자발적인 학습을 통해서 학습목표를 달성하도록 지도한다.

① 설명학습
② 협동학습
③ 발견학습
④ 개별학습

39	문제중심학습

문제중심학습(problem-based learning; PBL)은 비구조화된 문제(ill-structured problem)상황에 직면할 때 요구되는 추론기능(가설 – 연역적 추론)과 자기주도적 학습기능을 기를 수 있는 학습형태이다. PBL은 비구조화된 문제를 해결하기 위해 추론기능과 지식 기반을 통합하여야 한다는 요구를 반영한다. 또한 계속적인 자기 학습기능의 요구를 반영한 교수학습 환경이다. PBL의 목표는 학습자로 하여금 어떤 문제나 과제에 대한 해결안 또는 자신의 견해나 입장을 전개하여 제시하고 설명하며, 나아가 옹호할 수 있도록 하는 것이다. 즉, ㉠ 문제해결능력, ㉡ 관련분야의 지식 및 기술의 습득, ㉢ 자신의 견해를 분명히 제시, 옹호, 반박할 수 있는 능력, ㉣ 협동학습 능력 등이라고 할 수 있다. 구조적인 문제는 객관주의 학습이론에서 강조한다.

답 ④

40	발견학습

발견학습은 브루너(J. Bruner)에 의해 제시된 교수학습 방법이다. 발견학습의 목표는 탐구적인 사고 방법을 형성하는 데 있다. 학습의 결과보다는 과정과 방법을 중시하며, 교재의 기본구조에 대한 철저한 학습을 강조한다. 또한 학습자의 능동적인 학습을 강조하며, 학습효과의 전이를 중시한다.

(선지분석)
① 설명학습의 대표적인 유형은 오수벨(Ausubel)에 의해 제시되었다.
② 협동학습은 슬라빈(Slavin) 등에 의해 제시된 방법으로, 학생들이 공통의 과제를 함께 공부하고 서로 격려하는 일련의 수업방법이다.
④ 개별학습은 학생들의 개인적 요구와 특성에 맞추어 수업적 절차를 적응시키는 방법으로, 개별성과 공평성을 전제로 한다.

답 ③

해커스공무원 이이수 교육학 단원별 기출문제집

41 □□□

체제적 교수설계(ADDIE)모형에서 '개발(development)' 단계에 해당하는 활동은?

① 교수자료 및 매체를 제작한다.
② 학습자의 선수지식 정도를 확인한다.
③ 수업목표에 따라 단원의 계열을 결정한다.
④ 학습과제의 특성과 하위 요소 간의 관계를 파악한다.

42 □□□

구성주의 교수 – 학습 방법에 대한 설명으로 옳은 것은?

① 지식의 외재적인 실재를 강조한다.
② 사실이나 개념, 원리 등 지식의 요소를 이해하는 것에 초점을 둔다.
③ 교수목표와 과제를 사전에 구체적으로 분석하고, 목표 달성 전략을 고안한다.
④ 학습과정에서 학습자의 능동적 참여와 문제해결 수행 여부를 중시한다.

41	체제적 교수설계모형

체제적 교수설계(ADDIE)모형의 분석(Analysis) 단계에서는 요구분석, 학습자분석, 과제분석, 직무분석, 상황분석 등을 하고, 설계(Design) 단계에서는 수행목표의 명세화, 평가도구 개발, 계열화, 교수전략 및 매체 선정을 한다. 개발(Development) 단계에서는 교수자료 개발, 형성평가 설계 및 실행한다. 실행(Implementation) 단계에서는 프로그램의 사용 및 설치, 유지 및 관리를 하며, 평가(Evaluation) 단계에서는 총괄평가를 시행한다.

(선지분석)
② 학습자의 선수지식 정도를 확인하는 것은 분석 단계이다.
③ 수업목표에 따라 단원의 계열을 결정하는 것은 설계 단계이다.
④ 학습과제의 특성과 하위 요소 간의 관계를 파악하는 것은 분석 단계이다.

답 ①

42	구성주의 교수 – 학습 방법

구성주의 교수 – 학습의 원리로는 학습자의 학습에 대한 주체, 자신의 개인적 경험이나 일상적인 사건·현상에 대한 성찰, 협동학습 환경의 활용, 학습의 조언자 및 동료학습자로서의 교사역할, 구체적 상황을 배경으로 한 실제적 과제의 제시 등이다.

(선지분석)
③ 교수목표와 과제를 사전에 구체적으로 분석하고, 목표 달성 전략을 고안하는 것은 객관주의 교수 – 학습 방법에 해당한다.

답 ④

43 ☐☐☐

행동주의에 기반한 교수설계 원리로 옳지 않은 것은?

① 학습목표는 수업이 끝났을 때 학습자가 성취해야 하는 결과를 관찰 가능한 행동목표로 진술해야 한다.

② 학습이 이루어질 수 있도록 내재적 동기를 유발할 수 있는 교수전략을 수립해야 한다.

③ 수업의 내용은 쉬운 것에서부터 어려운 것으로 점진적으로 제시해야 한다.

④ 바람직한 수행을 유도하기 위하여 지속적인 평가와 피드백을 제공해야 한다.

43	교수설계 원리

행동주의 학습이 이루어질 수 있도록 강화나 벌과 같은 외재적 동기를 유발할 수 있는 교수전략을 수립한다.

(선지분석)
① 학습목표는 수업이 끝났을 때 학습자가 성취해야 하는 결과를 관찰 가능한 행동목표로 진술한 것이다. 대표적인 행동적 수업목표를 강조한 사람은 타일러(Tyler), 메이거(Mager) 등이다.

③ 수업의 내용을 쉬운 것에서부터 어려운 것으로 점진적으로 제시하는 것은 스키너(Skinner)의 조작적 조건화설에 기초한 프로그램 수업의 원리이다.

④ 바람직한 수행을 유도하기 위하여 지속적인 평가와 피드백을 제공하는 것도 프로그램 수업의 원리 가운데 하나이다.

답 ②

44 ☐☐☐

인지학습이론(cognitive learning theories)에 기초한 수업방식으로 적절하지 않은 것은?

① 관련된 모든 내용을 학생들에게 제공하여 더 많은 정보를 얻게 한다.

② 주어진 내용을 분명하게 조직적으로 제시한다.

③ 학생들의 주의를 환기하고 유지하기 위해 다양성, 호기심, 놀라움을 강조한다.

④ 새로운 내용과 이미 알고 있는 내용을 연결할 수 있도록 도와준다.

44	인지학습이론

학습에 대한 인지적 접근은 지각, 기억, 문제해결과 같은 인간의 내적 심리과정을 설명하기 위한 것으로, 형태심리학에 근거한 초기 인지학습이론과 정보처리이론 등이 여기에 해당한다. 초기 인지주의 학습이론에 중요한 이론적 기초를 제공한 것이 형태주의 심리학(M. Wertheimer)이다. 인지학습이론에 해당하는 학습설에는 통찰설, 장(場)설, 기호형태설 등이 있다.

(선지분석)
① 관련된 모든 내용을 학생들에게 제공하여 더 많은 정보를 얻게 하는 것은 전통적인 학습관에 기초한 수업방식이다.

답 ①

45 ☐☐☐

수업모형의 하나인 '협동학습'에 대한 설명으로 옳지 않은 것은?

① 모든 구성원이 함께 참여하여 성취할 수 있는 명확한 공동의 목표가 있어야 효과적이다.
② 효과적인 협동학습이 되기 위해서는 기본적으로 동질집단으로 구성되어야 한다.
③ 자신의 역할을 완수하지 않으면 구성원이 불이익을 받게 된다.
④ 협동학습이 잘 이루어지기 위해서는 신뢰에 바탕을 둔 구성원 간의 상호의존관계가 필요하다.

---

45 | 협동학습

협동학습에서는 학생들이 공통의 목표를 행하여 함께 활동함으로써 서로 돕고 학생들의 다양한 기능이 존중되고 이용된다. 또한 모든 사람이 집단을 위해 무엇인가 기여하고, 교사는 이런 일이 일어나도록 과제를 구조화하는 학습이다.

(선지분석)
② 협동학습의 학습집단 구성은 이질혼성집단으로 구성하는 것이 원칙이다. 즉, 서로 다른 능력, 취미, 성격, 성 등이 서로 대화를 주고받는 과정에서 이질감을 극복할 수 있다고 본다.

답 ②

02 교육공학

01 □□□

가상현실(VR) 기술을 활용한 교육에 대한 설명으로 옳지 않은 것은?

① 다양한 각도에서 수업자료를 탐구하도록 유도할 수 있다.
② 현실에서 직접 경험할 수 없었던 사물, 장소, 역사 속 사건 등을 재현할 수 있다.
③ 투사매체인 실물화상기나 OHP(overhead projector)를 핵심 장치로 활용한다.
④ 학습활동 과정에서 학습자의 흥미와 몰입감을 높일 수 있다.

02 □□□

다음에 해당하는 학습형태는?

- 학습자가 언제 어디에서나 어떤 내용이건, 어떤 단말기로도 학습 가능한 지능화된 학습형태
- 획일적이거나 강제적이지 않으며, 창의적이고 학습자 중심적인 교육과정 실현 가능
- 원하는 정보를 찾기 위해 학습자가 특정 시간에 특정 장소를 찾아가는 것이 아니라, 학습정보가 학습자를 찾아다니는 방식

① e - 러닝(electronic learning)
② m - 러닝(mobile learning)
③ u - 러닝(ubiquitous learning)
④ 기계학습(machine learning)

---

01 가상현실

가상현실(VR)이란 특정한 장소나 상황을 3차원 컴퓨터 그래픽으로 구현하여 간접적으로 경험할 수 있는 환경을 제공하는 기술이다. 가상현실은 마치 실제 존재하는 환경인 것처럼 가상의 환경을 제공하여, 실제 현실과 상호 작용(Interaction)을 하는 것과 같은 경험을 제공한다. 이러한 가상현실은 현실과 얼마나 일치하느냐에 따라 그 몰입도가 달라지는데, 이러한 몰입감을 극대화하기 위해 오감의 자극을 적극 활용한다. 이 가상현실은 현실 세계에서 경험하기 힘든 여러 가지 상황을 가상 세계의 아바타를 통해 시각, 청각, 촉각을 비롯한 오감 작용으로 간접 경험할 수 있어, 게임, 교육, 국방, 의료 등 여러 산업 분야에서 활용된다.

(선지분석)
③ 투사매체인 실물화상기나 OHP(overhead projector)를 핵심 장치로 활용하는 방법은 전통적인 매체의 활용방법 가운데 하나이다.

답 ③

02 학습형태

학습자가 언제 어디서나 어떤 내용이건, 어떤 단말기로도 학습이 가능하도록 지능화된 학습형태를 u - 러닝(ubiquitous learning)이라고 한다. u - 러닝은 ubiquitous 컴퓨팅 기술과 네트워크 기술 기반 환경에서 학습이 이루어지는 형태로 교육장소가 융통성이 있으며, 교수 - 학습 방법이 다양한 맞춤형으로 변화되며, 지식 전달체계가 실시간으로 현장성이 있으며, 다양한 학습공동체의 출현이 가능하다. u - 러닝의 속성으로는 영구적인 학습자원 관리, 접근성, 즉시성, 상호작용성, 학습활동의 맥락성 등이 있다.

답 ③

03 □□□

다음 설명에 해당하는 학습법은?

> • 면대면 수업이 갖는 시간적·공간적 제한점을 온라인학습의 장점을 통해 극복한다.
> • 인간접촉의 부재, 홀로 학습하는 것에 대한 두려움, 동기 저하 등의 문제를 면대면 교육으로 보완한다.

① 상황학습(situated learning)
② 블렌디드 러닝(blended learning)
③ 모바일 러닝(mobile learning)
④ 팀기반학습(team-based learning)

---

04 □□□

원격교육에 대한 설명으로 옳지 않은 것은?

① 원격교육은 컴퓨터 통신망을 기반으로 등장하였다.
② 각종 교재개발과 학생지원 서비스 등을 위한 물리적·인적 조직이 필요하다.
③ 교수자와 학습자가 물리적으로 떨어져 있으나 교수-학습 매체를 통해 의사소통을 한다.
④ 다수를 대상으로 하면서도 공학적인 기재를 사용하여 사전에 계획, 준비, 조직된 교재로 개별학습이 이루어진다.

---

03   블렌디드 러닝

블렌디드 러닝(blended learning)이란 e-러닝을 효과적인 학습 수단으로 하기 위해 온라인과 오프라인에서 사용하는 수업 방법의 장점을 적절하게 배합하는 방법이다. 면대면 수업이 지닌 시간과 공간의 제약 및 상호작용의 한계를 극복하고 e-러닝에 면대면 방식의 장점을 결합함으로써 학습효과를 극대화하고자 하는 설계전략이다.

(선지분석)
① 상황학습(situated learning)은 구성주의 학습방법의 일종이다.
③ 모바일 러닝(mobile learning)은 핸드폰, 무선 노트북 등과 같은 이동 가능한 테크놀로지를 통한 학습시스템이다.
④ 팀기반학습(team-based learning)은 래리 미켈슨(L. Michaelsen)이 창안한 것으로 대규모 수업에서 5~7명의 학생을 하나의 팀으로 구성한 후, 소집단 활동과 과제를 활용하여 수업하는 방법이다. 이는 팀 구성원들이 공동의 목표를 달성하기 위해 팀 구성원들끼리 비전을 공유하고 상호작용하게 되고, 기존에 배웠던 지식을 실제 과제와 연결시켜 문제를 해결함으로써 학습을 증진시키고자 하는 데 목적을 둔다. 교사는 전반적인 수업과정의 설계자이자 매니저로서 학습과정에 적극적으로 개입하여 수업목표 방향성을 상실하거나 학습시간이 늘어지는 등의 단점을 극복할 수 있도록 하는 것이 특징이다.

답 ②

---

04   원격교육

원격교육(distance education)은 처음에 우편을 통해서 이루어졌으며, 이는 제1세대 원격교육이다. 이 시기(1800년대)의 원격교육은 인쇄교재를 통해 통신을 했다는 점에서 통신교육이라고 불린다. 인쇄교재에 안내된 내용을 통해 교수자와 학습자가 교육적 상호작용이 가능했고, 후에 기존 대학의 확장 그리고 프로그램으로서 통신교육을 가능하게 하는 데까지 이르렀다는 점에서 의미가 있다. 이 시기에는 원격교육을 시도하여 기존의 교육 대상자보다 더 많은 사람들에게로 교육의 기회를 확대했다는 특징이 있다. 즉, 원격교육은 컴퓨터 통신망을 기반으로 등장한 것이 아니라 우편 통신을 통해 등장하였다.

답 ①

---

05 □□□

교수매체의 효과적인 선정과 활용을 위한 ASSURE 모형에 대한 설명으로 옳지 않은 것은?

① 수업계획의 첫 단계는 학습자를 분석하는 것이다.
② 수업목표는 학습자가 수업 중 경험할 학습활동으로 제시한다.
③ 학습내용에 대한 연습과 피드백 기회를 통해 학습자의 능동적인 참여를 유도한다.
④ 마지막 단계에서는 수업의 효과 및 영향에 대한 평가와 그에 따른 수정이 이루어진다.

06 □□□

다음 내용과 가장 관련이 깊은 학습 형태는?

> • 무선 환경에서 네트워크에 접속하여 학습한다.
> • PDA, 태블릿 PC 등을 활용하여 물리적 공간에서 이동하면서 가상공간을 통하여 학습한다.
> • 기기의 4C(Content, Capture, Compute, Communicate) 기능을 활용하여 교수 - 학습을 촉진할 수 있다.

① 모바일 러닝(m-learning)
② 플립드 러닝(flipped learning)
③ 마이크로 러닝(micro learning)
④ 블렌디드 러닝(blended learning)

---

05   ASSURE 모형

교수매체 활용을 위한 설계모형인 ASSURE 모형은 학습자 특성 분석 → 목표 진술 → 매체의 선정 및 제작 → 매체와 자료의 활용 → 학습자 반응 유도 → 평가와 수정으로 구성된다.

(선지분석)
② 수업목표는 성취하고자 하는 최종 목표, 학습성취에 필요한 조건, 학습성취의 판단기준이 포함된 목표로 진술한다.

답 ②

06   모바일 러닝

모바일 러닝(m-learning)은 PDA(Personal Digital Assistants), 핸드폰, 무선 노트북 등과 같은 이동 가능한 테크놀로지를 통해 학습을 가능하게 하는 시스템을 말한다.

(선지분석)
② 플립드 러닝(flipped learning)은 온라인을 통해 선행학습을 한 후 오프라인 강의를 통해 교사와 토론식 강의를 진행하는 '역진행 수업방법'을 말한다.
③ 마이크로 러닝(micro learning)은 소집단 수업방법의 하나로 복잡하지 않고 시간이 짧으며 소규모로 실제 수업상황을 축소한 형태의 수업이다.
④ 블렌디드 러닝(blended learning)은 온라인과 오프라인에서 사용하는 수업 방식의 강점을 적절하게 배합하는 형태의 수업이다.

답 ①

07 □□□

다음에서 설명하는 개념은?

> • 학습자에게 교수학습 내용을 전달하는 모든 수단이나 방법을 총칭한다.
> • 교수학습을 위해 사용하는 시청각 기자재와 수업자료를 총칭한다.

① 교수매체
② 시청각매체
③ 실물매체
④ 디지털매체

07	교수매체

교수매체란 교수 – 학습 과정에서 교사와 학생 또는 학생 상호 간에 정보를 전달하는 모든 수단과 방법을 말한다. 협의의 교수매체는 내용을 구체화하거나 보충하여 학습자가 명확히 이해할 수 있도록 도와주기 위해 사용되는 모든 기계나 자료 또는 시청각적·언어적 정보를 전달하는 데 사용되는 시청각 기자재를 말한다. 광의의 교수매체는 교수 – 학습 자원의 의미로, 교사와 학습자 사이에 교수목표 달성을 위해 사용되는 모든 수단으로 인적 자원, 학습내용, 학습환경, 시설, 기자재(software & hardware), 더 나아가 교수설계전략까지 포함하는 넓은 의미로 확대된다.

답 ①

08 □□□

교육공학의 기본영역별 하위 영역에 대한 설명으로 옳지 않은 것은?

① 평가영역에는 문제분석, 준거지향 측정, 형성평가, 총괄평가가 있다.
② 활용영역에는 프로젝트 관리, 자원 관리, 전달체제 관리, 정보 관리가 있다.
③ 설계영역에는 교수체제 설계, 메시지 디자인, 교수전략, 학습자 특성이 있다.
④ 개발영역에는 인쇄 테크놀로지, 시청각 테크놀로지, 컴퓨터 기반 테크놀로지, 통합 테크놀로지가 있다.

08	교육공학의 연구영역

활용영역에는 매체 활용과 보급, 수행과 제도화, 정책과 규제 등이 있다.

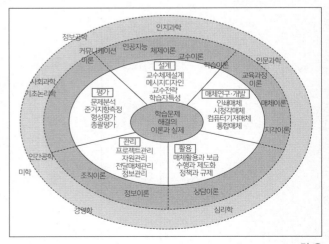

답 ②

---

09 □□□

서책형 교과서와 비교하여 디지털 교과서의 장점으로 보기 어려운 것은?

① 사용에 있어 시·공간의 제약이 적다.

② 학습자의 능력 및 수준에 따른 맞춤형 학습이 용이하다.

③ 다양한 멀티미디어 콘텐츠의 활용을 통해 학습동기를 높일 수 있다.

④ 특정한 장비와 프로그램이 없어도 접근이 가능하여 시간과 비용을 절약할 수 있다.

09	디지털 교과서

디지털 교과서는 시·공간의 제약 없이 사용이 가능하고, 학습자의 능력 및 수준에 따른 맞춤형 학습이 용이하며, 다양한 멀티미디어 콘텐츠의 활용을 통해 학습동기를 높일 수 있는 장점이 있지만, 특정한 장비와 프로그램이 있어야 접근이 가능하다는 단점이 있다.

답 ④

VI

교육행정 및 교육관련법령

01 교육행정

01 ☐☐☐

학교조직의 운영 원리에 대한 설명으로 옳지 않은 것은?

① '적도집권의 원리'는 분권을 중심으로 학교조직을 운영하는 것이다.

② '분업의 원리'는 조직의 업무를 직능 또는 특성별로 구분하여 한사람에게 동일한 업무를 분담시키는 것이다.

③ '조정의 원리'는 조직의 목표 달성을 위해서 구성원의 노력을 집결시키고 업무 간·집단 간 상호관계를 조화롭게 유도하는 것이다.

④ '계층의 원리'는 조직의 목표를 달성하기 위한 업무를 수행함에 있어 권한과 책임의 정도에 따라 직위를 수직적으로 서열화·등급화하는 것이다.

02 ☐☐☐

다음에서 설명하는 교육행정의 기본원리는?

> • 교육활동에 투입되는 인적·물적 자원에 대한 교육산출의 비율을 최대한 높이는 것이다.
> • 예를 들어 국가재정의 한계로 인해 학급당 학생 수를 늘리는 것이다.

① 민주성의 원리

② 합법성의 원리

③ 효율성의 원리

④ 기회균등의 원리

01	학교조직 운영 원리

학교조직의 운영 원리로는 계층제의 원리(hierarchy), 분업의 원리(division of work), 조정의 원리(coordination), 지휘통일의 원리(unity of command), 통솔한계의 원리(span of control) 등이 있다.

(선지분석)

① 적도집권의 원리는 법제적 측면의 원리로 중앙집권과 지방분권의 균형을 도모하려는 원리이다.

답 ①

02	교육행정의 원리

교육행정의 기본원리 가운데 교육활동에 투입되는 인적·물적 자원에 대한 교육 산출의 비율을 최대한 높이고자 하는 것은 효율성의 원리이다. 효율성의 원리를 능률성의 원리 혹은 경제성의 원리라고도 한다.

(선지분석)

① 민주성의 원리는 교육행정은 독단과 편견을 배제하고 광범한 주민의 참여를 통해야 한다는 원리이다.

② 합법성의 원리는 법이 정하는 범위 내에서 이루어져야 한다는 원리로 법치행정의 원리라고도 한다.

④ 기회균등의 원리는 교육은 성별, 신분, 지역, 종교 등 모든 면에서 차별을 두지 아니하고 균등하게 혜택이 돌아가도록 해야 한다는 원리이다.

답 ③

다음에서 설명하는 교육정책 의사결정 관점은?

> • 관료제, 중앙집권적 조직에 적합하다.
> • 조직목표 달성이 의사결정의 목적이다.
> • 목표 달성을 극대화하는 최적의 대안을 선택하는 것이 가능하다고 본다.

① 우연적 관점
② 정치적 관점
③ 참여적 관점
④ 합리적 관점

간접교육비에 대한 설명으로 옳지 않은 것은?

① 학생이 학교에 다니기 때문에 취업할 수 없는 데서 오는 유실소득을 포함한다.
② 비영리기관인 학교에 대해 세금을 면제해주는 면세의 비용을 포함한다.
③ 학교건물과 장비 사용에 따라 발생하는 감가상각비와 이자도 포함된다.
④ 유아의 어머니가 취업 대신 자녀 교육을 위해 가정에 머물면서 포기된 소득은 제외한다.

---

03   교육정책 의사결정의 관점

교육정책 의사결정 관점 가운데 목표 달성을 극대화하는 최적의 대안을 선택하는 것이 가능하다고 보는 것은 합리적 관점이다. 이 관점은 인간과 조직의 합리성, 완전한 지식과 정보의 활용을 전제로 하며, 정책결정자의 전지전능, 최적 대안의 합리적 선택, 목표의 극대화, 합리적 경제인을 전제로 한 이상론적, 낙관론적 관점이다. 이 관점은 관료제, 중앙집권적 조직에 적합하다.

답 ④

---

04   간접교육비

유아의 어머니가 취업 대신 자녀 교육을 위해 가정에 머물면서 포기된 소득은 넓은 의미에서 간접교육비에 해당된다고 볼 수 있다.

(선지분석)
①, ②, ③ 간접교육비란 일정 단위의 교육서비스의 생산에 있어서 직접비용 이외에 소요되는 경비를 말한다. 간접교육비에는 첫째, 기회비용(opportunity costs 혹은 포기소득)으로 실질적으로 교육활동을 위해 투입되는 경비는 아니지만 피교육자가 교육에 종사하기 때문에 포기해야 하는 포기소득과 같이 다른 용도의 사용을 가정한 경비, 둘째, 비영리기관으로서의 학교에 대한 조세감면, 셋째, 건물 시설의 잠재적 임차료와 감가상각비 등이 있다.

답 ④

다음은 서지오바니(Sergiovanni)의 도덕적 지도성 이론에 따라 분류한 네 가지 학교 유형이다. (가)에 해당하는 것은?

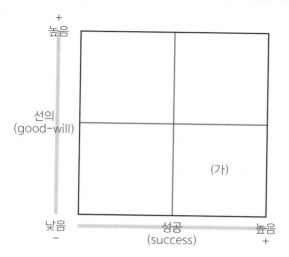

① 도덕적인 학교
② 정략적인 학교
③ 도덕적이고 효과적인 학교
④ 비도덕적이고 비효과적인 학교

다음 설명에 해당하는 학교컨설팅의 원리는?

- 학교 컨설턴트가 의뢰인을 대신하여 교육활동을 전개하거나 학교를 경영하지 않아야 한다.
- 컨설팅 결과에 대한 최종 책임은 의뢰인에게 있다.

① 자문성의 원리
② 자발성의 원리
③ 전문성의 원리
④ 한시성의 원리

05	도덕적 지도성 이론

서지오바니(Sergiovanni)의 도덕적 지도성 이론에 따라 분류한 네 가지 학교 유형은 문화의 개념을 통하여 도덕적 지도성을 설명하면서, 학교를 도덕적 측면에서의 선의(善意)와 관리적 측면에서의 성공(成功)이란 두 가지 차원을 조합한 네 가지 유형을 통하여 설명하고 있다.

고 선의	Ⅰ 도덕적인 학교	Ⅱ 도덕적이고 효과적인 학교
저	Ⅲ 비도적이고 비효과적인 학교	Ⅳ 정략적인 학교
	저 성공	고

답 ②

06	학교컨설팅 원리

학교컨설팅의 원리 가운데 학교 컨설턴트가 의뢰인을 대신하여 교육활동을 전개하거나 학교를 경영하지 않는 것은 자문성의 원리이다. 즉, 자문성의 원리란 학교컨설턴트가 의뢰인(학교나 교원)을 대신해서 문제를 직접 해결하는 것이 아니라 교원이 그것을 해결하도록 자문하는 역할을 수행해야 한다는 것이다.

(선지분석)
② 자발성의 원리란 의뢰인이 스스로 필요성을 느끼고 자발적으로 도움을 요청함으로써 시작된다는 것이다.
③ 전문성의 원리란 지위의 고하, 직책의 성격을 막론하고, 의뢰인이 필요로 하는 과제해결에 전문성이 있는 사람이 학교 컨설턴트가 될 수 있다는 원리이다.
④ 한시성의 원리(혹은 일시성)란 의뢰인에게 제공되는 컨설팅은 계약 기간 동안 제공되는 일시적인 서비스가 되어야 한다는 원리이다.

답 ①

참모조직과 계선조직에 대한 설명으로 옳은 것은?

① 참모조직은 전문적인 지식과 기술을 활용하여 직접적인 명령, 집행, 결정을 행사한다.

② 계선조직은 권한과 책임의 한계가 불명확하여 능률적인 업무 수행이 어려운 한계가 있다.

③ 참모조직은 계선조직이 원활하게 역할을 수행하도록 연구, 조사, 계획 등의 기능을 수행한다.

④ 계선조직은 횡적 지원을 하는 수평적 조직인 반면, 참모조직은 계층적 구조를 갖는 수직적 조직이다.

조하리(Johari)의 창에 따른 의사소통 모형에서 다음에 해당하는 것은?

> • 마음의 문을 닫고 자기에 관해서 남에게 노출하기를 원치 않는다.
> • 자기의 생각이나 감정은 표출시키지 않으면서 상대방으로부터 정보를 얻기만 하려고 한다.
> • 자기 자신에 대하여 다른 사람들은 전혀 모르고 있고, 본인만이 알고 있는 정보로 구성되어 있다.

① 개방(open) 영역

② 무지(blind) 영역

③ 미지(unknown) 영역

④ 은폐(hidden) 영역

07	참모조직과 계선조직

조직 형태 가운데 계선조직(Line Organization)은 지휘체계가 분명한 지휘명령을 가진 수직적인 조직, 참모조직(Staff Organization)은 계선조직이 원만하게 그 기능을 수행할 수 있도록 자문, 권고, 협의, 정보 수집, 인사, 연구 등의 기능을 수행하는 조직이다.

(선지분석)

① 전문적인 지식과 기술을 활용하여 직접적인 명령, 집행, 결정을 행사하는 것은 계선조직이다.

② 권한과 책임의 한계가 불명확하여 능률적인 업무 수행이 어려운 한계가 있는 것은 참모조직이다.

④ 참모조직은 횡적 지원을 하는 수평적 조직인 반면, 계선조직은 계층적 구조를 갖는 수직적 조직이다.

답 ③

08	의사소통 모형

조하리(Johari)의 창은 러프트(J. Lufft)와 잉햄(H. Ingham)이 고안한 의사소통 모형으로 다른 사람과 의사소통을 할 때 영향을 주는 자신에 관한 4가지 정보를 알려준다. 조하리의 창을 통해 자기 인식의 수준과 타인으로부터의 수용의 정도를 알 수 있다.

(선지분석)

④ 조하리의 창 가운데 은폐(hidden) 영역은 자신에 대해 타인에게는 잘 알려져 있지 않지만 자신에게는 알려져 있는 부분으로, 이 부분이 커지면 과묵형이 된다. 타인이 어떻게 반응할지 몰라 자기의 감정과 태도를 비밀에 붙이고 방어적인 태도를 취한다. 의사소통에서 자신의 의견이나 감정을 표출시키지 않고 타인으로부터 정보를 얻으려는 경향이 커진다. 잠재적 영역이라고도 한다.

답 ④

다음 설명에 해당하는 것은?

> • 일정 규모의 단위학교가 현재 교육목표 및 교육과정 등 제반 교육체제를 유지한다는 전제하에서 정상적인 교육활동을 수행하는 데 필요한 최소한의 교육비를 의미한다.
> • 최저소요교육비라고도 한다.

① 간접교육비
② 직접교육비
③ 표준교육비
④ 공부담교육비

동기이론 중 공정성 이론에 대한 설명으로 옳지 않은 것은?

① 한 개인이 타인에 비해 얼마나 공정한 대우를 받고 있는가에 초점을 둔 사회적 비교이론이다.
② 개인의 동기를 유발하는 기저 요인은 절대적인 가치에 의해 좌우된다.
③ 개인이 불공정성을 인식하였을 때, 투입이나 성과를 조정하여 공정한 균형상태를 이루고자 노력한다.
④ 공정성의 정도를 지각하는 데 있어 고려하는 투입 요인으로 직무수행과 관련된 노력, 교육 경험을 들 수 있다.

09	표준교육비

표준교육비는 일정 규모의 단위학교가 그에 상응하는 인적·물적 조건, 즉 표준 교육조건을 확보한 상태에서 정상적 교육활동을 수행하는 데 필요한 최저소요교육비(minimum standards of education cost)이다. 표준교육비는 교육예산의 편성과 교육계획수립의 과학적이고 합리적인 기초 자료가 되며, 교육의 기회균등을 보장하는 데 의의가 있다.

(선지분석)
① 간접교육비란 일정 단위의 교육서비스의 생산에 있어서 직접비용 이외에 소요되는 경비이다.
② 직접교육비란 교육활동을 위해 지출되는 모든 비용으로 교육재정의 대상이 되는 비용이다.
④ 공부담교육비란 국가 및 지방자치단체부담 교육비, 학교법인 교육비 등이 있다.

답 ③

10	동기이론

동기이론 가운데 공정성 이론은 조직원의 동기는 그가 조직에서 공정하게 대우받는가의 상대적 지각 정도에 의해 영향을 받는다는 관점이다. 공정성 이론에 의하면 개인의 동기를 유발하는 기저 요인은 절대적 가치가 아닌 다른 사람과의 상대적 가치에 의해 좌우된다.

답 ②

11 □□□

의사결정 모형 중 쓰레기통(garbage can) 모형에 대한 설명으로 옳은 것은?

① 문제, 해결책, 참여자, 선택 기회의 우연적 결합을 상정한다.
② 기존의 정책이나 결정을 점진적으로 수정한다.
③ 현실적 한계를 고려하여 더 만족스러운 대안을 선택한다.
④ 의사결정의 전제로 인간의 전능성을 강조한다.

12 □□□

변혁적 지도성(transformational leadership)에 대한 설명으로 옳지 않은 것은?

① 지도자가 구성원들로부터 신뢰와 존경을 받고 이상적인 영향력을 행사한다.
② 구성원의 기대와 동기를 지속적으로 자극하여 높은 수행과 발전을 유도한다.
③ 봉사와 그 대가인 보상을 상호 교환함으로써 구성원을 보다 많이 동기화시킨다.
④ 일상적인 생각에 대해 의문을 제기하고 문제들을 재구조화하여 구성원이 혁신적이고 창의적이 되도록 유도한다.

11	의사결정 모형 - 쓰레기통 모형

의사결정 모형 중 쓰레기통(garbage can) 모형은 대학과 같은 조직의 특성을 비유한 표현이다. 학교의 의사결정은 문제, 해결책, 참여자, 선택의 기회라는 비교적 독립적인 영역들이 혼합되어 있다가 우연히 의사결정이 이루어진다. 쓰레기통 모형은 의사결정을 해야 할 문제들과 의견들, 미해결 문제에 대한 해결책, 그리고 골칫거리나 즐거움을 찾고 있는 참가자들이 함께 만나는 장으로 본다.

(선지분석)
② 기존의 정책이나 결정을 점진적으로 수정한다는 것은 점증모형이다.
③ 현실적 한계를 고려하여 더 만족스러운 대안을 선택하는 것은 만족화 모형이다.
④ 의사결정의 전제로 인간의 전능성을 강조하는 것은 합리적 모형이다.

답 ①

12	변혁적 지도성

변혁적 지도성(transformational leadership)은 번스(Burns)에 의해 시도되었고, 바스(Bass)에 의해 체계화되었다. 변혁적 지도성은 부하를 전인으로 다루며 상위 수준의 욕구를 충족시키는 데까지를 배려하는 것, 즉 도덕적 지도성을 의미한다. 변화지향 지도성의 초점은 인간의 잠재능력을 각성시키고, 높은 요구를 충족시키며, 동기를 유발하여 고도의 사명감을 가지고 업무를 수행하도록 하는 데 있다.

(선지분석)
③ 봉사와 그 대가인 보상을 상호 교환함으로써 구성원을 보다 많이 동기화시키는 것은 교환적 지도성이다.

답 ③

조직화된 무질서 조직(Organized Anarchy)으로 학교조직의 특징을 설명하는 내용으로 옳지 않은 것은?

① 학교조직의 목적이 구체적이지 못하고 분명하지 않다.
② 어떤 방법과 자료를 활용해야 학습자가 목표에 도달할 수 있을지 합의된 견해가 없다.
③ 학생은 입학한 후 일정 기간이 지나면 졸업하고, 교사와 행정가도 이동하며, 학부모와 지역사회도 필요시에만 참여한다.
④ 강제적 권력과 소외적 참여를 특징으로 한다.

과학적 관리론이 교육행정에 적용된 내용으로 옳지 않은 것은?

① 보비트(F. Bobbitt)는 과학적 관리기법을 학교경영에 종합적으로 적용해야 한다고 주장했다.
② 학교를 공장에 비유하고 있다는 점에서 공장제 모델(factory model)로 비판받기도 하였다.
③ 과학적 연구방법을 활용한 사실 관찰 중심의 교육행정이론 개발이 활성화되었다.
④ 스폴딩(F. Spaulding)은 교육행정의 비효율성을 극복하기 위해서는 학교행정에도 기업경영의 원리를 적용해야 한다고 주장하였다.

---

13   학교조직의 특징

강제적 권력과 소외적 참여를 특징으로 하는 것은 에치오니(Etzioni)가 분류한 강제적 조직이다.

> 📑 **조직화된 무정부(organized anarchy)로서의 학교조직**
>
> 코헨(Cohen), 마치와 올센(March & Olsen) 등은 학교조직을 '조직화된 무정부(organized anarchy)'로 규정하였으며, 특징은 다음과 같다.
> 첫째, 학교조직의 목적은 구체적이지 못하고 애매모호하며 때로는 일관성이 없고 서로 충돌한다.
> 둘째, 교사, 행정가, 장학 요원들이 사용하는 기술이 명확하지 못하다.
> 셋째, 학교조직에의 참여가 유동적이다.
> 넷째, 의사결정 방식은 '쓰레기통 모형'이다.

답 ④

---

14   과학적 관리론

과학적 관리론(1910 ~ 1920년대)은 인간을 효율적인 기계와 같이 프로그램화할 수 있으며 노동자들이란 단순해서 경제적 요인만으로도 과업동기가 유발되고 생리적 요인에 의해 성과가 크게 제한을 받는다는 것이다. 창시자인 테일러(F. W. Taylor)는 작업과정을 분석하여 과학화하면 능률과 생산성을 극대화할 수 있다고 믿고 시간연구와 동작연구 등을 통해 체계적인 공장관리론을 발전시켰다. 테일러의 과학적 관리론을 교육행정에 적용한 사람이 보비트(F. Bobbitt)와 스폴딩(Spaulding)이다. 보비트는 학교운영에 있어서 교사나 교육 행정가는 자신들이 수행해야 할 과업이 구체적으로 무엇이며, 과업을 수행하는 데 있어 효과적인 방법이 무엇인가를 제시해주어야 한다고 보았다.

(선지분석)
③ 과학적 연구방법을 활용한 사실 관찰 중심의 교육행정이론 개발이 활성화되게 된 것은 1950년대 행동과학이다.

답 ③

15 □□□

다음 설명에 해당하는 교육정책 결정 모형은?

> • 정책 결정이 합리성에만 근거해서 이루어지는 것이 아니라 때로는 직관, 창의 등에 의해 이루어진다.
> • 혁신적인 정책 결정에 도움을 주지만, 비현실적이고 이상적이라는 비난을 받는다.

① 최적 모형(optimal model)
② 만족 모형(satisfying model)
③ 점증 모형(incremental model)
④ 혼합 모형(mixed-scanning model)

15	교육정책 결정 모형

교육정책 결정 모형으로 최적 모형(optimal model)은 합리적 요인과 초합리적 요인을 동시에 고려하는 최적치 중심의 규범적 모형이다. 이 모형은 계량적인 측면과 질적인 측면을 구분하여 검토하고 난 다음 이들을 결합시키는 질적 모형이다. 최적 모형에서는 의사결정자의 직관, 판단, 창의와 같은 초합리성을 중시하며 초합리적 과정이 정책 결정에 있어 적극적이며 불가결한 역할을 한다고 본다. 단점으로는 의사결정에 있어 사회적 과정에 대한 고찰이 불충분하며, 지나치게 유토피아적 이상에 치우쳤다는 비판을 받는다.

답 ①

---

16 □□□

다음 설명에 해당하는 교육정책 형성의 관점은?

> • 공동의 목표가 있고 이를 달성하기 위해 최선의 선택을 하며, 체제 내의 작용에 의해 의사결정이 이루어진다.
> • 의사결정을 관련 당사자 간의 논의를 통한 합의의 결과로 이해한다.
> • 폐쇄적 체제로, 환경의 다양한 변화에 민감하게 반응하지 않는다.
> • 관료제 조직보다 전문직 조직에 적합하다.

① 합리적 관점
② 참여적 관점
③ 정치적 관점
④ 우연적 관점

16	교육정책 형성의 관점

브리지스(Bridges)의 참여적 의사결정 모형에서는 수용의 영역을 기초로 하여 참여적 의사결정 모형을 제시하였으며, 조직 구성원들이 의사결정의 수용영역 범위 안에 있느냐, 밖에 있느냐에 따라 참여 여부를 검토해야 한다고 보았다. 행정가는 수용영역 내에 있는 사항에 대해서 교사들을 의사결정에 참여시키는 것은 덜 효과적이고, 수용영역 밖에 있는 사항은 참여시키는 것이 효과적이라고 보았다. 참여적 모형은 관료제 조직보다 전문직 조직에 적합하다.

답 ②

17

2023년 지방직 9급

교육재정의 구조와 배분에 대한 설명으로 옳지 않은 것은?

① 학생이 교육을 받는 기간 동안 미취업에 따른 유실소득은 공부담 교육기회비용에 해당된다.

② 국가는 지방교육재정상 부득이한 수요가 있는 경우, 국가 예산으로 정하는 바에 따라 보통교부금과 특별교부금 외에 따로 증액교부할 수 있다.

③ 시·도 및 시·군·자치구는 관할구역에 있는 고등학교 이하 각급학교의 교육경비를 보조할 수 있다.

④ 시·도의 교육·학예에 필요한 경비는 해당 지방자치단체의 교육비특별회계에서 부담한다.

17	교육재정의 구조와 배분

학생이 교육을 받는 기간 동안 미취업에 따른 유실소득은 사부담 교육기회비용에 해당된다. 기회비용(opportunity costs 혹은 포기소득)이란 실질적으로 교육활동을 위해 투입되는 경비는 아니지만 피교육자가 교육에 종사하기 때문에 포기해야 하는 포기소득과 같이 다른 용도의 사용을 가정한 경비를 말한다.

답 ①

18

2023년 지방직 9급

허즈버그(Herzberg)의 동기 – 위생이론에서 교사의 직무만족을 가져다주는 동기요인에 해당하는 것만을 모두 고르면?

> ㄱ. 근무조건
> ㄴ. 동료와의 관계
> ㄷ. 가르치는 일 자체
> ㄹ. 발전감

① ㄱ, ㄴ
② ㄱ, ㄹ
③ ㄴ, ㄷ
④ ㄷ, ㄹ

18	동기 - 위생이론

허즈버그(Herzberg)의 동기 – 위생이론은 직무수행에 영향을 주는 조건을 만족을 주는 요인(동기요인)과 불만족을 주는 요인(위생요인)으로 구분한다. 이 두 요인은 계층을 이루지도, 단일의 연속선상에서 양극단에 위치하는 것도 아니며 별개의 차원을 이루고 있다.

동기요인	성취감, 인정, 승진, 책임감, 성장가능성, 일(과업) 자체 등
위생요인	보수, 작업조건, 동료관계, 직무 안정성, 지위, 정책과 행정, 사생활, 하급자와의 관계 등

답 ④

19 □□□

다음에 해당하는 지도성 유형은?

> • 지도성에 대한 중앙집권적 사고를 부정한다.
> • 학교 구성원 모두가 공동의 지도성을 실행하면서 학교 조직의 효과성을 극대화하는 것을 목표로 한다.
> • 학교 조직이 크고 업무가 복잡하므로 조직 내 다양한 자원을 적극 활용하는 것을 강조한다.

① 분산적 지도성
② 상황적 지도성
③ 거래적 지도성
④ 변혁적 지도성

20 □□□

다음 설명에 해당하는 교육행정의 과정은?

> 조직의 목표를 설정하고 목표 달성에 필요한 수단을 선택하여 미래의 행동을 준비한다.

① 기획(planning)
② 자극(stimulating)
③ 조정(coordinating)
④ 평가(evaluating)

19	지도성 유형

지도성 유형 가운데 분산적 지도성은 기존의 지도성(예 특성이론에서 변혁적 지도성에 이르기까지)이 지나치게 지도자 한 사람에게만 집중되었고, 연구방법도 실증주의에 기초한 양적 연구만을 강조한 데 대한 반발로 등장하였다. 특히 분산적 지도성은 학교 조직이 크고 업무가 복잡하며, 다양한 과제를 해결하기 위해서는 다양한 자원을 활용할 필요성을 강조한다. 이 지도성은 지도자와 구성원, 상황과의 상호작용, 구성원간 공유와 협력, 구성원간 공유와 실행 등을 구성요소로 한다.

(선지분석)
② 상황적 지도성은 3차원 지도성으로 과업과 인화 그리고 상황요인을 강조한다.
③ 거래적 지도성은 교환적 지도성이라고도 하며, 부하들이 업무수행에 대한 대가로 지도자가 보상을 해주는 교환관계를 강조한다.
④ 변혁적 지도성은 거래적 지도성에 대한 반발로 등장하였다.

답 ①

20	교육행정의 과정

조직의 목표를 설정하고 목표 달성에 필요한 수단을 선택하여 미래의 행동을 준비하는 일을 기획(planning)이라고 한다. 이러한 의미에서 교육기획이란 교육 현상에 대한 분석과 미래에 대한 예측을 기초로 타당한 교육목표를 설정하고 그 목표를 달성할 수 있는 전략과 교육활동 계획을 수립하는 의식적인 과정이다.

(선지분석)
② 자극(stimulating)은 행동주의에서 반응을 유도하기 위해 외부에서 가하는 의식적인 행위이다.
③ 조정(coordinating)이란 행정 요소의 하나로 모든 활동을 통합하고 상호 관련 짓는 일이다.
④ 평가(evaluating)란 어떤 준거에 비추어 가치 판단하는 일이다.

답 ①

21 □□□

(가), (나)에 들어갈 말을 바르게 연결한 것은?

> • 허즈버그(Herzberg)는 직무 불만족을 야기하는 근무조건, 직업안정성, 보수 등을 ☐ (가) ☐ 으로 보았다.
> • 맥그리거(McGregor)는 적절하게 동기부여가 되면 누구나 자율적이고 창의적으로 행동한다는 관점을 ☐ (나) ☐ 로 불렀다.

	(가)	(나)
①	동기요인	이론 X
②	동기요인	이론 Y
③	위생요인	이론 X
④	위생요인	이론 Y

22 □□□

교육정책에 요구되는 원칙에 대한 설명으로 옳지 않은 것은?

① 민주성의 원칙 – 민주적 절차와 참여가 중요하다는 것으로 공청회·입법예고 등의 행정절차와 관련이 있다.
② 중립성의 원칙 – 정책 대상의 본질과 중요도를 분별하여 우선순위를 밝히는 것을 요구한다.
③ 합리성의 원칙 – 정책에 과학성을 부여하는 것으로 과학적 분석에 기초한 정책 형성을 추구한다.
④ 효율성의 원칙 – 비용과 효과의 비교를 통해 최소한의 시간과 인적·물적 자원을 들여 최대의 성과를 거두는 것을 의미한다.

21	동기 - 위생 이론

• 허즈버그(Herzberg)의 동기 – 위생 이론에서 (가) 직무 불만족을 야기하는 요인을 위생요인으로, 만족을 주는 요인을 동기요인으로 보았다. 위생요인으로는 보수, 작업조건, 동료관계, 직무안정성, 지위, 정책과 행정 등을, 동기요인으로는 성취감, 인정, 승진, 책임감, 일 자체 등을 제시하였다.
• 맥그리거(McGregor)의 X – Y이론에서 X이론은 성악설적 인간관을 말하고 (나) Y이론은 성선설적 인간관에 근거해서 적절하게 동기부여가 되면 누구나 자율적이고 창의적으로 행동한다는 관점을 말한다.

답 ④

22	교육정책

교육정책이란 국가의 교육목표 달성을 위해 공권력을 바탕으로 강제성을 갖고 추진되는 국가의 기본방침 내지는 기본지침을 말한다. 교육정책의 원칙으로는 민주성, 중립성, 합리성, 효율성 등이 있다.

(선지분석)
② 중립성의 원칙이란 교육정책을 수립하는 과정에서 교육정책 자체의 타당성과 효율성에 의지해야 하며, 어떠한 정치적·종교적·파당적·사회적 압력에 의해 좌우되어서는 안된다는 것을 말한다. 오늘날 많은 민주국가들이 정당정치를 행하고 있고 따라서 교육정책은 많은 부분이 집권정당의 정치이념에서 도출된다. 그러므로 정책형성이 정치적 과정에 의해 이루어지는 경우가 많은 것이 사실이다.

답 ②

268 해커스공무원 학원·인강 gosi.Hackers.com

브룸(Vroom)의 기대이론에 대한 설명으로 옳지 않은 것은?

① 유인가(valence), 성과기대(expectancy) 및 보상기대(instrumentality)를 중심으로 동기유발을 설명한다.

② 유인가는 보상에 대하여 가지는 매력 혹은 인지된 가치를 말한다.

③ 유인가와 보상기대는 높고 성과기대는 낮을 경우 최고 수준의 동기를 유발할 수 있다.

④ 동일한 성과상여금 기준을 적용받는 교직원 간에 동기유발 효과는 다를 수 있다.

우리나라 초·중등교육의 확대 과정에서 나타난 특징으로 옳지 않은 것은?

① 국민의 교육 요구를 제도적으로 충족시키기 위한 정책이 시행되면서 취학률은 초등교육단계부터 빠르게 상승하였다.

② 국가 교육재정의 한계로 인해 교육기회의 양적 팽창에 사립학교가 상당한 역할을 하였다.

③ 교육을 통한 사회이동의 기대와 맞물려 진학경쟁이 과열되는 문제가 대두되었다.

④ 고교평준화 정책은 고등학교 완전취학이 달성된 1970년에 전국적으로 동시에 시행되었다.

23	브룸의 기대이론

동기의 과정이론으로 브룸(Vroom)의 기대이론에서는 동기(M)는 기대치(E), 유인가(V), 수단성(I)이 높을수록 높아지며 인간의 동기를 $M=f(E \cdot I \cdot V)$의 관계로 나타난다. 여기서 기대는 개인이 노력과 성취를 연계하며 어떤 행동이 추구하는 결과를 초래할 것이라는 주관적 확률, 수단성은 성과와 보상의 연계로 성취를 위한 노력의 1차 결과와 2차적인 결과의 상관관계의 정도, 유인가는 목표가 갖는 매력의 정도이고, 결과에 대해 개인이 갖는 선호의 정도를 말한다.

(선지분석)

③ 기대이론에 의하면 유인가와 보상기대가 높고 성과기대도 높을 경우 최고 수준의 동기를 유발할 수 있다고 본다.

답 ③

24	우리나라 초·중등교육의 확대

해방 이후 우리나라 초·중등교육의 확대 과정은 1948년 7월 17일에 제정된 제헌헌법, 1949년 12월 31일에 제정된 교육법에 규정된 무상의무교육이 초등교육을 확대하는 데 기여하였다. 중학교 교육의 확대는 1968년에 시행된 중학교 무시험제도, 고등학교 교육의 확대는 1974년에 일부 지역부터 시작된 고등학교 평준화 정책이 기여하였다.

(선지분석)

④ 고교평준화정책은 1974년 서울과 부산에서 시작하여 그 이듬해에는 대구, 인천, 광주로 확대되고, 1979~1980년에는 중소도시 지역까지 확대되어 1981년에는 21개 도시지역으로 확대되었다. 그 후 소도시 지역의 경우 평준화정책의 실효성이 미약하다는 논쟁이 계속되면서 일부 지역에서는 평준화정책을 폐지하였다. 그러나 그 중 일부 지역에서는 평준화정책으로 다시 환원하기도 하였고, 다른 지역에서는 평준화정책을 추가로 채택하면서 현재 17개 지역에서 실시되고 있다

답 ④

25 □□□

우리나라 교육비 분류에 대한 설명으로 옳지 않은 것은?

① 교육비는 직접 교육비와 간접 교육비로 구분할 수 있다.

② 직접 교육비는 공교육비와 사교육비로 구분되고, 공교육비는 공공의 회계 절차를 거쳐 지출되는 경비이다.

③ 학부모가 부담하는 학교의 입학금·수업료는 사부담(私負擔) 사교육비에 해당한다.

④ 교육기관이 누리는 면세의 가치는 공부담(公負擔) 간접 교육비에 해당한다.

26 □□□

2022년 국가직 7급

칼슨(Carlson)의 봉사조직 유형론에 대한 설명으로 옳지 않은 것은?

① 조직의 고객선택권과 고객의 참여결정권은 교사와 학생의 적응에 영향을 미치는 중요 변인이다.

② 야생조직(wild organization)에 속하는 학교는 학생 유치를 위해 다른 학교와 경쟁해야 한다.

③ 사육조직(domesticated organization)에 속하는 학교에 대한 학생의 학교선택권은 폭넓게 인정된다.

④ 조직은 고객선택권을 갖지만 고객은 참여결정권이 없는 유형에 속하는 조직은 실제로 찾아보기 어렵다.

25	우리나라 교육비 분류

교육비는 크게 직접 교육비와 간접 교육비로 구분되고, 직접 교육비에는 공교육비와 사교육비로 세분화된다. 간접 교육비는 기회비용과 비영리기간으로서의 학교에 대한 조세감면, 건물 시설의 잠재적 임차료와 감가상각비가 해당된다.

(선지분석)

③ 학부모가 부담하는 학교의 입학금·수업료는 사부담(私負擔) 공교육비에 해당한다. 공교육비란 회계절차를 거치는 비용이고, 사교육비란 회계절차를 거치는 비용을 말한다. 부모가 부담하는 입학급, 수업료, 현장학습지, 수련활동비 등은 사부담 공교육비에 해당한다.

답 ③

26	칼슨의 봉사조직 유형론

칼슨(Carlson)은 조직 유형을 조직의 고객선택권과 고객의 참여결정권을 근거로 야생조직, 사육조직, 강압적 조직 등으로 구분하였다. 이 가운데 야생조직은 조직의 고객선택권과 고객의 참여결정권이 폭넓게 인정된다.

(선지분석)

③ 사육조직(domesticated organization)은 조직의 고객선택권과 고객의 참여결정권이 인정되지 않는 조직으로 온상조직이라고도 한다. 이 조직은 법적으로 존립을 보장받고 있어 순치조직이라고도 한다.

답 ③

270 해커스공무원 학원·인강 gosi.Hackers.com

27 □□□

새로운 환경변화에 신축적으로 대응하고 능동적으로 대처함으로써 변화를 주도해 나가야한다는 교육행정의 원리는?

① 민주성의 원리
② 안정성의 원리
③ 전문성의 원리
④ 적응성의 원리

27	교육행정의 원리

교육행정이 새로운 환경변화에 신축적으로 대응하고 능동적으로 대처함으로써 변화를 주도해 나가는 것은 적응성의 원리이다. 적응성의 원리는 교육행정의 원리 가운데 운영 측면의 원리로 변화가 급격한 현대 사회에서 필요한 원리이다. 민주성과 안정성의 원리도 운영 측면의 원리에 해당한다.

답 ④

28 □□□

보비트(Bobbit)가 학교행정에 적용한 과학적 관리의 원칙으로 옳지 않은 것은?

① 교육에서의 낭비를 최대한 제거한다.
② 가능한 모든 시간에 교육시설을 활용한다.
③ 교직원의 작업능률을 최대한 유지하고 교직원 수를 최소화한다.
④ 교원은 학생을 가르치는 일과 함께 학교행정의 책임도 져야 한다.

28	학교행정에 적용된 과학적 관리의 원칙

교원은 학생을 가르치는 일과 함께 학교행정의 책임도 질 것이 아니라 교사는 가르치는 일에 전념하고 학교행정은 행정가가 담당해야 한다.

📄 **학교에서의 과학적 관리의 원칙**

테일러(Taylor)는 과학적 관리의 원칙을 확립하였고, 보비트(Bobbit)는 이를 학교행정에 적용하였다. 보비트가 제시한 학교행정의 원칙은 다음과 같다.
1. 모든 시설을 동시에 이용한다.
2. 낭비를 추방한다.
3. 각자의 능력에 적합한 개별 프로그램을 적용한다.
4. 교사의 작업능력을 최대로 향상시켜 교사의 수를 최소로 감소시킨다.

답 ④

학교조직의 특성으로 옳지 않은 것은?

① 중심적 활동인 수업에 대한 교사의 재량권이 발휘되는 이완조직이다.
② 통일된 직무수행 기준에 따라 엄격하게 통제되는 순수한 관료제 조직이다.
③ 불분명한 목표, 불확실한 기술, 유동적인 참여를 특징으로 하는 조직화된 무질서 조직이다.
④ 느슨한 결합구조와 엄격한 결합구조를 동시에 가지고 있는 이중조직이다.

다음에 해당하는 리더십 유형은?

> • 구성원으로 하여금 조직 목적에 헌신하도록 하고, 의식과 능력 향상을 격려함으로써 자신과 타인의 발전에 보다 큰 책임감을 갖고 조직을 변화시키고 높은 성취를 이루도록 유도한다.
> • 이상적 영향력, 영감적 동기화, 지적 자극, 개별적 고려 등의 특징을 갖는다.

① 변혁적 리더십
② 문화적 리더십
③ 도덕적 리더십
④ 슈퍼 리더십

29	학교조직의 특성

학교조직을 보는 관점으로는 관료적 관점, 사회체제로서의 관점, 이완결합체로서의 관점, 조직화된 무정부로서의 관점, 전문적 관료제로서의 관점 등이 있다.

(선지분석)
② 최근 학교조직을 보는 관점으로는 순수한 관료제적 관점보다는 관료제적 성격을 지녔으면서도 교사의 전문성을 중시하는 전문적 관료제적 관점이 일반적이다. 즉 학교조직은 분권화와 표준화가 동시에 이루어지는 구조를 지니고 있다고 본다.

답 ②

30	리더십의 유형

변혁적 지도성은 번스(Burns)에 의해 시도되어 바스(Bass)에 의해 체계회된 것으로 부하를 전인으로 다루며 상위 수준의 욕구를 충족시키는 데까지를 배려한다. 이 지도성은 인간의 잠재능력을 각성시키고, 높은 요구를 충족시키며, 동기를 유발하여 고도의 사명감을 가지고 업무를 수행하도록 하는 데에 초점을 둔다.

답 ①

다음 설명에 해당하는 교내 자율장학의 형태는?

> • 교사들의 교수 – 학습 기술 향상을 위해 교장·교감이나 외부 장학요원, 전문가, 자원인사 등이 주도하는 개별적이고 체계적인 성격이 강한 조언 활동이다.
> • 주로 초임교사, 저경력교사 등을 대상으로 진행된다.
> • 구체적인 형태로는 임상장학, 마이크로티칭 등이 있다.

① 동료장학
② 발달장학
③ 수업장학
④ 자기장학

교육행정의 원리에 대한 설명으로 옳지 않은 것은?

① 안정성의 원리는 교육정책을 일관되고 지속적으로 추진해야 한다는 것이다.
② 효율성의 원리는 교육에 투입되는 비용을 상대적으로 적게 하면서 교육목표를 달성하려는 것이다.
③ 자주성의 원리는 지역의 특수성과 다양성을 반영하여 주민의 적극적인 의사와 자발적인 참여를 강조하는 것이다.
④ 민주성의 원리는 이해당사자들의 의사를 적극적으로 반영하고 그들을 의사결정과정에 적절하게 참여시켜야 한다는 것이다.

31	자율장학

장학은 교수 – 학습 개선을 위해 교사를 중심으로 한 모든 교육담당자들에게 제공되는 제반 전문적 및 기술적 지도과정을 말한다. 장학의 유형으로 교내 자율장학은 임상장학, 동료장학, 자기장학, 약식 장학 등이 있고, 이 가운데 임상장학이나 마이크로티칭은 교사의 교수 – 학습활동의 개선에만 초점을 둔다는 점에서 수업장학이라고도 한다.

답 ③

32	교육행정의 원리

교육행정의 원리 가운데 자주성의 원리는 교육은 교육 본래의 목적에 의해 운영·실시되어야 한다는 것이다. 지역의 특수성과 다양성을 반영하여 주민의 적극적인 의사와 자발적인 참여를 강조하는 것은 민주성의 원리이다.

답 ③

33 ☐☐☐

교육정책 결정 모형에 대한 설명으로 옳은 것은?

① 혼합 모형은 만족 모형의 이상주의와 합리성 모형의 보수주의를 혼합하여 발전시킨 모형이다.

② 점증 모형은 인간의 이성과 합리적 행동에 대한 믿음을 바탕으로 가장 합리적인 최선의 대안을 찾고자 하는 모형이다.

③ 만족 모형은 최선의 결정은 이론적으로 가능할 뿐이며 실제로는 제한된 범위 안에서의 합리성만 추구할 수 있다고 본다.

④ 합리성 모형에서는 기존의 정책 대안과 경험을 기초로 약간의 개선을 도모할 수 있는 제한된 수의 대안을 검토하여 현실성 있는 정책을 선택한다.

34 ☐☐☐

호이(Hoy)와 미스켈(Miskel)이 구분한 학교풍토의 네 가지 유형에 대한 설명으로 옳지 않은 것은?

① 개방풍토 – 교장은 교사들의 의견과 전문성을 존중하고, 교사들은 과업에 헌신한다.

② 폐쇄풍토 – 교장은 일상적이거나 불필요한 잡무만을 강요하고, 교사들은 업무에 대한 관심과 책임감이 없다.

③ 몰입풍토 – 교장은 효과적인 통제를 시도하지만, 교사들은 낮은 전문적 업무수행에 그친다.

④ 일탈풍토 – 교장은 개방적이고 지원적이지만, 교사들은 교장을 무시하거나 무력화하려 하고 교사 간 불화와 편견이 심하다.

33	교육정책 결정 모형

교육정책 결정 모형 가운데 만족화 모형은 의사결정자가 주관적인 입장에서 가해지는 여러 제약 하에 의도된 합리성 또는 제한된 합리성을 근거로 최적 대안보다는 만족스런 대안을 선택하는 것을 말한다. 사이몬(Simon)과 마치(March) 등이 제시하였다.

[선지분석]

① 혼합 모형은 합리적 모형의 이상주의와 점증 모형의 보수주의를 혼합하여 발전시킨 모형이다.

② 합리적 모형은 인간의 이성과 합리적 행동에 대한 믿음을 바탕으로 가장 합리적인 최선의 대안을 찾고자 하는 모형이다.

④ 점증 모형에서는 기존의 정책 대안과 경험을 기초로 약간의 개선을 도모할 수 있는 제한된 수의 대안을 검토하여 현실성 있는 정책을 선택한다.

답 ③

34	호이와 미스켈의 학교풍토

호이(Hoy)와 미스켈(Miskel)은 학교풍토를 학교 구성원들이 학교조직의 업무와 관련된 환경에 대해 공통적으로 가지고 있는 인식으로 정의하고, 마치 인간에게 개성이 있듯이 학교조직도 나름의 성격이 있다고 보았다. 즉 학교조직이 갖고 있는 문화적 특성을 학교조직풍토라고 한다. 학교조직의 풍토 연구는 헬핀(Halpin)과 크로프트(Croft)가 개발한 조직풍토기술질문지(OCDQ; organizational climate description questionnaire)를 통해 가능하다. OCDQ는 교장의 행동과 교사의 행동으로 구분하여 교사에게 설문을 실시하는 방법을 사용하였다. 수정된 조직풍토기술질문지를 통한 호이와 미스켈의 학교풍토 가운데 몰입풍토(관여형 풍토)는 교장은 비효율적인 시도에 의해, 교사들은 높은 전문가적 수행에 의해 구분된다. 즉 교장은 경직되고, 교사의 전문가적 능력도 개인의 필요도 존중하지 않는다.

구분		교장 행동	
		개방형	폐쇄형
교사 행동	개방형	개방형 풍토	몰입형(관여형) 풍토
	폐쇄형	일탈형(방관형) 풍토	폐쇄형 풍토

답 ③

35 □□□

다음에 해당하는 학교예산 편성 기법은?

> • 달성하려는 목표와 사업이 무엇인가를 표시하고 이를 달성하는 데 필요한 비용을 명시해 주는 장점이 있다.
> • 예산 관리에 치중하여 계획을 소홀히 하거나 회계 책임이 불분명한 단점도 있다.

① 기획예산제도
② 성과주의 예산제도
③ 영기준예산제도
④ 품목별 예산제도

36 □□□

교육행정의 원리 중 지방분권과 중앙집권의 적정한 균형을 유지하려는 것과 가장 관계가 깊은 원리는?

① 민주성의 원리
② 적도집권의 원리
③ 자주성의 원리
④ 합법성의 원리

35	학교예산 편성 기법

학교예산 편성 기법 가운데 성과주의 예산제도(PBS; performance budgeting system)는 주요 사업을 몇 개의 사업으로 나누고 사업을 다시 몇 개의 세부 사업으로 나눈 다음 각 세부 사업별로 단위원가에 업무량을 곱해서 예산액을 표시하는 제도이다. 이 기법은 업무량 선정 및 측정, 단위원가 계산에 어려움이 있고, 회계 책임이 불분명하다는 단점이 있다.

선지분석
① 기획예산제도(PPBS)는 장기적인 계획과 단기적인 예산편성을 통해 유기적으로 연결하는 제도이다.
③ 영기준예산제도(ZBBS)는 전(前) 회계연도의 예산에 구애받지 않고 의사결정단위인 조직체의 모든 사업과 활동에 대해 영기준을 적용하는 방법이다.
④ 품목별 예산제도(LIBS)는 예산의 편성과 분류를 정부가 구입·지출하고자 하는 물품 또는 서비스별로 하는 예산제도이다.

답 ②

36	교육행정의 원리

교육행정의 원리 가운데 적도집권(適度集權)의 원리란 중앙집권과 지방분권의 균형을 도모하려는 원리를 말한다. 중앙집권은 능률성을 달성하는 데, 지방분권은 민주성의 원리를 실현하는 데 적합하다.

답 ②

37

교사의 동기과정이론에 대한 설명으로 옳은 것은?

① 목표설정이론은 직무에서 만족을 주는 요인과 불만족을 주는 요인을 독립된 별개의 차원으로 본다.

② 공정성이론은 보상의 양뿐 아니라 그 보상이 공정하다고 지각하는 정도가 만족을 결정한다고 본다.

③ 기대이론은 동기를 개인의 여러 가지 자발적인 행위 중에서 자신의 선택을 지배하는 과정으로 본다.

④ 성과 – 만족이론은 자신이 투자한 투입 대 결과의 비율을 타인의 그것과 비교하여 공정성을 판단한다고 본다.

38

20세기 교육행정이론의 핵심 주장을 등장 시기순으로 바르게 나열한 것은?

> (가) 학생의 표준화, 교수방법의 표준화, 교사의 자격 강화 및 훈련의 과학화
>
> (나) 동기유발, 정확하고 신속한 의사소통, 민주적인 권력 구조, 고도로 앙양된 사기
>
> (다) 학교조직 목적의 불분명함, 교사·행정가·장학 요원이 사용하는 기술의 불명확성, 참여자의 유동성

① (가) → (나) → (다)

② (가) → (다) → (나)

③ (나) → (가) → (다)

④ (다) → (가) → (나)

37	교사의 동기과정이론

동기의 과정이론은 어떻게 해서 동기가 발생되는가에 관한 이론으로 브룸(Vroom)의 기대 이론, 아담스(Adams)의 공평성이론, 로크(Locke)의 목표이론, 포터와 로울러(Porter & Lawler)의 기대이론(혹은 수행 – 만족이론) 등이 있다.

(선지분석)

① 직무에서 만족을 주는 요인과 불만족을 주는 요인을 독립된 별개의 차원으로 보는 것은 내용이론 가운데 하나인 허즈버그(Herzberg)의 동기 – 위생이론이다.

② 보상의 양뿐만 아니라 그 보상이 공정하다고 지각하는 정도가 만족을 결정한다고 보는 것은 포터와 로울러(Porter & Lawler)의 기대 이론(혹은 수행 – 만족이론)이다.

④ 자신이 투자한 투입 대 결과의 비율을 타인의 그것과 비교하여 공정성을 판단한다고 보는 것은 공정성이론이다.

답 ③

38	교육행정이론

교육행정이론의 발달과정은 과학적 관리론 → 인간관계론 → 행동과학이론 → 체제이론 → 대안적 관점 등이다.

(가) 학생의 표준화, 교수방법의 표준화, 교사의 자격 강화 및 훈련의 과학화를 강조하는 것은 고전적 조직이론인 과학적 관리론이다.

(나) 동기유발, 정확하고 신속한 의사소통, 민주적인 권력구조, 고도로 앙양된 사기 등을 강조하는 것은 인간관계론이다.

(다) 학교조직 목적의 불분명함, 교사·행정가·장학 요원이 사용하는 기술의 불명확성, 참여자의 유동성 등을 중시하는 것은 학교조직을 '조직화된 무정부로서의 학교조직'을 보는 관점으로 이는 1970년대 학교조직에 대한 질적 접근을 강조하는 관점이다.

답 ①

39 □□□

교육재정 제도와 정책에 대한 설명으로 옳지 않은 것은?

① 사립학교의 재원은 학생 등록금, 학교 법인으로부터의 전입금 두 가지로만 구성된다.
② 학부모 재원은 수업료, 입학금, 기성회비 혹은 학교 운영 지원비로 구분할 수 있다.
③ 국세교육세는 교육세법에 의하여 세원과 세율이 결정되고, 지방교육세는 지방세법에 의하여 세원과 세율이 결정된다.
④ 중앙정부가 부담하는 지방교육재정 교부금 재원은 교육세 세입액 중 일부와 내국세의 일정 비율에 해당하는 금액으로 구성된다.

40 □□□

호이(Hoy)와 미스켈(Miskel)의 학교조직에 대한 관점에 해당하지 않는 것은?

① 학교는 하나의 개방된 사회체제이다.
② 학교에서는 환경의 영향을 받으며 각종 투입이 이루어지고, 몇 가지 하위체제를 통해 전환이 일어난다.
③ 학교의 하위체제로는 기획·조직·명령·조정·통제체제가 있다.
④ 학교의 산출로는 성취, 직무 만족, 출석(결석률), 중도탈락 등이 있다.

39	교육재정

사립학교는 독자적인 건학이념의 실현을 위해 학교 법인 또는 개인이 학교 운영에 필요한 재산을 출연하여 설립·경영하는 학교로서, 학교 경영에 필요한 재원 확보의 일차적인 책임은 학교 법인 또는 사립학교 경영자에게 있다. 그러나 사립학교의 수업료 및 입학금 책정권, 학생의 학교 선택권이 제한되었고, 이로 인해 학교 재정의 상당 부분을 납입금에 의존해 오던 사학들은 재정적 어려움을 겪게 됨에 따라 국가 및 지방자치단체는 사립학교의 재정적 어려움을 보조하기 위해 재정결함부족액을 지원하고 있다. 또한 공·사립 간 교육여건의 평등을 위해 교육환경특별개선 사업의 지원과 국가 시책상 필요한 경비를 지원하고 있다. 현재 사립학교에 대한 재정지원은 입학금 및 수업료 등 자체수입으로 인건비 및 교육과정 학교 운영비 등을 충당할 수 없는 사립학교에 대하여 인건비 재정결함보조금과 운영비 재정결함보조금을 지원하고 있으며, 국가 및 시·도교육청의 시책사업 등 목적사업에 대하여 진행하고 있다.

답 ①

40	호이(Hoy)와 미스켈(Miskel)의 학교조직에 대한 관점

호이(Hoy)와 미스켈(Miskel)의 학교조직에 대한 관점은 사회체제 모형에 대한 수정모형으로 공식적 조직에 초점을 둔 수정된 확대모형을 제시한 것이다. 이 모형에서는 기관, 개인, 작업집단, 환경과 같은 요소를 포함한다.

(선지분석)
③ 기획·조직·명령·조정·통제 등을 강조하는 것은 페이욜(Fayol)의 행정관리론에서 주장하는 행정과정 요소이다.

답 ③

41 □□□

다음과 같은 학교조직의 특성에 가장 부합하는 조직 유형은?

> 학교의 목적은 구체적이지도 않고 분명하지도 않다. 비록 그 목적이 명료하게 나타나 있다고 하더라도 그 해석은 사람마다 다르며, 그것을 달성할 수단과 방법도 분명하게 제시하기 어렵다. 또한 학교의 구성원인 교사와 행정직원들은 수시로 학교를 이동하며, 학생들도 일정한 시간이 지나면 졸업하여 학교를 떠나게 된다.

① 야생 조직(wild organization)
② 관료제 조직(bureaucratic organization)
③ 조직화된 무질서(organized anarchy) 조직
④ 온상 조직(domesticated organization)

---

41 학교조직의 특성

학교조직의 특성 가운데 학교를 조직화된 무질서(organized anarchy) 조직으로 보는 관점은 ⊙ 학교조직의 목적은 구체적이지 못하고 애매모호하며 때로는 일관성이 없고 서로 충돌하며, ⓒ 교사, 행정가, 장학 요원들이 사용하는 기술이 명확하지 못하며, ⓒ 학교조직에의 참여가 유동적이고, ② 의사결정방식은 '쓰레기통 모형' 등이라고 본다.

답 ③

---

42 □□□

서지오반니(Sergiovanni)가 제시한 문화적 지도성을 가진 지도자의 특징과 가장 관계가 깊은 것은?

① 학교 구성원의 기대와 동기를 지속적으로 자극하여 높은 수행과 발전을 유도한다.
② 학교로 하여금 독특한 정체성을 갖게 만드는 가치와 믿음, 관점을 창조하고 강화·유지하는 것을 중요시한다.
③ 미래 비전의 제시, 인상 관리, 자기희생 등을 통해 학교의 과업 수행과 관련된 구성원들의 강한 동기를 유발한다.
④ 학교 구성원 각자가 자율적으로 자신의 지도력을 발휘하여 조직의 생산성을 제고하는 방향으로 일하게 한다.

---

42 서지오반니(Sergiovanni) 문화적 지도성

서지오반니(Sergiovanni)는 학교장의 지도성 유형을 기술적 지도성, 인간적 지도성, 교육적 지도성, 상징적 지도성, 문화적 지도성으로 구분하고, 이 가운데 문화적 지도성은 교장은 고위 성직자로서의 역할을 맡는데, 학교가 추구하는 영속적 가치와 신념 및 문화의 맥을 규정하고 강조하며 표현하도록 한다.

답 ②

---

43 ☐☐☐

다음과 가장 관계가 깊은 이론은?

> 직무 만족과 직무 불만족은 서로 독립된 별개의 차원이며, 각 차원에 작용하는 요인 역시 별개이다. 직무 만족을 가져 다주는 요인에는 성취, 책임감 등이 있으며, 충족되지 않으면 직무 불만족을 가져오는 요인에는 대인관계, 근무조건 등이 있다.

① 허즈버그(Herzberg)의 동기 – 위생이론
② 매슬로우(Maslow)의 욕구위계이론
③ 맥그리거(McGregor)의 X–Y이론
④ 헤크만과 올드함(Hackman & Oldham)의 직무특성이론

43	동기 – 위생이론

조직동기이론 가운데 직무수행에 영향을 주는 조건을 만족을 주는 요인과 불만족을 주는 요인으로 구분한 것은 허즈버그(Herzberg)의 동기 – 위생이론이다. 동기요인은 성취감, 인정, 승진, 책임감, 성장 가능성을 말하고, 위생요인은 보수, 작업조건, 동료관계, 직무 안정성 등을 말한다. 그런데 이 두 요인은 서로 차원을 달리하기 때문에 위생요인의 제거나 개선이 곧바로 동기요인이 되지 않는다고 본다. 결론은 내적 보상의 제공을 통한 동기전략이 필요함을 제시하였고, 그 구체적인 전략이 직무 풍요화이다.

답 ①

---

44 ☐☐☐

교육행정의 접근에서 인간관계론의 관점으로 보기 어려운 것은?

① 개인은 적극적이며 능동적인 존재이다.
② 경제적 유인가가 유일한 동기유발 요인은 아니다.
③ 고도의 전문화가 집단을 가장 효율적인 조직으로 이끈다.
④ 생산 수준은 개인의 능력이 아니라 비공식 집단의 사회적 규범에 따라 결정된다.

44	교육행정의 접근

교육행정의 접근에서 인간관계론은 조직 구성원의 필요, 협동 및 사기 등을 중시하는 관리방법으로, 노동자들을 적극적이며 능동적인 존재로 간주한다. 노동자들은 임금과 같은 경제적 유인가가 유일한 동기유발 요인이 아니라 인간의 태도, 감정, 비공식적 관계와 같은 인간적 측면이 중요하며, 조직 구성원 간의 의사소통의 중요성 등을 강조한다. 분업과 전문화를 강조하는 것은 관료조직의 특징이다.

답 ③

45 ☐☐☐

피들러(Fiedler)의 리더십 상황 이론에서 강조하는 '상황' 요소에 포함되지 않는 것은?

① 구성원의 성숙도
② 과업의 구조화 정도
③ 지도자와 구성원의 관계
④ 지도자가 구성원에 대해 가지고 있는 영향력의 정도

46 ☐☐☐

우리나라의 현행 교육재정의 구조에 대한 설명으로 옳지 않은 것은?

① 국가가 지방자치단체에 교부하는 교부금은 보통교부금과 특별교부금으로 나눈다.
② 교육부의 일반회계와 특별회계는 정부가 교육과 학예 활동을 위해 투자하는 예산을 말한다.
③ 교육부 일반회계의 세출 내역 중에서 가장 규모가 큰 것은 지방교육재정교부금이다.
④ 시·도교육비 특별회계의 세입 중에서 가장 큰 비중을 차지하는 것은 지방자치단체 일반회계로부터의 전입금이다.

---

45 리더십 상황 이론

지도성 이론 가운데 피들러(Fiedler)의 리더십 상황 이론에서 상황 요인은 과업의 구조화 정도, 지도자와 구성원의 관계, 지도자가 구성원에 대해 가지고 있는 영향력의 정도(지위권력)이다. 구성원의 성숙도를 상황요인으로 주장한 것은 허쉬와 블랜차드(Hersey & Blanchard)이다.

(선지분석)
② 과업의 구조화 정도는 과제가 분명하게 구체화된 목표, 방법, 수행표준을 갖고 있는가의 정도이다.
③ 지도자와 구성원의 관계는 집단 구성원에 의해 지도자가 수용되고 존경받는 정도이다.
④ 지도자가 구성원에 대해 가지고 있는 영향력의 정도는 지위권력을 말한다.

답 ①

---

46 교육재정의 구조

현행 교육재정의 구조 가운데 지방재정교부금은 보통교부금과 특별교부금으로 구분하고 보통교부금의 재원은 교육세 전액과 해당 연도 총액의 20.79%의 97%, 특별교부금은 내국세 총액의 20.79%의 3%로 구성된다. 반면 시·도의 교육 및 학예에 필요한 경비는 지방자치단체 교육비특별회계에서 부담하되, 의무교육과 관련된 경비는 교육비특별회계의 재원 중 교부금과 일반회계로부터의 전입금으로 충당하고, 의무교육 외 교육과 관련된 경비는 교육비특별회계 재원 중 교부금, 일반회계로부터의 전입금, 수업료 및 입학금으로 충당한다. 지방자치단체 일반회계로부터의 전입금은 지방교육세, 담배소비세의 45%, 시·도세의 3.6%로 구성된다. 즉, 시·도의 교육비특별회계 세입 중에서 지방교육재정교부금이 가장 큰 비중을 차지한다고 볼 수 있다.

답 ④

47 □□□

다음 설명에 해당하는 교육행정 과정의 요소는?

> • 각 부서별 업무 수행의 관계를 상호 관련시키고 원만하게 통합·조절하는 일이다.
> • 이것이 잘 이루어지면 노력·시간·재정의 낭비를 막고, 각 부서 간의 부조화 및 직원 간의 갈등을 예방할 수 있다.

① 기획
② 명령
③ 조정
④ 통제

48 □□□

학부모가 지출한 교재비를 교육비의 기준에 따라 분류할 때, 옳은 것으로만 묶은 것은?

① 직접교육비, 사교육비, 공부담 교육비
② 직접교육비, 사교육비, 사부담 교육비
③ 간접교육비, 공교육비, 공부담 교육비
④ 간접교육비, 공교육비, 사부담 교육비

---

47   교육행정 과정의 요소

교육행정의 요소로 조정(coordinating)은 각 부서별 업무 수행의 관계를 상호 관련시키고 원만하게 통합·조절하는 일이다.

(선지분석)
① 기획은 미래의 전망을 연구하여 운영 계획을 마련하는 일이다.
② 명령은 직원으로 하여금 각자의 일을 시키는 것이다.
④ 통제는 제정된 규칙과 주어진 지시대로 일이 이루어지도록 하는 것이다.

답 ③

48   교육비 분류

학부모가 지출한 교재비는 직접교육비, 사교육비, 사부담 교육비에 해당한다. 여기에 해당하는 비용으로는 교재비 이외에 학용품비, 생활비, 과외비, 교통비, 하숙비 등이 있다.

답 ②

전직에 해당하지 않는 것은?

① 초등학교 교감이 장학사가 되었다.
② 초등학교 교사가 중학교 교사가 되었다.
③ 중학교 교장이 교육장이 되었다.
④ 중학교 교사가 특성화 고등학교 교사가 되었다.

다음 설명에 해당하는 교육정책 결정 모형은?

- 의사결정은 합리성보다는 우연성에 의존한다.
- 문제와 해결책이 조화를 이룰 때 좋은 의사결정이 이루어진다.
- 조직의 목적은 사전에 설정되는 것이 아니라 자연스럽게 나타난다.
- 높은 불확실성을 경험하고 있는 조직에서 가장 많이 일어나는 정책 결정 모형이다.

① 합리 모형
② 만족 모형
③ 점증 모형
④ 쓰레기통 모형

49	전직

중학교 교사가 특성화 고등학교 교사가 된 경우는 동일한 직위 및 자격에서 근무기관이나 부서를 달리한 경우로, 전보(轉補)에 해당한다.

(선지분석)
①, ②, ③ 전직(轉職)이란 교육공무원의 종류와 자격을 달리하여 임용하는 것으로 초등학교 교감이 장학사가 되거나, 초등학교 교사가 중학교 교사가 되거나, 혹은 중학교 교장이 교육장이 된 경우이다.

답 ④

50	교육행정 결정 모형

의사결정 가운데 합리성보다는 우연성에 의존하며, 불확실성을 경험하는 조직인 학교조직에서 이루어지는 모형은 쓰레기통 모형이다. 학교의 의사결정은 합리적으로 설명하기 어렵고, 문제에서 시작하여 문제의 해결로 끝나는 것이 아니라 조직에서 독립적인 상황의 흐름에 따라 경험적으로 이루어진다.

답 ④

51 ☐☐☐

장학개념의 변천에 대한 설명으로 옳은 것은?

① 관리장학은 학문중심 교육과정으로 인해 등장하였다.
② 협동장학은 조직의 규율과 절차, 효율성을 강조하였다.
③ 수업장학은 교육과정의 개발과 수업효과 증진을 강조하였다.
④ 아동중심 교육이 강조되던 시기에 발달장학이 널리 퍼졌다.

52 ☐☐☐

다음 설명에 해당하는 것은?

- 학교교사가 공동으로 노력하도록 함으로써 장학활동을 위해 학교의 인적 자원을 최대한 활용할 수 있다.
- 수업개선 전략에 대한 책임감을 부여함으로써 수업개선에 기여할 수 있다는 성취감을 갖게 할 수 있다.
- 교사관계를 증진할 수 있고, 학교 및 학생 교육에 대한 적극적인 자세와 전문적 신장을 도모할 수 있다.

① 임상장학
② 동료장학
③ 약식장학
④ 자기장학

51	장학개념의 변천

장학개념의 변천에서 수업장학은 수업에 초점을 두기 때문에 교육과정의 개발과 수업효과 증진을 강조한다. 수업장학에는 임상장학이나 마이크로티칭 등이 있다.

(선지분석)
① 관리장학은 조직의 규율과 절차, 효율성 등을 강조하는 과학적 관리론 시대의 장학이다.
② 협동장학은 아동중심 교육이 강조되던 진보주의 시대에 발달되었다.
④ 발달장학은 1980년대 이후 발달된 장학으로, 교사의 직무만족이나 학교의 생산성보다는 인간발달과 교사 개인의 자율적 성취 노력을 중시한다.

답 ③

52	교내장학

교내 자율장학의 한 유형인 동료장학은 두 명 이상의 교사가 서로 수업을 관찰하고 관찰사항에 관하여 상호 조언하며, 서로의 전문적 관심사에 대하여 토의함으로써 자신들의 전문적 성장을 위해 함께 연구하는 장학이다. 동료장학은 학교 내 교사들이 공동으로 노력하도록 함으로써 학교의 인적 자원을 최대한 활용할 수 있고, 교사들 간의 동료적 관계를 증진할 수 있으며, 학교 및 학생 교육에 대한 적극적인 자세와 전문성 신장을 도모할 수 있다는 장점이 있다.

답 ②

칼슨(Carlson)의 분류에 따를 때, 공립학교가 해당되는 유형은?

조직의 고객선택권 \ 고객의 참여결정권	유	무
유	유형 Ⅰ	유형 Ⅲ
무	유형 Ⅱ	유형 Ⅳ

① 유형 Ⅰ
② 유형 Ⅱ
③ 유형 Ⅲ
④ 유형 Ⅳ

배스(Bass)의 변혁적 리더십 요인에 대한 설명으로 옳지 않은 것은?

① 지적자극 – 기존 상황에 새롭고 개방적인 방식으로 접근함으로써 구성원이 혁신적이고 창의적이 되도록 유도한다.

② 개별적 배려 – 구성원의 개인적 성장 욕구에 세심한 관심을 기울이고 학습·기회를 만들어 그들의 잠재력을 발전시킨다.

③ 추진력 – 결단력과 업무 추진력으로 조직을 변혁하고 높은 성과를 유도해야 한다.

④ 이상화된 영향력 – 구성원으로부터 신뢰와 존경을 받고 동일시와 모방의 대상이 되어 이상적인 영향력을 행사한다.

53	학교 조직의 분류

칼슨(Carlson)의 분류에 따를 때 유형 Ⅰ은 야생조직으로 사립학교가 대표적이고, 유형 Ⅱ는 미국의 주립대학과 같은 조직이다. 유형 Ⅲ은 이론적으로 가능하지만 실제는 존재할 수 없는 강압조직이고 유형Ⅳ는 사육조직으로 공립학교가 대표적이다.

답 ④

54	변혁적 리더십

배스(Bass)의 변혁적 리더십 요인에는 영감적 동기, 이상화된 감화력, 개인적 배려, 지적 자극 등이 있다. 이 가운데 영감적 동기란 조직의 비전을 제시함으로써 조직의 문제가 해결될 수 있다는 신념을 갖도록 하여 결단력과 업무 추진력으로 조직을 변혁하고 높은 성과를 유도하는 것이다. 변혁적 리더십은 인간의 잠재능력을 각성시키고, 높은 요구를 충족시키며, 동기를 유발하여 고도의 사명감을 가지고 업무를 수행하도록 하는 데 있다.

답 ③

55 □□□

교육행정의 원리에 대한 설명으로 옳지 않은 것은?

① 효율성의 원리를 지나치게 강조하면 교육의 본질이 손상될 수 있다.
② 민주성의 원리를 지나치게 강조하면 기회균등의 원리를 저해할 수 있다.
③ 합법성의 원리를 지나치게 강조하면 형식적이고 경직된 행정을 초래할 수 있다.
④ 자주성의 원리는 교육이 일반행정에서 분리·독립되고 정치·종교로부터 중립성을 유지해야 한다는 것이다.

56 □□□

두 교사의 대화에서 나타나는 교장의 생각과 일치하는 예산편성 기법은?

> 김 교사: 내년에 우리 학교가 지역사회와 함께하는 마을공동체 한마당 대축제를 추진한다는 얘기를 들었어요.
> 이 교사: 아니, 그런 행사를 추진할 돈이 어디 있어요? 금년 예산을 보면 가능한 일인가요?
> 김 교사: 글쎄요. 교장 선생님이 일단 금년 예산은 생각하지 말고 계획을 세우라고 했어요.
> 이 교사: 그렇군요. 그럼 금년 예산에 구애받지 않고 계획을 세워도 되겠네요.

① 기획예산제도
② 성과주의 예산제도
③ 영기준예산제도
④ 품목별 예산제도

55	교육행정의 원리

교육행정의 원리 가운데 민주성의 원리란 교육행정은 행정가의 독단과 편견을 배제하고 주민의 광범한 참여를 보장해야 한다는 것이다. 민주성의 원리가 강조될수록 기회균등의 원리가 보장된다.

(선지분석)
① 효율성의 원리는 경제성을 고려하는 것이다. 단, 교육에서 경제성만을 강조하면 교육의 본질이 훼손될 가능성이 높다.
③ 합법성의 원리는 행정이 법이 정하는 범위 내에서 이루어져야 한다는 것이다. 단, 법 만능주의는 행정의 형식화, 경직화를 초래할 수 있다.
④ 자주성의 원리는 교육행정은 교육 본래의 목적에 의해 운영·실시되어야 하며, 일반행정으로부터 분리·독립되고, 정치와 종교로부터의 중립성을 보장하는 것을 말한다.

답 ②

56	예산편성기법

예산편성기법 가운데 영기준예산제도는 전 회계연도의 예산에 구애받지 않고 의사결정단위인 조직체의 모든 사업과 활동에 대해 제로베이스를 적용하는 방법이다.

답 ③

교육문제에 대한 정책이 이루어지는 과정을 순서대로 바르게 나열한 것은?

ㄱ. 사회적 이슈화	ㄴ. 정책결정
ㄷ. 정책의제설정	ㄹ. 정책집행
ㅁ. 정책평가	

① ㄱ → ㄷ → ㄴ → ㄹ → ㅁ
② ㄱ → ㅁ → ㄷ → ㄴ → ㄹ
③ ㄷ → ㄴ → ㄹ → ㄱ → ㅁ
④ ㄷ → ㅁ → ㄱ → ㄴ → ㄹ

교육재정의 특성으로 옳지 않은 것은?

① 재정은 공공의 이익을 도모하는 국가 활동과 정부의 시책을 위해 사용되어야 한다는 공공성이 있다.
② 공권력을 통하여 기업과 국민 소득의 일부를 조세를 통해 정부의 수입으로 이전하는 강제성을 가지고 있다.
③ 수입이 결정된 후에 지출을 조정하는 양입제출(量入制出)의 원칙이 적용된다.
④ 존속기간이 길다고 하는 영속성을 특성으로 한다.

57	교육정책 과정

교육정책이란 국가의 공권력이나 국민의 동의를 바탕으로 교육목적 달성을 위해 강제하는 기본적 교육지침으로 일반적인 정책의 결정은 ㄱ. 사회적 이슈화 → ㄷ. 정책의제설정 → ㄴ. 정책결정 → ㄹ. 정책집행 → ㅁ. 정책평가의 순서로 이루어진다.

답 ①

58	교육재정

교육재정은 국가나 지방자치단체가 교육활동의 운영을 지원하기 위해 경비를 조달하고 관리하는 것으로, 지출을 결정한 후에 수입을 조정하는 양출제입(量出制入)의 원칙이 적용된다.

📄 **교육재정과 일반재정의 공통점**

1. 공권력을 통하여 기업과 국민들의 소득의 일부를 받아들임으로써 성립되는 강제경제의 성격을 띤다.
2. 재정은 국민 전체의 공공복지를 도모한다.
3. 재정의 존속기간은 민간경제보다 길고 무한하다.
4. 재정은 추진해야 할 활동계획, 즉 활동의 종류와 범위를 결정하고, 이에 필요한 경비를 산출한 후 수입을 정하는 양출제입(量出制入)의 원칙을 적용한다.

답 ③

59 □□□

학교조직이 갖고 있는 관료제의 특성에 해당하지 않는 것은?

① 교장 – 교감 – 교사의 위계구조
② 과업수행의 통일성을 기하기 위한 규정과 규칙
③ 연공서열과 업적에 의해 결정되는 승진 체계
④ 인간적인 감정 교류가 중시되는 교사 – 학생의 관계

---

59 | 관료제

인간적인 감정 교류가 중시되는 교사 – 학생의 관계를 강조하는 것은 인간관계론이다. 관료제의 특징은 분업과 전문화, 몰인정성, 권위의 위계, 규정과 규칙의 중시, 경력 지향성 등이다.

> 📄 **학교조직의 관료제적 성격**
>
> 1. 노동의 분화와 책임의 배분차원에서 학교는 초등 및 중등학교로, 그리고 교과별로 구분된다.
> 2. 규칙과 규정, 정책에 기초한 의사결정과 행동의 차원에서 학교조직은 구성원의 행동을 통제하기 위한 일반적 규칙을 사용하고 과제수행에서 일률성을 보장하기 위한 표준을 개발한다.
> 3. 비인간지향적 측면에서 학교조직은 구성원 간 상호작용이 기능적으로 분산되어 있다기보다는 전문화되어 있다.
> 4. 직원의 임용 차원에서 학교는 교사들을 전문적인 능력에 기초해서 임용한다.

답 ④

---

60 □□□

2급 정교사인 사람이 1급 정교사가 되고자 할 때 받아야 하는 연수는?

① 직무연수
② 자격연수
③ 특별연수
④ 지정연수

---

60 | 교원연수

교원의 연수는 제도적 연수와 자율연수로 나뉘며, 제도적 연수에는 직무연수와 자격연수, 자율연수에는 교내 자율연수와 자기주도적 연수 등이 있다. 자격연수는 교원의 자격을 취득하기 위한 것으로 2급 정교사 과정, 1급 정교사 과정, 전문상담사 과정, 사서교사 과정, 1급 보건교사 과정, 원장 과정, 원감 과정, 교감 과정, 교장 과정 등이 있다.

(선지분석)

① 직무연수는 교육의 이론과 방법 및 직무수행에 필요한 능력배양을 위해 실시하는 것이다.
③ 특별연수는 국가나 지방자치단체가 연수계획을 수립하여 교육공무원을 국내·외의 교육기관 또는 연구기관에서 일정 기간 연수를 받게 할 수 있다.

답 ②

구성원의 성숙도를 지도자 행동의 효과성에 영향을 주는 주요 요인으로 보는 리더십 이론에 대한 설명으로 옳은 것은?

① 조직의 상황과 관련 없이 최선의 리더십 유형이 있다고 본다.
② 허쉬(P. Hersey)와 블랜차드(K. Blanchard)의 상황적 리더십 이론이 대표적이다.
③ 블레이크(R. Blake)와 모튼(J. Mouton)에 의해 완성된 리더십 이론이다.
④ 유능한 지도자는 환경보다는 유전적인 특성에 달려 있다고 본다.

초·중등학교에 근무하는 교원과 직원의 신분에 대한 설명으로 옳은 것은?

① 수석교사는 교육전문직원이다.
② 공립학교 행정실장은 교육공무원이다.
③ 교장은 별정직 공무원이다.
④ 공무원인 교원은 특정직 공무원이다.

61　지도성 이론

지도성 이론 중 어느 하나의 지도성 유형이 효과적이거나 이상적이라고 보는 것은 비현실적이며, 어떤 유형의 지도성도 상황에 따라 효과적일 수도 비효과적일 수도 있다고 보는 것이 상황적 지도성이다. 상황적 지도성 중 구성원의 성숙도를 상황요인으로 보는 이론은 허쉬(P. Hersey)와 블랜차드(K. Blanchard)의 지도성 이론이다.

(선지분석)
① 구성원의 성숙도를 지도자 행동의 효과성에 영향을 주는 요인으로 보는 리더십 이론은 조직의 상황에 따라 달라지는 리더십을 강조한다.
③ 블레이크(R. Blake)와 모튼(J. Mouton)에 의해 완성된 리더십 이론은 행동적 접근을 강조하는 2차원 지도성 이론이다.
④ 유능한 지도자는 환경보다는 유전적인 특성에 달려 있다고 보는 것은 특성 이론이다.

답 ②

62　교육공무원의 분류

교육공무원은 교육기관에 근무하는 교원 및 조교, 교육행정기관에 근무하는 장학관 및 장학사, 교육기관, 교육행정기관 또는 교육연구기관에 근무하는 교육연구관 및 교육연구사를 말한다. 공무원에는 일반직 공무원으로 기술·연구 또는 행정 일반에 대한 업무를 담당하는 공무원과 특정직 공무원인 법관, 검사, 외무공무원, 경찰공무원, 소방공무원, 교육공무원, 군인, 군무원, 헌법재판소 헌법연구관, 국가정보원의 직원과 특수 분야의 업무를 담당하는 공무원으로서 다른 법률에서 특정직 공무원으로 지정하는 공무원 등이 있다 (교육공무원법 제2조 및 국가공무원법 제2조).

(선지분석)
① 수석교사는 교원에 해당한다.
② 공립학교 행정실장은 일반직 공무원에 해당한다.
③ 교장은 교원에 해당하므로 법률상 특정직 공무원에 해당한다.

답 ④

우리나라 지방교육자치제도에 대한 설명으로 옳지 않은 것은?

① 시·도의 교육·학예에 관한 경비를 따로 경리하기 위하여 해당 지방자치단체에 교육비특별회계를 둔다.
② 정당은 교육감선거에 후보자를 추천할 수 없다.
③ 지방자치단체의 교육·학예에 관한 사무를 효율적으로 처리하기 위하여 지방교육행정협의회를 둔다.
④ 시·도의 교육·학예에 관한 사무의 심의기관으로 교육감을 둔다.

다음 설명에 해당하는 동기이론은?

> • 동기 행동이 유발되는 과정에 초점을 맞춘다.
> • 유인가, 성과기대, 보상기대의 세 가지 기본 요소를 토대로 이론적 틀을 구축하였다.
> • 개인의 가치와 태도는 역할기대, 학교문화와 같은 요소와 상호작용하여 행동에 영향을 미친다고 가정한다.

① 브룸(V. H. Vroom)의 기대이론
② 허즈버그(F. Herzberg)의 동기 – 위생이론
③ 아담스(J. H. Adams)의 공정성이론
④ 알더퍼(C. P. Alderfer)의 생존 – 관계 – 성장이론

---

63   지방교육자치제도

지방교육자치제도는 교육의 자주성 및 전문성과 지방교육의 특수성을 살리기 위하여 지방자치단체의 교육·과학·기술·체육 그 밖의 학예에 관한 사무를 관장하는 기관의 설치와 그 조직 및 운영 등에 관한 사항을 규정함으로써 지방교육의 발전에 이바지함을 목적으로 한다(지방교육자치에 관한 법률 제1조). 동법 제18조에 따르면 시·도의 교육·학예에 관한 사무의 집행기관으로 시·도에 교육감을 둔다.

(선지분석)
① 동법 제38조(교육비특별회계)
② 동법 제46조(정당의 선거관여행위 금지 등)
③ 동법 제41조(지방교육행정협의회의 설치)

답 ④

64   브룸의 기대이론

브룸(V. H. Vroom)의 기대이론은 동기의 과정이론으로, 동기가 유발되는 과정에 초점을 두며 유인가, 성과기대, 보상기대의 세 가지 기본 요소를 토대로 한다.

(선지분석)
② 허즈버그(F. Herzberg)의 동기 – 위생이론은 직무수행에 영향을 주는 조건은 만족을 주는 요인(동기요인)과 불만족을 주는 요인(위생요인)으로 구분되며, 이 두 요인은 서로 다르다고 본다.
③ 아담스(J. H. Adams)의 공정성이론은 조직원의 동기는 그가 조직에서 공정하게 대우받는가의 지각 정도에 영향을 받는다고 본다.
④ 알더퍼(C. P. Alderfer)의 생존 – 관계 – 성장이론에서 생존의 욕구는 신체적 안녕·복지를 유지하기 위해 본질적으로 필요한 생리적 욕구와 안정의 욕구를 포함한다. 관계의 욕구는 의미 있고 만족스러운 사회적 관계에 대한 욕구를, 성장의 욕구는 최고 수준의 욕구로 자존과 자아실현의 욕구를 포함한다.

답 ①

공·사교육비를 '공공의 회계절차를 거치는가'에 따라 분류할 때, 공교육비에 해당하지 않는 것은?

① 학생이 학교에 내는 입학금
② 학생이 사설학원에 내는 학원비
③ 학부모가 부담하는 학교운영지원비
④ 학교법인이 부담하는 법인전입금

65	교육비

교육비는 크게 직접교육비와 간접교육비로 구분된다. 직접교육비는 교육활동을 위해 지출되는 모든 비용으로 교육재정의 대상이 되는 비용을 말하며, 공교육비와 사교육비로 구성된다. 공교육비는 회계 절차를 거치는 비용으로, 공부담 공교육비와 사부담 공교육비로 구분된다. 공부담 공교육비에는 국가 및 지방자치단체부담 교육비, 학교법인 교육비 등이 있으며 사부담 공교육비에는 입학금 및 수업료 기성회비 및 학생자율경비, 현장학습, 수련활동비, 특기적성활동비, 급식비 등이 있다. 사교육비는 회계절차를 거치지 않는 비용으로 교재비, 학용품비, 생활비, 잡비(과외비, 교통비, 하숙비) 등이 있다. 간접교육비는 일정 단위의 교육서비스의 생산에 있어서 직접 비용 이외에 소요되는 경비를 말한다.

답 ②

다음 설명에 해당하는 의사결정의 관점은?

- 관료제적 조직보다는 관련자의 능력과 자율이 보장되는 전문직 조직에 더 적합하다.
- 소규모 조직이나 대규모 조직 산하 전문가 집단의 결정 행위를 분석하는 데 적합하다.
- 공동의 가치에 대한 인식, 전문가의 식견에 대한 신뢰 등이 전제되고 있다.

① 참여적 관점
② 정치적 관점
③ 우연적 관점
④ 합리적 관점

66	의사결정 모형

브리지스(Bridges)는 수용의 영역을 기초로 참여적 의사결정 모형을 제시하였다. 참여적 관점은 조직 구성원들이 의사결정의 수용영역 범위 안에 있느냐 밖에 있느냐에 따라 참여 여부를 결정해야 한다고 보았다. 이 모형은 관료제적 조직보다는 관련자의 능력과 자율이 보장되는 전문직 조직에 더 적합하다.

답 ①

---

67 □□□

베버(M. Weber)의 관료제 특성과 순기능 및 역기능을 연결한 것으로 옳지 않은 것은?

관료제 특성	순기능	역기능
① 분업과 전문화	전문성	권태
② 몰인정성	합리성	사기저하
③ 규정과 규칙	계속성과 통일성	경직성, 본말전도
④ 경력지향성	유인체제	의사소통 저해

68 □□□

학교운영위원회에 대한 설명으로 옳지 않은 것은?

① 위원 수는 5명 이상 20명 이하의 범위에서 학교의 규모 등을 고려하여 교육부령으로 정한다.
② 국립·공립 학교의 경우 학교의 예산안과 결산, 학교교육과정의 운영방법, 학교급식 등을 심의한다.
③ 국립·공립 학교의 경우 교육공무원법 제29조의3 제8항에 따른 공모 교장의 공모 방법, 임용, 평가 등을 심의한다.
④ 학교운영의 자율성을 높이고 지역의 실정과 특성에 맞는 다양하고도 창의적인 교육을 할 수 있도록 하는 데 그 목적이 있다.

---

67 베버의 관료제론

베버(M. Weber)는 권위(authority)를 '어떤 특정한 명령이 일정한 집단의 사람들에 의해 준수될 가능성'으로 정의하고, 권위가 정당화되는 방법에 따라 전통적 권위, 카리스마적 권위, 합리적(합법적) 권위로 구분하였다. 여기서 합리적 권위는 지배의 근거를 법 규정에 의한 합법성에 두는 권위를 말하며, 이러한 조직을 관료제(bureaucracy)라고 한다.

📄 관료제의 특성에 따른 순기능과 역기능

순기능	역기능
전문적 기술과 지식	싫증
합리성	사기저하
훈련된 준수와 조정	의사소통 봉쇄
계속성과 통일성	경직과 목표전도
유인	업적과 연공제 간의 갈등

답 ④

68 학교운영위원회

학교운영위원회의 위원 수는 5명 이상 15명 이하의 범위에서 학교의 규모 등을 고려하여 대통령령으로 정한다(초·중등교육법 제31조 제3항).

> **초·중등교육법 제31조【학교운영위원회의 설치】** ① 학교운영의 자율성을 높이고 지역의 실정과 특성에 맞는 다양하고도 창의적인 교육을 할 수 있도록 초등학교·중학교·고등학교 및 특수학교에 학교운영위원회를 구성·운영하여야 한다.
> ③ 학교운영위원회의 위원 수는 5명 이상 15명 이하의 범위에서 학교의 규모 등을 고려하여 대통령령으로 정한다.

답 ①

지방교육재정교부금제도에 대한 설명으로 옳지 않은 것은?

① 기준재정수입액은 교육·학예에 관한 지방자치단체 교육비특별회계의 수입예상액으로 한다.

② 기준재정수입액을 산정하기 위한 각 측정단위의 단위당 금액을 단위비용이라 한다.

③ 교육부장관은 기준재정수입액이 기준재정수요액에 미치지 못하는 지방자치단체에 대해서는 그 부족한 금액을 기준으로 하여 보통교부금을 총액으로 교부한다.

④ 특별교부금은 지방교육행정 및 지방교육재정의 운용실적이 우수한 지방자치단체에 재정지원이 필요할 때 교부한다.

장학의 유형에 대한 설명으로 옳지 않은 것은?

① 임상장학 – 학급 내에서 수업의 질을 개선하기 위한 것으로, 교사와 학생 사이에서 이루어지는 상호작용에 초점을 둔다.

② 약식장학 – 평상시에 교장 및 교감의 계획과 주도하에 이루어지는 것으로, 다른 장학형태의 보완적인 성격을 지닌다.

③ 동료장학 – 수업전략을 개발하기 위한 것으로, 교사 간에 상호 협력하는 장학형태이다.

④ 요청장학 – 교내 자율장학으로, 사전 예방차원에서 전문적이고 집중적인 지원이 필요한 경우 이루어지는 장학형태이다.

69	지방교육재정교부금제도

단위비용이란 기준재정수요액을 산정하기 위한 각 측정단위의 단위당 금액을 말한다(지방교육재정교부금법 제2조 제4호).

(선지분석)
① 동법 제7조 제1항
③ 동법 제5조 제1항
④ 동법 제5조의2 제1항 제1호

> **지방교육재정교부금법 제2조 【정의】** 이 법에서 사용하는 용어의 뜻은 다음과 같다.
> 4. "단위비용"이란 기준재정수요액을 산정하기 위한 각 측정단위의 단위당 금액을 말한다.
> **제5조 【보통교부금의 교부】** ① 교육부장관은 기준재정수입액이 기준재정수요액에 미치지 못하는 지방자치단체에 대해서는 그 부족한 금액을 기준으로 하여 보통교부금을 총액으로 교부한다.
> **제7조 【기준재정수입액】** ① 기준재정수입액은 제11조에 따른 일반회계 전입금 등 교육·학예에 관한 지방자치단체 교육비특별회계의 수입예상액으로 한다.

답 ②

70	장학의 유형

요청장학은 교육청 장학의 일종으로, 학교가 자율장학을 통해 취약점이 드러난 영역이나 교과의 전문적 도움이 필요한 경우 교육청에 요청하는 형식이다. 주안점은 자율장학의 방법 개선 및 프로그램 개발, 교수-학습지도 및 평가방법 개선을 통한 교육의 질을 제고하는 데 있다.

답 ④

71 ☐☐☐

교원의 특별연수에 해당하는 것은?

① 박 교사는 특수 분야 연수기관에서 개설한 종이접기 연수에 참여하였다.

② 황 교사는 교육청 소속 교육연수원에서 교육과정 개정에 따른 연수를 받았다.

③ 최 교사는 학습연구년 교사로 선정되어 대학의 연구소에서 1년간 연구 활동을 수행하였다.

④ 교직 4년차인 김 교사는 특수학교 1급 정교사 자격증을 취득하기 위한 연수에 참여하였다.

72 ☐☐☐

김 교장이 실시하고자 하는 장학의 종류는?

> 김 교장: 교사들이 좀 더 수업을 잘 하도록 지원하기 위해서는 수업 장면을 살펴봐야겠습니다.
>
> 박 교감: 공개수업을 참관해보면 미리 짠 각본처럼 준비된 수업을 하니 정확한 실상을 알기가 어렵습니다.
>
> 김 교장: 교사들이 거부반응을 보일지 모르지만 복도에서라도 교실 수업 장면을 살펴보고 필요한 조언을 해야겠습니다.

① 약식장학

② 자기장학

③ 중앙장학

④ 확인장학

71　교원의 특별연수

학습연구년은 학교별 자율적으로 실시된 교원능력개발평가 결과 등 우수교사 중 일정 조건을 갖춘 교사를 대상으로 수업 및 기타 업무 부담으로부터 벗어나 자기학습계획에 따라 연수를 수행하되, 교과 교육과정 개발 및 연구에 참여할 수 있는 기회를 제공하여 현장 교육개선에 기여하도록 하는 것을 목적으로 한다.

(선지분석)

① 박 교사가 특수 분야 연수기관에서 개설한 종이접기 연수에 참여한 것은 일반연수 가운데 자율연수이다.

② 황 교사가 교육청 소속 교육연수원에서 교육과정 개정에 따른 연수를 받은 것은 제도적 연수 가운데 직무연수이다.

④ 교직 4년차인 김 교사가 특수학교 1급 정교사 자격증을 취득하기 위한 연수에 참여한 것은 제도적 연수 가운데 자격연수이다.

답 ③

72　약식장학

약식장학은 교장이나 교감이 비공식적으로 학급을 순시하거나 수업을 관찰하는 불시 방문을 통해 교사들에게 지도 및 조언을 제공하는 활동이다.

(선지분석)

② 자기장학은 임상장학을 필요로 하지 않거나 원하지 않는 교사가 혼자 독립적으로 자신의 전문적 성장을 위해 연구하는 장학을 말한다.

③ 중앙장학은 교육부 내에서 실시하는 모든 장학을 말한다.

④ 확인장학은 시·도 교육청과 지역 교육청에서 실시하는 지방장학의 한 종류로, 종합장학을 실시한 결과 수정할 사항이나 시간 소요가 예상되는 사항의 이행 여부를 확인 및 점검하는 장학을 말한다.

답 ①

맥그리거(D. M. McGregor)의 Y이론을 지지하는 교육행정가의 행동으로 적절하지 않은 것은?

① 차등성과급을 이용하여 조직구성원의 동기를 조절하려고 한다.
② 조직구성원은 맡은 일을 수행하기 위하여 자기지시와 자기통제를 행사할 수 있다고 보고 지원한다.
③ 조직구성원의 잠재력이 원활하게 발휘될 수 있도록 지원한다.
④ 조직구성원에게 잠재하는 높은 수준의 상상력, 독창성, 창의성을 발휘할 기회를 부여한다.

다음 설명에 해당하는 교육정책 모형은?

- 연속적인 제한적 비교 접근법을 통해 결정 대안을 도출한다.
- 안정적인 정책 결정과 집행, 실현 가능성이 높은 대안 선택, 대중의 폭넓은 지지 획득의 가능성 등이 장점으로 인정받는다.
- 지나치게 보수적이고 대중적인 모형이라는 평가를 받기도 한다.

① 최적화 모형
② 만족화 모형
③ 점증 모형
④ 혼합 모형

73	맥그리거의 X - Y이론

맥그리거(D. M. McGregor)의 Y이론은 성선설에 기반을 둔 조직문화론이다. Y이론에 근거한 관리전략에는 조직구성원 스스로 일할 수 있는 분위기를 조성하고, 외적 위협이나 통제를 약화시키며, 소속감 및 책임감 등을 느낄 수 있는 기회를 부여하는 것이 있다. 차등성과급을 이용하여 조직구성원의 동기를 조절하려고 하는 것은 X이론에 근거한 관리전략이다.

답 ①

74	교육정책 모형

교육정책 결정 모형 가운데 점증 모형이란 전년도까지의 실적을 기초로 현실을 긍정하면서 여기에 약간의 향상된 정책을 추구하는 모형이다. 점진 모형은 현재 추진되고 있는 기존의 정책대안과 경험을 기초로 약간의 점진적인 개선을 도모할 수 있는 제한된 대안만을 검토하여 현실성 있는 정책을 선택한다. 이 모형은 첨예한 갈등이나 문제를 야기하지 않고 안정적인 정책결정과 집행이 가능한 장점이 있는 반면, 지나치게 보수적이고 대중적이라는 비판을 받는다.

답 ③

초 · 중등학교 조직의 특성에 대한 설명으로 옳지 않은 것은?

① 학교는 웨익(K. E. Weick)이 말하는 느슨한 결합조직으로서 빠르고 체계적으로 변화하지 않는 현상을 보인다.

② 학교는 칼슨(R. O. Calson)의 구분에 따른 사육조직으로서 학생의 독특한 적응 방식(상황적 은퇴, 반항적 적응, 부수적 보상 적용)에 직면한다.

③ 학교는 민츠버그(H. Minzberg)의 구분에 따른 전문적 관료제로서 교사는 교육의 자율성과 관련한 역할 갈등을 경험한다.

④ 학교가 에치오니(A. Etzioni)의 구분에 의한 공리조직의 성격이 강할 때 구성원은 헌신적 참여를 한다.

다음 내용과 밀접한 관련이 있는 동기이론에 대한 설명으로 옳은 것은?

> 투입 조정, 성과 조정, 비교대상의 변경, 투입과 성과에 대한 인지적 왜곡, 조직 이탈

① 직무만족에 기여하는 요인과 직무불만족에 기여하는 요인은 별개로 존재한다.

② 한 개인이 다른 사람에 비해서 얼마나 공정한 대우를 받고 있다고 느끼는가에 초점을 두고 있다.

③ 하나의 욕구가 충족되면 다음 단계에 있는 다른 욕구가 나타나서 그것의 충족을 요구하는 체계를 이루고 있다.

④ 사람은 자신의 노력에 따른 성과와 보상에 대한 주관적 기대치를 바탕으로 어떻게 행동할지를 선택한다.

75	학교조직의 특성

학교가 에치오니(A. Etzioni)의 구분에 의한 공리조직의 성격이 강할 때 구성원은 타산적 참여를 한다. 헌신적 참여를 하는 것을 규범적 조직이다.

📋 **에치오니(A. Etzioni)의 조직분류**

구분	소외적 참여	타산적 참여	도덕적 참여
강제적 권력	강제적 조직	–	–
공리적 권력	–	공리적 조직	–
규범적 권력	–	–	규범적 조직

답 ④

76	동기이론

동기이론 가운데 투입 조정, 성과 조정, 비교대상의 변경, 투입과 성과에 대한 인지적 왜곡, 조직 이탈 등을 요소로 하는 것은 아담스(Adams)의 공정성 이론이다. 공정성 이론은 한 개인이 다른 사람에 비해서 얼마나 공정한 대우를 받고 있다고 느끼는가에 초점을 두고 있다.

선지분석

① 직무만족에 기여하는 요인과 직무불만족에 기여하는 요인은 별개로 존재한다는 것은 허즈버그(Hezberg)의 동기 – 위생이론이다.

③ 하나의 욕구가 충족되면 다음 단계에 있는 다른 욕구가 나타나서 그것의 충족을 요구하는 체계를 이루고 있다는 것은 매슬로우(Maslow)의 욕구위계이론이다.

④ 사람은 자신의 노력에 따른 성과와 보상에 대한 주관적 기대치를 바탕으로 어떻게 행동할지를 선택한다는 것은 브룸(Vroom)의 기대이론이다.

답 ②

77 □□□　　　　　　　　　　　　　　　　2018년 국가직 7급

초·중등학교 교원의 정치적 중립성에 대한 설명으로 옳은 것은?

① 의무교육기관이 아니라면 교원이 특정한 정당을 지지·반대하기 위한 학생 지도를 할 수 있다.
② 교원은 정당이 아닌 정치단체에 가입하도록 권유 운동을 할 수 있다.
③ 교원의 노동조합은 정치활동이 넓게 허용된다.
④ 사립학교 교원도 선거에서 특정 정당을 지지하기 위한 행위가 금지된다.

78 □□□　　　　　　　　　　　　　　　　2017년 국가직 9급

우리나라 의무교육제도에 대한 설명으로 옳지 않은 것은?

① 지방자치단체는 국립 또는 사립의 초등학교·중학교 또는 특수학교에 일부 의무교육대상자에 대한 교육을 위탁할 수 있다.
② 지방자치단체로부터 의무교육대상자의 교육을 위탁받은 사립학교의 설립자·경영자는 의무교육을 받는 사람으로부터 수업료와 학교운영지원비를 받을 수 있다.
③ 모든 국민은 그 보호하는 자녀에게 6년의 초등교육과 3년의 중등교육을 받게 할 의무를 진다.
④ 취학아동명부의 작성을 담당하는 읍·면·동의 장은 입학연기 신청서를 제출받은 경우 입학연기대상자를 취학아동명부에서 제외하고, 입학연기대상자 명단을 교육장에게 통보하여야 한다.

77　교원의 정치적 중립성

교원의 정치적 중립성에 대한 법적 규정은 교육기본법 제14조 제4항에 "교원은 특정한 정당이나 정파를 지지하거나 반대하기 위하여 학생을 지도하거나 선동하여서는 안 된다."라고 규정되어 있다. 이는 국·공립·사립 교원 모두에게 해당되는 규정이다.

(선지분석)
① 의무교육기관 교원이든 아니든, 국·공립학교 교원이든 사립학교 교원이든 모든 교원은 정치적 중립성을 지켜야 한다.
② 교원은 특정한 정당에 가입하도록 권유 운동을 할 수 없다.
③ 교원의 노동조합은 일체의 정치활동을 할 수 없다.

답 ④

78　의무교육제도

지방자치단체로부터 의무교육대상자의 교육을 위탁받은 사립학교의 설립자·경영자는 의무교육을 받는 사람으로부터 수업료와 학교운영지원비를 받을 수 없다(초·중등교육법 제12조 제4항).

(선지분석)
① 초·중등교육법 제12조 제3항

> **초·중등교육법 제12조【의무교육】** ③ 지방자치단체는 지방자치단체가 설립한 초등학교·중학교 및 특수학교에 그 관할 구역의 의무교육대상자를 모두 취학시키기 곤란하면 인접한 지방자치단체와 협의하여 합동으로 초등학교·중학교 또는 특수학교를 설립·경영하거나, 인접한 지방자치단체가 설립한 초등학교·중학교 또는 특수학교나 국립 또는 사립의 초등학교·중학교 또는 특수학교에 일부 의무교육대상자에 대한 교육을 위탁할 수 있다.

③ 교육기본법 제8조 제1항·제2항
④ 초·중등교육법 시행령 제15조 제4항

답 ②

79 ☐☐☐

다음 내용에 해당하는 교육행정의 원리는?

- 이 원리를 지나치게 강조하면 교육행정의 전문성이 경시될 수 있다.
- 이 원리로 공무원의 부당한 직무수행과 행정재량권의 남용을 방지할 수 있다.
- 이 원리에 따라 교육공무원으로서의 신분을 보장받아서 업무를 소신 있게 수행할 수 있다.

① 수월성
② 능률성
③ 효과성
④ 합법성

79	교육행정의 원리 - 합법성의 원리

합법성의 원리는 교육행정은 법이 정하는 범위 내에서 이루어져야 한다는 원리로, 법치행정의 원리라고도 한다. 공무원의 부당한 직무수행과 행정재량권의 남용을 방지할 수 있고, 교육공무원으로서의 신분을 보장받아서 업무를 소신 있게 수행할 수 있다는 장점이 있다. 다만, 지나친 법적 만능주의는 행정이 형식화·경직화될 가능성이 높다.

(선지분석)
② 능률성의 원리는 최소의 노력과 비용을 투입해서 최대한의 성과를 기하려는 원리를 말한다.

답 ④

---

80 ☐☐☐

국·공립학교의 학교운영위원회에 대한 옳은 설명만을 <보기>에서 있는 대로 고른 것은?

─────〈보기〉─────

ㄱ. 학칙의 제정 또는 개정 사항을 심의한다.
ㄴ. 학교운동부의 구성·운영 사항을 심의한다.
ㄷ. 학부모위원은 교직원전체회의에서 선출한다.
ㄹ. 학교의 장은 운영위원회의 당연직 교원위원이다.

① ㄱ, ㄷ
② ㄱ, ㄴ, ㄹ
③ ㄴ, ㄷ, ㄹ
④ ㄱ, ㄴ, ㄷ, ㄹ

80	국·공립학교의 학교운영위원회

ㄱ. 초·중등교육법 제32조 제1항 제1호
ㄴ. 동법 제32조 제1항 제12호
ㄹ. 동법 시행령 제59조 제1항

(선지분석)
ㄷ. 학부모위원은 민주적 대의절차에 따라 학부모 전체회의를 통하여 학부모 중에서 투표로 선출한다(동법 시행령 제59조 제2항 참고).

> **초·중등교육법 시행령 제59조 【위원의 선출 등】** ① 국·공립학교의 장은 운영위원회의 당연직 교원위원이 된다.
> ② 학부모위원은 민주적 대의절차에 따라 학부모 전체회의를 통하여 학부모 중에서 투표로 선출한다. 이 경우 학부모 전체회의에 직접 참석할 수 없는 학부모는 학부모 전체회의 개최 전까지 가정통신문에 대한 회신, 우편투표, 전자적 방법에 의한 투표 등 위원회규정으로 정하는 방법 및 절차에 따라 후보자에게 투표할 수 있다.

답 ②

81 □□□

다음 설명에 해당하는 교육행정 조직의 원리는?

> 공동목표를 달성하기 위해 조직의 직무를 권한과 책임의 정도에 따라 수직적으로 조직화한다.

① 계층의 원리
② 기능적 분업의 원리
③ 명령 통일의 원리
④ 통솔 한계의 원리

82 □□□

허쉬(Hersey)와 블랜차드(Blanchard)의 지도성 유형에 대한 설명으로 옳은 것은?

① 참여형(participating) – 높은 과업행동과 낮은 관계행동에 적합하다.
② 위임형(delegating) – 낮은 과업행동과 높은 관계행동에 적합하다.
③ 설득형(selling) – 높은 과업행동과 높은 관계행동에 적합하다.
④ 지시형(telling) – 낮은 과업행동과 낮은 관계행동에 적합하다.

81	교육행정 조직의 원리

교육행정 조직의 원리 가운데 계층의 원리란 공식적 조직을 구성하는 구성원들을 상하관계에 따라 수직적으로 조직화하는 것을 말한다.

(선지분석)
② 분업의 원리란 업무수행의 효율을 높이기 위해 한 사람에게 되도록 한 가지 주된 업무를 분담시키는 것이다.
③ 명령 통일의 원리는 부하는 그에게 권한과 책임을 부여한 오직 한 사람의 상관으로부터 지시나 지휘를 받고 그에게 보고해야 한다는 것이다.
④ 통솔 한계의 원리란 한 사람의 상관이 유효적절하게 통솔할 수 있는 부하의 수는 한계가 있다는 원리이다.

답 ①

82	지도성 유형

허쉬(Hersey)와 블랜차드(Blanchard)는 지도성 효과를 지도자와 추종자 및 상황과의 함수관계로 본다. 지도성은 부하의 성숙도에 따라 지시형, 설득형, 참여형, 위임형으로 구분된다. 이 가운데 설득형(selling)은 높은 과업행동과 높은 관계행동에 적합하다.

(선지분석)
① 참여형(participating)은 낮은 과업행동과 높은 관계행동에 적합한 지도성 유형이다.
② 위임형(delegating)은 낮은 과업행동과 낮은 관계행동에 적합한 지도성 유형이다.
④ 지시형(telling)은 높은 과업행동과 낮은 관계행동에 적합한 지도성 유형이다.

답 ③

83 □□□

교원에 대한 설명으로 옳은 것은?

① 교육공무원법상 초·중등 교원의 정년은 60세이다.

② 교원의 지위 향상 및 교육 활동 보호를 위한 특별법상 교원은 현행 범인인 경우 외에는 소속 학교의 장의 동의 없이 학원 안에서 체포되지 아니한다.

③ 교원의 노동조합 설립 및 운영 등에 관한 법률상 교원에게는 단결권, 단체교섭권, 단체행동권이 각각 보장된다.

④ 교육기본법상 교원은 대통령령으로 정하는 바에 따라 다른 공직에 취임할 수 있다.

83	교원에 관한 규정

교원의 지위 향상 및 교육 활동 보호를 위한 특별법상 교원은 현행 범인인 경우 외에는 소속 학교의 장의 동의 없이 학원 안에서 체포되지 아니한다.

> **교원의 지위 향상 및 교육 활동 보호를 위한 특별법 제4조 【교원의 불체포특권】** 교원은 현행범인인 경우 외에는 소속 학교의 장의 동의 없이 학원 안에서 체포되지 아니한다.

(선지분석)
① 교육공무원법상 초·중등 교원의 정년은 62세이다.
③ 교원의 노동조합 설립 및 운영 등에 관한 법률상 교원에게는 단결권, 단체교섭권, 단체행동권이 각각 보장된다.
> **참고** 단체행동권은 제외한다.

④ 교원은 법률로 정하는 바에 따라 다른 공직에 취임할 수 있다.

답 ②

---

84 □□□

다음은 에치오니(Etzioni)의 조직유형론의 기준과 예시를 나타낸 것이다. ㄱ ~ ㄹ에 들어갈 내용을 바르게 연결한 것은?

참여 권력	소외	타산	(ㄱ)
강제	(ㄴ)		
(ㄷ)		(ㄹ)	
규범			학교

	ㄱ	ㄴ	ㄷ	ㄹ
①	보상	군대	친밀	종합병원
②	헌신	교도소	보상	일반회사
③	몰입	복지기관	통합	종교단체
④	협동	소방서	지원	전문대학

84	조직의 유형

강제적 조직에는 교도소, 공리적 조직에는 일반회사, 규범적 조직에는 공립학교 등이 해당한다.

📄 **에치오니(Etzioni)의 조직유형론**

구분	소외적 참여	타산적 참여	도덕적 참여
강제적 권력	강제적 조직	-	-
공리적 권력	-	공리적 조직	-
규범적 권력	-	-	규범적 조직

답 ②

다음에 해당하는 장학의 유형은?

> • 학생들의 수업평가 결과 활용
> • 자신의 수업을 녹화하여 분석 · 평가
> • 대학원에 진학하여 전공 교과 또는 교육학 영역의 전문성 신장

① 약식장학
② 자기장학
③ 컨설팅장학
④ 동료장학

85	자기장학

혼자 전문서적을 읽거나 각종 연구회에 참석하거나 전문가를 찾아가 협의하거나 자기평가체제나 자기의 수업을 비디오테이프나 학생 반응 조사 등에 의해 자신의 수업을 분석하는 자기분석방법 등을 활용하는 것은 자기장학이다.

(선지분석)
① 약식장학은 교장이나 교감이 비공식적으로 학급을 순시하거나 수업을 관찰하는 불시 방문을 통해 교사들에게 지도 · 조언을 제공하는 방법이다.
③ 컨설팅장학은 교원들의 전문성 계발을 위해 교원들의 요청과 의뢰에 의해 전문성을 갖춘 사람들이 제공하는 자문활동이다.
④ 동료장학은 둘 이상의 교사가 서로 수업을 관찰하고 관찰사항에 관하여 상호 조언하며, 서로의 전문적 관심사에 대하여 토의함으로써 자신들의 전문적 성장을 위해 함께 연구하는 장학으로 참여적 장학(participating supervision)이라고도 한다.

답 ②

학교예산편성 기법 중 영기준예산제도(zero based budgeting system)의 장점으로 볼 수 없는 것은?

① 우선순위가 높은 사업에 대한 집중 지원이 가능하다.
② 학교경영에 구성원의 폭넓은 참여를 유도할 수 있다.
③ 점증주의적 예산편성방식을 통해 시간과 노력의 부담을 경감할 수 있다.
④ 학교경영계획과 예산이 일치함으로써 교장의 합리적이고 과학적인 학교경영을 지원할 수 있다.

86	학교예산편성 기법

점증주의적 예산편성방식을 통해 시간과 노력의 부담을 경감할 수 있는 것은 품목별 예산제도(LIBS; Line-Item Budgeting System)이다. LIBS는 예산의 편성 · 분류를 정부가 구입 · 지출하고자 하는 물품 또는 서비스별로 하는 예산제도이다. 이 제도는 전년도 예산에 준하여 예산과 물가상승률 그리고 신규 사업 등을 토대로 예산을 편성한다. 학교회계제도가 시행되기 이전까지 우리나라에서 사용하였던 예산제도였다. 장점은 예산편성이 용이하고 한정된 재정 규모 내에서 효율적인 배분을 강조한다는 것이다. 영(零)기준예산제도(ZBBS; Zero Base Budgeting System)는 전(前)회계연도의 예산에 구애받지 않고 의사결정단위인 조직체의 모든 사업과 활동에 대해 제로 베이스를 적용한다. 영기준예산제도(ZBBS)는 체계적으로 비용 – 수익분석 혹은 비용 – 효과분석을 행하고 그에 따라 우선순위를 정해서 예산을 결정한다. ZBBS의 장점으로는 ㉠ 재정 경직화의 타파, ㉡ 재원의 합리적 배분, ㉢ 각 수준 관리자의 참여 가능(학교의 경우 학교경영에 전 교직원 참여 유도 가능), ㉣ 창의적이고 자발적인 사업 구상과 실행 유도, ㉤ 학교경영 계획과 예산의 일치로 합리적이고 과학적인 학교경영 등이 있다.

답 ③

---

87 ☐☐☐

과학적 관리론을 학교 상황에 적용한 것으로 가장 적절한 것은?

① 학교장은 구성원들의 동기를 파악하여, 내재적 동기를 적극적으로 유발한다.
② 학교장은 학교조직을 개방체제로 파악하고, 학교 문제해결을 위해 학부모들의 요구를 적극 반영한다.
③ 교사들 간의 적절한 갈등은 학교의 발전에 도움이 된다고 보고, 학교장은 적절한 갈등 자극 전략을 사용한다.
④ 교사는 교수자로서 학생을 가르치는 데 전념하고, 학교장은 관리자로서 학교행정을 책임지는 일에 집중한다.

---

87 과학적 관리론

과학적 관리론은 19세기 후반부터 1930년대까지 발달한 이론으로 성악설적 인간관리 철학에 기초하여 조직 및 인간관리의 과학화 및 합리화를 추구한 이론이다. 이 이론을 체계화한 사람은 테일러(Taylor)이고, 산업분야에서 성립한 과학적 관리론을 학교행정에 적용한 사람은 보비트(Bobbitt)이다. 보비트는 학교운영에 있어서 보다 효율적인 원리를 제시하였다. 교사나 교육행정가는 자신들이 수행해야 할 과업이 구체적으로 무엇이며, 과업을 수행하는 데 있어 보다 효과적인 방법이 무엇인가를 제시해 주어야 한다고 보았다. 즉, 교사는 교수자로서 학생을 가르치는 데 전념하고, 학교장은 관리자로서 학교행정을 책임지는 일에 집중한다.

(선지분석)
① 학교장이 구성원들의 동기를 파악하여 내재적 동기를 적극적으로 유발하는 것은 인간관계론이다.
② 학교장이 학교조직을 개방체제로 파악하고, 학교 문제해결을 위해 학부모들의 요구를 적극 반영하는 것은 체제이론이다.
③ 교사들 간의 적절한 갈등은 학교의 발전에 도움이 된다고 보고, 학교장은 적절한 갈등 자극 전략을 사용하는 것은 행동과학적 접근이다.

답 ④

88 ☐☐☐

학교장의 변혁적 지도성 행동으로 볼 수 없는 것은?

① 학교구성원이 혁신적이고 창의적으로 사고하고 행동하도록 유도한다.
② 높은 기준의 도덕적 행위를 보여 줌으로써 학교구성원의 신뢰를 얻는다.
③ 학교구성원이 원하는 보상을 제공하고 그 대가로 주어진 과업을 달성하도록 한다.
④ 학교구성원과 더불어 학교의 비전을 설정하고 공유하여 학교의 변화를 도모한다.

---

88 변혁적 지도성

변혁적 지도성은 부하를 전인으로 다루며 상위 수준의 욕구를 충족시키는 데까지를 배려하는 것으로, 도덕적 지도성을 의미한다. 변혁적 지도성의 초점은 인간의 잠재능력을 각성시키고 높은 요구를 충족시키며, 동기를 유발하여 고도의 사명감을 가지고 업무를 수행하도록 하는 데 있다. 이 지도성은 1983년 미국에서 위기의 국가(A Nation at Risk)가 출판되면서 교육 지도자에 대한 새로운 역할이 강조되는 것과 더불어 새로운 외적 환경 변화에 대처하기 위한 필요성에 의해 등장하였다. 학교 구성원이 원하는 보상을 제공하고 그 대가로 주어진 과업을 달성하도록 하는 것은 변혁적 지도성과 비교되는 교환적 지도성이다.

답 ③

교육공무원의 징계 효력에 대한 설명으로 옳은 것은?

① 정직된 자는 직무에는 종사하지만 3개월간 보수를 받지 못한다.

② 견책된 자는 직무에는 종사하지만 6개월간 승진과 승급이 제한된다.

③ 해임된 자는 공무원 신분은 보유하나 3개월간 직무에 종사할 수 없다.

④ 파면된 자는 공무원 관계로부터 배제되고 1년간 공무원으로 임용될 수 없다.

89	**징계의 종류와 효력**

종류		기간	신분	보수 및 퇴직급여 등
중징계	파면	–	• 공무원 관계로부터 배제 • 5년간 공무원에 임용될 수 없음	• 재직기간 5년 미만자의 경우 퇴직급여의 1/4 감액 • 5년 이상인 자는 1/2 감액
	해임	–	• 공무원 관계로부터 배제 • 3년간 공무원에 임용될 수 없음	퇴직 급여액 전액 지급
	강등	3개월	• 1계급 아래로 직급 내림 • 공무원 신분은 유지, 3개월간 직무 배제 (고위공무원단에 속하는 공무원은 3급으로 임용)	3개월간 보수의 전액 감액
	정직	1~3개월	• 신분은 유지하나 직무에 종사하지 못함 • 18개월 + 정직처분 기간 승진 제한 • 처분기간 경력평정에서 제외	• 18개월 + 정직 처분기간 승급 제한 • 처분기간 보수의 전액 감액
경징계	감봉	1~3개월	12개월 + 감봉 처분기간 승진 제한	• 12개월 + 감봉 처분기간 승급 제한 • 보수의 1/3 감액
	견책	–	6개월간 승진 제한	

답 ②

브리지스(Bridges)의 참여적 의사결정 모형에 대한 설명으로 옳지 않은 것은?

① 수용영역이란 구성원이 상급자의 어떤 의사결정에 대해서 의심 없이 기꺼이 받아들이는 영역을 말한다.

② 구성원들이 수용영역의 안에 있는 경우 모두 참여시키는 것이 효과적이다.

③ 적절성(relevance) 검증이란 결정할 사안에 대하여 구성원이 개인적인 이해관계가 있는가를 따지는 것이다.

④ 전문성(expertise) 검증이란 구성원이 결정에 기여할 수 있는 충분한 지식과 경험을 갖고 있는가를 따지는 것이다.

90	**참여적 의사결정 모형**

브리지스(Bridges)의 의사결정 모형은 수용영역을 기초로 하여 참여적 의사결정 모형을 제시하였다. 이 모형은 조직 구성원들이 의사결정의 수용영역 범위 안에 있느냐 아니면 밖에 있느냐에 따라 참여 여부를 검토해야 한다고 보았다. 수용영역이란 상급자가 행한 의사결정을 충분히 검토하지 않고 따르는 영역을 말한다. 적절성이란 관련성 혹은 이해 당사자를 말하고 전문성이란 의사결정 사항에 대한 전문적 지식이 있느냐를 말한다. 구성원들이 수용영역의 안에 있는 것은 전문성과 관련성이 없는 경우로, 이 경우에는 모두 참여를 배제하는 것이 효과적이다.

답 ②

91 □□□

인간관계론이 교육행정에 준 영향으로 옳지 않은 것은?

① 교육행정의 과정에서 교사의 참여를 중시한다.
② 교장의 비억압적이고 비지시적인 지도력을 강조한다.
③ 학교 안 공식적 조직의 역할과 기능이 부각된다.
④ 교육행정의 과정에서 명령, 지시보다는 동기유발, 직무만족감 증진 등이 강조된다.

92 □□□

학교조직의 특성에 대한 설명으로 옳은 것은?

① 마이어(Meyer)와 로완(Rowan)은 학교조직의 이완결합성이 신뢰의 논리를 전제로 한다고 가정하였다.
② 조직화된 무질서로서의 학교조직은 하위조직들이 서로 연결은 되어 있으나 독자성을 유지하면서 어느 정도 분리되어 있는 모습을 말한다.
③ 이완결합체로서의 학교조직은 목표의 모호성, 불분명한 과학적 기법, 유동적 참여 등의 특징을 가지고 있다.
④ 분업과 전문화, 몰인정성, 규칙과 규정, 경력지향성 등은 전문적 성격으로서의 학교조직의 특징이다.

91	인간관계론

인간관계론은 메이요(Mayo)의 호돈 공장실험에서 비롯되었다. 이 실험은 조직 내의 인간적 요인에 의해 생산성이 어떻게 달라지는가를 밝히고자 하는 것이 목적이었다. 인간관계론에서 조직에 대한 주요 관심은 인간의 심리적 · 정서적 · 심미적 조건 등이며, 관리의 비공식적, 인간의 심리적 · 사회적 성질, 조직 구성원의 사기, 참여, 집단행동 등이다. 학교 안 공식적 조직의 역할과 기능이 부각된 것은 과학적 관리론이다.

답 ③

92	학교조직의 특성

학교조직의 이완결합성은 조직운영의 과정과 산출을 합리화하려는 관료제의 특징을 완화시키는 작용을 한다. 즉, 학교체제의 구조적 느슨함은 교사와 교장으로 하여금 비교적 광범위한 자율성을 행사하도록 한다.

(선지분석)
② 이완결합체로서의 학교조직은 하위조직들이 서로 연결은 되어 있으나 독자성을 유지하면서 어느 정도 분리되어 있는 모습을 말한다.
③ 조직화된 무질서로서의 학교조직은 목표의 모호성, 불분명한 과학적 기법, 유동적 참여 등의 특징을 가지고 있다.
④ 분업과 전문화, 몰인정성, 규칙과 규정, 경력지향성 등은 관료적 성격으로서의 학교조직의 특징이다.

답 ①

우리나라의 지방교육자치제에 대한 설명으로 옳지 않은 것은?

① 교육지원청에 교육장을 두되 장학관으로 보한다.

② 교육감은 시·도의 교육·학예에 관한 사무의 집행기관이다.

③ 교육감의 임기는 4년으로 하며, 교육감의 계속 재임은 2기에 한정한다.

④ 부교육감은 해당 시·도의 교육감이 추천한 자를 교육부 장관의 제청으로 국무총리를 거쳐 대통령이 임명한다.

우리나라의 지방교육재정에 대한 설명으로 옳은 것은?

① 교육세는 지방교육재정교부금의 재원에 포함되지 않는다.

② 광역시는 담배소비세의 100분의 45에 해당하는 금액을 교육비특별회계로 전출하여야 한다.

③ 교육부장관은 특별교부금의 사용에 관하여 조건을 붙이 거나 용도를 제한할 수 없다.

④ 시·군·자치구는 고등학교 이하 각급 학교의 교육에 소 요되는 경비를 보조할 수 없다.

---

93   지방교육자치제

교육감의 임기는 4년으로 하며, 교육감의 계속 재임은 3기에 한정한다(지방교육자치에 관한 법률 제21조).

(선지분석)

① 동법 제34조 제3항

② 동법 제18조 제1항

④ 동법 제30조 제2항

> **지방교육자치에 관한 법률 제18조【교육감】** ① 시·도의 교육· 학예에 관한 사무의 집행기관으로 시·도에 교육감을 둔다.
> ② 교육감은 교육·학예에 관한 소관 사무로 인한 소송이나 재산 의 등기 등에 대하여 해당 시·도를 대표한다.
> **제21조【교육감의 임기】** 교육감의 임기는 4년으로 하며, 교육감 의 계속 재임은 3기에 한정한다.

답 ③

94   지방교육재정

공립학교의 설치·운영 및 교육환경 개선을 위하여 시·도는 담배소 비세의 100분의 45를 매 회계연도 일반회계예산에 계상하여 교육 비특별회계로 전출하여야 한다. 다만, 도(道)는 제외한다(지방교육 재정교부금법 제11조 제2항 참고).

(선지분석)

① 지방교육재정교부금이란 지방자치단체의 교육기관과 교육행정 기관 및 그 소속기관을 설치·경영하는 데 필요한 재원의 전부 또는 일부를 국가가 교부하여 교육의 균형 있는 발전을 도모하 는 데 목적을 둔 재원을 말한다(동법 제3조 제2항 제2호).

③ 교육부장관은 특별교부금의 사용에 관하여 조건을 붙이거나 용 도를 제한할 수 있다(동법 제5조의2 제3항·제4항).

④ 시·군·자치구는 고등학교 이하 각급 학교의 교육에 소요되는 경비를 보조할 수 있다(동법 제11조 제8항).

답 ②

95 ☐☐☐

다음에 나타난 관료제의 역기능은?

> 김 교장은 교사들이 수업을 충실하게 진행하도록 유도하기 위해 모든 수업에 대한 지도안을 사전에 작성하여 제출하도록 하였다. 그 후로 교사들이 수업지도안을 작성해서 제출하느라 수업 시간에 늦는 사례가 빈발했다.

① 권태
② 인간 경시
③ 실적과 연공의 갈등
④ 목표와 수단의 전도

95	관료제

관료제는 의도적으로 확립된 규정과 규칙 체계를 통해 활동이 일관성 있게 규제되며, 일의 계속성과 통일성이 유지된다. 하지만 지나치게 규칙과 규정을 강조하면 규칙이나 규정을 준수하는 것이 조직의 목표 달성의 수단임에도 불구하고 마치 목적인 것처럼 변화되는데, 이를 목표전도 현상이라고 한다. 예를 들어, 학습지도안의 작성은 학습지도를 잘하기 위한 사전 계획임에도 학습지도를 포기한 채 결재용으로 수업시간 중에 학습지도안을 작성하는 경우가 있다.

📑 **관료제의 역기능과 순기능**

역기능	순기능
싫증	전문적 기술과 지식
사기저하	합리성
의사소통 봉쇄	훈련된 준수와 조정
경직과 목표전도	계속성과 통일성
업적과 연공제 간의 갈등	유인

답 ④

---

96 ☐☐☐

다음과 같은 학교조직의 특성을 나타내는 말은?

> • 교원의 직무수행에 대한 엄격하고 분명한 감독이나 평가방법이 없다.
> • 교사들의 가치관과 신념, 전문적 지식, 문화·사회적 배경에 따라 교육내용에 대한 해석이나 교수방법이 다르다.
> • 체제나 조직 내의 참여자에게 보다 많은 자유재량권과 자기결정권을 제공한다.

① 관료체제
② 계선조직
③ 비공식조직
④ 이완결합체제

96	이완결합체

이완결합체적 관점은 1976년 웨익(Weick)가 주장하였다. 학교조직은 다른 체제보다는 느슨하게 결합된 특징을 갖는다. 이는 조직운영의 과정과 산출을 합리화하려는 관료제의 특징을 완화시키는 작용을 한다. 학교체제의 구조적 느슨함은 교사와 교장으로 하여금 비교적 광범한 자율성을 행사하도록 한다. 학교조직은 교실이라는 독립적인 단위가 있어 학교행정가들이 교사를 통제하는 데 한계가 있다. 행정적 영역에서는 행정가가 주도권을 갖지만 교수－학습의 영역에서는 교사들이 자율성을 가진다.

(선지분석)
① 관료체제는 베버(Weber)가 체계화한 것으로, 운영의 합리성을 최고의 가치로 추구하는 현대적 조직구조로 1960년대 이후 학교를 관료체제로 접근하기 시작하였다.
② 계선조직은 지휘체계가 분명한 지휘명령을 가진 수직적인 조직을 말한다. 계선조직은 권한의 차이에 따른 명령권과 집행권을 행사하며 조직의 업무를 신속히 처리하는 조직의 특성을 지닌다.
③ 비공식조직은 공식적 조직 속에서의 대인접촉이나 상호작용의 결과, 감정이나 태도, 가치관 등이 유사한 사람들끼리 모여 자연발생적으로 형성된 자생조직이다.

답 ④

우리나라 학교운영위원회의 구성 및 운영에 대한 설명으로 옳은 것은?

① 국·공립학교의 교감은 운영위원회의 당연직 교원위원이 된다.
② 국·공립학교에 두는 운영위원회의 회의는 학교장이 소집한다.
③ 국·공립학교에 두는 운영위원회는 학교 교육과정의 운영 방법에 대해서 심의한다.
④ 사립학교에 두는 운영위원회는 학교발전기금의 조성·운용 및 사용에 관한 사항을 심의할 수 없다.

다음은 학교장이 교직원들에게 당부한 내용이다. 이 내용과 가장 부합하는 교육행정의 원리는?

> 학교의 주요 결정에 교육 주체의 참여를 보장하고, 공익에 초점을 두면서 행정의 과정을 공개하며, 학교 내 다른 부서들과 이해와 협조를 바탕으로 사무를 집행해 주기를 바랍니다.

① 민주성의 원리
② 자주성의 원리
③ 합법성의 원리
④ 효율성의 원리

97 　학교운영위원회

국립·공립학교에 두는 학교운영위원회는 학교헌장과 학칙의 제정 또는 개정, 학교의 예산안과 결산, 학교 교육과정의 운영방법 등을 심의한다(초·중등교육법 제32조 제1항 참고).

(선지분석)
① 국·공립학교의 장은 운영위원회의 당연직 교원위원이 된다(동법 시행령 제59조 제1항).
② 국·공립학교에 두는 운영위원회의 회의는 위원장이 소집한다(동법 시행령 제59조의2 제1항).
④ 학교운영위원회는 제33조에 따른 학교발전기금의 조성·운용 및 사용에 관한 사항을 심의·의결한다(동법 제32조 제3항).

답 ③

98 　민주성의 원리

민주성의 원리는 교육행정은 행정가의 독단과 편견을 배제하고 광범한 주민의 참여를 통해야 한다는 원리이다. 이를 위하여 시민참여, 행정의 공개성과 공익성, 행정과정의 민주화, 공평한 대우 등을 포함하여야 한다.

(선지분석)
② 자주성 존중의 원리는 교육은 교육 본래의 목적에 의해 운영·실시되어야 하고, 일반 행정으로부터 분리·독립되어야 한다는 원리이다. 또한 교육은 어떤 정치적·파당적 및 기타 개인의 편견을 선전하기 위한 방편으로 이용되어서는 안 된다는 것을 의미한다(교육의 정치적 중립성 존중의 원리).
③ 합법성의 원리는 교육행정은 법이 정하는 범위 내에서 이루어져야 한다는 원리로, 법치행정의 원리라고도 한다.
④ 효율성 원리는 최소의 노력과 비용을 투입해서 최대한의 성과를 기하려는 원리로, 경제성의 원리 또는 효율성의 원리라고도 한다.

답 ①

99 ☐☐☐

토마스(K. Thomas)의 갈등관리이론에 근거할 때, 다음 모든 상황에서 가장 효과적인 갈등관리의 방식은?

- 조화와 안정이 특히 중요할 때
- 자신이 잘못한 것을 알았을 때
- 다른 사람에게 더 중요한 사항일 때
- 패배가 불가피하여 손실을 극소화할 필요가 있을 때

① 경쟁
② 회피
③ 수용
④ 타협

100 ☐☐☐

목표관리기법(MBO)의 절차를 다음과 같이 4단계로 구분할 때, ( )에 들어갈 활동으로 가장 적합한 것은?

- 1단계: 전체 교육목적을 명확하게 개발한다.
- 2단계: 직위별로 성취해야 할 목표를 정한다.
- 3단계: 서로 다른 목표들을 전체 목적에 따라 조정하고 통합한다.
- 4단계: ( )

① 의사결정의 목록을 작성한다.
② 세부 사업 계획 및 소요 예산을 산출한다.
③ 활동에 걸리는 기대 소요 시간을 산정한다.
④ 성과 및 결과를 측정할 수 있는 방법을 개발한다.

99	토마스의 갈등관리이론

토마스(K. Thomas)의 갈등관리이론에서 수용은 비주장적이고 협조적인 유형으로, 행정가는 하급자들의 요구에 굴복한다(복종형). 수용은 자기가 잘못한 것을 알았을 때, 다른 사람에게 더 중요한 사항일 때, 보다 중요한 문제를 위해 좋은 관계를 유지하여야 할 때, 패배가 불가피하여 손실을 극소화하여야 할 때, 조화와 안정이 특히 중요할 때 등과 같은 상황에 가장 효율적인 갈등관리방법이다.

답 ③

100	목표관리기법(MBO)

MBO의 절차는 목표설정, 대안탐색, 대안선정, 실천, 평가의 단계로 구성된다. ㉠ 목표설정 단계는 상위 목표에 따른 구체적인 목표를 설정하고 이에 따라 실행할 행동계획을 입안하는 단계이다. 교육부와 시·도 및 시·군 교육청의 교육지표에 따라 학교교육목표를 설정하고, 이를 구체적으로 실천하기 위한 학교경영목표와 경영방침을 구상한다. ㉡ 대안탐색 단계는 목표도달을 위한 전략을 탐색하고 각 전략대안의 가능성을 분석하는 단계이다. 즉, 교육목표에 도달하기 위한 각종 대안을 탐색하여 그 실현 가능성을 분석한다. ㉢ 대안선정 단계는 최종적으로 대안을 선정하여 부서별로 활동계획을 정하고 운영 전략을 설정하는 단계이다. ㉣ 실천 단계는 실제로 목표활동을 추구하는 단계로, 실천과정에서 가장 중요한 것은 업무상황이 얼마나 진척되었는가를 수시로 점검하는 일이다. ㉤ 평가 단계는 성과를 평가하는 단계로, 성과의 평가는 목표 달성 여부를 판단하는 일이다. 그 달성도 및 방법 등을 확인하여 업무 담당자의 실적을 평가하고 자기 통제의 원리와 책임에 따른 보상을 한다.

답 ④

다음의 특징과 가장 일치하는 학교예산편성제도는?

> • 전년도 예산 편성과 상관없이 신년도 사업을 평가하여 예산을 결정한다.
> • 창의적이고 자발적인 사업의 구상과 실행을 유도할 수 있다.
> • 사업이 기각되거나 평가절하되면 비협조적 풍토가 야기될 수 있다.

① 기획예산제도
② 품목별 예산제도
③ 영 기준예산제도
④ 성과주의 예산제도

---

101   영 기준예산제도

영 기준예산제도는 과거의 실적이나 계획에 관계없이 새로운 관점에서 DP(Decision Package)를 작성하며, 그 검토 결과에 따라 동일한 기준에서 신·구 계획을 평가하여 예산의 범위 안에서 순서를 정하고 채택된 계획에 대해서만 예산결정을 하는 제도이다.

(선지분석)
① 기획예산제도(PPBS; Planning Programming Budgeting System)는 계획과 예산을 밀접하게 통합하여 전체로서 경영계획과정을 합리화하는 목적을 가진 예산편성체제이다.
② 품목별 예산제도(LIBS; Line-Item Budgeting System)는 예산의 편성·분류를 정부가 구입·지출하고자 하는 물품 또는 서비스별로 하는 예산제도이다. 전년도 예산에 준하여 예산과 물가상승률 그리고 신규 사업 등을 토대로 예산을 편성한다.
④ 성과주의 예산제도(PBS; Performance Budgeting System)는 주요 사업을 몇 개의 사업으로 나누고 사업을 다시 몇 개의 세부 사업으로 나눈 다음, 각 세부 사업별로 단위원가에 업무량을 곱해서 예산액을 표시하는 제도이다.

답 ③

동기이론에 대한 설명으로 옳지 않은 것은?

① 아담스(Adams)의 공정성이론에 따르면 사람이 다른 사람과 비교해서 과소보상을 느끼면 직무에 시간과 노력을 더 많이 투입한다.
② 로크(Locke)의 목표설정이론에서는 대부분의 인간 행동은 유목적적이며 행위는 목표와 의도에 따라 통제되고 유지된다고 본다.
③ 브룸(Vroom)의 기대이론에서 유인가(valence)는 목표, 결과, 보상 등에 대해서 개인이 갖는 선호도를 말한다.
④ 허즈버그(Herzberg)의 동기 - 위생이론에 따르면 동기추구자는 욕구체계에서 주로 성취, 인정, 발전 등 상위 욕구에 관심을 둔다.

---

102   동기이론

동기이론 가운데 공정성이론은 조직원의 동기는 그가 조직에서 공정하게 대우받는가의 지각 정도에 영향을 받는다는 관점이다. 공정성을 회복하기 위한 행동으로는 투입조정, 성과조정, 투입과 성과에 대한 인지적 왜곡, 비교하는 타인의 투입과 성과의 변경, 비교대상의 변경, 조직이탈 등이 있다. 아담스(Adams)의 공정성이론에 따르면 사람이 다른 사람과 비교해서 과소보상을 느끼면 직무에 시간과 노력, 즉 투입을 줄임으로써 공정성을 회복한다.

답 ①

103 ☐☐☐

교육정책결정에 대한 이론모형 중 '쓰레기통 모형'에 대한 설명으로 옳은 것을 모두 고른 것은?

ㄱ. 인간은 인간의 심리적, 인지적 한계를 고려하여 제한된 합리성에 기초하여 정책을 결정한다.

ㄴ. 불안정하고 비합리적인 상황하에서 의사결정은 날치기 통과 등의 방식으로 이루어진다.

ㄷ. 의사결정에 참여하는 개인은 상당히 유동적이고 부분적인 참여를 한다.

ㄹ. 정책이 실제 상황에서 점증적으로 결정되거나 결정되어야 한다고 본다.

ㅁ. 정책결정은 문제, 해결책, 의사결정권을 가진 참여자, 결정의 기회라는 네 요소가 우연한 계기에 한 곳에 모두 모이게 될 때 이루어진다.

ㅂ. 코헨(Cohen), 마치(March) 그리고 올센(Olsen) 등이 제시한 모형이다.

① ㄱ, ㄷ, ㄹ
② ㄱ, ㄴ, ㅂ
③ ㄷ, ㅁ, ㅂ
④ ㄴ, ㄷ, ㅁ, ㅂ

---

103   정책결정 모형

의사결정 모형 가운데 쓰레기통 모형은 조직화된 무정부 상태의 학교조직에 적용된다. 학교의 의사결정은 문제, 해결책, 참여자, 선택의 기회라는 비교적 독립적인 영역들이 혼합되어 있다가 우연히 의사결정이 이루어진다. 쓰레기통 모형의 4가지 투입 조건은 문제, 해결책, 참여자, 선택의 기회 등이다.

(선지분석)
ㄱ. 인간이 인간의 심리적, 인지적 한계를 고려하여 제한된 합리성에 기초하여 정책을 결정하는 것은 만족화 모형이다.

ㄹ. 정책이 실제 상황에서 점증적으로 결정되거나 결정되어야 한다고 보는 것은 점증모형이다.

답 ④

---

104 ☐☐☐

국내의 교육비 분류방식을 따를 때 공교육비와 사교육비에 대한 설명으로 옳은 것은?

① 학교운영지원비는 공부담 사교육비에 해당한다.
② 학생이 학교에 낸 '방과후학교' 수강비가 학교회계 절차를 거쳐 지출되면 이는 사부담 공교육비에 해당한다.
③ 각급 학교법인이 지출하는 교육비는 사부담 공교육비에 해당한다.
④ 학부모가 지출하는 학생등록금은 사부담 교육비에 해당한다.

---

104   교육비 분류

교육비는 크게 직접교육비와 간접교육비로 구분되고, 직접교육비는 공교육비와 사교육비, 공교육비는 공부담 공교육비와 사부담 공교육비로 분류된다. 이 가운데 학생이 학교에 낸 '방과후학교' 수강비가 학교회계 절차를 거쳐 지출되면 이는 사부담 공교육비에 해당한다.

(선지분석)
① 학교운영지원비는 사부담 공교육비에 해당한다.
③ 각급 학교법인이 지출하는 교육비는 공부담 공교육비에 해당한다.
④ 학부모가 지출하는 학생등록금은 사부담 공교육비에 해당한다.

답 ②

던(Dunn)의 정책 평가기준과 그에 대한 설명으로 옳은 것은?

① 능률성(efficiency)은 정책의 목표를 얼마나 달성했느냐를 평가하는 것이다.

② 효과성(effectiveness)은 정책목표를 달성하기 위하여 투입한 노력의 정도를 평가하는 것이다.

③ 충족성(adequency)은 정책목표의 달성이 문제해결에 어느 정도 공헌하고 있는가를 평가하는 것이다.

④ 적합성(appropriateness)은 정책의 결과가 특정 집단의 요구 선호, 가치 등에 어느 정도 부합하느냐를 평가하는 것이다.

학교조직에서 관료제의 특징과 설명의 연결이 옳지 않은 것은?

① 몰인정지향성 - 개인적인 감정에 좌우되지 않고 원리원칙에 의해 조직을 운영한다.

② 경력지향성 - 조직 구성원의 직무경력을 중요하게 여겨 한 조직에 오랫동안 남게 하는 유인이 된다.

③ 분업과 전문화 - 과업을 효율적으로 수행하기 위하여 직위 간에 직무를 적정하게 배분하고 전문화를 도모한다.

④ 규칙과 규정 - 모든 직위가 공식적 명령계통을 중심으로 계층구조를 가지고 있어 부서 및 개인 활동의 조정이 용이하다.

---

105   정책 평가기준

정책 평가기준으로는 효과성, 능률성, 적정성, 형평성, 대응성 등이 있다. 이 가운데 충족성(혹은 적정성)은 문제의 해결정도를 의미하며, 문제를 일으킨 욕구, 가치, 기회를 만족시키는 효과성의 수준 정도를 말한다.

(선지분석)

① 능률성은 정책목표를 달성하기 위해 투입한 노력의 정도를 평가하는 것이다.

② 효과성은 정책의 목표를 얼마나 달성했느냐의 정도를 말한다.

④ 적합성(혹은 적절성)이란 문제해결을 위해 사용한 수단이나 방법들이 바람직한 수준에서 이루어졌는가를 평가하는 것이다.

(참고) 형평성은 효과나 노력이 얼마나 공평하고 공정하게 배분되는지를 평가하는 것으로 공평성이라고도 하며, 대응성은 정책이 수혜자 집단의 요구, 선호, 가치를 충족시키는 정도를 의미한다.

답 ③

---

106   관료제의 특징

베버(M. Weber)에 의해 제시된 관료제는 지배의 근거를 법 규정에 의한 합법성에 두는 조직을 말한다. 관료제는 분업과 전문화, 몰인정성, 권위의 위계, 규정과 규칙 중시, 경력 지향성 등의 특징이 나타난다. 규정과 규칙을 중시한다는 것은 의도적으로 확립된 규정과 규칙 체계를 통해 활동이 일관성 있게 규제되는 것을 말한다.

답 ④

107 ☐☐☐

교육행정의 특성으로 옳은 것은?

① 교육행정은 조직, 인사, 내용, 운영 등에서의 자율성과 민주성을 중요시한다.

② 교육행정은 교육과 행정을 구분하기 때문에 정치적 측면에 강조점을 두지 않는다.

③ 교육이 전문적 활동이기 때문에 이를 지원하는 교육행정은 특별한 훈련 없이도 수월하게 이루어질 수 있다.

④ 교육행정은 교수 – 학습 활동의 감독을 중요한 출발점으로 한다.

107	교육행정의 특징

교육행정은 조직, 인사, 내용, 운영 등에서 자율성과 민주성을 중시한다.

선지분석

② 교육행정은 교육과 행정을 구분하지 않으며, 정치적 측면을 무시할 수 없다.

③ 교육은 전문적 활동이기 때문에 이를 지원하는 교육행정은 특별한 훈련이 필요하다.

④ 교육행정은 교수 – 학습 활동을 감독하는 일이 아니라 지원해 주는 수단적 봉사활동임을 강조한다.

답 ①

---

108 ☐☐☐

우리나라 교육재정에 대한 설명으로 옳지 않은 것은?

① 공교육비는 공부담 교육비와 사부담 교육비로 나뉘는데, 학생 납입금은 사부담 교육비에 해당된다.

② 지방교육재정의 가장 큰 재원은 지방교육재정교부금 및 보조금이다.

③ 국가의 재정이 국민의 납세의무에 의해 재원을 확보하듯이 교육예산도 공권력에 의한 강제성을 전제로 한다.

④ 교육재정의 지출 가운데 시설비가 차지하는 비중이 인건비에 비해서 상대적으로 크다.

108	교육재정

우리나라 교육재정의 지출은 시설비에 비해 인건비가 차지하는 비율이 지나치게 높다는 단점이 있다. 교육비는 크게 직접 교육비와 간접 교육비로 구분되며, 직접 교육비는 공교육비와 사교육비로 나뉜다.

선지분석

② 지방교육재정의 가장 큰 재원은 지방교육재정교부금이다. 지방교육재정교부금은 지방자치단체의 교육기관과 교육행정기관 및 그 소속기관을 설치 · 경영하는 데 필요한 재원의 전부 또는 일부를 국가가 교부하여 교육의 균형 있는 발전을 도모하는 데 목적을 둔 재원을 말한다.

③ 교육재정과 일반재정의 공통점에는 강제성, 공공성, 무한성, 양출제입의 원칙 등이 있다.

답 ④

---

109 □□□

다음에 해당하는 의사결정모형은?

> 학교 조직의 의사결정은 다양한 문제와 해결 방안들 사이의 혼란스러운 상호작용 속에서 비합리적이고 우연적 방식으로 이루어진다.

① 혼합 모형
② 만족 모형
③ 최적화 모형
④ 쓰레기통 모형

110 □□□

다음 글은 어느 동기이론에 관한 설명인가?

> • A교사는 평소 수업 준비 및 연수에 많은 시간과 열정을 쏟아온 결과, 학생들의 성적 및 수업 만족도가 높은 편이다. 반면 같은 학교 동료교사 B는 그동안 수업 준비나 연수에 시간과 열정을 훨씬 더 적게 쏟는 편이어서 늘 학생들의 성적이나 수업 만족도가 낮았다.
> • 그런데 최근 실시한 연구수업에서 동료교사 B가 학교장과의 관계가 좋다는 이유로 A자신보다 더 높은 학교장의 평가를 받은 것으로 보였다. 그 일 이후 A교사는 수업에 대한 열정에 회의를 느끼면서 수업 준비를 위한 시간이나 연수 시간을 현저히 줄이게 되었다.
> • 이처럼 사람들은 자신의 노력에 대한 성과의 비율과 타인의 노력에 대한 성과의 비율을 비교하여 같지 않다고 느낄 경우 원래의 동기를 변화시키게 된다.

① 목표설정이론
② 동기위생이론
③ 공정성이론
④ 기대이론

---

109 의사결정모형 - 쓰레기통 모형

학교의 의사결정은 늘 불안정하고, 유동적인 상황이기 때문에 합리적이고 체계적인 의사결정이 어렵다. 즉, 조직화된 무정부 상태의 학교 조직에서는 합리적인 의사결정이 존재하지 않는다. 쓰레기통 모형은 대학과 같은 교육 조직에 잘 적용된다.

(선지분석)
① 혼합 모형은 기본적 방향의 설정과 같은 결정은 합리성을 근거로 하고 특정 문제의 결정은 점증 모형의 입장을 취한다.
② 만족 모형에서 의사 결정자는 주관적인 입장에서 가해지는 여러 제약하에 의도된 합리성 또는 제한된 합리성(bounded rationality)을 근거로 하여 최적 대안보다는 만족스러운 대안을 선택한다는 입장이다.
③ 최적화 모형은 합리적 요인과 초합리적 요인을 동시에 고려하는 최적치 중심의 규범적 모형이다. 최적화 모형은 계량적인 측면과 질적인 측면을 구분하여 검토한 다음 이들을 결합시키는 질적 모형이다.

답 ④

110 동기이론

사람들이 자신의 노력에 대한 성과의 비율과 타인의 노력에 대한 성과의 비율을 비교하여 같지 않다고 느낄 경우, 원래의 동기를 변화시키게 된다는 것은 공정성이론이다.

(선지분석)
① 로크(Locke)의 목표설정이론은 작업동기에 관한 인지과정 접근으로 인간의 동기는 목표가 분명할 때 잘 일어난다는 입장이다.
② 허즈버그(Herzberg)의 동기위생이론(motivation-hygiene theory)은 직무수행에 영향을 주는 조건은 만족을 주는 요인(동기요인)과 불만족을 주는 요인(위생요인)으로 구분되며, 이 두 요인은 서로 다르다.
④ 브룸(Vroom)의 기대이론에서 동기(M)는 기대치(E), 유인가(V), 수단성(I)이 높을수록 높아지며, 인간의 동기를 M=f(E·I·V)의 공식으로 나타낸다. 즉, 종업원이 목표를 달성하기 위하여 열심히 일하는 것은 과업에 대한 기대 때문이다. 그러나 이는 과업수행에 대한 보상을 얻기 위한 수단에 해당한다.

답 ③

111 □□□

민간경제와 교육재정의 특성을 비교한 설명으로 옳은 것은?

① 민간경제는 등가교환 원칙에 의하여 수입을 조달하지만, 교육재정은 합의의 원칙에 의한다.

② 민간경제는 수입과 지출이 균형을 유지해야 하는 특성을 가지고 있는 반면, 교육재정은 항상 잉여 획득을 기본 원칙으로 하여 거래가 이루어지고 있다.

③ 민간경제는 존속기간이 영속성을 가지고 있는 데 비해, 교육재정은 단기성을 가진다.

④ 민간경제는 양입제출의 회계원칙이 적용되는 데 반해, 교육재정은 양출제입의 원칙이 적용된다.

111	민간경제와 교육재정

교육재정은 지출을 결정한 후에 수입을 조정하는 양출제입(量出制入)의 원칙이 적용되지만, 민간경제는 수입을 고려하여 지출을 결정하는 양입제출(量入制出)의 회계원칙이 적용된다.

📑 **교육재정과 일반재정의 공통점**

강제성	공권력을 통하여 기업과 국민들의 소득의 일부를 받아들임으로써 성립되는 강제경제의 성격을 띰
공공성	재정은 국민 전체의 공공복지를 도모
무한성	재정의 존속기간은 민간경제보다 길고 무한함
양출제입의 원칙	재정은 추진해야 할 활동계획, 즉 활동의 종류와 범위를 결정하고, 이에 필요한 경비를 산출한 후 수입을 정하는 양출제입의 원칙을 적용

답 ④

---

112 □□□

교육행정의 원리로서 '민주성의 원리'를 가장 잘 표현한 것은?

① 교육행정은 일반행정으로부터 분리·독립되고 정치와 종교로부터 중립성을 유지해야 한다.

② 다양한 구성원들의 의사를 반영하기 위해 위원회, 협의회 등을 둔다.

③ 가계가 곤란한 학생이 능력이 있을 경우 장학금을 지급하여 교육기회를 제공한다.

④ 교육행정 활동에서는 최소한의 인적·물적 자원과 시간을 들여서 최대의 성과를 거두도록 해야 한다.

112	교육행정의 원리 - 민주성의 원리

민주성의 원리는 교육행정은 독단과 편견을 배제하고 광범한 주민의 참여를 통해야 한다는 원리이다. 이를 위해 시민참여, 행정의 공개성과 공익성, 행정과정의 민주화, 공평한 대우 등을 포함해야 한다. 교육정책의 수립과 집행과정에서 다양한 중지를 모으거나 의사소통을 개방하고, 일방적인 명령이나 지시보다는 협조와 이해를 기초로 일을 집행해 나가는 것을 말한다.

(선지분석)

① 교육행정이 일반행정으로부터 분리·독립되고 정치와 종교로부터 중립성을 유지해야 한다는 것은 자주성 존중의 원리이다.

③ 가계가 곤란한 학생이 능력이 있을 경우 장학금을 지급하여 교육기회를 제공하는 것은 기회균등의 원리이다.

④ 교육행정 활동에서 최소한의 인적·물적 자원과 시간을 들여 최대의 성과를 거두도록 해야 한다는 것은 경제성(효율성)의 원리이다.

답 ②

113 ☐☐☐

현재 우리나라에서 시행되고 있는 지방교육자치제도에 대한 설명으로 옳은 것은?

① 교육위원회는 집행기관이고, 교육감은 의결기관이다.
② 교육위원회는 지방의회와 독립되어 있다.
③ 교육감의 임기는 4년으로 하며, 교육감의 계속 재임은 3기에 한정한다.
④ 교육감은 학교운영위원에 의한 간선제로 선출된다.

113	지방교육자치제도

현행 지방교육자치에 관한 법률 제21조(교육감의 임기)에 "교육감의 임기는 4년으로 하며, 교육감의 계속 재임은 3기에 한정한다."라고 규정되어 있다.

(선지분석)
① 시·도의 교육·학예에 관한 사무의 집행기관으로 시·도에 교육감을 둔다.
② 교육위원회는 지방의회에 속한다.
④ 교육감은 주민의 보통·평등·직접·비밀선거에 따라 선출한다.

답 ③

02 교육관련법령

01 □□□

2024년 지방직 9급

「초·중등교육법 시행령」상 (가), (나)에 들어갈 말을 바르게 연결한 것은?

> **제48조의2【자유학기의 수업운영방법 등】** ① 중학교 및 특수학교(중학교의 과정을 교육하는 특수학교로 한정한다)의 장은 자유학기에 ___(가)___ 을 실시하고 학생의 진로탐색 등 다양한 체험을 위한 ___(나)___ 을 운영해야 한다.

	(가)	(나)
①	학생 참여형 수업	진로교육
②	학생 참여형 수업	체험활동
③	학생 주도형 수업	진로교육
④	학생 주도형 수업	체험활동

01   자유학기제

「초·중등교육법 시행령」 제48조의2는 다음과 같다.

> **「초·중등교육법 시행령」 제48조의2【자유학기의 수업운영방법 등】**
> ① 중학교 및 특수학교(중학교의 과정을 교육하는 특수학교로 한정한다)의 장은 자유학기에 학생 참여형 수업을 실시하고 학생의 진로탐색 등 다양한 체험을 위한 체험활동을 운영해야 한다.
> ② 제1항에 따른 학생 참여형 수업 및 체험활동에 관한 세부 사항은 교육부장관이 정한다.

답 ②

02 □□□

2024년 국가직 9급

교육과 관련하여 우리나라 헌법에 명문화되어 있지 않은 내용은?

① 국가는 평생교육을 진흥하여야 한다.
② 모든 국민은 능력에 따라 균등하게 교육을 받을 권리를 가진다.
③ 교육의 자주성·전문성·정치적 중립성 및 대학의 자율성은 법률이 정하는 바에 의하여 보장된다.
④ 국가는 특별한 교육적 배려가 필요한 사람의 교육을 지원하기 위하여 필요한 시책을 수립·실시하여야 한다.

02   헌법 조항

교육기본법 제18조에는 '국가와 지방자치단체는 신체적·정신적·지적 장애 등으로 특별한 교육적 배려가 필요한 자를 위한 학교를 설립·경영하여야 하며, 이들의 교육을 지원하기 위하여 필요한 시책을 수립·실시하여야 한다'고 규정되어 있다.

(선지분석)

헌법 제31조는 다음과 같다.

> **제1항【기회균등】** "모든 국민은 능력에 따라 균등하게 교육을 받을 권리를 가진다."
> **제2항【의무교육】** "모든 국민은 그 보호하는 자녀에게 초등교육과 법률이 정하는 교육을 받게 할 의무를 지닌다."
> **제3항【무상의무교육】** "의무교육은 무상으로 한다."
> **제4항【교육의 자율성】** "교육의 자주성, 전문성, 정치적 중립성 및 대학의 자율성은 법률이 정하는 바에 의하여 보장되어야 한다."
> **제5항【평생교육】** "국가는 평생교육을 진흥하여야 한다."
> **제6항【교육에 대한 법률 제정】** "학교교육 및 평생교육을 포함한 교육제도와 그 운영, 교육재정 및 교원의 지위에 관한 사항은 법률로 정한다."

답 ④

「학교폭력예방 및 대책에 관한 법률」의 내용으로 옳지 않은 것은?

① 교육부장관은 학교폭력의 예방 및 대책에 관한 기본계획을 5년마다 수립하고 시행해야 한다.
② 학교폭력의 예방 및 대책에 관한 기본계획의 수립 및 시행에 대한 평가 등을 심의하기 위하여 국무총리 소속으로 학교폭력대책위원회를 둔다.
③ 교육감은 시·도교육청에 학교폭력의 예방과 대책을 담당하는 전담부서를 설치하고 운영하여야 한다.
④ 학교폭력대책심의위원회는 의무교육과정에 있는 가해학생일지라도 그 가해 정도가 심각한 경우에는 그 학생에 대해 퇴학처분의 조치를 취할 수 있다.

03	「학교폭력예방 및 대책에 관한 법률」

학교폭력대책심의위원회는 의무교육과정에 있는 가해학생은 그 가해 정도가 심각한 경우에도 그 학생에 대해 퇴학처분의 조치를 취할 수 없다.

답 ④

「지방교육자치에 관한 법률」상 교육감과 관련된 규정으로 옳지 않은 것은?

① 교육감은 학생통학구역에 관한 사항을 담당 지역 교육장이 그 사무를 관장하도록 권한을 위임하여야 한다.
② 교육감은 교육과 학예에 관한 소관 사무로 인한 소송이나 재산의 등기에 대하여 해당 시·도를 대표한다.
③ 교육감은 소관 사무 중 시·도의회의 의결이 필요한 사항에 대하여 학생의 안전과 교육기관 등의 재산 보호를 위하여 긴급하게 필요한 사항으로서 시·도의회에서 의결이 지체되어 의결되지 아니한 때에는 선결처분을 할 수 있다.
④ 교육감 후보자가 되려는 자는 해당 시·도지사의 피선거권이 있는 사람으로서 후보자등록신청개시일로부터 과거 1년 동안 정당의 당원이 아닌 사람이어야 한다.

04	「지방교육자치에 관한 법률」

교육장은 학생통학구역에 관한 사항을 각급학교가 그 사무를 관장하도록 권한을 위임하여야 한다.

> 「지방교육자치에 관한 법률」 시행령 제6조 【교육장의 분장사무의 범위】 법 제35조 제1호에 따라 교육장이 위임받아 분장하는 각급학교의 운영·관리에 관한 지도·감독사무의 범위는 다음 각 호와 같다.
> 1. 교수학습활동, 진로지도, 강사 확보·관리 등 교육과정 운영에 관한 사항
> 2. 과학·기술교육의 진흥에 관한 사항
> 3. 특수교육, 학교 부적응 학생 교육, 저소득층 학생 지원 등 교육복지에 관한 사항
> 4. 학교체육·보건·급식 및 학교환경 정화 등 학생의 안전 및 건강에 관한 사항
> 5. 학생 통학 구역에 관한 사항
> 6. 학부모의 학교 참여, 연수·상담, 학교운영위원회 운영에 관한 사항
> 7. 평생교육 등 교육·학예 진흥에 관한 사항
> 8. 그 밖에 예산안의 편성·집행, 수업료, 입학금 등 각급학교의 운영·관리에 관한 지도·감독 사항

답 ①

사립학교법의 내용으로 옳지 않은 것은?

① 학교법인의 설립 당초의 임원은 정관으로 정하여야 한다.
② 기간제교원의 임용기간은 1년 이내로 하되, 필요한 경우 4년의 범위에서 그 기간을 연장할 수 있다.
③ 사립학교 교원은 권고에 의하여 사직을 당하지 아니한다.
④ 각급 학교의 장은 해당 학교를 설치·경영하는 학교법인 또는 사립학교경영자가 임용한다.

05	사립학교법

> **사립학교법 제54조의4【기간제교원】** ① 각급 학교 교원의 임용권자는 다음 각 호의 어느 하나에 해당하는 사유가 있을 때에는 교원자격증을 가진 사람 중에서 기간을 정하여 임용하는 교원(이하 "기간제교원"이라 한다)을 임용할 수 있다. 이 경우 임용권자는 학교법인의 정관 등으로 정하는 바에 따라 그 권한을 학교의 장에게 위임할 수 있다.
> 1. 교원이 제59조 제1항 각 호의 어느 하나에 해당하는 사유로 휴직하여 후임자의 보충이 불가피할 때
> 2. 교원이 파견·연수·정직·직위해제 또는 휴가 등으로 1개월 이상 직무에 종사할 수 없어 후임자의 보충이 불가피할 때
> 3. 파면·해임 또는 면직 처분을 받은 교원이 교원의 지위 향상 및 교육활동 보호를 위한 특별법 제9조 제1항에 따라 교원소청심사위원회에 소청심사를 청구하여 후임자의 보충발령을 하지 못하게 되었을 때
> 4. 특정 교과를 한시적으로 담당할 교원이 필요할 때
> ② 기간제교원에 대해서는 임용기간이 만료되면 당연히 퇴직된다.
> ③ 기간제교원의 임용기간은 1년 이내로 하되, 필요한 경우 3년의 범위에서 그 기간을 연장할 수 있다.
> ④ 기간제교원의 임용에 관하여는 제54조의3 제5항 및 제6항을 준용한다.

답 ②

학교폭력예방 및 대책에 관한 법률상 학교폭력의 예방 및 대책에 대한 설명으로 옳지 않은 것은?

① 학교 안뿐만 아니라 학교 밖에서 발생한 학생 간의 상해, 폭행, 협박, 따돌림 등도 이 법의 적용대상이다.
② 경미한 학교폭력사건의 경우 가해학생 및 그 보호자가 학교폭력대책심의위원회의 개최를 원하지 않으면 학교의 장은 자체적으로 해결할 수 있다.
③ 학교의 장은 학교폭력의 예방 및 대책 등을 위한 교직원 및 학부모에 대한 교육을 학기별로 1회 이상 실시하여야 한다.
④ 피해학생의 보호를 위한 조치에는 학내외 전문가에 의한 심리상담 및 조언, 일시보호, 치료 및 치료를 위한 요양, 학급교체 등이 있다.

06	학교폭력의 예방 및 대책

학교폭력예방 및 대책에 관한 법률은 학교폭력의 예방과 대책에 필요한 사항을 규정함으로써 피해학생의 보호, 가해학생의 선도·교육 및 피해학생과 가해학생 간의 분쟁조정을 통하여 학생의 인권을 보호하고 학생을 건전한 사회구성원으로 육성함을 목적으로 제정되었다. 경미한 학교폭력사건의 경우 피해학생 및 그 보호자가 학교폭력심의위원회의 개최를 원하지 않으면 학교의 장은 자체적으로 해결할 수 있다.

> **학교폭력예방 및 대책에 관한 법률 제13조의2【학교의 장의 자체해결】** ① 제13조 제2항 제4호 및 제5호에도 불구하고 피해학생 및 그 보호자가 심의위원회의 개최를 원하지 아니하는 다음 각 호에 모두 해당하는 경미한 학교폭력의 경우 학교의 장은 학교폭력사건을 자체적으로 해결할 수 있다. 이 경우 학교의 장은 지체 없이 이를 심의위원회에 보고하여야 한다.
> 1. 2주 이상의 신체적·정신적 치료가 필요한 진단서를 발급받지 않은 경우
> 2. 재산상 피해가 없거나 즉각 복구된 경우
> 3. 학교폭력이 지속적이지 않은 경우
> 4. 학교폭력에 대한 신고, 진술, 자료제공 등에 대한 보복행위가 아닌 경우
> ② 학교의 장은 제1항에 따라 사건을 해결하려는 경우 다음 각 호에 해당하는 절차를 모두 거쳐야 한다.
> 1. 피해학생과 그 보호자의 심의위원회 개최 요구 의사의 서면 확인
> 2. 학교폭력의 경중에 대한 제14조 제3항에 따른 전담기구의 서면 확인 및 심의
> ③ 그 밖에 학교의 장이 학교폭력을 자체적으로 해결하는 데에 필요한 사항은 대통령령으로 정한다.

답 ②

초·중등교육법상 학교운영위원회의 심의사항에 해당하지 않는 것은?

① 학교급식
② 자유학기제 실시 여부
③ 교과용 도서와 교육 자료의 선정
④ 대학입학 특별전형 중 학교장 추천

07	학교운영위원회의 심의사항

초·중등교육법 제32조【기능】 ① 학교에 두는 학교운영위원회는 다음 각 호의 사항을 심의한다. 다만, 사립학교에 두는 학교운영위원회의 경우 제7호 및 제8호의 사항은 제외하고, 제1호의 사항에 대하여는 자문한다.
1. 학교헌장과 학칙의 제정 또는 개정
2. 학교의 예산안과 결산
3. 학교교육과정의 운영방법
4. 교과용 도서와 교육 자료의 선정
5. 교복·체육복·졸업앨범 등 학부모 경비 부담 사항
6. 정규학습시간 종료 후 또는 방학기간 중의 교육활동 및 수련활동
7. 교육공무원법 제29조의3 제8항에 따른 공모 교장의 공모 방법, 임용, 평가 등
8. 교육공무원법 제31조 제2항에 따른 초빙교사의 추천
9. 학교운영지원비의 조성·운용 및 사용
10. 학교급식
11. 대학입학 특별전형 중 학교장 추천
12. 학교운동부의 구성·운영
13. 학교운영에 대한 제안 및 건의 사항
14. 그 밖에 대통령령이나 시·도의 조례로 정하는 사항

답 ②

초·중등교육법상 교직원의 임무에 대한 설명으로 옳지 않은 것은?

① 교사는 법령에서 정하는 바에 따라 학생을 교육한다.
② 수석교사는 교장을 보좌하여 교무를 관리하고, 교사의 교수·연구 활동을 감독한다.
③ 교장은 교무를 총괄하고, 소속 교직원을 지도·감독하며, 학생을 교육한다.
④ 행정직원 등 직원은 법령에서 정하는 바에 따라 학교의 행정사무와 그 밖의 사무를 담당한다.

08	초·중등교육법

초·중등교육법 제20조【교직원의 의무】 ① 교장은 교무를 총괄하고, 소속 교직원을 지도·감독하며, 학생을 교육한다.
② 교감은 교장을 보좌하여 교무를 관리하고 학생을 교육하며, 교장이 부득이한 사유로 직무를 수행할 수 없을 때에는 교장의 직무를 대행한다. 다만, 교감이 없는 학교에서는 교장이 미리 지명한 교사(수석교사를 포함한다)가 교장의 직무를 대행한다.
③ 수석교사는 교사의 교수·연구 활동을 지원하며, 학생을 교육한다.
④ 교사는 법령에서 정하는 바에 따라 학생을 교육한다.
⑤ 행정직원 등 직원은 법령에서 정하는 바에 따라 학교의 행정사무와 그 밖의 사무를 담당한다.

답 ②

기초학력 보장 정책과 관련된 내용으로 옳지 않은 것은?

① 기초학력을 갖추지 못한 학습지원 대상 학생에게 맞춤형 교육을 실시한다.

② 학교 교육과정을 통하여 갖추어야 하는 최소한의 성취기준을 충족하는지 진단한다.

③ 진로 개척 역량을 길러주기 위해 과목 선택제를 도입한다.

④ 학습결손 보충을 위한 학교 안팎의 프로그램을 활성화한다.

09	기초학력 보장 정책

기초학력이란 초·중등교육법 제2조에 따른 학교(즉 초등학교, 중학교 및 고등공민학교, 고등학교 및 고등기술학교, 특수학교, 각종학교 등)의 학생이 대통령령으로 정하는 바에 따라 학교 교육과정을 통하여 갖추어야 하는 최소한의 성취기준을 충족하는 학력을 말한다. 2021년도에는 기초학력보장법이 제정되어 국가와 지방자치단체가 기초학력 보장을 위한 시책을 마련하였다.

선지분석

③ 진로 개척 역량을 길러주기 위해 과목 선택제를 도입하는 것은 진로교육을 위한 학습자의 자율성과 선택권을 중시하기 위한 정책을 일종이다.

답 ③

국·공립 초·중등학교의 학교회계에 대한 설명으로 옳지 않은 것은?

① 도입 취지는 단위학교 경영책임제의 활성화에 있다.

② 학교운영위원회 심의를 거쳐 학부모가 부담하는 경비는 학교회계의 세입에 포함되지 않는다.

③ 학교의 장은 회계연도마다 결산서를 작성하여 회계연도가 끝난 후 2개월 이내에 학교운영위원회에 제출하여야 한다.

④ 학교회계는 학교 운영과 학교시설의 설치 등을 위하여 필요한 모든 경비를 세출로 한다.

10	국·공립 초·중등학교의 학교회계

초·중등교육법 제30조의2 【학교회계의 설치】 ② 학교회계는 다음 각 호의 수입을 세입(歲入)으로 한다.

1. 국가의 일반회계나 지방자치단체의 교육비특별회계로부터 받은 전입금

2. 제32조 제1항에 따라 학교운영위원회 심의를 거쳐 학부모가 부담하는 경비

3. 제33조의 학교발전기금으로부터 받은 전입금

4. 국가나 지방자치단체의 보조금 및 지원금

5. 사용료 및 수수료

6. 이월금

7. 물품매각대금

8. 그 밖의 수입

③ 학교회계는 학교 운영과 학교시설의 설치 등을 위하여 필요한 모든 경비를 세출(歲出)로 한다.

제30조의3 【학교회계의 운영】 ① 학교회계의 회계연도는 매년 3월 1일에 시작하여 다음 해 2월 말일에 끝난다.

② 학교의 장은 회계연도마다 학교회계 세입세출예산안을 편성하여 회계연도가 시작되기 30일 전까지 제31조에 따른 학교운영위원회에 제출하여야 한다.

③ 학교운영위원회는 학교회계 세입세출예산안을 회계연도가 시작되기 5일 전까지 심의하여야 한다.

④ 학교의 장은 제3항에 따른 예산안이 새로운 회계연도가 시작될 때까지 확정되지 아니하면 다음 각 호의 경비를 전년도 예산에 준하여 집행할 수 있다.

⑤ 학교의 장은 회계연도마다 결산서를 작성하여 회계연도가 끝난 후 2개월 이내에 학교운영위원회에 제출하여야 한다.

답 ②

우리나라 의무교육 제도에 대한 설명으로 옳은 것은?

① 교육을 받을 권리를 실효성 있게 보장하기 위하여 의무교육을 헌법에 명문화하였다.
② 취학의무의 이행을 독려 받고도 취학의무를 이행하지 아니한 자에 대한 벌금 제도를 두었다.
③ 처음 의무교육이 도입된 이후 의무교육기간은 늘어나지 않았다.
④ 초등학교, 중학교, 고등학교를 대상으로 총 12년간의 의무교육을 시행한다.

지방교육자치에 관한 법률 및 지방자치법상 지방교육자치에 대한 설명으로 옳지 않은 것은?

① 지방자치단체의 교육·학예에 관한 경비 중 의무교육에 관련되는 경비는 국가가 모두 부담하여야 한다.
② 주민의 권리 제한 또는 의무 부과에 관한 사항이나 벌칙을 정하는 교육조례는 법률의 위임이 있어야 한다.
③ 교육조례안의 의결이 법령에 위반되거나 공익을 현저히 해친다고 판단되면 교육부장관은 교육감에게 재의를 요구하게 할 수 있다.
④ 교육부장관의 직무이행명령에 대해 이의가 있으면 교육감은 대법원에 소를 제기할 수 있다.

11	우리나라의 의무교육

의무교육은 국가의 교육권을 강제하는 제도로 서양의 종교개혁기 루터(M. Luther)에 의해 제시되었고, 한국에서는 해방 이후 제헌헌법에 의무교육이 조항이 규정되었다. 현행 헌법 제31조 제2항, 제3항에도 의무교육과 무상의무교육을 규정하고 있다.

(선지분석)
② 초·중등교육법 제15조, 제16조에는 고용자의 의무와 친권자에 대한 교육비 보조에 관한 규정만 두었을 뿐 취학의무의 이행을 독려 받고도 취학의무를 이행하지 아니한 자에 대한 벌금 제도는 두고 있지 않다.
③ 처음 의무교육이 도입된 이후 의무교육기간은 6년에서 중학교까지 9년으로 연장되었다.
④ 교육기본법 제8조에는 의무교육기간을 초등교육과 3년의 중등교육으로 해서 총 9년간의 의무교육을 시행하도록 하고 있다.

답 ①

12	지방교육자치에 관한 법률 및 지방자치법상 지방교육자치

지방교육자치에 관한 법률은 교육의 자주성 및 전문성과 지방교육의 특수성을 살리기 위해 지방자치단체의 교육·기술·체육 그 밖의 학예에 관한 사무를 관장하는 기관의 설치와 그 조직 및 운영 등에 관한 사항을 규정함으로써 지방교육의 발전에 이바지하기 위한 목적으로 제정되었다.

> **지방교육자치에 관한 법률 제37조【의무교육경비 등】** ① 의무교육에 종사하는 교원의 보수와 그 밖의 의무교육에 관련되는 경비는 지방교육재정교부금법에서 정하는 바에 따라 국가 및 지방자치단체가 부담한다.
> ② 제1항의 규정에 따른 의무교육 외의 교육에 관련되는 경비는 지방교육재정교부금법에서 정하는 바에 따라 국가·지방자치단체 및 학부모 등이 부담한다.

답 ①

우리나라의 현행 지방교육자치제도에 대한 설명으로 옳은 것은?

① 부교육감은 대통령이 임명한다.
② 교육감의 임기는 4년이며 2기에 걸쳐 재임할 수 있다.
③ 지방교육자치제의 실시 단위는 시·군·구 기초자치단체를 단위로 한다.
④ 시·도 교육청에 교육위원회를 두고 교육의원은 주민이 직접 선거하여 선출한다.

지방교육자치에 관한 법률상 교육감에 대한 설명으로 옳지 않은 것은?

① 시·도의 교육·학예에 관한 사무의 집행기관이다.
② 교육·학예에 관한 교육규칙의 제정에 관한 사항을 관장한다.
③ 교육감후보자가 되려면 교육경력과 교육행정경력을 각각 최소 1년 이상 갖추어야 한다.
④ 주민은 교육감을 소환할 권리를 가진다.

13	지방교육자치제도

현행 지방교육자치에 관한 법률에 부교육감에 대한 규정은 다음과 같다.

> **지방교육자치에 관한 법률 제30조【보조기관】** ① 교육감 소속하에 국가공무원으로 보하는 부교육감 1인(인구 800만 명 이상이고 학생 150만 명 이상인 시·도는 2인)을 두되, 대통령령이 정하는 바에 따라 국가공무원법 제2조의2의 규정에 따른 고위공무원단에 속하는 일반직공무원 또는 장학관으로 보한다.
> ② 부교육감은 해당 시·도의 교육감이 추천한 자를 교육부장관의 제청으로 국무총리를 거쳐 대통령이 임명한다.
> ③ 부교육감은 교육감을 보좌하여 사무를 처리한다.

답 ①

14	지방교육자치에 관한 법률

> **지방교육자치에 관한 법률 제24조【교육감후보자의 자격】** ① 교육감후보자가 되려는 사람은 해당 시·도지사의 피선거권이 있는 사람으로서 후보자등록신청개시일부터 과거 1년 동안 정당의 당원이 아닌 사람이어야 한다.
> ② 교육감후보자가 되려는 사람은 후보자등록신청개시일을 기준으로 다음 각 호의 어느 하나에 해당하는 경력이 3년 이상 있거나 다음 각 호의 어느 하나에 해당하는 경력을 합한 경력이 3년 이상 있는 사람이어야 한다.
> 1. 교육경력: 유아교육법 제2조 제2호에 따른 유치원, 초·중등교육법 제2조 및 고등교육법 제2조에 따른 학교(이와 동등한 학력이 인정되는 교육기관 또는 평생교육시설로서 다른 법률에 따라 설치된 교육기관 또는 평생교육시설을 포함한다)에서 교원으로 근무한 경력
> 2. 교육행정경력: 국가 또는 지방자치단체의 교육기관에서 국가공무원 또는 지방공무원으로 교육·학예에 관한 사무에 종사한 경력과 교육공무원법 제2조 제1항 제2호 또는 제3호에 따른 교육공무원으로 근무한 경력

답 ③

현행법상 교육의 중립성에 대한 설명으로 옳지 않은 것은?

① 교육은 정치적·파당적 또는 개인적 편견을 전파하기 위한 방편으로 이용되어서는 아니 된다.

② 교원노동조합은 정치활동을 할 수 없다.

③ 교원은 특정한 정당이나 정파를 지지하거나 반대하기 위하여 학생을 지도하거나 선동하여서는 아니 된다.

④ 공립학교에서는 학교운영위원회의 동의가 있는 경우 특정한 종교를 위한 종교교육을 할 수 있다.

지방교육재정교부금에 대한 설명으로 옳지 않은 것은?

① 교육의 균형 있는 발전을 목적으로 확보·배분된다.

② 지방자치단체 교육비특별회계의 세입 재원에 포함되지 않는다.

③ 국가는 회계연도마다 지방교육재정교부금법에 따른 교부금을 국가예산에 계상(計上)하여야 한다.

④ 지방교육재정교부금법상 지방자치단체에 교부하는 교부금은 보통교부금과 특별교부금으로 나눈다.

15	교육의 중립성

교육의 정치적 및 종교적 중립성에 대한 법적 규정은 헌법 제31조 제4항으로 교육의 자주성, 전문성, 정치적 중립성 및 대학의 자율성은 법률이 정하는 바에 따라 보장되어야 한다는 것이 있다. 교육기본법 제6조 제1항에 따라 교육은 교육 본래의 목적에 따라 그 기능을 다하도록 운영되어야 하며, 정치적·파당적 또는 개인적 편견을 전파하기 위한 방편으로 이용되어서는 아니 된다. 또한 제2항에는 국가와 지방자치단체가 설립한 학교에서는 특정한 종교를 위한 종교교육을 하여서는 아니 된다고 규정되어 있다. 교육기본법 제14조 제4항은 교원은 특정한 정당이나 정파를 지지하거나 반대하기 위하여 학생을 지도하거나 선동하여서는 아니 된다고 규정되어 있다.

답 ④

16	지방교육재정교부금법

지방교육재정교부금법 제1조【목적】 이 법은 지방자치단체가 교육기관 및 교육행정기관(그 소속기관을 포함한다. 이하 같다)을 설치·경영하는 데 필요한 재원(財源)의 전부 또는 일부를 국가가 교부하여 교육의 균형 있는 발전을 도모함을 목적으로 한다.

제3조【교부금의 종류와 재원】 ① 국가가 제1조의 목적을 위하여 지방자치단체에 교부하는 교부금(이하 "교부금"이라 한다)은 보통교부금과 특별교부금으로 나눈다.

② 교부금 재원은 다음 각 호의 금액을 합산한 금액으로 한다.

1. 해당 연도 내국세[목적세 및 종합부동산세, 담배에 부과하는 개별소비세 총액의 100분의 45 및 다른 법률에 따라 특별회계의 재원으로 사용되는 세목(稅目)의 해당 금액은 제외한다. 이하 같다] 총액의 1만분의 2,079

2. 해당 연도 교육세법에 따른 교육세 세입액 중 유아교육지원특별회계법 제5조 제1항에서 정하는 금액을 제외한 금액

③ 보통교부금 재원은 제2항 제2호에 따른 금액에 같은 항 제1호에 따른 금액의 100분의 97을 합한 금액으로 하고, 특별교부금 재원은 제2항 제1호에 따른 금액의 100분의 3으로 한다.

제9조【예산 계상】 ① 국가는 회계연도마다 이 법에 따른 교부금을 국가예산에 계상(計上)하여야 한다.

제11조【지방자치단체의 부담】 ① 시·도의 교육·학예에 필요한 경비는 해당 지방자치단체의 교육비특별회계에서 부담하되, 의무교육과 관련된 경비는 교육비특별회계의 재원 중 교부금과 제2항에 따른 일반회계로부터의 전입금으로 충당하고, 의무교육 외 교육과 관련된 경비는 교육비특별회계 재원 중 교부금, 제2항에 따른 일반회계로부터의 전입금, 수업료 및 입학금 등으로 충당한다.

② 공립학교의 설치·운영 및 교육환경 개선을 위하여 시·도는 다음 각 호의 금액을 각각 매 회계연도 일반회계예산에 계상하여 교육비특별회계로 전출하여야 한다. 추가경정예산에 따라 증감되는 경우에도 또한 같다.

답 ②

17 ☐☐☐

초·중등교육법령상 학교운영위원회의 구성 및 운영에 대한 설명으로 옳은 것만을 모두 고르면?

> ㄱ. 국립·공립학교에 두는 학교운영위원회는 그 학교의 교원 대표, 학부모 대표 및 지역사회 인사로 구성한다.
> ㄴ. 국립·공립학교뿐만 아니라 사립학교도 학교운영위원회를 구성·운영하여야 한다.
> ㄷ. 국립·공립학교의 학교운영위원회는 학교 교육과정의 운영 방법 및 교과용 도서의 선정 등을 심의한다.
> ㄹ. 학생회는 법적 기구가 아니므로 학교운영위원회는 학생 대표 등을 회의에 참석하게 하여 의견을 들을 수 없다.

① ㄱ, ㄴ
② ㄱ, ㄹ
③ ㄱ, ㄴ, ㄷ
④ ㄴ, ㄷ, ㄹ

17	초·중등교육법령상 학교운영위원회의 구성 및 운영

초·중등교육법 시행령 제59조의4 【의견 수렴 등】 ② 국·공립학교에 두는 운영위원회는 다음 각 호의 어느 하나에 해당하는 사항을 심의하기 위하여 필요하다고 인정하는 경우 학생 대표 등을 회의에 참석하게 하여 의견을 들을 수 있다.
1. 법 제32조 제1호, 제6호 또는 제10호에 해당하는 사항
2. 그 밖에 학생의 학교생활에 밀접하게 관련된 사항
　국·공립학교에 두는 운영위원회는 국립학교의 경우에는 학칙으로, 공립학교의 경우에는 시·도의 조례로 정하는 바에 따라 학생 대표가 학생의 학교생활에 관련된 사항에 관하여 학생들의 의견을 수렴하여 운영위원회에 제안하게 할 수 있다.

답 ③

---

18 ☐☐☐

교육법의 존재형식과 그 구체적인 예의 연결이 옳지 않은 것은?

① 법률 - 초·중등교육법
② 조약 - 유네스코 헌장
③ 법규명령 - 고등교육법시행령
④ 규칙 - 학생인권조례

18	교육법의 존재형식

규칙은 헌법이나 법률에 근거하여 정립되는 성문법의 한 형식을 말하고, 조례는 지방자치단체의 의회에서 제정되는 자치법규를 말한다. 즉, 조례는 지방자치단체가 법령의 범위 안에서 제정하는 자치입법의 하나이다. 규칙이나 조례는 모두 지방자치단체의 자주법에 해당하지만 조례는 지방의회가 제정하고 규칙은 지방자치단체의 장이 제정한다. 조례와 규칙의 규정 내용이 서로 모순될 때, 조례가 그 세부사항을 규칙으로써 정하도록 위임하였을 때에는 조례의 효력이 우선한다.

답 ④

고등교육법상 고등교육기관이 아닌 것은?

① 기술대학
② 산업대학
③ 시민대학
④ 사이버대학

현행 지방교육행정조직에 대한 설명으로 옳지 않은 것은?

① 정당은 교육감 선거에 후보자를 추천할 수 없다.
② 교육감의 임기는 4년으로 하며, 교육감의 계속 재임은 3기에 한정한다.
③ 부교육감은 고위공무원단에 속하는 일반직공무원 또는 장학관으로 보한다.
④ 특별시·광역시·도의 교육·학예에 관한 사무를 분장하기 위하여 시·군 및 자치구를 관할구역으로 하는 하급교육행정기관으로서 지역교육청을 둔다.

19	**고등교육기관**

시민대학은 평생교육법상 교육기관이다.

(선지분석)

①, ②, ④ 고등교육법 제2조에 규정된 학교의 종류로는 대학, 산업대학, 교육대학, 전문대학, 방송대학·통신대학·방송통신대학 및 사이버대학, 기술대학, 각종학교 등이 있다.

답 ③

20	**지방교육행정조직**

지방교육자치에 관한 법률 제34조 제1항에는 특별시·광역시·도의 교육·학예에 관한 사무를 분장하기 위하여 시·군 및 자치구를 관할구역으로 하는 하급교육행정기관으로서 교육지원청을 둔다고 규정되어 있다.

답 ④

21 □□□

학교안전사고 예방 및 보상에 관한 법률상 학교안전사고 및 예방교육에 대한 설명으로 옳은 것은?

① 교원은 학교안전교육의 대상이 아니다.
② 등·하교 시 발생하는 사고는 학교안전사고에 포함된다.
③ 학교안전교육은 교원자격증을 갖춘 자가 실시해야 한다.
④ 성매매 예방교육은 학교장이 실시해야 하는 학교안전교육에 포함되지 않는다.

21	학교안전사고 및 예방교육

학교안전사고 예방 및 보상에 관한 법률상 등·하교 시 발생하는 사고는 학교안전사고에 포함된다.

(선지분석)
① 학교안전교육의 대상은 학생, 교직원, 교육활동 참여자 등이다.
③ 학교안전교육은 교원, 교육활동 참여자가 실시할 수 있고 그 밖에 전문교육기관이나 단체, 전문가에게 의뢰할 수 있다.
④ 성매매 예방교육은 학교안전교육에 포함된다.

> 📑 **학교안전교육의 내용**
>
> 1. 교통안전교육, 감염병 및 약물의 오남용 예방 등 보건위생관리 교육 및 재난대비 안전교육
> 2. 학교폭력 예방교육
> 3. 성폭력 예방에 필요한 교육
> 4. 성매매 예방교육
> 5. 안전사고 예방교육
> 6. 그 밖에 안전교육 등

답 ②

---

22 □□□

초·중등교육법상 국·공립학교 학교회계의 세입(歲入)에 해당하지 않는 것은?

① 지방자치단체의 교육비특별회계로부터 받은 전입금
② 학교발전기금으로부터 받은 전입금
③ 사용료 및 수수료
④ 지방교육세

22	학교회계의 세입

학교회계의 세입으로는 국가의 일반회계 또는 지방자치단체의 교육비특별회계로부터의 전입금, 학교운영지원비, 학교발전기금으로부터의 전입금, 수업료 및 학교운영지원비 외에 학교운영위원회의 심의를 거쳐 학부모가 부담하는 경비, 국가 또는 지방자치단체의 보조금 및 지원금, 사용료, 수수료, 이월금 기타 수입 등이 있다. 지방교육세는 지방교육재정교부금법에 의한 전입금에 해당한다.

답 ④

23 ☐☐☐

법 적용의 우선원칙에 대한 설명으로 옳은 것은?

① 지방자치법과 지방교육자치에 관한 법률이 충돌할 경우 전자를 우선적으로 적용한다.

② 초·중등교육법과 초·중등교육법 시행령이 충돌할 경우 후자를 우선적으로 적용한다.

③ 노동조합 및 노동관계조정법과 교원의 노동조합 설립 및 운영 등에 관한 법률이 충돌할 경우 후자를 우선적으로 적용한다.

④ 신법과 구법이 충돌할 때에는 먼저 제정된 법을 우선적으로 적용한다.

23	**법 적용의 우선원칙**

일반법과 교육관련법이 충돌할 경우에는 교육관련법을 우선 적용한다. 따라서 노동조합 및 노동관계 조정법과 교원의 노동조합 설립 및 운용 등에 관한 법률이 충돌할 경우에는 교육관련법인 교원의 노동조합 설립 및 운용 등에 관한 법률을 우선적으로 적용한다.

[선지분석]

① 지방자치법은 일반법이고 지방교육자치에 관한 법률은 교육관련법이므로 지방교육자치에 관한 법률을 우선 적용한다.

② 초·중등교육법은 상위법이고 초·중등교육법 시행령은 하위법이므로 상위법인 초·중등교육법을 우선 적용한다.

④ 신법과 구법이 충돌할 경우에는 신법을 우선적으로 적용한다.

답 ③

---

24 ☐☐☐

학교폭력예방 및 대책에 관한 법률상 중학교에서 발생한 학교폭력 문제 처리과정에서 중학생인 가해학생에 대해 취할 수 있는 조치가 아닌 것은?

① 출석정지

② 학급교체

③ 전학

④ 퇴학처분

24	**학교폭력**

심의위원회는 가해학생에 대하여 퇴학처분을 취할 수 있지만, 의무교육과정에 있는 가해학생에 대하여는 퇴학처분을 적용하지 않는다.

> **학교폭력예방 및 대책에 관한 법률 제17조 【가해학생에 대한 조치】** ① 심의위원회는 피해학생의 보호와 가해학생의 선도·교육을 위하여 가해학생에 대하여 다음 각 호의 어느 하나에 해당하는 조치(수 개의 조치를 병과하는 경우를 포함한다)를 할 것을 교육장에게 요청하여야 하며, 각 조치별 적용 기준은 대통령령으로 정한다. 다만, 퇴학처분은 의무교육과정에 있는 가해학생에 대하여는 적용하지 아니한다.
> 1. 피해학생에 대한 서면사과
> 2. 피해학생 및 신고·고발 학생에 대한 접촉, 협박 및 보복행위의 금지
> 3. 학교에서의 봉사
> 4. 사회봉사
> 5. 학내외 전문가에 의한 특별 교육이수 또는 심리치료
> 6. 출석정지
> 7. 학급교체
> 8. 전학
> 9. 퇴학처분

답 ④

---

25 ☐☐☐

교육공무원법상 고등학교 이하 각급 학교 기간제 교원으로 임용할 수 있는 경우가 아닌 것은?

① 교원이 병역 복무를 사유로 휴직하게 되어 후임자의 보충이 불가피한 경우
② 특정 교과를 한시적으로 담당하도록 할 필요가 있는 경우
③ 유치원 방과후 과정을 담당하도록 할 필요가 있는 경우
④ 학부모의 요구가 있는 경우

25	기간제 교원의 임용

교원이 병역 복무를 사유로 휴직하게 되어 후임자의 보충이 불가피한 경우, 특정 교과를 한시적으로 담당하도록 할 필요가 있는 경우, 유치원 방과후 과정을 담당하도록 할 필요가 있는 경우에는 기간제 교원을 임용할 수 있으나 학부모의 요구가 있는 경우는 기간제 교원의 임용 사유가 될 수 없다.

> **교육공무원법 제32조【기간제 교원】** ① 고등학교 이하 각급 학교 교원의 임용권자는 다음 각 호의 어느 하나에 해당하는 경우에는 예산의 범위에서 기간을 정하여 교원 자격증을 가진 사람을 교원으로 임용할 수 있다.
> 1. 교원이 제44조 제1항 각 호의 어느 하나의 사유로 휴직하게 되어 후임자의 보충이 불가피한 경우
> 2. 교원이 파견·연수·정직·직위해제 등 대통령령으로 정하는 사유로 직무를 이탈하게 되어 후임자의 보충이 불가피한 경우
> 3. 특정 교과를 한시적으로 담당하도록 할 필요가 있는 경우
> 4. 교육공무원이었던 사람의 지식이나 경험을 활용할 필요가 있는 경우
> 5. 유치원 방과후 과정을 담당하도록 할 필요가 있는 경우

답 ④

26 ☐☐☐

헌법 제31조에서 규정하고 있는 교육에 관한 내용으로 옳지 않은 것은?

① 균등하게 교육 받을 권리
② 고등학교까지의 의무교육 무상화
③ 교육의 정치적 중립성
④ 교육제도의 법정주의

26	헌법상 교육규정

헌법 제31조 제3항에 의무교육 무상화에 대한 규정이 있으나, 의무교육은 6년의 초등교육과 3년의 중등교육에 한한다(교육기본법 제8조 제1항 참고).

> **헌법 제31조** ① 모든 국민은 능력에 따라 균등하게 교육을 받을 권리를 가진다.
> ② 모든 국민은 그 보호하는 자녀에게 적어도 초등교육과 법률이 정하는 교육을 받게 할 의무를 진다.
> ③ 의무교육은 무상으로 한다.
> ④ 교육의 자주성·전문성·정치적 중립성 및 대학의 자율성은 법률이 정하는 바에 의하여 보장된다.
> ⑤ 국가는 평생교육을 진흥하여야 한다.
> ⑥ 학교교육 및 평생교육을 포함한 교육제도와 그 운영, 교육재정 및 교원의 지위에 관한 기본적인 사항은 법률로 정한다.
> **교육기본법 제8조【의무교육】** ① 의무교육은 6년의 초등교육과 3년의 중등교육으로 한다.
> ② 모든 국민은 제1항에 따른 의무교육을 받을 권리를 가진다.

답 ②

교육공무원법상 임용권자가 교육공무원 본인의 의사와 관계없이 휴직을 명하여야 하는 경우는?

① 신체상·정신상의 장애로 장기요양이 필요할 때

② 학위취득을 목적으로 해외유학을 하거나 외국에서 1년 이상 연구 또는 연수를 하게 된 경우

③ 공무원연금법 제25조에 따른 재직기간 10년 이상인 교원이 자기개발을 위하여 학습·연구 등을 하게 된 경우

④ 만 8세 이하 또는 초등학교 2학년 이하의 자녀를 양육하기 위하여 필요하거나 여성 교육공무원이 임신 또는 출산하게 된 경우

현행 법령상 교원을 <보기>에서 고른 것은?

―――――〈보기〉―――――
ㄱ. 교장	ㄴ. 교감
ㄷ. 행정실장	ㄹ. 교육연구사

① ㄱ, ㄴ

② ㄱ, ㄷ

③ ㄴ, ㄹ

④ ㄷ, ㄹ

27	교육공무원의 휴직

교육공무원이 신체상·정신상의 장애로 장기요양이 필요할 경우에는 임용권자가 교육공무원 본인의 의사와 관계없이 휴직을 명할 수 있다.

> **교육공무원법 제44조【휴직】** ① 교육공무원이 다음 각 호의 어느 하나에 해당하는 사유로 휴직을 원하면 임용권자는 휴직을 명할 수 있다. 다만, 제1호부터 제4호까지 및 제11호의 경우에는 본인의 의사와 관계없이 휴직을 명하여야 하고, 제7호, 제7호의2 및 제7호의3의 경우에는 본인이 원하면 휴직을 명하여야 한다.
> 1. 신체상·정신상의 장애로 장기요양이 필요할 때
> 2. 병역법에 따른 병역 복무를 위하여 징집되거나 소집된 경우
> 3. 천재지변이나 전시·사변 또는 그 밖의 사유로 생사나 소재를 알 수 없게 된 경우
> 4. 그 밖에 법률에 따른 의무를 수행하기 위하여 직무를 이탈하게 된 경우
> 7의3. 불임·난임으로 인하여 장기간의 치료가 필요한 경우
> 11. 교원의 노동조합 설립 및 운영 등에 관한 법률 제5조에 따라 노동조합 전임자로 종사하게 된 경우

답 ①

28	교원의 종류

교원이란 국·공립이나 사립의 정규학교나 각종 학교를 불문하고 교육기관인 학교에서 원아·아동·학생의 교육에 책임이 있는 모든 사람을 말한다. 교원에는 ㉠ 유치원 교사·원장·원감, ㉡ 초·중·고등학교의 교사·교감·교장, ㉢ 전문대학과 대학의 조교·전임강사·조교수·부교수·교수, 총·학장 등이 있다.

답 ①

29

초·중등교육법상 수석교사의 역할을 <보기>에서 모두 고른 것은?

─────────〈보기〉─────────
ㄱ. 학생을 교육한다.
ㄴ. 교사의 교수·연구 활동을 지원한다.
ㄷ. 교무를 통할하고, 소속 교직원을 지도·감독한다.

① ㄱ
② ㄱ, ㄴ
③ ㄴ, ㄷ
④ ㄱ, ㄴ, ㄷ

29	수석교사의 역할

수석교사의 역할은 교사의 교수·연구 활동을 지원하며, 학생을 교육하는 것이다. 수석교사는 교사자격증을 소지한 사람으로서 15년 이상의 교육경력을 가지고 교수·연구에 우수한 자질과 능력을 가진 사람 중에서 대통령령으로 정하는 바에 따라 교육부장관이 정하는 연구 이수 결과를 바탕으로 검정·수여하는 자격증을 받은 사람이어야 한다.

(선지분석)
ㄷ. 교무를 통할하고, 소속 교직원을 지도·감독하는 사람은 교장이다.

답 ②

30

초·중등교육법 및 동법 시행령상 학생 징계의 종류 중 징계처분을 받은 학생 또는 그 보호자가 시·도학생징계조정위원회에 재심을 청구할 수 있는 것은?

① 사회봉사
② 출석정지
③ 퇴학처분
④ 특별교육이수

30	징계처분에 대한 재심청구

징계처분 중 퇴학 조치에 대해 이의가 있는 학생 또는 그 보호자는 퇴학 조치를 받은 날부터 15일 이내 또는 그 조치가 있음을 알게 된 날부터 10일 이내에 시·도학생징계조정위원회에 재심을 청구할 수 있다고 규정되어 있다(초·중등교육법 제18조의2 제1항).

> **초·중등교육법 제18조의2【재심청구】** ① 제18조 제1항에 따른 징계처분 중 퇴학 조치에 대하여 이의가 있는 학생 또는 그 보호자는 퇴학 조치를 받은 날부터 15일 이내 또는 그 조치가 있음을 알게 된 날부터 10일 이내에 제18조의3에 따른 시·도학생징계조정위원회에 재심을 청구할 수 있다.
> ② 제18조의3에 따른 시·도학생징계조정위원회는 제1항에 따른 재심청구를 받으면 30일 이내에 심사·결정하여 청구인에게 통보하여야 한다.
> ③ 제2항의 심사결정에 이의가 있는 청구인은 통보를 받은 날부터 60일 이내에 행정심판을 제기할 수 있다.
> ④ 제1항에 따른 재심청구, 제2항에 따른 심사 절차와 결정 통보 등에 필요한 사항은 대통령령으로 정한다.

답 ③

초·중등교육법상 우리나라 국·공립 초등학교·중학교·고등학교 및 특수학교의 학교회계제도에 대한 설명으로 옳지 않은 것은?

① 학교회계의 회계연도는 매년 3월 1일에 시작하여 다음 해 2월 말일에 끝난다.
② 학교운영위원회 심의를 거쳐 학부모가 부담하는 경비는 학교회계의 세입으로 한다.
③ 학교의 장은 회계연도마다 학교회계 세입세출예산안을 편성하여 학교운영위원회에 제출하여야 한다.
④ 지방자치단체의 교육비특별회계의 전입금은 학교회계의 세입항목이 아니다.

지방교육자치에 관한 법령상 교육감에 대한 설명으로 옳은 것만을 모두 고른 것은?

> ㄱ. 교육규칙의 제정에 관한 사항은 교육감의 관장사무에 해당한다.
> ㄴ. 주민은 교육감을 소환할 권리를 가진다.
> ㄷ. 시·도의회에 제출할 교육·학예에 관한 조례안과 관련하여 심의·의결할 권한을 가진다.
> ㄹ. 교육감의 임기는 4년으로 하며, 교육감의 계속 재임은 3기에 한정한다.

① ㄱ, ㄴ
② ㄷ, ㄹ
③ ㄱ, ㄴ, ㄹ
④ ㄱ, ㄴ, ㄷ, ㄹ

31	학교회계

국가의 일반회계나 지방자치단체의 교육비특별회계의 전입금은 학교회계의 세입항목에 해당한다(초·중등교육법 제30조의2 제2항 제1호).

(선지분석)
① 동법 제30조의3 제1항
② 동법 제30조의2 제2항 제2호
③ 동법 제30조의3 제2항

> **초·중등교육법 제30조의2【학교회계의 설치】** ① 국립·공립의 초등학교·중학교·고등학교 및 특수학교에 각 학교별로 학교회계를 설치한다.
> ② 학교회계는 다음 각 호의 수입을 세입으로 한다.
> 1. 국가의 일반회계나 지방자치단체의 교육비특별회계로부터 받은 전입금
> 2. 제32조 제1항에 따라 학교운영위원회 심의를 거쳐 학부모가 부담하는 경비
> 3. 제33조의 학교발전기금으로부터 받은 전입금
> 4. 국가나 지방자치단체의 보조금 및 지원금
> 5. 사용료 및 수수료
> 6. 이월금
> 7. 물품매각대금
> 8. 그 밖의 수입
> **제30조의3【학교회계의 운영】** ① 학교회계의 회계연도는 매년 3월 1일에 시작하여 다음 해 2월 말일에 끝난다.
> ② 학교의 장은 회계연도마다 학교회계 세입세출예산안을 편성하여 회계연도가 시작되기 30일 전까지 제31조에 따른 학교운영위원회에 제출하여야 한다.

답 ④

32	교육감

ㄱ. 교육규칙의 제정에 관한 사항은 교육감의 관장사무에 해당한다(지방교육자치에 관한 법률 제20조 제4호).
ㄴ. 주민은 교육감을 소환할 권리를 가진다(동법 제24조의2 제1항).
ㄹ. 교육감의 임기는 4년으로 하며, 교육감의 계속 재임은 3기에 한정한다(동법 제21조).

(선지분석)
ㄷ. 시·도의회에 제출할 교육·학예에 관한 조례안과 관련하여 심의·의결할 권한을 가진 것이 아니라 미리 시·도지사와 협의하도록 되어 있다(동법 제29조의2 제1항·제2항).

> **지방교육자치에 관한 법률 제20조【관장사무】** 교육감은 교육·학예에 관한 다음 각 호의 사항에 관한 사무를 관장한다.
>   4. 교육규칙의 제정에 관한 사항
> **제21조【교육감의 임기】** 교육감의 임기는 4년으로 하며, 교육감의 계속 재임은 3기에 한정한다.
> **제24조의2【교육감의 소환】** ① 주민은 교육감을 소환할 권리를 가진다.
> **제29조의2【의안의 제출 등】** ① 교육감은 교육·학예에 관한 의안 중 다음 각 호의 어느 하나에 해당하는 의안을 시·도의회에 제출하고자 할 때에는 미리 시·도지사와 협의하여야 한다.
> 1. 주민의 재정적 부담이나 의무부과에 관한 조례안
> 2. 지방자치단체의 일반회계와 관련되는 사항
> ② 그 밖에 교육·학예에 관한 의안과 청원 등의 제출·심사·처리에 관하여는 지방자치법을 준용한다. 이 경우 "지방자치단체의 장"은 "교육감"으로 본다.

답 ③

33 ☐☐☐

교육기본법에 명시된 교원에 관한 규정이 아닌 것은?

① 교원은 법률로 정하는 바에 따라 다른 공직에 취임할 수 있다.
② 교원은 특정한 정당이나 정파를 지지하거나 반대하기 위하여 학생을 지도하거나 선동하여서는 아니 된다.
③ 교사는 전문성을 바탕으로 학생을 교육한다.
④ 교원은 교원의 경제적·사회적 지위를 향상시키기 위하여 각 지방자치단체와 중앙에 교원단체를 조직할 수 있다.

33	교원

교사는 전문성을 바탕으로 학생을 교육한다는 내용은 교육기본법에 규정되어 있지 않다. 다만, 초·중등교육법 제20조 제4항에 "교사는 법령에서 정하는 바에 따라 학생을 교육한다."라고 규정되어 있다.

⟨선지분석⟩
① 교육기본법 제14조 제5항
② 동법 제14조 제4항
④ 동법 제15조 제1항

> **교육기본법 제14조 【교원】** ① 학교교육에서 교원의 전문성은 존중되며, 교원의 경제적·사회적 지위는 우대되고 그 신분은 보장된다.
> ② 교원은 교육자로서 갖추어야 할 품성과 자질을 향상시키기 위하여 노력하여야 한다.
> ③ 교원은 교육자로서 지녀야 할 윤리의식을 확립하고, 이를 바탕으로 학생에게 학습윤리를 지도하고 지식을 습득하게 하며, 학생 개개인의 적성을 계발할 수 있도록 노력하여야 한다.
> ④ 교원은 특정한 정당이나 정파를 지지하거나 반대하기 위하여 학생을 지도하거나 선동하여서는 아니 된다.
> ⑤ 교원은 법률로 정하는 바에 따라 다른 공직에 취임할 수 있다.
> ⑥ 교원의 임용·복무·보수 및 연금 등에 관하여 필요한 사항은 따로 법률로 정한다.
> **제15조 【교원단체】** ① 교원은 상호 협동하여 교육의 진흥과 문화의 창달에 노력하며, 교원의 경제적·사회적 지위를 향상시키기 위하여 각 지방자치단체와 중앙에 교원단체를 조직할 수 있다.
> ② 제1항에 따른 교원단체의 조직에 필요한 사항은 대통령령으로 정한다.

답 ③

34 ☐☐☐

현행 교육공무원법에 규정된 용어의 정의로 옳지 않은 것은?

① 직위란 1명의 교육공무원에게 부여할 수 있는 직무와 책임을 말한다.
② 전직이란 교육공무원의 종류와 자격을 달리하여 임용하는 것을 말한다.
③ 강임이란 교육공무원의 직렬을 달리하여 하위직위에 임용하는 것을 말한다.
④ 전보란 교육공무원을 같은 직위 및 자격에서 근무기관이나 부서를 달리하여 임용하는 것을 말한다.

34	교육공무원법의 용어 정의

강임이란 같은 종류의 직무에서 하위 직위에 임용하는 것을 말한다. 반면, 강등이란 교육공무원의 동일 직렬에서 1계급 아래로 내리고 공무원의 신분은 유지하나 3개월간 직무에 종사하지 못하며, 그 기간 중 보수의 3분의 2를 감하는 것을 말한다.

⟨선지분석⟩
① 동법 제2조 제7항
② 동법 제2조 제8항
④ 동법 제2조 제9항

> **교육공무원법 제2조 【정의】** ① 이 법에서 "교육공무원"이란 다음 각 호의 어느 하나에 해당하는 사람을 말한다.
> 1. 교육기관에 근무하는 교원 및 조교
> 2. 교육행정기관에 근무하는 장학관 및 장학사
> 3. 교육기관, 교육행정기관 또는 교육연구기관에 근무하는 교육연구관 및 교육연구사
> ⑥ 이 법에서 "임용"이란 신규채용, 승진, 승급, 전직(轉職), 전보(轉補), 겸임, 파견, 강임(降任), 휴직, 직위해제, 정직(停職), 복직, 면직, 해임 및 파면을 말한다.
> ⑦ 이 법에서 "직위"란 1명의 교육공무원에게 부여할 수 있는 직무와 책임을 말한다.
> ⑧ 이 법에서 "전직"이란 교육공무원의 종류와 자격을 달리하여 임용하는 것을 말한다.
> ⑨ 이 법에서 "전보"란 교육공무원을 같은 직위 및 자격에서 근무기관이나 부서를 달리하여 임용하는 것을 말한다.
> ⑩ 이 법에서 "강임"이란 같은 종류의 직무에서 하위 직위에 임용하는 것을 말한다.

답 ③

VI

해커스공무원 이이수 교육학 단원별 기출문제집

35 ⬜⬜⬜

다음 교육기본법 제6조의 내용과 관계가 깊은 교육행정의 원리는?

> 교육은 교육 본래의 목적에 따라 그 기능을 다하도록 운영되어야 하며, 정치적·파당적 또는 개인적 편견을 전파하기 위한 방편으로 이용되어서는 아니 된다.

① 자주성의 원리
② 합법성의 원리
③ 기회균등의 원리
④ 지방분권의 원리

35	자주성의 원리

자주성의 원리는 ㉠ 교육은 본래의 목적에 의해 운영·실시되어야 하고, ㉡ 일반 행정으로부터 분리·독립되며, ㉢ 교육은 어떤 정치적·파당적 및 기타 개인의 편견을 선전하기 방편으로 이용되어서는 안 된다는 교육의 정치적 중립성 존중의 원리를 의미한다.

선지분석
② 합법성의 원리는 교육행정은 법이 정하는 범위 내에서 이루어져야 한다는 원리이다.
③ 기회균등의 원리는 교육은 성별, 신분, 지역, 종교 등 모든 면에서 차별을 두지 아니하고 균등하게 혜택이 돌아가도록 해야 한다는 원리이다. 기회균등의 정신은 헌법 제31조 제1항과 교육기본법 제4조에 규정되어 있다.
④ 지방분권의 원리는 지방자치의 원리로 중앙정부의 집권적 권한을 지방에 적정하게 위임하는 것(단체자치)으로, 중앙정부의 획일적 통제를 지양하고 지역실정에 부합하고 다양한 요구 및 지역 특수성을 반영하고자 하는 것을 말한다.

답 ①

36 ⬜⬜⬜

초·중등교육법에 따른 각급 학교의 장이 평생교육법에 의거하여 학교의 평생교육을 실시하고자 할 때, 그 방법으로 옳지 않은 것은?

① 평생교육을 직접 실시하거나 영리를 목적으로 하는 법인 및 단체에 위탁하여 실시할 수 있다.
② 학교의 평생교육을 실시하기 위하여 각급 학교의 교실·도서관·체육관, 그 밖의 시설을 활용하여야 한다.
③ 평생교육을 실시함에 있어서 평생교육의 이념에 따라 교육과정과 방법을 수요자 관점으로 개발·시행하도록 한다.
④ 학교를 개방할 경우 개방시간 동안의 해당 시설의 관리·운영에 필요한 사항은 해당 지방자치단체의 조례로 정한다.

36	학교의 평생교육

각급 학교의 장은 해당 학교의 교육여건을 고려하여 학생·학부모와 지역 주민의 요구에 부합하는 평생교육을 직접 실시하거나 지방자치단체 또는 민간에 위탁하여 실시할 수 있다. 다만, 영리를 목적으로 하는 법인 및 단체는 제외한다(평생교육법 제29조 제2항).

선지분석
② 동법 제29조 제3항
③ 동법 제29조 제1항
④ 동법 제29조 제4항

> **평생교육법 제29조 【학교의 평생교육】** ① 초·중등교육법 및 고등교육법에 따른 각급 학교의 장은 평생교육을 실시하는 경우 평생교육의 이념에 따라 교육과정과 방법을 수요자 관점으로 개발·시행하도록 하며, 학교를 중심으로 공동체 및 지역문화 개발에 노력하여야 한다.
> ② 각급 학교의 장은 해당 학교의 교육여건을 고려하여 학생·학부모와 지역 주민의 요구에 부합하는 평생교육을 직접 실시하거나 지방자치단체 또는 민간에 위탁하여 실시할 수 있다. 다만, 영리를 목적으로 하는 법인 및 단체는 제외한다.
> ③ 제2항에 따른 학교의 평생교육을 실시하기 위하여 각급 학교의 교실·도서관·체육관, 그 밖의 시설을 활용하여야 한다.
> ④ 제2항 및 제3항에 따라 학교의 장이 학교를 개방할 경우 개방시간 동안의 해당 시설의 관리·운영에 필요한 사항은 해당 지방자치단체의 조례로 정한다.

답 ①

37

공교육 정상화 촉진 및 선행교육 규제에 관한 특별법에서 금지하는 행위에 포함되지 않는 것은?

① 지필평가, 수행평가 등 학교 시험에서 학생이 배운 학교 교육 과정의 범위와 수준을 벗어난 내용을 출제하여 평가하는 행위
② 각종 교내 대회에서 학생이 배운 학교 교육과정의 범위와 수준을 벗어난 내용을 출제하여 평가하는 행위
③ 영재교육 진흥법에 따른 영재교육기관에서 학교 교육과정의 범위와 수준을 벗어난 내용으로 영재교육을 실시하는 행위
④ 대학의 입학전형에서 고등학교 교육과정의 범위와 수준을 벗어난 내용을 출제 또는 평가하는 대학별고사를 실시하는 행위

38

초·중등교육법에 근거할 때, 학교회계에 대한 설명으로 옳은 것은?

① 단위학교 행정실장이 학교회계 세입세출예산안을 편성한다.
② 학교회계 세입세출예산안은 학교운영위원회의 심의를 거쳐야 한다.
③ 학교회계의 회계연도는 매년 1월 1일에 시작하여 12월 말일에 종료된다.
④ 학교발전기금으로부터 받은 전입금은 학교회계의 세입으로 할 수 없다.

37	공교육 정상화 촉진 및 선행교육 규제에 관한 특별법상 금지 행위

공교육 정상화 촉진 및 선행교육 규제에 관한 특별법 제16조(적용의 배제)에 따르면 영재교육 진흥법에 따른 영재교육기관의 영재교육은 공교육 정상화 촉진 및 선행교육 규제에 관한 특별법을 적용하지 않는다고 규정되어 있다.

선지분석
① 동법 제8조 제3항 제1호
② 동법 제8조 제3항 제2호
④ 동법 제10조 제1항

> **공교육 정상화 촉진 및 선행교육 규제에 관한 특별법 제8조 【선행교육 및 선행학습 유발행위 금지 등】** ③ 학교에서는 다음 각 호의 행위를 하여서는 아니 된다.
> 1. 지필평가, 수행평가 등 학교 시험에서 학생이 배운 학교 교육과정의 범위와 수준을 벗어난 내용을 출제하여 평가하는 행위
> 2. 각종 교내 대회에서 학생이 배운 학교 교육과정의 범위와 수준을 벗어난 내용을 출제하여 평가하는 행위
> 3. 그 밖에 이에 준하는 것으로서 대통령령으로 정하는 행위
>
> **제16조 【적용의 배제】** 다음 각 호의 어느 하나에 해당하는 경우에는 이 법을 적용하지 아니한다.
> 1. 영재교육 진흥법에 따른 영재교육기관의 영재교육
> 2. 초·중등교육법 제27조 제1항에 따른 조기진급 또는 조기졸업 대상자
> 3. 국가교육과정과 시·도교육과정 및 학교 교육과정상 체육·예술 교과(군), 기술·가정 교과(군), 실과·제2외국어·한문·교양 교과(군), 전문 교과
> 4. 초등학교 1학년과 2학년의 영어 방과후학교 과정
> 5. 그 밖에 대통령령으로 정하는 경우

답 ③

38	학교회계

학교의 장이 회계연도마다 학교회계 세입세출예산안을 편성하여 학교운영위원회에 제출하면, 학교운영위원회는 학교회계 세입세출예산안을 회계연도가 시작되기 5일 전까지 심의하여야 한다(초·중등교육법 제30조의3 제2항·제3항).

선지분석
① 학교의 장은 회계연도마다 학교회계 세입세출예산안을 편성한다(동법 제30조의3 제2항).
③ 학교회계의 회계연도는 매년 3월 1일에 시작하여 다음 해 2월 말일에 끝난다(동법 제30조의3 제1항).
④ 학교발전기금으로부터 받은 전입금은 학교회계의 세입으로 할 수 있다(동법 제30조의2 제2항 제3호).

답 ②

초·중등교육법 시행령상 괄호 안에 공통적으로 들어갈 말은?

> 학교의 장은 학업을 중단할 뜻이 있거나 가능성이 있다고
> 인정되는 학생에게는 전문상담기관의 상담이나 진로 탐색
> 프로그램 등을 안내하거나 제공하여 학업 중단에 대하여
> (   )할 기회를 주어야 한다. 이 경우 학교의 장은 그
> (   )기간을 출석으로 인정할 수 있다.

① 상담
② 숙려
③ 지연
④ 대체

39	초·중등교육법 시행령

초·중등교육법 제28조【학습부진아 등에 대한 교육】⑥ 학교의
장은 학업 중단의 징후가 발견되거나 학업 중단의 의사를 밝힌
학생에게 학업 중단에 대하여 충분히 생각할 기회를 주어야 한
다. 이 경우 학교의 장은 그 기간을 출석으로 인정할 수 있다.
⑦ 제6항에 따른 학생에 대한 판단기준 및 충분히 생각할 기간과
그 기간 동안의 출석일수 인정 범위 등에 필요한 사항은 교육감
이 정한다.

답 ②

헌법 제31조의 일부이다. ㄱ ~ ㄷ에 들어갈 용어를 바르게 묶은 것은?

> ① 모든 국민은 능력에 따라 (ㄱ)하게 교육을 받을 권리
> 를 가진다.
> ② 모든 국민은 그 보호하는 자녀에게 적어도 (ㄴ)교육
> 과 (ㄷ)이 정하는 교육을 받게 할 의무를 가진다.
> ③ 의무교육은 무상으로 한다.
> ④ 교육의 자주성·전문성·정치적 중립성 및 대학의 자율
> 성은 (ㄷ)이 정하는 바에 의하여 보장된다.

	ㄱ	ㄴ	ㄷ
①	평등	초등	교육법
②	평등	중등	법률
③	균등	중등	교육법
④	균등	초등	법률

40	헌법 제31조

헌법 제31조 ① 모든 국민은 능력에 따라 균등하게 교육을 받을
권리를 가진다(→ 기회균등).
② 모든 국민은 그 보호하는 자녀에게 초등교육과 법률이 정하
는 교육을 받게 할 의무를 지닌다(→ 의무교육).
③ 의무교육은 무상으로 한다(→ 무상의무교육).
④ 교육의 자주성, 전문성, 정치적 중립성 및 대학의 자율성은
법률이 정하는 바에 의하여 보장되어야 한다(→ 교육의 자율성).
⑤ 국가는 평생교육을 진흥하여야 한다(→ 평생교육).
⑥ 학교교육 및 평생교육을 포함한 교육제도와 그 운영, 교육재정
및 교원의 지위에 관한 사항은 법률로 정한다(→ 교육에 대한 법
률 제정).

답 ④

41 ☐☐☐

교육공무원법상 교원의 전보에 해당하는 것은?

① 교사가 장학사로 임용된 경우

② 도교육청 장학관이 교장으로 임용된 경우

③ 중학교 교사가 초등학교 교사로 임용된 경우

④ 교육지원청 장학사가 도교육청 장학사로 임용된 경우

41	전보

전보란 교육공무원을 같은 직위 및 자격에서 근무기관이나 부서를 달리하여 임용하는 것을 말한다(교육공무원법 제2조 제9항). 교육지원청 장학사가 도교육청 장학사로 임용된 경우는 전보에 해당한다.

(선지분석)

①, ②, ③ 교사가 장학사로 임용된 경우, 도교육청 장학관이 교장으로 임용된 경우, 중학교 교사가 초등학교 교사로 임용된 경우 등은 전직에 해당한다. 전직은 교육공무원의 종류와 자격을 달리하여 임용하는 것을 말한다. 예를 들어, 교원이 교육전문직으로 또는 교육전문직이 교원으로 직렬을 이동하는 것이다. 장학관과 교육연구관은 교장으로, 교장은 장학관이나 교육연구관으로 전직하는 것이 관례이다. 초등교사가 일정한 시험을 거쳐 중등교원으로 이동하는 것도 전직에 해당한다.

답 ④

---

42 ☐☐☐

초·중등교육법 및 동법 시행령상 학교에 대한 설명으로 옳지 않은 것은?

① 자율고등학교는 자율형 사립고와 자율형 공립고, 자율학교로 구분된다.

② 교육감이 특성화중학교를 지정·고시하고자 하는 경우에는 미리 교육부장관의 동의를 받아야 한다.

③ 교육감이 특성화중학교의 지정을 취소하는 경우에는 미리 교육부장관의 동의를 받아야 한다.

④ 교육감이 외국어 계열의 특수목적고등학교를 지정·고시하고자 하는 경우에는 미리 교육부장관의 동의를 받아야 한다.

42	초·중등교육법령상 학교

자율고등학교는 자율형 공립고등학교와 자율형 사립고등학교로 구분된다(동법 시행령 제76조의3 제4호 참고).

(선지분석)

② 동법 시행령 제76조 제1항

③ 동법 시행령 제76조 제6항

④ 동법 시행령 제90조 제1항·제3항

> **초·중등교육법 시행령 제90조 【특수목적고등학교】** ① 교육감은 다음 각 호의 어느 하나에 해당하는 학교 중에서 특수분야의 전문적인 교육을 목적으로 하는 고등학교(이하 "특수목적고등학교"라 한다)를 지정·고시할 수 있다. 다만, 제10호의 학교 중 국립의 고등학교는 교육부장관이 지정·고시한다.
> 5. 과학 인재 양성을 위한 과학계열의 고등학교
> 6. 외국어에 능숙한 인재 양성을 위한 외국어계열의 고등학교와 국제 전문 인재 양성을 위한 국제계열의 고등학교
> 7. 예술인 양성을 위한 예술계열의 고등학교와 체육인 양성을 위한 체육계열의 고등학교
> 10. 산업계의 수요에 직접 연계된 맞춤형 교육과정을 운영하는 고등학교(이하 "산업수요 맞춤형 고등학교"라 한다)
> ③ 교육감이 제1항 제5호, 제6호 및 제10호(공립·사립의 고등학교만 해당한다)의 특수목적고등학교를 지정·고시하고자 하는 경우에는 미리 교육부장관의 동의를 받아야 한다.

답 ①

현행 국가공무원법에 근거할 때, 교육공무원의 의무가 아닌 것은?

① 종교에 따른 차별 없이 직무를 수행하여야 한다.
② 직무를 수행할 때 소속 상관의 직무상 명령에 복종하여야 한다.
③ 국민 전체의 봉사자로서 친절하고 공정하게 직무를 수행하여야 한다.
④ 직무의 전문성을 높이기 위해서 자기 개발과 부단한 연구를 하여야 한다.

43	교육공무원의 의무

직무의 전문성을 높이기 위한 자기 개발과 부단한 연구는 교육공무원의 의무에 해당하지 않는다.

> **국가공무원법 제56조【성실 의무】** 모든 공무원은 법령을 준수하며 성실히 직무를 수행하여야 한다.
> **제57조【복종의 의무】** 공무원은 직무를 수행할 때 소속 상관의 직무상 명령에 복종하여야 한다.
> **제58조【직장 이탈 금지】** ① 공무원은 소속 상관의 허가 또는 정당한 사유가 없으면 직장을 이탈하지 못한다.
> **제59조【친절·공정의 의무】** 공무원은 국민 전체의 봉사자로서 친절하고 공정하게 직무를 수행하여야 한다.
> **제59조의2【종교중립의 의무】** ① 공무원은 종교에 따른 차별 없이 직무를 수행하여야 한다.
> ② 공무원은 소속 상관이 제1항에 위배되는 직무상 명령을 한 경우에는 이에 따르지 아니할 수 있다.
> **제60조【비밀 엄수의 의무】** 공무원은 재직 중은 물론 퇴직 후에도 직무상 알게 된 비밀을 엄수(嚴守)하여야 한다.
> **제61조【청렴의 의무】** ① 공무원은 직무와 관련하여 직접적이든 간접적이든 사례·증여 또는 향응을 주거나 받을 수 없다.
> ② 공무원은 직무상의 관계가 있든 없든 그 소속 상관에게 증여하거나 소속 공무원으로부터 증여를 받아서는 아니 된다.
> **제63조【품위 유지의 의무】** 공무원은 직무의 내외를 불문하고 그 품위가 손상되는 행위를 하여서는 아니 된다.

답 ④

지방교육재정교부금상 지방교육재정교부금에 대한 설명으로 옳지 않은 것은?

① 지방교육재정교부금의 목적은 지방자치단체가 교육기관 및 교육행정기관을 설치·경영함에 필요한 재원의 전부 또는 일부를 국가가 교부하여 교육의 균형 있는 발전을 도모하는 것이다.
② 국가가 지방자치단체에 교부하는 교부금은 이를 보통교부금과 특별교부금으로 나눈다.
③ 교육부장관은 특별교부금을 기준재정수입액이 기준재정수요액에 미달하는 지방자치단체에 총액으로 교부한다.
④ 교육부장관은 특별시·광역시·도 및 특별자치도의 교육행정기관의 장이 교부된 특별교부금을 2년 이상 사용하지 않는 경우에는 그 반환을 명할 수 있다.

44	지방교육재정교부금

교육부장관이 기준재정수입액이 기준재정수요액에 미달하는 지방자치단체에 총액으로 교부하는 것은 보통교부금에 해당한다.

> **지방교육재정교부금법 제5조【보통교부금의 교부】** ① 교육부장관은 기준재정수입액이 기준재정수요액에 미치지 못하는 지방자치단체에 대해서는 그 부족한 금액을 기준으로 하여 보통교부금을 총액으로 교부한다.

답 ③

45

지방교육자치에 관한 법률상 지방교육자치제에 대한 설명으로 옳은 것은?

① 지방자치단체의 교육·과학·기술·체육 그 밖의 학예에 관한 사무는 특별시·광역시 및 도·시·군·구의 사무로 한다.
② 정당은 교육감선거에 후보자를 추천할 수 있다.
③ 특별시·광역시 및 도의 교육·학예에 관한 경비를 따로 경리하기 위하여 해당 지방자치단체에 교육비특별회계를 둔다.
④ 교육위원회는 법령 또는 조례의 범위 안에서 그 권한에 속하는 사무에 관하여 교육규칙을 제정할 수 있다.

45	지방교육자치제

시·도의 교육·학예에 관한 경비를 따로 경리하기 위하여 해당 지방자치단체에 교육비특별회계를 둔다(지방교육자치에 관한 법률 제38조).

(선지분석)
① 지방자치단체의 교육·과학·기술·체육 그 밖의 학예(이하 "교육·학예"라 한다)에 관한 사무는 특별시·광역시 및 도(이하 "시·도"라 한다)의 사무로 한다(동법 제2조).
② 교육감후보자가 되려는 사람은 해당 시·도지사의 피선거권이 있는 사람으로서 후보자등록신청개시일부터 과거 1년 동안 정당의 당원이 아닌 사람이어야 한다(동법 제24조 제1항).
④ 교육감은 법령 또는 조례의 범위 안에서 그 권한에 속하는 사무에 관하여 교육규칙을 제정할 수 있다(동법 제25조 제1항).

답 ③

46

학교폭력예방 및 대책에 관한 법률상 내용으로 옳은 것은?

① 학교폭력 가해 중학생의 경우 퇴학처분이 가능하다.
② 학교의 장은 학교폭력과 관련한 개인정보 등을 경찰청장, 지방경찰청장, 관할 경찰서장 및 관계 기관의 장에게 요청할 수 없다.
③ 교육감은 학교폭력의 실태를 파악하고 학교폭력에 대한 효율적인 예방대책을 수립하기 위하여 학교폭력 실태조사를 연 2회 이상 실시하여야 한다.
④ 교육감은 학교폭력대책자치위원회가 처리한 학교의 학교폭력 빈도를 학교의 장에 대한 업무수행 평가에 부정적 자료로 사용할 수 있다.

46	학교폭력예방 및 대책에 관한 법률

학교폭력예방 및 대책에 관한 법률 제11조 제8항에 "교육감은 학교폭력의 실태를 파악하고 학교폭력에 대한 효율적인 예방대책을 수립하기 위하여 학교폭력 실태조사를 연 2회 이상 실시하고 그 결과를 공표하여야 한다."라고 규정되어 있다.

(선지분석)
① 학교폭력 가해학생에 대한 퇴학처분은 의무교육 대상자인 중학생에게는 적용되지 않는다(동법 제17조 제1항).
② 학교의 장은 학교폭력과 관련한 개인정보 등을 경찰청장, 지방경찰청장, 관할 경찰서장 및 관계 기관의 장에게 요청할 수 있다(동법 제11조의3 제1항).
④ 교육감은 학교폭력대책자치위원회가 처리한 학교의 학교폭력 빈도를 학교의 장에 대한 업무수행 평가에 부정적 자료로 사용할 수 없다(동법 제11조 제5항).

답 ③

47 ☐☐☐

현행 교육관련법에서 교원에 대하여 규정하고 있는 내용으로 옳지 않은 것은?

① 교원은 교육자로서 갖추어야 할 품성과 자질을 향상시키기 위하여 노력하여야 한다.

② 교권은 존중되어야 하며, 교원은 그 전문적 지위나 신분에 영향을 미치는 부당한 간섭을 받지 아니한다.

③ 교원은 특정한 정당이나 정파를 지지하거나 반대하기 위하여 학생을 지도하거나 선동하여서는 아니 된다.

④ 교원은 어떠한 경우에도 소속 학교의 장의 동의 없이 학원 안에서 체포되지 아니한다.

47	교육관련법상 교원

교원의 불체포 특권은 현행범을 제외하고 소속 학교장의 동의 없이 학원 안에서 체포되지 아니할 권리를 말한다(교육공무원법 제48조).

> **교육공무원법 제48조 【교원의 불체포특권】** 교원은 현행범인인 경우를 제외하고는 소속 학교의 장의 동의 없이 학원 안에서 체포되지 아니한다.
> **교육기본법 제14조 【교원】** ① 학교교육에서 교원(教員)의 전문성은 존중되며, 교원의 경제적·사회적 지위는 우대되고 그 신분은 보장된다.
> ② 교원은 교육자로서 갖추어야 할 품성과 자질을 향상시키기 위하여 노력하여야 한다.
> ③ 교원은 교육자로서 지녀야 할 윤리의식을 확립하고, 이를 바탕으로 학생에게 학습윤리를 지도하고 지식을 습득하게 하며, 학생 개개인의 적성을 계발할 수 있도록 노력하여야 한다.
> ④ 교원은 특정한 정당이나 정파를 지지하거나 반대하기 위하여 학생을 지도하거나 선동하여서는 아니 된다.
> ⑤ 교원은 법률로 정하는 바에 따라 다른 공직에 취임할 수 있다.
> ⑥ 교원의 임용·복무·보수 및 연금 등에 관하여 필요한 사항은 따로 법률로 정한다.

답 ④

MEMO

2025 대비 최신개정판

해커스공무원
이이수
교육학 단원별 기출문제집

개정 6판 1쇄 발행 2024년 11월 1일

지은이	이이수 편저
펴낸곳	해커스패스
펴낸이	해커스공무원 출판팀

주소	서울특별시 강남구 강남대로 428 해커스공무원
고객센터	1588-4055
교재 관련 문의	gosi@hackerspass.com
	해커스공무원 사이트(gosi.Hackers.com) 교재 Q&A 게시판
	카카오톡 플러스 친구 [해커스공무원 노량진캠퍼스]
학원 강의 및 동영상강의	gosi.Hackers.com

ISBN	979-11-7244-412-9 (13370)
Serial Number	06-01-01

공무원 교육 1위,
해커스공무원 gosi.Hackers.com

해커스공무원

· 해커스 스타강사의 **공무원 교육학 무료 특강**
· **해커스공무원 학원 및 인강**(교재 내 인강 할인쿠폰 수록)
· 다회독에 최적화된 **회독용 답안지**
· 정확한 성적 분석으로 약점 극복이 가능한 **합격예측 온라인 모의고사**(교재 내 응시권 및 해설강의 수강권 수록)

단기 합격을 위한
해커스공무원 커리큘럼

입문

탄탄한 기본기와 핵심 개념 완성!
누구나 이해하기 쉬운 개념 설명과 풍부한 예시로 부담없이 쌩기초 다지기
TIP 베이스가 있다면 **기본 단계**부터!

▼

기본+심화

필수 개념 학습으로 이론 완성!
반드시 알아야 할 기본 개념과 문제풀이 전략을 학습하고
심화 개념 학습으로 고득점을 위한 응용력 다지기

▼

기출+예상 문제풀이

문제풀이로 집중 학습하고 실력 업그레이드!
기출문제의 유형과 출제 의도를 이해하고 최신 출제 경향을 반영한
예상문제를 풀어보며 본인의 취약영역을 파악 및 보완하기

▼

동형문제풀이

동형모의고사로 실전력 강화!
실제 시험과 같은 형태의 실전모의고사를 풀어보며 실전감각 극대화

▼

최종 마무리

시험 직전 실전 시뮬레이션!
각 과목별 시험에 출제되는 내용들을 최종 점검하며 실전 완성

PASS

단계별 교재 확인 및
수강신청은 여기서!
gosi.Hackers.com

* 커리큘럼 및 세부 일정은 상이할 수 있으며,
자세한 사항은 해커스공무원 사이트에서 확인하세요.

여러분의 합격을 응원하는
해커스공무원의 특별 혜택

FREE 공무원 교육학 특강

해커스공무원(gosi.Hackers.com) 접속 후 로그인 ▶ 상단의 [무료강좌] 클릭 ▶ [교재 무료특강] 클릭하여 이용

회독용 답안지[PDF]

해커스공무원(gosi.Hackers.com) 접속 후 로그인 ▶ 상단의 [교재·서점 → 무료 학습 자료] 클릭 ▶
본 교재의 [자료받기] 클릭

▲ 바로가기

해커스공무원 온라인 단과강의 20% 할인쿠폰

D9328A88AEEF779Q

해커스공무원(gosi.Hackers.com) 접속 후 로그인 ▶ 상단의 [나의 강의실] 클릭 ▶
좌측의 [쿠폰등록] 클릭 ▶ 위 쿠폰번호 입력 후 이용

* 등록 후 7일간 사용 가능(ID당 1회에 한해 등록 가능)

합격예측 온라인 모의고사 응시권 + 해설강의 수강권

A263A967C862D99F

해커스공무원(gosi.Hackers.com) 접속 후 로그인 ▶ 상단의 [나의 강의실] 클릭 ▶
좌측의 [쿠폰등록] 클릭 ▶ 위 쿠폰번호 입력 후 이용

* ID당 1회에 한해 등록 가능

쿠폰 이용 관련 문의 **1588-4055**